KB106880

2016년 초판

사회보장법 첫강의

박 승 두 저

신세림

미리말

우리나라도 이제 본격 사회복지국가를 지향함에 따라 정책방향에 대한 논쟁이 뜨겁다. 국가재정을 더 많이 투입하여 복지예산을 늘려야 한다는 주장과 무분별한 복지예산의 증액은 경제위기를 초래할 수 있다는 주장이 대립하고 있다. 이는 우리가 아직도 '사회보장'이나 '사회복지'에 대한 개념을 명확하게 정립하지 못하고 있기 때문인데, 이는 20년 이상 '사회보장법'을 강의해 온 필자도 쉽게 단정할 수 없을 만큼 어려운 문제이다.

그동안 <사회보장법>, <사회보장법총론>, <사회보장법 강의> 등 다양한 강의교재를 집필해 왔지만, 항상 학생들이 어려워한다는 느낌을 가져왔다. 그래서 올 해 2학기 사회보장법 강의를 위해서는 학생들이 더욱 쉽게 공부할 수 있는 교재를 집필하고자 하였다.

따라서 이 책은 법학을 전혀 공부하지 않은 일반시민의 교양도서나 대학교의 교양과목의 교재로도 활용될 수 있고, 법학을 전공하거나 법학전문대학원(Law School) 학생도 사회보장법의 기초체계를 세우는데 도움이 되도록 하였다. 그리고 각 장마다 강의주제를 설정하여 현실적 감각을 느낄 수 있도록 하였고, 가능한 많은 그림과 도표를 삽입하고, 관련 판례를 제시하여 입체적으로 이해할 수 있게 하였다.

우리나라에서도 이제 사회보장법은 격변하고 있다. 2016년에만 하더라도 국민건강보험법, 국민연금법, 고용보험법, 노인장기요양보험법, 장애인복지법, 국민기초생활 보장법, 의료급여법 등 많은 법률이 개정되었는데, 이 책에서는 개정된 내용을 모두 반영하도록 노력하였다.

아무쪼록 이 책이 사회보장법을 이해하고자 하는 모든 분께 조그만 도움이 되었으면 한다.

2016년 9월 1일

유난히 더운 여름을 연구실에서 보내면서...

박 승 두 씀

< 강 의 계 획 표 >

1. 강의 목표

우리나라도 이제 본격 사회복지국가를 지향하면서 대학에서의 <사회보장법> 강의가 그 중요성을 더해 가고 있다. 사회보장법을 이해하기 위해서는 현재 제정되어져 있는 구체적인 법률의 현황을 잘 이해하여야 하지만, 이러한 법들이 제정된 배경에 대한 정확한 이해가 선행되어야 한다.

따라서 이 강좌는 세계 각국에서 사회보장법을 탄생시킨 배경과 발전과정, 현재 각국 사회보장법의 주요 내용에 대한 이해를 바탕으로, 우리나라 사회보장법이 가진 법적 해석상 한계성과 시행상의 문제점, 그리고 이들의 개선방안 등에 관한 종합적이고 체계적인 이해를 제1차적인 목표로 한다.

나아가 건강보험, 국민연금, 산재보험, 고용보험, 노인장기요양보험, 아동·노인·장애인 복지 등 우리나라 사회보장법의 주요 내용을 검토하고 실제 운용사례 및 판례를 분석함으로써, 건전한 일반 시민이 갖추어야 할 사회보장법에 대한 기본지식과 의식을 함양함을 목표로 한다.

그리고 사회보장법은 다른 법률과목에 비하여 생소한 분야이고 기본이론도 상이하기 때문에, 먼저 총론적 이해가 갖추어지지 않고서는 전체를 조망하기 어렵다. 또한 민법·노동법·행정법 등 관련 법률과목 외에도 사회학·사회복지학·경제학 등의 서적도 두루 읽는 것이 사회보장법의 이해에 도움이 된다.

2. 강의 방법

사회보장법은 연금, 건강보험 등 일상생활과 밀접하게 관련된 학문이므로, 담당교수의 일방적인 강의보다는 교수와 학생간의 상호 질문이나 토론을 통하여 쟁점사항을 발견하고 해결하는 것이 바람직하다.

따라서 강의내용에 관하여 먼저 담당교수가 기본적인 사항과 중요쟁점사항을 설명하고, 예습을 해 온 학생이 발표를 한다. 그리고 이에 대하여 수강학생들의 질문과 발표학생의 응답, 마지막으로 담당교수의 종합적인 설명과 미흡한 부분에 대한 보완 설명 등의 순서로 진행한다.

또한 사회보장 담당행정기관의 실제 사례나 법원의 판례에 대한 조사와 발표 등도 입체적인 이해에 많은 도움이 된다. 그 밖의 강의주제와 관련한 뉴스 등을 인터넷으로 확인하는 등 첨단장비의 활용도 효과적이다.

3. 강의 일정표

강의 일정	강의 내용	비 고
1주	사회보장법의 기본개념 및 선결과제	제1편 1장, 2장
2주	사회보장청구권의 의의 사회보장의 기본원칙	제1편 3장, 4장
3주	사회보장법의 지위·기능	제1편 5장, 6장
4주	사회보장청구권의 실현 사회보장법의 형성과 발전	제1편 7장, 8장
5주	국민건강보험법	제2편 1, 2장
6주	국민연금법	제2편 3장
7주	(중간 정리)	
8주	산업재해보상보험법	제2편 4장
9주	고용보험법	제2편 5장
10주	노인장기요양보험법	제2편 6장
11주	아동복지법	제3편 1, 2장
12주	노인복지법	제3편 3장
13주	장애인복지법	제3편 4장
14주	국민기초생활 보장법 의료급여법 한부모가족지원법	제4편 1장, 2장, 3장
15주	(종합 정리)	

참 고 문 헌

1. 한국 문헌

구병삭, 「신헌법원론」, 박영사, 1996.

권영성, 「헌법학원론」, 법문사, 2001.

김남진, 「행정법Ⅰ」, 법문사, 1996.

김남철, 「행정법강론」, 박영사, 2015.

김도창, 「일반행정법론(상)」, 2000.

김동희, 「행정법(Ⅰ)」, 박영사, 2015.

김상균, "영국의 사회보장", 신섭중 외, 「각국의 사회보장·역사·현황·전망」, 유풍출판사, 1992.

김유성, 「한국사회보장법론」, 법문사, 2002.

김태환, "사회보장 급여의 사각지대 해소방안에 관한 연구", 박사학위논문, 동국대학교 대학원, 2014.

김철수, 「헌법개설」, 박영사, 2015.

_____, 「헌법학개론」, 박영사, 2000.

문홍주, 「한국헌법」, 해암사, 1992.

박균성, 「행정법론(상)」, 박영사, 2015.

박석돈, 「사회복지서비스법」, 삼영사, 1995.

박송규, 「행정심판법론」, 한국법제연구원, 1998.

박승두, 「사회보장법」, 중앙경제사, 1997.

_____, 「노동법개론」, 노동경제신문사, 1995.

_____, 「사회보장법강의」, 법률SOS, 2013.

_____, "지방자치단체의 사회보장행정의 전개방향", 한국지방자치연구소, 「자치연구」, 제4권 제2호, 1994.

_____, "일본 개호보험법의 기본구조에 관한 연구", 대한변호사협회, 「인권과 정의」, 제315호, 2002.11.

_____, "사회보장법의 권리론적 해석체계 정립방안", 한국외국어대학교, 「외법논집」, 제37권 제1호, 2013.2.28.

_____, "출퇴근 재해에 관한 판례 분석", 한국사회법학회, 「사회법연구」, 제23호, 2014.8.31.

_____, "출퇴근 재해의 인정기준", 한국노동법학회, 「노동법학」, 제53호, 2015.3.15.

박윤흔, 「행정법강의(상)(하)」, 박영사, 2000.

박응격 외, 「독일사회복지론」, 엠-애드, 2005.

보건복지부, 「보건복지백서」, 2004.

서울대 사회복지연구소, 「소득분배구조에 관한연구」, 1996.2.22.

석종현, 「일반행정법(상)(하)」, 삼영사, 1996.

성낙인, 「헌법학」, 법문사, 2015.

안병영, "2000년대를 향한 사회복지정책의 방향, 「사회보장연구」, 제10권 제1호, 1994.

유광호, "독일의 사회보장", 신섭중 외, 「세계의 사회보장」, 유풍출판사, 1994.

이상광, 「사회법」, 박영사, 1988.

이상규, 「행정쟁송법」, 법문사, 2000.

임종권·임종률, "한국노인의 생활실태와 사회보장", 한국사회보장학회, 「사회
　　　　보장연구」, 제2권, 1986.11.

장영수, 「헌법학」, 홍문사, 2015.

전광석, 「사회보장법학」, 한림대학교 출판부, 1993.

＿＿＿, 「한국사회보장법론」, 법문사, 2010.

＿＿＿, 「한국헌법론」, 집현재, 2015.

정재황, 「신헌법입문」, 박영사, 2015.

조흥학, "국민기초생활보장법의 수급권에 관한 재고찰", 한국사회법학회, 「사회법연구」, 2005.

천병태, 「행정법(Ⅱ)」, 형설출판사, 1994.

＿＿＿·김명길, 「행정법Ⅰ:행정법총론」, 삼영사, 2011.

최경석, "노인복지", 중앙대학교 사회복지학과 편, 「한국사회보장제도의 재조명」,
　　　　한국복지정책연구소, 1993.

최정섭 외, 「사회보장법」, 법문사, 2015.

통계청, 「OECD국가의 주요통계지표」, 1999.

하명호, 「행정쟁송법」, 박영사, 2015.

하상낙, "한국 사회복지사의 흐름", 「한국사회복지사론」, 박영사, 1989.

허 영, 「한국헌법론」, 박영사, 2015.

＿＿＿, 「헌법이론과 헌법」, 박영사, 2015.

2. 외국 문헌

高橋武, 「國際社會保障法の研究」, 至誠堂, 1968.

高田敏, "生存權保障規定の法的性格", 「公法研究」, 26号, 1963.

菊池正治外, 「日本社會福祉の歷史」, ミネルヴァ書房, 2003.

菊池馨實, 「社會保障の法理念」, 2000.

堀 勝洋, 「社會保障法總論」, 東京大學出版會, 1994.

大須賀明, 「生存權論」, 日本評論社, 1984.

ドイツ研究會 譯, 「ドイツの社會保障總攬」, 1993.

毛利建三, 「イギリス福祉國家の研究」, 東京大學出版會, 1987.

桑田嘉彦, 「現代の社會保障論」, 1996.

永山泰彦, "社會保障の歷史", 1999.

社會保障研究所 編, 「フランスの社會保障」, 1987.

_____, 「アメリカの社會保障」, 1987.

_____, 「西ドイツの社會保障」, 1989.

上村政彦, "社會保障たおすける法の優位, 「社會法の現代的課題」: 「林迪廣先生 還歷祝賀 論文集」, 法律文化社, 1983.

小西國友, 「社會保障法」, 有裵閣, 2001.

小野寺百合子, "社會保障の歷史", 社會保障研究會 編, 「スウェデソの社會保障」, 東京大學出版會, 1990.

小川政亮, 「權利としての社會保障」, 勁草書房, 1983.

五島貞次, 「社會保障の原理」, 文化書房博文社, 2002.

吾妻光俊, 「社會保障法」, 1990.

窪田準人・佐蘭進・河野正輝 編, 「新現代社會保障法入門」, 法律文化社, 2002.

遠藤昇三, 「社會保障の權利論」, 法律文化社, 1995.

林迪廣·古賀昭典 編, 「社會保障法 講義」, 法律文化社, 1980.

紫田嘉彦, 「世界の社會保障」, 新日本出版社, 1996.

田端博邦, "社會保障の歷史", 「先進諸國の社會保障(6):フランス」, 東京大學出版會, 2000.

足立正樹, "社會保障制度の歷史的發展", 「先進諸國の社會保障(4):ドイツ」, 東京大學出判會, 1999.

佐藤進, "現代法體制下の社會保障法學の位置と法理(第2編)", 「勞動法と社會保障法との交錯」, 勁草書房, 1979.

池田政章, "プログラム規定における消極性と積極性", 「立敎法學」, 3号, 1961, 7号, 1965.

川口美貴, 「國際社會法の研究」, 信山社, 1999.

清正 寛外 編, 「社會保障法」, 2000.

坂本重雄, 「社會保障の立法政策」, 專修大學出版局, 2001.

和田鶴藏, "生存權", 田烟忍編, 「憲法判例綜合研究」, ミネルヴァ書房, 1964.

荒木誠之 編, 「社會保障法」, 靑林書院, 1998.

横川博, "生存權の保障", 清宮四郎他編, 「憲法講座(2)」, 有斐閣, 1963.

訓覇法子, "雇用關聯の社會保險", 丸尾直美·鹽野谷祐一編, 「先進諸國の社會保障(5):スウェーデン」, 東京大學出版會, 1999.

ILO, *Approaches to Social Security, An International Survey, Studies and Reports*, Series M, No. 18, Geneva : ILO, 1942.

Pennings, F., *Introduction to European Social Security Law*, Kluwer Law and Taxation Publishers, 1994.

〈목　차〉

제1편 사회보장법의 기초이론

제1장 사회보장법의 기본개념

제1절　사회보장법의 이념 ·· 3
　　[1] Ⅰ. 인간다운 생활권의 보장 ·· 3
　　[2] Ⅱ. 사회보장청구권 행사의 구체화 ································· 4
　　[3] Ⅲ. 복지국가의 지향 ··· 5

제2절　사회보장법의 개념 ·· 6
　　[4] Ⅰ. 개념의 다양성 ··· 6
　　[5] Ⅱ. 사회보장 관련 기본개념 ··· 8

제2장 사회보장법의 선결과제

제1절　입법의 체계화 ··· 11
　　[6] Ⅰ. 입법의 문제점 ·· 11
　　[7] Ⅱ. 입법체계의 재정립 ·· 13
　　[8] Ⅲ. 사회보장정책의 재정립 ··· 14

제2절　해석체계의 재정립 ·· 16
　　[9] Ⅰ. 해석체계의 재정립 필요성 ······································· 16
　　[10] Ⅱ. 실정법적 해석 ·· 17
　　[11] Ⅲ. 급여중심 해석 ·· 18
　　[12] Ⅳ. 행정법적 해석 ·· 20
　　[13] Ⅴ. 권리중심 해석 ·· 21

제3장 사회보장청구권의 의의

제1절　헌법상 보장의 의의 ··· 24
　　[14] Ⅰ. 상위규범성 ·· 24
　　[15] Ⅱ. 국가의 의무규범성 ··· 25

제2절　사회보장청구권의 법적 성질 ·· 25
　　[16] Ⅰ. 학　설 ··· 25
　　[17] Ⅱ. 판　례 ··· 29
　　[18] Ⅲ. 청구권의 법적 근거 ··· 32

제3절 사회보장청구권의 내용 ·· 33
[19] Ⅰ. 사회보장청구권의 구조 ··· 33
[20] Ⅱ. 사회적 재해에 대한 보장청구권 ································· 37
[21] Ⅲ. 특별보호대상자의 보호청구권 ··································· 39
[22] Ⅳ. 생활무능력자의 기초생활 보장청구권 ····················· 39
[23] Ⅴ. 그 밖의 사회보장청구권 ·· 41
[24] Ⅵ. 사회보장청구권의 실현을 위한 권리 ······················· 42
[25] Ⅶ. 손해배상청구권 ·· 44

제4장 사회보장의 기본원칙

제1절 사회보장의 기본원칙과 추진방향 ································· 45
[26] Ⅰ. 주요국의 사회보장 기본원칙 ···································· 45
[27] Ⅱ. 우리나라의 사회보장 기본원칙 ································· 47

제2절 사회보장의 추진방향 ·· 48
[28] Ⅰ. 사회보장의 기본방향 ·· 48
[29] Ⅱ. 사회보장의 의무자 ··· 49
[30] Ⅲ. 사회보장수급권의 보장방법 ······································ 52

제5장 사회보장법의 지위

제1절 헌법과의 관계 ··· 54
[31] Ⅰ. 헌법상 사회보장청구권의 보장 ································· 54
[32] Ⅱ. 이념의 제공과 이념의 실현 ······································ 55

제2절 근대 시민법원리의 수정 ·· 55
[33] Ⅰ. 근대 시민법원리의 수정 배경 ··································· 55
[34] Ⅱ. 시민법과 사회법 ·· 56

제3절 현대 사회법원리의 실현 ·· 57
[35] Ⅰ. 사회법과 사회보장법 ·· 57
[36] Ⅱ. 노동법과 사회보장법 ·· 59

제6장 사회보장법의 기능

제1절 정치적 기능 ··· 63
[37] Ⅰ. 정치적 안정 ·· 63
[38] Ⅱ. 민주주의의 실현 ·· 65
[39] Ⅲ. 국민의 행복추구와 국가의 번영 ································ 65

제2절 경제적 기능 ··· 66
[40] Ⅰ. 소득재분배적 기능 ··· 66

[41] Ⅱ. 자본주의 경제체제의 수정과 발전 ································· 68

제3절 사회적 기능 ·· 69
[42] Ⅰ. 사회동화적 기능의 강화 ·································· 69
[43] Ⅱ. 인류문화 창달에 기여 ······································ 69

제4절 규범적 기능 ·· 70
[44] Ⅰ. 국민의 기본권 실현 ·· 70
[45] Ⅱ. 지방자치행정의 실현 ·· 71
[46] Ⅲ. 법치주의의 실현 ··· 72

제7장 사회보장청구권의 실현

제1절 의 의 ·· 74
[47] Ⅰ. 사회보장청구권의 특수성 ································· 74
[48] Ⅱ. 사회보장청구권의 실현방향 ····························· 75

제2절 행정적 구제 ·· 75
[49] Ⅰ. 행정적 구제의 내용 ·· 75
[50] Ⅱ. 행정심판의 종류 ··· 78
[51] Ⅲ. 행정심판의 대상 ··· 82

제3절 사법적 구제 ·· 86
[52] Ⅰ. 사법적 구제의 내용 ·· 86
[53] Ⅱ. 행정소송 ··· 87
[54] Ⅲ. 공법상 손해배상청구소송 ································· 89
[55] Ⅳ. 공법상의 결과제거청구권 ································· 91
[56] Ⅴ. 민사상 손해배상청구소송 ································· 92

제8장 사회보장법의 형성과 발전

제1절 사회보장 이전의 단계 ··· 93
[57] Ⅰ. 사회보장의 출발선 ·· 93
[58] Ⅱ. 각국에서의 구빈정책 ·· 94

제2절 사회보장법의 탄생 ·· 97
[59] Ⅰ. 사회보장법의 탄생 배경 ··································· 97
[60] Ⅱ. 각국의 초기 사회보장법 ·································· 98

제3절 사회보장법의 발전 ··· 103
[61] Ⅰ. 사회보장법의 발전 배경 ································· 103
[62] Ⅱ. 각국에서의 발전 과정 ····································· 103

제4절 국제 사회보장법의 형성과 발전 ······························ 118
[63] Ⅰ. 사회보장 국제화의 필요성 ····························· 118
[64] Ⅱ. 경제·사회의 블록화 현상 ······························ 119

[65] Ⅲ. 사회보장 국제화의 추진기구 ······················· 120
[66] Ⅳ. 국제 사회보장법의 형성과 발전 ······················· 123

제2편 사회적 재해 보장청구권

제1장 사회적 재해 보장의 방법

제1절 사회보험의 이념 ······················· 131
[67] Ⅰ. 인간다운 생활권의 실현 ······················· 131
[68] Ⅱ. 강제보험 ······················· 131
[69] Ⅲ. 전국민에 대한 동일한 제도의 적용 ······················· 132

제2절 5대 사회보험제도의 도입 ······················· 132
[70] Ⅰ. 사회보험의 종류 ······················· 132
[71] Ⅱ. 건강보험제도 ······················· 134
[72] Ⅲ. 국민연금제도 ······················· 135
[73] Ⅳ. 산업재해보상제도 ······················· 136
[74] Ⅴ. 고용보험제도 ······················· 139
[75] Ⅵ. 노인장기요양보험제도 ······················· 141

제2장 국민건강보험법

제1절 보험자 ······················· 142
[76] Ⅰ. 건강보험의 운영주체 ······················· 142
[77] Ⅱ. 국민건강보험공단 ······················· 143
[78] Ⅲ. 재정운영위원회 ······················· 144

제2절 피보험자 ······················· 145
[79] Ⅰ. 건강보험의 적용대상 ······················· 145
[80] Ⅱ. 가입자 ······················· 146
[81] Ⅲ. 가입자의 피부양자 ······················· 151
[82] Ⅳ. 자격의 취득·상실 및 변동 ······················· 152

제3절 보험급여 ······················· 155
[83] Ⅰ. 의 의 ······················· 155
[84] Ⅱ. 보험급여의 종류 ······················· 156
[85] Ⅲ. 본인이 일부부담 ······················· 163
[86] Ⅳ. 비급여 대상 ······················· 163
[87] Ⅴ. 보험급여의 제한 및 정지 ······················· 164
[88] Ⅵ. 부당이득의 징수 및 구상권 ······················· 166

제4절 건강보험의 재정 ······················· 172
[89] Ⅰ. 의 의 ······················· 172
[90] Ⅱ. 보험료 ······················· 173

[91] Ⅲ. 국가재정의 지원 ··· 186

제5절 권리구제절차 ··· 187
  [92] Ⅰ. 수급권의 보호 ··· 187
  [93] Ⅱ. 이의신청 및 심판청구 등 ·· 188
  [94] Ⅲ. 행정소송 ··· 189

제6절 소멸시효 및 벌칙 ·· 190
  [95] Ⅰ. 소멸시효 ··· 190
  [96] Ⅱ. 벌 칙 ··· 191

제3장 국민연금법

제1절 보험자 ·· 195
  [97] Ⅰ. 국민연금의 운영주체 ·· 195
  [98] Ⅱ. 국민연금공단 ·· 196

제2절 피보험자 ··· 200
  [99] Ⅰ. 국민연금 가입대상 ·· 200
  [100] Ⅱ. 가입자격의 취득 및 상실 ·· 203

제3절 보험급여 ··· 207
  [101] Ⅰ. 연금수급권의 의의 ·· 207
  [102] Ⅱ. 노령연금의 수급요건과 금액 ··· 212
  [103] Ⅲ. 장애연금의 수급요건과 금액 ··· 221
  [104] Ⅳ. 유족연금의 수급요건과 금액 ··· 228
  [105] Ⅴ. 반환일시금 등 ·· 233

제4절 국민연금의 재정 ··· 237
  [106] Ⅰ. 의 의 ·· 237
  [107] Ⅱ. 보험료 납입의무자 ·· 238
  [108] Ⅲ. 보험료 징수절차 ·· 240
  [109] Ⅳ. 국민연금기금 ·· 243

제5절 권리보호 및 구제절차 ··· 245
  [110] Ⅰ. 수급권의 보호 ··· 245
  [111] Ⅱ. 심사청구 ··· 245
  [112] Ⅲ. 재심사청구 ·· 246
  [113] Ⅳ. 행정소송 ·· 246

제6절 소멸시효 및 벌칙 ·· 246
  [114] Ⅰ. 소멸시효 ··· 246
  [115] Ⅱ. 벌 칙 ·· 247

제7절 특수직 연금법 ··· 251
  [116] Ⅰ. 특수직 연금법의 종류 ·· 251
  [117] Ⅱ. 상호 연계제도 ··· 255

제8절 기초연금법 ··· 258
　[118] Ⅰ. 기초노령연금에서 기초연금으로 ························ 258
　[119] Ⅱ. 기초연금 지급대상 ·· 259
　[120] Ⅲ. 기초연금 지급절차 ·· 260
　[121] Ⅴ. 수급권의 보호 등 ··· 261

제4장 산업재해보상보험법

제1절　보험자 ··· 263
　[122] Ⅰ. 근로복지공단 ·· 263
　[123] Ⅱ. 관련 위원회 ·· 263

제2절　보험가입자 ·· 264
　[124] Ⅰ. 의 의 ··· 264
　[125] Ⅱ. 적용사업 ·· 265
　[126] Ⅲ. 보험관계의 성립과 소멸 ·································· 266

제3절　재해보상의 대상 ··· 268
　[127] Ⅰ. 업무상의 재해의 개념 ······································ 268
　[128] Ⅱ. 업무상의 재해의 인정기준 ································· 270

제4절　보험급여 ·· 278
　[129] Ⅰ. 의 의 ··· 278
　[130] Ⅱ. 보험급여의 종류 ·· 278
　[131] Ⅲ. 보험급여의 제한 ·· 283

제5절　산재보험의 재정 ··· 286
　[132] Ⅰ. 보험료의 납부의무자 ······································· 286
　[133] Ⅱ. 보험료의 결정방법 ·· 286
　[134] Ⅲ. 보험료의 징수방법 ·· 287
　[135] Ⅳ. 보험료의 징수 ··· 288

제6절　권리보호 및 구제절차 ··· 291
　[136] Ⅰ. 수급권의 보호 ··· 291
　[137] Ⅱ. 심사청구 ·· 291
　[138] Ⅲ. 재심사청구 ·· 292
　[139] Ⅳ. 행정소송 ·· 293

제7절　소멸시효 및 벌칙 ·· 293
　[140] Ⅰ. 소멸시효 ·· 293
　[141] Ⅱ. 벌 칙 ··· 293

제5장 고용보험법

제1절 보험자 ··· 295
　[142] Ⅰ. 의 의 ··· 295
　[143] Ⅱ. 고용노동부장관 ·· 295

제2절 피보험자 ·· 297
　[144] Ⅰ. 의 의 ··· 297
　[145] Ⅱ. 적용 대상자 ··· 297

제3절 보험급여 ·· 301
　[146] Ⅰ. 의 의 ··· 301
　[147] Ⅱ. 보험급여의 종류 ··· 301

제4절 고용보험의 재정 ··· 317
　[148] Ⅰ. 보험료의 징수 ·· 317
　[149] Ⅱ. 고용보험기금 ··· 322
　[150] Ⅲ. 국고의 부담 ··· 326

제5절 권리보호 및 구제절차 ·· 326
　[151] Ⅰ. 수급권의 보호 ·· 326
　[152] Ⅱ. 심사 및 재심사의 청구 ··································· 326
　[153] Ⅲ. 행정소송 ··· 327

제6절 소멸시효 및 벌칙 ·· 328
　[154] Ⅰ. 소멸시효 ··· 328
　[155] Ⅱ. 벌 칙 ·· 328

제6장 노인장기요양보험법

제1절 보험자 ··· 331
　[156] Ⅰ. 운영주체 ··· 331
　[157] Ⅱ. 국민건강보험공단 ·· 333
　[158] Ⅲ. 관련기관 ··· 333

제2절 피보험자 ·· 335
　[159] Ⅰ. 국민건강보험의 가입자 ··································· 335
　[160] Ⅱ. 보험관계의 성립 ··· 336

제3절 보험급여 ·· 336
　[161] Ⅰ. 장기요양의 인정절차 ····································· 336
　[162] Ⅱ. 장기요양급여의 종류 ····································· 339
　[163] Ⅲ. 장기요양급여의 제공 ····································· 340

제4절 요양보험의 재정 ··· 343
　[164] Ⅰ. 보험료 ··· 343

[165] Ⅱ. 국고지원 ·· 343

제5절 권리의 보호 및 구제절차 ·· 344
　[166] Ⅰ. 수급권의 보호 ·· 344
　[167] Ⅱ. 이의신청 ··· 345
　[168] Ⅲ. 심사청구 ··· 345
　[169] Ⅳ. 행정소송 ··· 346

제6절 소멸시효 및 벌칙 ·· 346
　[170] Ⅰ. 소멸시효 ··· 346
　[171] Ⅱ. 벌 칙 ·· 346

제3편 특별보호 청구권

제1장 특별보호의 방법

제1절 특별보호의 이념 ·· 351
　[172] Ⅰ. 인간다운 생활권의 보장 ·· 351
　[173] Ⅱ. 특별보호법의 내용 ·· 352

제2절 특별보호의 수준 ·· 352
　[174] Ⅰ. 헌법과의 관계 ·· 352
　[175] Ⅱ. 인간다운 생활권의 보장수준 ···································· 352

제2장 아동복지법

제1절 아동복지법의 성격 ·· 353
　[176] Ⅰ. 아동의 권리 ·· 353
　[177] Ⅱ. 입법 과정 ·· 354

제2절 아동에 대한 보호의무자 ·· 355
　[178] Ⅰ. 아동복지법의 책임주체 ··· 355
　[179] Ⅱ. 아동보호를 위한 절대적 금지행위 ····························· 356

제3절 아동보호조치 ·· 357
　[180] Ⅰ. 일반적 보호조치 ·· 357
　[181] Ⅱ. 시설보호조치 ··· 360
　[182] Ⅲ. 아동전용시설의 설치 ·· 360
　[183] Ⅳ. 아동건강관리 등 ·· 361

제4절 아동복지시설 ·· 361
　[184] Ⅰ. 시설의 설치의무자 ································· 361
　[185] Ⅱ. 시설의 종류 ··· 362
　[186] Ⅲ. 시설운영자의 의무와 지원제도 ··············· 363

제5절 비용부담 및 벌칙 ·· 364
　[187] Ⅰ. 국가 또는 지방자치단체의 보조 ·············· 364
　[188] Ⅱ. 부양의무자의 부담 ···························· 365
　[189] Ⅲ. 벌 칙 ··· 365

제6절 장애아동복지지원법 ······································· 368
　[190] Ⅰ. 장애아동의 보호 필요성 ····················· 368
　[191] Ⅱ. 장애아동의 권리 ······························· 369
　[192] Ⅲ. 국가와 지방자치단체의 임무 ················· 369
　[193] Ⅳ. 복지지원 대상자 선정 ························ 370
　[194] Ⅴ. 복지지원의 내용 ······························· 371
　[195] Ⅵ. 권리구제절차 ································· 375
　[196] Ⅶ. 벌 칙 ··· 375

제3장 노인복지법

제1절 노인복지법의 성격 ·· 377
　[197] Ⅰ. 노인의 권리 ····································· 377
　[198] Ⅱ. 입법 과정 ······································· 381

제2절 보호책임자 ·· 381
　[199] Ⅰ. 국가 및 지방자치단체 ······················· 381
　[200] Ⅱ. 복지실시기관 ··································· 382
　[201] Ⅲ. 관련 기관 ······································· 382

제3절 보호의 내용 ·· 384
　[202] Ⅰ. 보건·복지조치의 실시 ······················· 384
　[203] Ⅱ. 노인복지시설의 설치·운영 ··················· 388

제4절 보호비용의 부담 ·· 395
　[204] Ⅰ. 국가 또는 지방자치단체의 부담 ············· 396
　[205] Ⅱ. 노인 또는 부양의무자에 대한 청구 ·········· 396
　[206] Ⅲ. 소요비용의 수납 ······························· 396
　[207] Ⅳ. 설치·운영비의 보조 ·························· 397

제5절 권리구제 및 벌칙 ·· 397
　[208] Ⅰ. 권리구제절차 ··································· 397
　[209] Ⅱ. 벌 칙 ··· 398

제4장 장애인복지법

제1절 장애인복지법의 성격 ·· 402
  [210] Ⅰ. 장애인의 권리 ·· 402
  [211] Ⅱ. 입법 과정 ··· 403
  [212] Ⅲ. 기본 원리 ··· 404

제2절 보호 대상자 ··· 406
  [213] Ⅰ. 보호청구권자 ·· 406
  [214] Ⅱ. 장애인의 종류와 기준 ··································· 406

제3절 보호 책임자 ··· 407
  [215] Ⅰ. 국가와 지방자치단체 ··································· 407
  [216] Ⅱ. 관련 기관 ··· 407

제4절 보호의 내용 ··· 409
  [217] Ⅰ. 의 의 ·· 409
  [218] Ⅱ. 기본정책 ··· 409
  [219] Ⅲ. 복지조치 ··· 415
  [220] Ⅳ. 장애수당의 신청 및 관리 ····························· 422
  [221] Ⅴ. 자립생활의 지원 ·· 425
  [222] Ⅵ. 복지시설과 단체 ·· 426

제5절 비용 부담 ··· 429
  [223] Ⅰ. 국가와 지방자치단체 ··································· 429
  [224] Ⅱ. 장애인 또는 부양의무자의 부담 ····················· 429
  [225] Ⅲ. 비용의 보조 ··· 430

제6절 권리구제절차 ··· 430
  [226] Ⅰ. 심사청구 ··· 430
  [227] Ⅱ. 행정심판 ··· 430
  [228] Ⅲ. 행정소송 ··· 430

제4편 기초생활보장 청구권

제1장 국민기초생활 보장법

제1절 국민기초생활 보장법의 성격 ································ 433
  [229] Ⅰ. 법의 이념 ··· 433
  [230] Ⅱ. 기본 원리 ··· 434
  [231] Ⅲ. 발전 과정 ··· 438

제2절 기초생활급여 및 자활지원 ·································· 444
  [232] Ⅰ. 기초생활보장급여의 종류 및 지급방법 ············· 444
  [233] Ⅱ. 자활지원 ··· 453
  [234] Ⅲ. 급여의 지급절차 ·· 458

[235] Ⅳ. 수급권자의 권리와 의무 ·························· 465
[236] Ⅴ. 권리구제절차 ··································· 465
[237] Ⅵ. 재 정 ·· 467
[238] Ⅶ. 벌 칙 ·· 471

제2장 의료급여법

제1절 의료급여의 필요성 ······························· 472
　[239] Ⅰ. 의료급여의 성격 ························· 472
　[240] Ⅱ. 입법 과정 ····························· 473

제2절 의료급여의 수급권 ······························· 475
　[241] Ⅰ. 수급권자 ····························· 475
　[242] Ⅱ. 의료급여의 종류와 내용 ················· 478
　[243] Ⅲ. 의료급여의 제한·중지 ·················· 481

제3절 급여비용의 부담 ······························· 483
　[244] Ⅰ. 의료급여기금의 부담 ··················· 483
　[245] Ⅰ. 본인 부담 ····························· 483
　[246] Ⅲ. 구상권 ······························· 483

제4절 권리구제 및 벌칙 ······························· 484
　[247] Ⅰ. 권리구제절차 ························· 484
　[248] Ⅱ. 벌 칙 ······························· 485

제3장 한부모가족지원법

제1절 한부모가족지원법의 성격 ························· 488
　[249] Ⅰ. 한부모가족의 권리 ····················· 488
　[250] Ⅱ. 입법 과정 ····························· 488

제2절 보호대상자 ································· 489
　[251] Ⅰ. 원칙적 보호대상자 ····················· 489
　[252] Ⅱ. 보호대상자 특례 ····················· 490

제3절 보호의 내용 ································· 491
　[253] Ⅰ. 복지급여의 실시 ····················· 491
　[254] Ⅱ. 복지시설의 제공 ····················· 492

제4절 권리의 보호 ································· 494
　[255] Ⅰ. 권리의 보호 ························· 494
　[256] Ⅱ. 심사청구 ··························· 494

제5절 부정수급 반환 및 벌칙 ························· 494
　[257] Ⅰ. 부정수급 반환 ························· 494
　[258] Ⅱ. 벌 칙 ··························· 495

〈표 목 차〉

<표 1-1-1> 사회보장과 사회복지의 개념 비교 ·· 10
<표 1-2-1> 실정법적 해석체계 ··· 17
<표 1-2-2> 급여중심 해석체계 ··· 19
<표 1-2-3> 행복추구권 및 인간다운 생활권과 사회보장청구권의 관계 ··········· 23
<표 1-2-4> 권리론적 해석체계 ··· 23
<표 1-3-1> 사회보장청구권의 법적 성질 ··· 26
<표 1-5-1> 헌법과 사회보장법 ··· 55
<표 1-5-2> 시민법과 사회법과의 관계 ·· 56
<표 1-5-3> 사회법과 사회보장법의 개념 비교 ·· 59
<표 1-5-4> 사회법과 사회보장법의 관계 ··· 59
<표 1-5-5> 헌법과 노동법 및 사회보장법의 관계 ·· 62
<표 1-8-1> 비버리지 보고서 이후 영국의 주요 사회보장 입법 ···················· 105
<표 1-8-2> 라로크 보고서를 반영한 사회보장입법 ······································· 111
<표 1-8-3> 사회보장 관련 노사정 합의사항(1998) ····································· 115
<표 1-8-4> IMF 구제금융 직후 제·개정된 사회보장법(1998) ······················ 116
<표 1-8-5> 국민연금 수급연령 조정표 ·· 116
<표 1-8-6> ILO의 사회보장에 관한 조약 현황 ·· 126
<표 1-8-7> ILO의 사회보장에 관한 권고 현황 ·· 127
<표 2-1-1> 사보험과 사회보험의 비교 ·· 132
<표 2-1-2> 5대 사회보험제도 암기법 ·· 133
<표 2-3-1> 미지급 급여 대상(영 제39조 관련) ·· 212
<표 2-3-2> 부양가족연금의 지급 대상(영 제38조 관련) ······························ 217
<표 2-3-3> 장애등급 구분의 기준(영 제46조 제1항 관련) ···························· 223
<표 2-3-4> 유족연금 지급 대상(영 제47조 관련) ·· 230
<표 2-3-5> 사망일시금의 지급 대상(영 제53조 관련) ·································· 236
<표 2-3-6> 과태료의 부과기준(영 제114조 관련) ·· 249
<표 2-4-1> 산재법상 업무상 재해에 관한 입법 연혁 ··································· 269
<표 2-4-2> 출퇴근 재해에 관한 판례 분석 ··· 276
<표 3-3-1> 경로우대시설의 종류와 할인율 ·· 387
<표 3-4-1> 장애인의 기준 ··· 406
<표 4-1-1> 생활보호법의 발전과정 ·· 439
<표 4-1-2> 국민기초생활 보장법의 발전과정 ··· 443
<표 4-2-1> 의료급여법의 발전과정 ·· 474

〈그림 목차〉

<그림 1-3-1> 사회보장법의 4단계론 ·· 35

<그림 1-3-2> 사회보장법과 사회안전망 ·· 36

<그림 1-8-1> 영국 사회보장법의 형성과 발전 ·································· 104

<그림 1-8-2> 스웨덴 사회보장법의 형성과 발전 ······························ 106

<그림 1-8-3> 독일 사회보장법의 형성과 발전 ·································· 109

<그림 1-8-4> 프랑스 사회보장법의 형성과 발전 ······························ 111

<그림 1-8-5> 미국 사회보장법의 형성과 발전 ·································· 112

<그림 1-8-6> 일본 사회보장법의 형성과 발전 ·································· 114

<그림 1-8-7> 우리나라 사회보장법 형성과 발전 ······························ 117

<그림 1-8-8> 국제 사회보장법 형성과 발전 ······································ 128

<그림 2-1-1> 5대 사회보험제도 ·· 133

<그림 2-2-1> 건강보험제도의 운영 시스템 ·· 145

<그림 2-3-1> 국민연금제도의 운영 시스템 ·· 199

<그림 2-4-1> 산업재해보상보험제도의 운영 시스템 ························ 265

<그림 2-5-1> 고용보험제도의 운영 시스템 ·· 296

<그림 2-6-1> 노인장기요양보험제도의 운영 시스템 ························ 334

〈판례 목차〉

<판례 1> 일본 최고재판소 1967.5.24 결정(朝日事件) ···················· 29
<판례 2> 일본 최고재판소 1982.7.7 결정(掘木事件) ···················· 30
<판례 3> 헌법재판소 1995.7.21 결정 93헌가14 ······························· 31
<판례 4> 헌법재판소 1997.5.29 결정 94헌마33 ······························· 31
<판례 5> 대법원 2011.11.24. 선고 2011두18786 판결 ·················· 88
<판례 6> 대법원 2011.11.24. 선고 2011두15534 판결 ················· 147
<판례 7> 대법원 2011.11.24. 선고 2011두15534 판결 ················· 148
<판례 8> 대법원 2010.9.9. 선고 2009두218 판결 ························· 157
<판례 9> 대구지법 2002.12.11. 선고 2002나11456 판결 ··············· 168
<판례 10> 대법원 2011.11.24. 선고 2011두16025 판결 ················ 168
<판례 11> 대법원 2010.9.30. 선고 2010두8959 판결 ··················· 169
<판례 12> 대법원 2010.7.8. 선고 2010다21276 판결 ··················· 170
<판례 13> 전주지법 2005.12.15. 선고 2005나3444 판결 ··············· 171
<판례 14> 대법원 2010.7.15. 선고 2010다2428,2435 판결 ············ 172
<판례 15> 대법원 2011.11.24. 선고 2011두15534 판결 ················ 175
<판례 16> 대법원 2011.11.24. 선고 2011두15534 판결 ················ 176
<판례 17> 대법원 2011.11.24. 선고 2011두15534 판결 ················ 176
<판례 18> 대법원 2011.11.24. 선고 2011두18786 판결 ················ 189
<판례 19> 서울행법 2005.5.3. 선고 2005구합2360 판결 ··············· 194
<판례 20> 대법원 2007.8.23. 선고 2005두3660 판결 ··················· 205
<판례 21> 대법원 2009.5.14. 선고 2009두3026 판결 ··················· 210
<판례 22> 서울중앙지법 2009.8.11. 선고 2009가합20609 판결 ········ 221
<판례 23> 대법원 2006.7.28. 선고 2005두16918 판결 ················· 227
<판례 24> 대법원 2010.1.28. 선고 2008두20444 판결 ················· 239
<판례 25> 대법원 2008.6.12. 선고 2006도6445 판결 ··················· 240
<판례 26> 전주지법 2004.8.20. 선고 2004고정284 판결 ··············· 240
<판례 27> 대법원 2011.2.24. 선고 2010두23705 판결 ················· 266
<판례 28> 대법원 2011.7.28. 선고 2008다12408 판결 ················· 274
<판례 29> 대법원 2011.7.28. 선고 2008다12408 판결 ················· 285
<판례 30> 서울행법 2000.7.14. 선고 99구27275 판결 ·················· 300
<판례 31> 서울중앙지법 2004.9.16. 선고 2004나4743 판결 ··········· 302
<판례 32> 대법원 2009.6.11. 선고 2009두4272 판결 ··················· 302
<판례 33> 대법원 2009.1.30. 선고 2006두2121 판결 ··················· 305
<판례 34> 대법원 2009.6.11. 선고 2009두4272 판결 ··················· 311
<판례 35> 대법원 2011.8.18. 선고 2010두28373 판결 ················· 311
<판례 36> 대법원 2003.9.23. 선고 2002두7494 판결 ··················· 312
<판례 37> 서울행법 2008.4.29. 선고 2007구합48155 판결 ············ 316
<판례 38> 대법원 2011.11.24. 선고 2009두22980 판결 ················ 323
<판례 39> 대법원 2011.11.24. 선고 2009두22980 판결 ················ 323
<판례 40> 대법원 2011.11.24. 선고 2009두22980 판결 ················ 324
<판례 41> 대법원 2002.12.10. 선고 2002다54615 판결 ················ 325
<판례 42> 대법원 2003.9.2. 선고 2002다52084 판결 ··················· 325

제1편 사회보장법의 기초이론

제 1 장 사회보장법의 기본개념

제 2 장 사회보장법의 선결과제

제 3 장 사회보장청구권의 의의

제 4 장 사회보장의 기본원칙

제 5 장 사회보장법의 지위

제 6 장 사회보장법의 기능

제 7 장 사회보장청구권의 실현

제 8 장 사회보장법의 형성과 발전

제 1 장
사회보장법의 기본개념

강의주제 :

사회보장(Social Security)은 건강보험이나 국민연금제도를 실시하고, 아동·노인·장애인을 보호하는 등 국민 각 개인에 대한 보장을 목적으로 하는데, 이를 왜 개인보장(Personal Security)이라 부르지 않는가?

제 1 절 사회보장법의 이념

[1] Ⅰ. 인간다운 생활권의 보장

우리나라 헌법은 모든 국민에게 인간다운 생활을 할 권리를 보장하고(제34조 제1항), 국가에게 사회보장, 사회복지의 증진에 노력할 의무를 부과하였다(제34조 제2항). 따라서 국민의 인간다운 생활을 할 권리는 국가의 의무를 전제하고 있다고 할 수 있다.

그리고 인간다운 생활을 할 권리가 헌법상 보장되게 된 배경은 근대 시민법원리하에서 보장된 「자유와 평등」만으로는 인간다운 권리가 보장되지 못하였기 때문이다. 시민법은 「현실적인 불평등한 인간」을 전제로 하지 않고 「이념적으로 평등한 인간상」을 전제로 소유권 절대의 원칙과 계약자유의 원칙을 확립하였다.

자본주의의 성장과 더불어 현실적으로 인간은 강자와 약자로 나누어지게 되고 강자와 약자간의 계약은 형식상으로 자유스럽게 행해졌으나 그 계약의 실질적 내용은 차별적이거나 불공평할 수밖에 없게 되었다. 따라서 당초 모든 인간에게 부여되었던 자유와 평등은 강자의 약자에 대한 지배를 통하여 오히려 「부자유」와 「불평등」을 낳게 되었다. 그러므로 근대 시민법원리를 수정하여 모든 인간에게 최소한의 인간다운 생활을 보장하여야 한다는 주장이 나오게 되었다.1)

이 인간다운 생활을 보장하기 위한 국민의 기본권을 학자에 따라 생활권적 기본권,2) 생존권적 기본권,3) 사회적 기본권4) 등으로 부른다. 이에 해당하는 구체적인 내용은 노동자의 단결권,5) 근로의 권리, 사회보장을 받을 권리, 환경·교육·보건의 권리 등이다.

[2] Ⅱ. 사회보장청구권 행사의 구체화

우리나라는 헌법에서 사회보장청구권을 규정하고 있기 때문에 모든 국민은 국가에 대하여 인간다운 생활을 위하여 기본적인 사회보장급여 및 서비스를 청구할 수 있다.

그러나 헌법에서 규정하고 있는 사회보장청구권은 추상적이기 때문에 현실적인 사회보장행정의 기준으로 삼기 곤란하므로, 헌법에서 규정하고 있는 사회보장청구권의 구체적인 기준과 현실적인 사회보장행정의 집행절차를 사회보장법에서 규정하고 있다.

그러므로 사회보장법률은 절대적인 기준이나 규범이 될 수 없고 헌법에서 규정한 사회보장청구권과 그 이념인 인간다운 생활권

---

1) 서구에서는 시대의 발전에 따라 헌법에 순차적으로 자유와 보장의 문제가 부과되었지만, 우리 헌법에는 이들 과제들이 동시에 제기되고 부과되었다·전광석, 「한국헌법론」, (2015), 217면 이하.

2) 문홍주, 「한국헌법」, (1992), 282면.

3) 김철수, 「헌법개설」, (2015), 1987면 이하; 김유성, 「한국사회보장법론」, (2001), 28˜34면; 정재황, 「신헌법입문」, (2015), 454면 이하.

4) 권영성, 「헌법학원론」, (2001), 590면 이하; 허 영, 「헌법이론과 헌법」, (2015), 400~402면.

5) 이는 광의의 단결권을 말하며, 협의의 단결권, 단체교섭권, 단체행동권을 포함하는 개념이다.

의 보장이 해석기준이 되어야 한다. 따라서 현실적인 사회보장법이 헌법에서 보장하고 있는 인간다운 생활권의 수준에 이르지 못할 경우에는 국민은 헌법에서 보장한 인간다운 생활권과 사회보장청구권을 근거로 하여 사회보장법의 제정이나 개정을 계속 요구할 수 있다. 그리고 사회보장법이 헌법에서 보장한 권리에 미달하거나 오히려 이를 침해하는 경우에는 위헌·무효이다.

[3] Ⅲ. 복지국가의 지향

사회보장법은 복지국가를 지향한다. 복지국가는 일반적으로 사회복지국가 또는 사회국가6)로도 불리어진다. 자본주의 경제체제하에서는 국가는 국민의 경제활동에 직접 개입하지 않으므로 국민 스스로 시장경제원리에 따라서 자유롭게 경제활동을 행한다.

그러나 자본주의체제는 빈곤, 소유의 불공평 등 자체적인 모순점이 대두하게 되어 이러한 문제점들을 해결하기 위하여는 시장경제원리에 대하여 일부 수정을 가하고 국가가 국민의 경제활동에 개입하지 않을 수 없게 되었다.

이와 같이 자본주의 경제체제를 수정하여 일정한 행위를 금지하거나 국가가 국민의 복지증진을 위하여 직접 지원하는 국가체제를 복지국가라 한다. 따라서 복지국가는 현실의 국가 그 자체를 의미하는 것이 아니라, 현대국가의 지표로서 정립된 국가상이다.

이와 같은 복지국가의 등장 배경에는 여러 가지 사회·경제적 원인이 있었는데, 자본주의 내부에서 발생한 여러 가지 모순 즉, 부의 편재와 빈곤층의 확대, 노동자를 중심으로 한 권리투쟁, 사회주의국가로부터의 영향, 그리고 자본측의 사회안정 요구 등이 복지국가 등장의 주요 요인으로 설명되고 있다.

---

6) 사회국가(Sozialstaat)라는 개념은 프랑스의 초기 사회주의자 생시몽(Saint-Simmon)에서 유래하는 것으로 전해지고 있다. 그러나 헌법의 영역에서 다루어지기 시작한 것은 바이마르공화국부터이다. 허 영, 「헌법이론과 헌법」, (2001), 277면.

제 2 절   사회보장법의 개념

[4] Ⅰ. 개념의 다양성

1. 사회보장법의 개념

사회보장법은 아직 그 해석체계가 명확히 정립되지 못하고 있으며, 사회보장법의 해석체계에 따라 그 개념은 각각 다르게 정의할 수 있기 때문에 그 개념이 정립되지 못하고 있다.

권리중심 해석에 의하면 사회보장법은 현대 자본주의 사회에서 발생하는 여러 가지 구조적인 모순점을 해결하기 위한 사회복지국가이념에 따라 모든 국민이 인간다운 생활을 영위할 수 있도록 "사망·질병·빈곤·실업 등 사회적 재해를 당한 경우 국가에 대하여 금전적 급여나 비금전적 서비스를 청구할 수 있도록 부여하고 있는 사회보장청구권의 구체적인 내용을 규정한 법"이라고 정의할 수 있다.[7]

2. 사회보장의 개념

사회보장법에 의하여 시행되는 사회보장의 개념은 무엇인가? 사회보장기본법(이하 "기본법"이라 한다)은 제3조에서 "사회보장이란 출

---

7) 일본에서는 대체로 "사회보장급여와 그 비용부담·운영에 관한 국민과 국가 및 지방자치단체간의 권리의무관계를 기본으로 하는 법의 체계"라고 해석한다. 窪田準人·佐藤進·河野正輝 編, 「新現代社會保障法入門」, (2002), 6면.

산, 양육, 실업, 노팅, 장애, 질병, 빈곤 및 사망 등의 사회적 위험으로부터 모든 국민을 보호하고 국민 삶의 질을 향상시키는 데 필요한 소득서비스를 보장하는 사회보험, 공공부조, 사회서비스를 말한다."라고 규정하고 있다.

역사적으로 볼 때 「사회보장」이란 말은 제2차 대전후 일반화되기 시작하였으며, 당시 이 단어 이상 세계에서 대중의 공감을 받은 말은 드물다. 이를 처음으로 사용한 제정법은 1935년 미국의 「사회보장법」이었고, 이후 1938년 뉴질랜드에서 통일적인 「사회보장법」이 제정되었다.

그리고 1941년 대서양헌장에서 「보다 나은 노동조건, 경제적 발전 및 사회보장」이라고 언급하여 사회보장이란 말을 연합국에 보급하였다. 그리고 1942년 영국에서 작성된 비버리지보고서는 영국 사회보장의 근간이 되었을 뿐만 아니라 세계각국이 사회보장에 대하여 관심을 가지게 되는 자극제가 되었다. 이러한 미국이나 영국의 사회보장입법은 국제노동기구(ILO)의 조언이나 제안의 영향이 컸다.[8]

ILO는 1919년 창설이후 사회보장과 관련된 다수의 조약과 권고를 채택하는 등 사회보장제도의 정립을 위하여 꾸준히 노력하여 왔는데,[9] 특히 1942년 출간한 보고서인 「사회보장제의 실현방안」(Approaches to Social Security)[10]에서는 사회보장을 다음과 같이 정의하고 있다.

즉, "사회보장이라고 하는 것은 사회가 적절한 조치를 통하여 그 구성원이 봉착하는 일정한 사고에 대하여 제공하는 보장

---

8) 高橋武, 「國際社會保障法の硏究」, (1968), 3면.

9) ILO의 구체적인 조약과 권고 내용은 뒤에서 설명하고자 한다.

10) ILO, Approaches to social security, An International Survey, Studies and Reports, Series M, No.18, Geneva, 1942.

이다. 이 사고는 소자산의 개인으로서는 스스로의 능력이나 예지, 혹은 동료와의 개인적 결합에 의해서도 유효하게 대비할 수 없는 본질적 사고이다."라고 규정하였다.

구체적으로는 "국민에 대하여 질병의 예방 또는 치료, 생활이 불가능할 때의 생활의 유지 및 유상활동에 복귀시킬 것을 목적으로 하여 급여를 주는 여러 제도로 보는 것이 타당하다."라고 하였다.

[5] Ⅱ. 사회보장 관련 기본개념

1. 복지국가와 사회국가

앞에서 설명한 바와 같이 복지국가(welfare state)는 자본주의 경제의 발전과 함께 구조적으로 발생되어 온 독과점과 상대적 빈곤의 문제 등을 해결하기 위하여 자본주의 경제체제가 기본원칙으로 삼고 있는 각종 법원칙을 수정한 것으로 수정자본주의 혹은 혼합경제체제라 불리어지고 있다.

한편 사회국가(social state)는 실질적 자유와 평등을 실현하기 위하여 시민법 원리하에서 보장한 권리이외에 각종 사회적 기본권을 보장한 국가를 말한다. 따라서 복지국가와 사회국가는 그 이념에 있어서는 동일하다고 볼 수 있다.11) 단지 복지국가가 각종 사회보장제도를 통하여 국민의 복지증진을 위하여 적극적으로 노력하는 국가의 성격이 강한 반면 사회국가는 모든 국민에게 인간다운 생활권을 실현하기 위한 각종 사회적 기본권을 부여하고 국민들의 이러한 권리의 행사를 통하여 실질적

---

11) 古瀨徹, "ドイツの「社會國家」について", 4면.

인 자유와 평등을 이룩하고자 하는 점에서 차이가 있을 뿐이라고 생각한다.[12)]

2. 사회정책과 사회보장정책

사회정책(Social Policy)이란 좁은 의미에 있어서는 질병·사고 등 노동력의 상실로 인한 일시적인 취업불능의 상태와 노령·부양자의 사망·실직으로 인한 소득불능의 상태의 경우 노동자와 그의 가족들의 기본적인 생활을 보장해 주는 정책을 말한다. 그러나 넓은 의미에 있어서는 노동자보호정책, 노동시장정책, 기업경영정책, 주택정책, 가족정책, 교육정책, 소득 및 재산재분배정책, 청소년정책, 노인정책, 빈민구제정책 등을 두루 포함하는 개념이다.

그리고 사회보장정책(Social Security Policy)은 각종 사회적 재해를 당한 국민에게 적극적인 지원책을 강구함으로써 모든 국민의 인간다운 생활을 보장하기 위한 정책이기 때문에 좁은 의미의 사회정책과 유사한 개념이라고 생각한다.

3. 사회보장과 사회복지

사회보장의 개념이 다양하고, 사회복지(Social Welfare)의 개념도 아직 명확히 정립되지 못하고 있기 때문에, 양자의 관계를 정확하게 설명하는 것은 불가능하다.

---

12) 그러나 허영 교수는 "사회국가는 자유와 평능이 국민 스스로의 사율적인 생활실계에 의해서 실현될 수 있도록 생활여건을 조성해 주는 이른바 사회구조의 골격적인 테두리를 말한다. …국민의 일상생활이 하나에서 열까지 철저히 사회보장제도에 의하여 규율되는 것을 내용으로 하는 이른바 복지국가는 국민 각자의 자율적인 생활설계를 그 근본으로 하는 진정한 의미에서의 사회국가와는 거리가 멀다고 할 것이다"라고 한다: 허 영, 「헌법이론과 헌법」, (2001), 284면.

이에 대하여 필자는 아래 <표 1-1-1>에서 보는 바와 같이 사회보장과 사회복지의 개념은 각각 5단계로 구분할 수 있다고 본다. 사회보장은 국가의 정책으로 집행되는 것이고, 사회복지는 민간의 활동인 사회사업 등을 포함하는 개념이기 때문에, 사회복지가 사회보장보다 넓은 개념이라 할 수 있다.

〈표 1-1-1〉 사회보장과 사회복지의 개념 비교

사회보장		사회복지	
-	-	6. 최광의	5+ 사회사업
5. 최광의	4+ 그 밖의 사회보장	5. 차최광의	4+ 그 밖의 사회보장
4. 차최광의	3+ 공중위생 혹은 사회수당	4. 차차최광의	3+ 공중위생 혹은 사회수당
3. 광 의	2+ 사회복지서비스	3. 광 의	2+ 사회보험
2. 협 의	1+ 공적부조	2. 협 의	1+ 공적부조
1. 최협의	**사회보험**	1. 최협의	**사회복지서비스**

제 2 장
사회보장법의 선결과제

강의주제 :

사회보장법은 국민에게 혜택을 주는 것인데, 국민이 이를 청구할 권리를 가
지느냐 여부 보다는 국가가 얼마나 많은 혜택을 주느냐 하는 것이 중요하지
않은가?

제 1 절   입법의 체계화

[6] Ⅰ. 입법의 문제점

1. 산발적인 입법

우리나라의 사회보장법은 영국의 「비버리지 보고서」나 프랑
스의 「라로크 보고서」 혹은 미국의 「뉴딜정책」 등과 같이 체계적
인 연구와 입법의 준비과정을 거친 후 제정된 것이 아니고, 역대 군
사정권하에서 독재정권의 명분용으로 그때그때 필요에 따라 산발
적으로 제정되어 왔기 때문에 전체적인 체계성이 결여되어 있다.

1961년 5·16 군사쿠데타에 의하여 집권한 박정희 군사정권
은 독재정권을 미화하고 사회보장제의 실시를 선전하기 위하여
우리나라의 사회·경제적인 여건을 고려하지 않은 채 1961년 생
활보호법, 1963년 사회보장에 관한 법률(이하 '사보법'이라 함), 의료

보험법, 산업재해보상보험법(이하 '산재법'이라 함) 등을 제정하였다. 이와 같이 각종 사회보장법률을 제정하고도 예산확보 등 시행을 위한 구체적 준비를 하지 않았기 때문에 유명무실한 존재에 불과하였다.

그리고 현재 우리나라 사회보장법의 법률체계는 법률이나 시행령보다는 관계장관이 제정하는 시행규칙, 고시, 지침, 기준 등이 사회보장행정의 중심 역할을 하고 있어 문제가 더욱 가중되고 있다. 그 결과 사회보장행정에 있어서 법치주의의 실현이 미흡하고 행정부에 과도한 재량이 부여되고 있다. 또한 일반 국민이 법의 내용을 잘 이해하지 못할 뿐만 아니라 행정을 담당하고 있는 실무자조차도 산발적인 입법체계로 인하여 혼란을 겪고 있는 실정이다.

2. 형식적인 입법

우리나라의 사회보장법은 형식적으로 우리도 사회보장정책을 실시하고 있다는 것을 내세우기 위하여 제정되었고, 실질적으로 모든 국민의 인간다운 생활을 보장하고 노령·질병·재해·등의 사회적 재해를 국가의 책임하에 해결하기 위하여 제정된 것은 아니다.

따라서 우리나라의 사회보장법은 그 이념의 실현을 위하여 체계적으로 제정되어 온 것이 아니라 제정 그 자체에 의의를 둔 것으로 역대 군사정권이 창출한 졸속 입법이라 하지 않을 수 없다.

그 결과 우리나라 사회보장법은 곳곳에서 행정부의 재량권에 일임하는 입법 포기성 규정을 발견할 수 있으며 진지하게 국민의 인간다운 생활을 보장하기 위한 노력이 부족하다. 그리고 입법의 위임이 없거나 위임의 한계를 벗어나 관계장관이 사회보장청구권의 내용을 과도하게 침해하는 것으로 위헌적인 규정으로 평가되는 고시, 지침 등도 다수 존재하고 있으며, 그 동안 학설에 의하여 많은 비판을 받아왔음에도 지금까지 시정되지 않고 있다.

3. 일방적인 입법

"사회있는 곳에 법이 있다."라는 말이 있다. 자연상태에서의 개인적 이익의 추구는 만인의 만인에 대한 투쟁을 부르고 이는 결국 사회구성원 모두에게 불행을 초래하게 된다. 따라서 사회구성원 상호간의 협조와 조화 속에서 행복을 추구하기 위하여는 일정한 규율을 제정할 필요가 있다.

이와 같은 관점에서 볼 때 법은 적용되는 사회의 규범이므로 이를 준수하여야 할 사회구성원이 직접 만드는 것이며, 제3자가 간접적으로 제정하여 준수를 강요하는 것도 아니고, 하늘에서 내려오는 것도 아니다.

따라서 법은 사회구성원의 민주적 의견 수렴절차를 거쳐서 제정되어야 한다.13) 그러나 우리나라의 사회보장법은 국민의 여론을 수렴하여 민주적 절차에 의하여 제정된 것이 아니라 정부가 국민에게 베푸는 하나의 시혜라는 차원에서 일방적으로 제정되어 왔다고 생각한다.

[7] Ⅱ. 입법체계의 재정립

우리나라의 사회보장법은 법률 상호간에 체계적이고 종합적인 편제를 이루지 못하고 있기 때문에 하루 속히 그 입법체계를 재정립하여야 한다. 그 중에서 가장 먼저 개선되어야 할 점은 법률 중심체계로 전환하는 것이라고 생각한다.

우리나라의 사회보장법은 법률이나 그 시행령에는 원칙적인

---

13) 박승두, 「노동법개론」, (1995), 52면.

내용만을 규정하고 있고, 관계장관의 규칙, 고시, 지침, 기준 등이 실질적인 내용을 규정하고 있다. 그리고 이들이 헌법이나 법률에서 규정하고 있는 사회보장청구권을 과도하게 침해하고 있기 때문에 위헌적인 평가를 면하기 어려울 뿐만 아니라, 일반 국민은 물론이고 행정담당 실무자들에게도 시행상 혼란과 비효율성을 초래하고 있다고 생각한다.

그 동안 정부는 「세계화」 혹은 「경쟁력 제고」를 주창해 왔지만 정부의 행정은 아직도 탁상공론이나 관리행정의 수준을 벗어나지 못하고 있는 바, 비합리적이고 위헌적인 법률체계도 중요한 요인 중 하나라고 본다.

따라서 하루 속히 사회보장법의 입법체계를 법률 중심으로 전환하고 세부적인 내용은 시행령에 규정하고, 규칙, 고시, 지침, 기준 등 행정입법은 최소화시켜야 한다고 생각한다. 그리고 사회보장법의 입법방향도 학계, 시민단체, 노동조합, 행정실무자 등의 의견을 두루 수렴하여 민주적인 절차에 의하여 합리적인 방향으로 제정하여야 한다.

이제 우리나라도 선진국의 대열에 진입하려고 하고 있는 만큼 사회보장이 정부가 국민에게 베푸는 시혜의 차원을 벗어나, 국민이 국가에 대하여 가지는 복지주권과 정부의 사회보장의무에 대한 인식을 새롭게 하여야 할 때가 되었다.

[8] Ⅲ. 사회보장정책의 재정립

앞에서 설명한 바와 같이 우리나라의 사회보장법은 역대 군사정권하에서 명분용으로 제정되어 왔기 때문에, 그 체계성을 갖추지 못하고 산발적이며 형식적이다. 그리고 우리나라의 사회보장의 수준은 선진 각국의 수준과 비교하여 매우 낙후된 것으로 평가받아 왔다.

이것은 1990년대 후반까지만 해노 세계각국의 사회보상비 지출을 정부예산 대비한 결과, 캐나다(44.3%), 스웨덴(43.5%) 등에 비하여 우리는 미흡한 수준(10.9%)에 머무르고 있었다. 그리고 GDP대비 보건비 지출도 OECD회원국 29개중 최하위인 26위에 머물렀다.14)

그러나 2016년도 우리나라 총예산이 386.4조원이었고, 이 중에서 복지 예산은 123.4조원으로 전체 예산의 31.9%를 차지했다. 2016년 8월 9일 정부와 새누리당은 2017년도 예산안을 올해 본 예산보다 3~4% 많은 규모로 편성하기로 합의하여, 최소 398조에서 최대 402조원 규모로 편성될 예정이다. 이에 따라 2017년 복지 예산은 내년 전체 예산의 3분의1 정도인 약 130조원에 달할 것으로 예상되어,15) 예산 대비 사회보장비 지출은 선진국 수준으로 향상되었다.

그동안 대통령 선거에서 무분별하게 복지에 관한 선심성 공약을 남발하고 이를 이행하기 위하여 많은 예산을 투입하여야 하는 부작용이 나타나고 있다. 이는 복지 포퓰리즘(welfare populism)을 초래하여 효율적이고 체계적인 사회보장제도의 확립을 멀리하게 된다.

따라서 앞으로 사회보장제도의 발전을 위해서는 대통령 입후보자가 공약사항으로 제시하기 보다는, 정부의 주도로 이 분야의 많은 전문가들이 모여 체계적으로 연구하여 계획을 수립하고 추진하는 것이 바람직하다.

---

14) 당시 GDP대비 보건비지출이 가장 높은 나라는 미국(13.9%)이며, 우리나라(6.0%) 보다 낮은 나라는 터키(4.0%), 멕시코(4.7%), 폴란드(5.2%) 밖에 없다; 통계청, 「OECD 국가의 주요통계지표」, (1999), 23면.

15) 조선비즈(chosunbiz), 2016. 8. 14자.

제 2 절 해석체계의 재정립

[9] Ⅰ. 해석체계의 재정립 필요성

현대 자본주의 사회에 있어서는 민법, 상법 등의 근대 시민법 못지 않게 노동법, 사회보장법 등 현대 사회법이 국민생활에 중대한 영향을 미치고 있다. 그러나 사회보장법은 그 역사가 오래되지 못하고 주로 제2차 세계대전후 각국에서 입법화되어 왔기 때문에, 아직 학문적 체계화를 이루지 못하고 있다.

그리고 사회보장법은 각 국가에 따라서 정치·경제적인 배경과 입법의 역사가 다를 뿐만 아니라, 학자에 따라 해석의 관점이 다르기 때문에 더욱 이해하기 힘든 현실이다.

이와 같이 사회보장법은 해석체계가 제대로 정립되지 못함에 따라 학문적 발전은 물론이고, 국민의 기본적 인권실현을 위한 사회보장제도의 확립이 아직 미흡한 수준에 머물러 있다.

더욱이 우리나라는 아직 사회보장법의 입법수준이 초기단계에 진입하고 있으며 학설도 형성되지 못하고 있는 실정이기 때문에, 올바른 해석체계의 정립이 향후 사회보장법의 발전을 위해서 절실히 요망되고 있다.

[10] Ⅱ. 실정법적 해석

1. 의 의

학설상 가장 먼저 주장된 해석체계는 사회보장법을 입법현황을 중심으로 해석하는 방법인 바, 이를 「실정법적 해석체계」라 부르고자 한다.16)

이는 사회보장법을 우선 사회보장제도에 관계되는 입법의 총체를 의미하는 것으로 파악하고, 그 시행방법의 차이에 따라 사회보험에 관한 법과 공적부조에 관한 법, 그리고 사회복지에 관한 법으로 나누어 해석하는 방법으로 일본17)과 우리나라18)의 기존 학설이다. 이는 아래 <표 1-2-1>과 같이 분류하고 있다.

〈표 1-2-1〉   실정법적 해석체계

	사 회 보 험 법
사 회 보 장 법	공 적 부 조 법
	사 회 복 지 법

---

16) 그리고 이를 「고전적 해석체계」 혹은 「전통적 해석체계」라 부를 수도 있을 것이다.

17) ① 小西國友, 「社會保障法」, (2001)은 크게 사회보험법, 공적보장법으로 구분하고, 전자에는 의료보험, 재해보험, 개호보험, 실업보험, 연금보험을, 후자에는 사회복지와 사회수당을 포함하여 설명하고 있다. ② 吾妻光俊, 「社會保障法」, (1990)은 건강보험법, 국민건강보험법, 실업보험법, 후세연금보험법, 국민연금법, 산업재해보상보험법, 국가부조법으로 구분하여 설명하고 있다. ③ 窪田隼人, 佐藤進 編, 「現代社會保障法入門」, (1993)은 의료보건과 사회보장, 연금보험, 공저부조, 사회복지, 사회수당, 노동보험, 고용보험 등으로 구분하여 설명하고 있다.

18) 김유성, 「한국사회보장법론」, (2001)은 사회보장에관한법률, 사회보험법, 공적부조법, 사회복지법 등으로 구분하고, 이상광, 「사회법」, (2002)은 사회보험법, 사회보상법, 사회복지법으로, 최정섭외, 「사회보장법」, (2015)도 각론에서 사회보험법, 공적부조법, 사회서비스법으로 구분하여 설명하고 있다.

2. 이에 대한 비판

일본의 아라끼(荒木誠之) 교수는 이러한 해석론에 대하여 "사회
보장의 각 제도가 생존권의 법리와 관련되어 있다는 점과 제도상
호간의 존재양태를 체계적으로 설명하지 못하고 있다."[19]라고 비
판하면서 뒤에서 설명하는 「급여중심 해석체계」를 제시하고 있다.

그리고 김유성 교수도 "사회보장법을 사회보장제도에 관한
법으로서 파악한다 하더라도 사회보험법, 공적부조법, 사회복지
법 등은 그 의미가 법적으로 충분히 검토된 것이 아닐 뿐 아니
라, 그것들이 상호 어떠한 관련 속에서 사회보장법의 체계를 구
성하고 있는가에 대하여는 전혀 이론체계가 확립되어 있지 않
다."[20]라고 비판하고 있다.

[11] Ⅲ. 급여중심 해석

1. 의 의

이는 앞에서 설명한 바와 같이 일본의 아라끼(荒木誠之) 교수
가 기존의 「실정법적 해석체계」를 비판하면서 제시한 해석체계
이다. 이 견해는 사회보장법을 사회보장요구와 사회보장급여의
내용 및 성격에 따라 소득보장급여법과 생활장해보장급여법으로
분류하여 해석한다.

---

19) 荒木誠之 編, 「社會保障法」, (1988), 68~69면.

20) 김유성 교수는 기존의 해석체계에 대하여 이와 같이 비판하면서도 해설은 기존
의 전통적인 체계에 따르고 있으며, 荒木誠之 교수가 채택하고 있는 해석체계를 하
나의 시론(試論)으로 제시하고 있다: 김유성, 「사회보장법」, (2001), 101~102면.

아라끼(荒木誠之) 교수는 "사회보장법을 대별하면 소득보상을 목적으로 하는 급여의 법과 생활장해에 대한 보장을 목적으로 하는 급여의 법으로 나눌 수 있고, 전자를 소득보장법, 후자를 생활장해보장법이라 부를 수 있다."[21]라고 한다. 이를 표로 나타내면 아래 <표 1-2-2>와 같다.

〈표 1-2-2〉   급여중심 해석체계

사회보장법	소득보장급여에 관한 법	상병, 폐질, 노령, 퇴직, 임신, 출산, 아동부양, 실업, 산업재해, 사망 등
	생활장해보장급여에 관한 법	의료, 사회복귀, 보건급여 등

최근에는 기본적으로 이러한 해석체계에 따르면서 의료보장을 별도로 분리하여, 사회보장법을 ① 소득보장 ② 의료보장 ③ 사회복지서비스보장의 셋으로 구분하는 견해도 있다.[22]

2. 이에 대한 비판

이러한 해석체계는 기존의 실정법적 해석체계가 사회보장법의 전체에 내재하고 있는 법이념을 무시하고 현실적인 입법에만 의존한 해석체계라는 비판을 그대로 받지 않을 수 없다. 왜냐하면 이러한 해석체계도 사회보장법의 전체에 내재하고 있는 이념을 중심으로 설명한 것이 아니라 사회보장급여의 내용에 따라 분류해석한 것이기 때문이다. 즉, 소득의 상실에 대하여 금전적으로 「직접」 보상하는 방법과 생활능력의 회복을 통하여 「간

---

21) 荒木誠之 編, 「社會保障法」, (1998), 69면.
22) 清正 寬外 編, 「社會保障法」, (2000), 21면.

접」적으로 보상하는 방법의 차이에 착안하여 분류한 것으로 밖
에 볼 수 없기 때문이다.

그리고 기존의 실정법적 해석체계가 사회보장법의 해석이라기
보다는 사회보장제도의 해석이라는 비판을 그대로 받지 않을 수 없
다. 왜냐하면 사회보장제도는 급여의 종류에 의한 분류, 급여의 주
체에 의한 분류 등 다양하게 분류해석할 수 있으나 사회보장법은
그 속에 내재하고 있는 법이념에 따라 해석하여야 하기 때문이다.

[12] Ⅳ. 행정법적 해석

1. 의 의

이는 사회보장법을 행정법의 특수한 한 형태로 분류하여 해
석하고자 하는 견해이다. 이 견해에 따르면 사회보장법을 "국가
혹은 공법인이 주체가 되어 개인을 생활위험으로부터 보호하는
것을 제1차적인 목적으로 제공되는 급여관계를 규율하는 공법체
계"라고 정의하며[23] 사회보장법을 「사회행정법」 혹은 「사회보장
행정법」이라 부른다.

그리고 사회보장행정법의 일반적인 특색으로는 ① 헌법에서 보
장하는 생존권 보장과 그 실현을 목적으로 하는 행정법의 총체라는
점, ② 생존권 보장과 실현의 책임주체는 국가이며, 그 객체는 국가
구성원 전원이라는 점, ③ 권력에 의한 급부행정과 비권력에 의한
급부행정의 분야를 포함하고 행정기관에 의한 생활배려라는 면에서
극히 타율적인 규제를 행한다는 점 등이 지적되고 있다.[24]

---

23) 전광석, 「사회보장법학」, (2010), 83면.
24) 園部逸夫外 編, 「社會保障行政法」, (1980), 33면.

2. 이에 대한 비판

사회보장법은 국민이 국가에 대하여 인간다운 생활을 위한 사회보장을 청구할 권리와 이에 대응한 국가의 의무를 규율하기 때문에 국가와 국민과의 법률관계라는 점에서 보면 행정법의 특수한 형태로 파악할 수 있으리라 본다.

그러나 행정법은 정부의 행정권의 실현을 이념으로 하고 사회보장법은 국민의 인간다운 생활권의 실현을 이념으로 하기 때문에 법률의 성격이 상호 반대적인 입장에 있다고 보아야 할 것이다. 대부분의 행정법학자들이 행정법 교과서 내에 급부행정이나 사회보장행정에 관한 설명을 하고 있으나 이는 사회보장법의 전체에 대한 설명이 될 수 없고 사회보장법 중에서 행정과 관련된 부분에 대한 해설이라고 보아야 할 것이다.

특히 과거 공적부조가 사회보장법의 중심적 영역을 차지하였으나 현대사회에 있어서 사회보장법은 사회보험이 중심 역할을 수행하고 있고, 사회보험은 자율운영을 원칙으로 하고 있기 때문에 더욱 행정법의 원리에서 멀어지고 있다.

또한 사회보장법을 행정법의 한 영역이라고 해석할 경우 현대 산업사회에 있어서 노동법, 환경법, 독점규제법, 소비자보호법 등을 모두 행정법의 체계속에 포함시켜야 하는 모순이 있다고 생각하며 이는 학문의 전문화에도 역행된다고 생각한다.

[13] V. 권리중심 해석

앞에서 설명한 여러 해석체계가 사회보장법을 올바로 이해하는 데는 많은 문제점을 내포하고 있다고 생각하며, 사회보장법은 국민이 국가에 대하여 가지는 사회보장청구권의 측면에서 이해하여야 한다고 생각하며, 이러한 해석방법을 「권리중심 해석」 혹은 「권리론적 해석체계」라 부르고자 한다.[25]

우리나라 헌법 제34조는 국민의 인간다운 생활을 권리와 국가 의 사회보장·사회복지의 증진에 노력할 의무를 규정하고 있다. 그 러므로 사회보장이란 국민의 인간다운 생활을 보장하기 위한 수단 이라고 보아야 한다. 따라서 사회보장법은 국민의 인간다운 생활권 을 전제로 해석하여야 한다. 그리고 법이란 기본적으로 권리와 의 무관계를 규율하는 규범이라는 측면에서 보더라도 당연한 것이다.

이러한 해석체계에 의하면 국민은 인간다운 생활을 위하여 국가에 대하여 사회보장을 청구할 수 있는 권리를 가지고 있는 바, 이 권리의 구체적인 내용과 범위 그리고 시행방법 등에 관 하여 규정한 법이 사회보장법이다. 그 동안 일본에서도 엔도우 (遠藤), 오가와(小川) 교수 등에 의해 사회보장법을 권리론적으로 해석하여야 한다는 주장[26]이 강하게 제기되어 왔다.[27]

그리고 인간다운 생활권의 기초에 행복추구권이 있음은 두 말할 나위조차 없다. 왜냐하면 헌법 제10조에서는 "모든 국민은 인간으로서의 존엄과 가치를 가지며, 행복을 추구할 권리를 가 진다. 국가는 개인이 가지는 불가침의 기본적 인권을 확인하고 이를 보장할 의무를 진다."라고 규정하고 있는 바, 이 행복추구 권의 본질은 기본권 전반에 관한 총칙적 규정[28] 혹은 포괄적 기 본권[29]이라고 보아야 하기 때문이다.

그리고 헌법에서 보장하고 있는 인간다운 생활권이나 사회

---

25) 구체적인 내용은 박승두, "사회보장법의 권리론적 해석체계 정립방안", (2013) 참조.

26) 遠藤昇三, 「社會保障の權利論」, (1995), 58면; 小川政亮, 「權利としての社會保障」, (1983), 120면.

27) 菊池馨實, 「社會保障の法理念」, (2000), 3~20면.

28) 권영성, 「헌법학원론」, (2001), 361~362면. 동 교수는 포괄적 권리성도 인정하고 있다.

29) 문홍주, 「한국헌법」, (1992), 208~209면; 김철수, 「헌법학개론」, (2000) 358면; 허 영, 「한국헌법론」, (1996), 325~326면; 구병삭, 「신헌법원론」, (1996), 350면.

보상청구권의 구체석인 내용은 입법에 의하여 성하여 지는 것이
다. 그러나 법률에서 규정하고 있는 사회보장청구권의 구체적인
내용은 헌법에서 정한 권리의 기준 위에서 그 타당성 여부를 판
단하여야 한다. 이러한 행복추구권 및 인간다운 생활권과 사회보
장청구권과의 관계를 나타내면 다음 <표 1-2-3>과 같다.

〈표 1-2-3〉 행복추구권 및 인간다운 생활권과 사회보장청구권의 관계

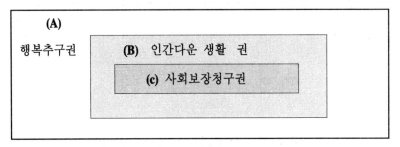

이러한 권리론적 해석체계를 표로써 나타내면 <표 1-2-4>와
같으며, 사회보장청구권의 구체적인 내용에 대하여는 뒤에서 상
세히 설명하고자 한다.

〈표 1-2-4〉　　　　　　　권리론적 해석체계

사회 보장법	사회보장 청구권	1. 각종 사회적 재해에 대한 보장청구권	사회보험법
		2. 특별보호대상자의 보호청구권	사회복지법
		3. 생활무능력자의 기초생활 보장청구권	공적 부조법
		4. 그 밖의 사회보장청구권	(미제정)

제 3 장
사회보장청구권의 의의

강의주제 :

사회보장청구권의 구체적 권리로서의 성격을 인정한다면, 인간다운 생활을 하지 못하는 국민에 대하여 적절한 사회보장급여를 제공하는 법률을 제정할 의무를 부여하여야 하고, 이 법을 제정하여 시행하려면 어느 정도 예산이 소요되는데 이를 위한 예산편성과 세금의 징수도 국가의 의무인가?

제 1 절 헌법상 보장의 의의

[14] Ⅰ. 상위규범성

우리나라와 같이 헌법에서 사회보장청구권을 보장하고 있는 국가에 있어서는 개개의 실정 사회보장법률은 언제나 헌법과의 관계에 있어서 그 타당성의 여부가 검토되어야 한다. 이 점에 있어서 헌법에서 사회보장청구권을 보장하지 않고 실정 사회보장법률에서만 이를 보장하고 있는 국가에 비하여 사회보장청구권의 보장규정이 더욱 강력한 효력을 가진다고 보아야 한다.

또한 사회보장청구권을 보장하는 헌법의 규정은 일반적이며 추상적인 규정이므로 이를 구체적으로 보장하는 실정 사회보장법률에서 어떻게 구체화할 것이냐 하는 과제와 사회보장법률에 의하여 구체화되어 있는 보장규정을 어떻게 해석할 것이냐 하는

무제는 항상 헌법이 사회보장청구권 보장의 근본 정신을 손숭하
여야 한다. 그리고 사회보장청구권의 해석은 그것을 둘러싸고
있는 인간다운 생활권과 행복추구권을 함께 기준으로 삼아야 한다.

[15] Ⅱ. 국가의 의무규범성

우리나라에서는 헌법에서 사회보장청구권을 보장하는 규정
을 두고 있다. 따라서 국가는 모든 국민에게 사회보장을 실시하
여야 할 의무를 지며, 국가는 스스로 사회보장청구권을 침해하
는 행위를 할 수 없을 뿐만 아니라, 사회보장청구권을 보장하고
사회보장청구권이 침해당했을 경우에 이를 구제하고 행위자를
처벌하는 등 침해행위를 규제하는 하위법률을 제정하여야 하는
의무를 진다.

따라서 국민은 헌법에서 보장하고 있는 사회보장청구권을
실현하기 위한 구체적인 하위법률의 제정을 요구할 수 있고, 사
회보장법률에서 규정하고 있는 내용을 이행하지 않는 경우에는
그 이행을 청구할 수 있으며, 그 불이행으로 인한 손해배상을
청구할 수 있다.

제 2 절   사회보장청구권의 법적 성질

[16] Ⅰ. 학   설

사회보장청구권의 법적 성질은 다음과 같이 일반적으로 세
가지로 나누어져 있다.

〈표 1-3-1〉 　　　　　헌법상 사회보장청구권의 법적 성질

구　분	프로그램 규정설	추상적 규정설	구체적 권리설
법적 권리성	X	O	O
사법심사의 대상	X	O	O
재판규범성 (직접청구)	X	X	O

1. 프로그램 규정설

이 설은 사회보장청구권이라는 법적 권리를 부정하고 헌법 규정은 국가정책적인 목표와 강령을 선언한 것에 지나지 않기 때문에 국가가 구체적인 입법을 제정하지 않는 한 국가에 대한 구체적인 청구권이 발생하지 않는다고 한다.

이 설은 처음 일본에서 제창되었을 때 통설적 지위를 가졌으나(我妻榮, 伊藤正己), 현재는 우리나라는 물론 일본에서도 지지자가 없다.

2. 추상적 권리설

이 설은 헌법규정에 의하여 국민은 추상적인 권리를 가지고 국가는 사회보장의 법적 의무를 진다. 따라서 국민은 국가에 대하여 입법이나 필요한 조치를 청구할 수 있으며, 구체적 법률이 제정된 경우에 그 법률에 근거하여 구체적 권리를 가진다고 한다.

그러므로 헌법규정에 근거하여 바로 법원에 입법을 청구하거나 국가에 대하여 사회보장을 청구할 수는 없지만, 국가가 헌

법규정에 맞게 사회보장을 하고 있는시 법원에 확인을 구하는 사법심사의 대상은 된다고 한다.30)

과거 대부분 헌법학자들은 추상적 권리설을 지지하였지만, 최근에는 추상적 권리이면서 아울러 구체적 권리로서의 성격도 가진다는 애매한 입장을 취하고 있다. 일본에서도 프로그램 규정설에 대한 비판으로 이 설이 제기되었다.31)

이 견해는 추상적 권리이면서 구체적 권리라고 하거나32) 불완전한 구체적 권리33)라고 하는 애매한 입장을 취하고 있다.

3. 구체적 권리설

이 설은 헌법규정은 구체적인 권리로서의 성격을 가지며, 이를 기초로 입법의 제정을 요구할 수 있고 부작위에 대한 위헌확인소송도 제기할 수 있다고 한다. 이는 사회법 교수의 다수설이고, 헌법 교수도 점차 이에 동조하고 있다. 일본에서도 현재 다수설을 점하고 있다.34)

이 견해는 구체적 권리이므로 입법의 청구나 위헌확인소송도 가능하다고 보며,35) 국가에 대하여 법적·정치적 책임을 추궁할 수 있다고 한다.36)

---

30) 장영수, 「헌법학」, (2015), 792면.

31) 池田政章, "プログラム規定における消極性と積極性", (1965); 橫川博, "生存權の保障", (1963); 堀勝洋, 「社會保障法總論」, (1994).

32) 구병삭, 「신헌법원론」, (1996), 607~608면.

33) 권영성, 「헌법학원론」, (2001), 593~595면. 이를 지지하는 견해로 최정섭 외, 「사회보장법」, (2015), 146면.

34) 大須賀明, 「生存權論」, (1984); 和田鶴藏, "生存權", 田烟忍編, 『憲法判例綜合硏究』, (1964); 高田敏, "生存權保障規定の法的性格", (1963).

35) 김유성, 「한국사회보장법론」, (2001), 92~93면; 김철수, 「헌법개설」, (2015), 201면; 성낙인, 「헌법학」, (2015), 274면; 정재황, 「신헌법입문」, (2015), 457면.

36) 허 영, 「한국헌법론」, (2015), 555면.

4. 사 견

사회보장청구권은 구체적 권리라고 생각한다. 그 이유는 첫째, 프로그램적 규정설은 헌법규범을 준수하여야 할 국가에 대하여 의무를 면제시켜 줌으로써 과거 독재정권을 미화시켜주는 결과를 초래하고, 국민에 대하여는 기본권의 권리성을 인정해주지 않음으로써 인간다운 생활을 불가능하게 함과 동시에 법치주의 이념을 상실시키는 결과를 낳았다고 본다.

둘째, 추상적 권리설은 헌법에서 국민의 사회보장의 권리와 국가의 사회보장시행의무를 규정하고 있더라도 현실적으로 이를 시행하기 위한 구체적인 입법이 없는 한 생존권을 현실적인 권리로서 재판상 청구할 수 없다는 점에서, 프로그램적 규정설과 크게 다를 바 없으며 인간다운 생활을 할 권리는 실질적 의미에서의 권리성을 확보하지 못하는 결과가 된다고 생각한다.

또한 이 학설은 근대 시민국가에서 현대복지국가로 지향해 나가는 과도기의 사회적·경제적 배경을 대변하는 불명확한 학설로밖에 볼 수 없으며, 추상적 권리가 재판규범이 되지 못한다면 헌법에서 규정하고 있는 대부분의 국민의 기본권의 권리성을 부인하는 결과가 되어 헌법규범을 무력화시키는 결과가 되므로 타당성을 가질 수 없다고 본다. 나아가 이 견해는 추상적 권리라고 하면서 구체적 권리라고 하거나 불완전한 구체적 권리라는 등 불명확한 입장을 취하고 있다.

따라서 인간다운 생활권, 사회보장청구권, 사회적 기본권 등의 법적 성질은 구체적 권리로서의 성격을 가진다고 본다. 이는 국가의 최고규범인 헌법의 규범성을 인정하여야 하고 국민의 기본권에 대한 보장과 국가의 사회보장의무를 생각할 때 당연한 논리라 생각한다.

그 결과 국가는 헌법에서 보장한 국민의 인간다운 생활이 보장될 수 있는 수준의 사회보장법을 제정하여야 하는 의무를 진다. 그리고 모든 국민은 헌법의 규정에 의하여 인간다운 생활을 영위할 수 있는 수준의 사회보장을 국가에 대하여 청구할 수 있다. 그리고 사회보장법을 해석함에 있어서는 항상 헌법에서 보장하고 있는 사회보장청구권과 그 이념인 인간다운 생활권을 기준으로 하여야 한다.

[17] Ⅱ. 판 례

1. 일 본

일본에서 사회보장법 제정의 근거는 헌법 제25조[37]에 있다. 따라서 일본에서는 헌법 제25조를 어떻게 해석하느냐에 따라 사회보장청구권의 법적 성질을 이해할 수 있다.

이에 대한 일본 최고재판소의 판례는 추상적 권리설을 지지하고 있다. 이 판결은 그 후 많은 판결에 있어서 헌법 제25조의 법적 성격을 해석하는 지침이 되어 오고 있다.

<판례 1> 일본 최고재판소 1967.5.24 결정(朝日事件)

헌법 제25조 제1항은 국가에 대하여 모든 국민이 건강하고 문화적인 최저한도의 생활을 영위할 수 있도록 국정을 운영할 책무를 부과한 것에 지나지 않으며, 개개의 국민에게 직접 권리를 부여한 것은 아니다.

구체적인 권리는 헌법규정의 취지를 실현하기 위하여 제정된 생활보호법에

---

37) 일본 헌법 제25조에는 다음과 같이 규정하고 있다. ① 모든 국민은 건강하고 문화적인 최저한도의 생활을 영위할 권리를 가진다. ② 국가는 모든 생활영역에 있어서 사회복지, 사회보장 및 공중위생의 향상과 증진에 노력하여야 한다.

의하여 비로소 부여되는 것이다. 따라서 무엇이 건강하고 문화적인 최저한
도의 생활이냐의 판단기준은 우선 후생대신에게 합목적적인 재량에 위임되
어 있고, 이에 대하여 정치책임의 문제는 발생하더라도 직접 위법의 문제가
발생하는 것은 아니다.
<u>단 헌법 및 생활보호법의 취지·목적에 반하여 재량권의 한계를 넘거나 남용
한 경우에는 위법한 행위로서 사법심사의 대상이 된다.</u>

〈판례 2〉 일본 최고재판소 1982.7.7 결정(堀木事件)

헌법 제25조의 규정은 국가권력의 작용에 대하여 일정한 목적을 설정하고
이를 실현하기 위하여 적극적인 발동을 기대하는 성질의 것이다. 그러나 이
규정의 「건강하고 문화적인 최저한도의 생활」이란 것은 극히 추상적이고 상
대적인 개념이고 그 구체적인 내용은 당시의 문화의 발달정도, 경제적·사회
적 조건, 일반적인 국민생활의 상황이 상관관계속에서 판단하여야 하며, 이
규정을 실현하고 구체화하기 위해서는 국가의 재정사정을 무시할 수 없고, 다
방면에 걸친 복잡 다양한 고도의 전문기술적인 고려와 이에 따른 정책판단
을 필요로 한다.
따라서 <u>헌법 제25조의 취지에 맞게 구체적으로 어떠한 입법조치를 강구하느냐
하는 선택결정은 입법부의 넓은 재량에 해당하는 것이고, 그것이 현저하게
합리성을 잃어 명백하게 재량의 일탈·남용으로 보이지 않는 한 법원의 사법
심사의 대상이 되지 않는다.</u>

2. 우리나라

우리나라의 판례는 사회보장청구권의 권리성을 어느 정도
인정하지만, 아직 구체적인 권리로서의 성격을 인정하지 않고
있다.

따라서 우리나라의 헌법재판소는 헌법상 인간다운 생활권이나 사회보장청구권에 대하여 아직 추상적 권리의 입장에서 이해하는 수준에 머무르고 있다.

<판례 3> 헌법재판소 1995.7.21 결정 93헌가14

인간다운 생활을 할 권리로부터는 인간의 존엄에 상응하는 생활에 필요한 "최소한의 물질적 생활"의 유지에 필요한 급부를 요구할 수 있는 구체적인 권리가 상황에 따라서는 직접 도출될 수 있다고 할 수는 있어도, 동 기본권이 직접 그 이상의 급부를 내용으로 하는 구체적인 권리는 국가가 재정형편 등 여러 가지 상황들을 종합적으로 감안하여 법률을 통하여 구체화할 때에 비로소 인정되는 법률적 권리라고 할 것이다.

<판례 4> 헌법재판소 1997.5.29 결정 94헌마33

모든 국민은 인간다운 생활을 할 권리를 가지며 국가는 생활능력없는 국민을 보호할 의무가 있다는 헌법의 규정은 모든 국가기관을 기속하지만, 그 기속의 의미는 적극적·형성적 활동을 하는 입법부 또는 행정부의 경우와 헌법재판소에 의한 사법적 통제기능을 하는 헌법재판소에 있어서 동일하지 아니하다.

위와 같은 헌법의 규정이 입법부와 행정부에 대하여는 국민소득, 국가의 재정능력과 정책 등을 고려하여 가능한 범위안에서 최대한으로 모든 국민이 물질적인 최저 생활을 넘어서 인간의 존엄성에 맞는 건강하고 문화적인 생활을 누릴 수 있도록 하여야 한다는 행위의 지침, 즉 행위규범으로서 작용하지만, 헌법재판소에 있어서는 다른 국가기관, 즉 입법부나 행정부가 국민으로 하여금 인간다운 생활을 영위하도록 하기 위하여 객관적으로 필요한 최소한의 조치를 취할 의무를 다하였는지를 기준으로 국가기관의 행위의 합헌성을 심사하여야 한다는 통제규범으로 작용하는 것이다.

[18] Ⅲ. 사회보장청구권의 법적 근거

헌법규정 이외에 구체적인 사회보장법률이 제정되어야만 사회보장급여 및 서비스를 청구할 수 있느냐, 아니면 구체적인 사회보장법률이 제정되어 있지 않더라도 헌법규정에 의하여 바로 사회보장급여 및 서비스를 청구할 수 있느냐 하는 것이 문제된다.

이 점은 앞에서 설명한 사회보장청구권에 대한 법적 성질에 관한 학설에 따라 다르다. 즉, 프로그램적 규정설이나 추상적 권리설에 의할 경우 헌법규정에 의하여 사회보장을 청구할 권리가 발생되는 것이 아니고 구체적인 사회보장법률이 제정되어야만 청구할 수 있다. 그리고 구체적 권리설을 따르더라도 반드시 헌법규정에 의하여 바로 사회보장을 청구할 수 있는 권리가 발생하는 것으로 해석하는 것은 아니다. 왜냐하면, 구체적 권리설은 헌법규정을 근거로 입법부의 입법의무나 행정부의 사회보장제공의무의 이행을 법원에 청구할 수 있는 재판규범으로 인정한다는 것이며, 헌법규정을 근거로 바로 행정부에 사회보장의 이행을 청구할 수 있다고 해석하는 것은 아니기 때문이다.38)

그러나 헌법의 규정에 대하여 구체적 권리를 인정함에도 불구하고 헌법의 규정에 따른 청구를 인정하지 않는 것은 논리적 모순이라고 본다. 따라서 헌법의 규정에 의하여 바로 사회보장청구권이 발생한다고 해석한다. 다만 이렇게 해석할 경우, 헌법과 사회보장법이 존재하는 경우 헌법규정에 의한 사회보장청구권과 사회보장법에 의한 사회보장청구권이 이중적으로 존재하게 되며, 이 때에는 헌법에 보장된 사회보장청구권이 기준이 되며 이에 미달하는 경우에는 위헌으로 무효가 된다.

---

38) 김유성 교수는 구체적 권리설을 따르지만, 사회보장을 받을 권리는 이를 구체화하는 법률이 제정되었을 때 국민이 해당 사회보장법률에 의하여 현실적인 사회보장급여를 청구할 수 있다고 한다: 김유성, 「한국사회보장법론」, (2001), 93~94면.

제 3 절   사회보장청구권의 내용

[19] Ⅰ. 사회보장청구권의 구조

1. 인간다운 생활권 보장을 위한 권리

사회보장을 받을 권리는 그 자체에 목적이 있는 것은 아니고 국가에 대하여 사회보장의무를 부과함으로써 국민의 인간다운 생활을 보장하기 위한 것이다. 따라서 인간다운 생활권과 사회보장을 받을 권리는 상위권리와 하위권리 혹은 목적과 수단의 관계로 볼 수 있다.

2. 사회보장을 청구할 권리

지금까지의 학설은 사회보장법의 내용에 대하여 기존의 실정법적 해석체계하에서 사회보험법, 공적부조법, 사회복지법 등으로 구분하여 설명하여 왔다. 그러나 이는 앞에서 설명한 바와 같이 사회보장법을 헌법에서 보장하고 있는 사회보장청구권의 구체적인 실현을 위한 법이라는 점을 간과한 데서 연유한다고 본다.

권리론적 해석체계에 따르면 사회보장법의 내용은 구체적인 사회보장입법들의 내용이 되어서는 안되고, 모든 국민이 인간다운 생활을 영위하기 위한 조건으로서 각종 사회적 재해를 예방하고 이를 해결하기 위하여 국가에 대하여 청구할 수 있는 권리의 내용들이 되어야 한다.

3. 사회보장법의 4단계론

권리론적 해석체계에서 볼 때, 사회보장청구권은 모든 국민이 인간다운 생활을 위하여 국가에 대하여 청구할 수 있는 권리이다. 이를 국가의 입장에서 보면, 스스로 인간단운 생활을 할 수 없는 국민에 대하여 이를 가능하도록 지원해 주어야 하는 의무가 발생하게 된다.

그런데 국가는 국민에 대하여 처음부터 직접 인간다운 생활을 위하여 지원하지 않고, 사회보험 등 각종 제도를 통하여 스스로 인간다운 생활을 할 수 있도록 간접적으로 지원한다.

우선, 사람은 누구나 나이가 들면 소득을 상실하게 되고, 죽거나 질병에 걸릴 가능성도 있다. 이럴 경우 자신은 물론이고 가족 모두가 생활이 어렵게 될 염려가 있다. 이와 같이 평상시의 인간다운 생활을 위협하는 노령·사망·질병·실업 등의 모든 사유를 '사회적 재해'라고 부른다. 이러한 사회적 재해를 당할 가능성은 모든 국민이 가지고 있으므로, 국가는 모든 국민에 대하여 사회적 재해를 당한 경우 이를 극복할 수 있는 제도를 마련하여야 한다. 이를 국민의 입장에서 볼 때, 사회적 재해에 대한 보장청구권이라 부를 수 있을 것이다. 이를 사회보장법의 제1단계라 볼 수 있다.

둘째, 노인이나 아동, 장애인 등 자신의 정신적·신체적 조건 때문에 그 자체만으로도 인간다운 생활을 하는데 많은 어려움을 가지고 있는 자(이들을 통칭하여 '특별보호대상자'라고 부를 수 있을 것이다)에 대하여 자신의 어려움을 극복할 수 있도록 국가는 특별히 보호하여야 한다. 이들이 국가에 보호를 청구할 수 있는 권리를 사회보장법의 제2단계라 볼 수 있다.

셋째, 위에서 1단계와 2단계를 사회안전망을 설치하였음에 노 불구하고, 가난 등 경제적 여건상 스스로 인간다운 생활을 할 수 없는 계층이 있다. 이는 한편에서 볼 때, 자본주의 경제체제하에서는 필수적으로 발생하는 사회현상이라고 볼 수 있다. 이들을 통칭하여 '생활무능력자'라고 부를 수 있을 것이다. 그리고 생활무능력자는 국가에 대하여 자신이 인간다운 생활을 위한 최소한의 기초생활을 보장해 줄 것을 청구할 수 있다. 이를 사회보장법의 제3단계라 볼 수 있다.

마지막으로, 인간의 생활을 위협하는 요인은 사회의 발전에 따라 다양하게 발생할 수 있다고 보아야 한다. 그러므로 모든 국민은 이상의 1단계에서 3단계까지의 보장 이외에 향후 발생할지도 모르는 위험을 예방하기 위한 여러 가지 청구권을 가진다고 보아야 한다. 예를 들면, 노동능력 있는 자의 취업청구권이나 사회적 재해나 자연재해의 예방을 위한 청구권을 들 수 있다. 이를 사회보장법의 제4단계라 볼 수 있다.

이러한 관점에서 사회보장법의 주요 내용을 요약하여 보면 ① 사회적 재해에 대한 보장청구권, ② 특별보호대상자의 보호청구권, ③ 생활무능력자의 기초생활 보장청구권, ④ 그 밖의 인간다운 생활을 보장하기 위한 청구권 등이 될 것이다. 이를 그림으로 그려보면, 다음과 같다.

〈그림 1-3-1〉   사회보장법의 4단계론

구 분	사회보장청구권의 내용		
4단계		그 밖의 사회보장청구권	
3단계	생활무능력자의 기초생활 보장청구권		
2단계	특별보호대상자의 보호청구권		
1단계	사회적 재해 보장청구권		

〈그림 1-3-2〉   사회보장법과 사회안전망

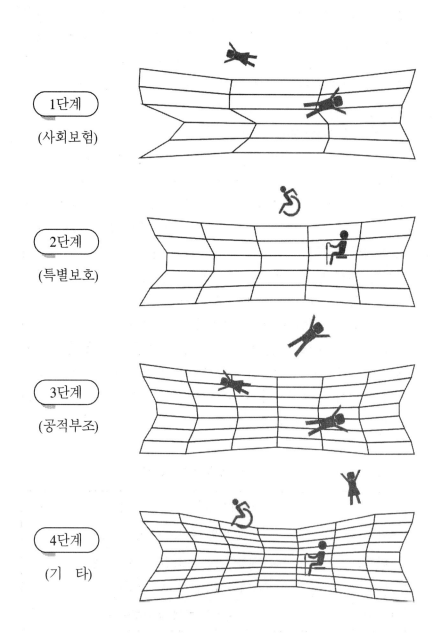

[20] Ⅱ. 사회적 재해에 대한 보장청구권

1. 의 의

빈곤, 실업, 질병, 장애, 노령, 사망 등 사회적 재해에 대한 공동체적 대응방법의 하나인 사회보장제도가 처음 도입될 때는 재해를 당한 사회구성원에게 국가가 무상으로 지원하는 공적부조제도가 중심이었다.

그러나 현대 자본주의 산업사회에 있어서는 구조적으로 발생하는 빈곤문제, 이혼문제, 청소년문제 등 복잡한 사회문제로 인하여 사회적 재해가 양적으로 팽창하게 되는 현상이 나타나게 되었다. 이러한 상황하에서 국가가 전적으로 부담하는 공적부조의 방법만으로는 충분한 해결책이 되지 못하게 되었다.

따라서 사회보장제도에 있어서는 사회보험제도가 각국마다 도입·확대되어 가고 있다. 국가는 사회구성원이 사회적 재해를 극복할 수 있도록 사회보험제도를 마련하여야 하고 국민들도 헌법에서 보장하고 있는 인간다운 생활권을 사회보험제도를 통하여 실현하는 방향으로 자리잡아 가고 있다.

우리나라에 있어서 이러한 사회보험제도는 크게 질병·부상·분만·사망 등의 경우에 보험급여를 지급하는 건강보험과 노령·폐질·사망 등의 경우에 연금을 지급하는 연금제도, 그리고 업무상 발생한 재해에 대하여 보험급여를 지급하는 산재보험제도가 있다.

그러나 이러한 보험급여청구권은 건강보험법 등 이러한 보험급여청구권을 규정한 하위법률에 의하여 창설되는 것이 아니고 헌법에서 보장하고 있는 인간다운 생활권을 실현하기 위한 권리로 해석하여야 한다.

따라서 이상의 각종 보험급여청구권의 내용이 인간다운 생활을 보장하기 위한 수준에 미달할 경우, 즉 이러한 각종 보험급여청구권만으로 인간다운 생활의 보장이 불가능할 경우에는 이러한 보험급여청구권 이외의 새로운 사회보험의 제도화를 요구할 수도 있다.

2. 각종 사회적 재해를 당한 자의 재해보장청구권

사회보장의 가장 핵심적인 내용은 국민이 각종 사회적 재해를 당하였을 때 국가에 대하여 이러한 재해를 극복할 수 있는 필요한 조치를 요구할 수 있다는 것이다.

현대 산업사회에서 전국민의 재해를 국가의 예산으로 대처하기는 무리이므로, 일반 국민이 미리 보험료를 납부하고 재해 발생시 보험급여를 지급받는 사회보험의 형태로 시행하고 있다.

사회보험은 원래 노동보험을 중심으로 하여 발전해 온 제도이고 오늘날에 있어서도 노동보험이 그 주류를 형성하고 있다.

원래 노동보험은 "생산과정으로부터 탈락하여 그 기능이 정지상태에 있는 노동력"을 그 대상으로 하고 있고, 결국 그러한 노동력에 대한 보존책의 일환으로 발전한 것이다.

일반적으로 노동력이 휴지상태에 있는 경우 그 원인을 보면 노동능력을 상실하거나(그것이 단기적·일시적 이건 장기적이건간에) 노동기회를 상실하거나 (결국 실업을 의미) 노동쟁의에 돌입한 경우를 들 수 있는데, 노동보험은 원래 노동능력을 상실한 노동자를 중심대상으로 하였으나 그 후 노동기회의 상실까지 포함하는 것으로 발전하였다.

따라서 노동보험이란 노동능력이나 노동기회의 상실에 처해 있는 노동자들의 생활안정과 노동력의 회복 등을 목적으로 하여 운영되는 공적 보험 조직이라고 볼 수 있다.

한편 사회보험은 노동보험을 중심으로 하고 같은 원리와 목적에 입각한 제도이면서 다만, 그 대상영역을 노동자에게만 한정하지 않고 국민 모두에게 확장·발전시킨 제도라 할 것이다.

[21] Ⅲ. 특별보호대상자의 보호청구권

국가정책적으로 특별한 보호를 받아야 할 자, 즉 아동, 노인, 장애인 등은 특별한 보호의 청구권을 가진다. 이들에 대한 보호를 일반적으로 사회복지(Social Welfare)라 부른다.

그러나 사회복지의 개념은 명확히 정립되지 않고 있다. 광의로 해석할 때에는 사회보장제도가 사회복지를 실현하기 위한 수단이 될 수도 있고, 또한 협의로 해석할 때에는 사회보험·공적부조 등과 함께 사회보장의 한 구성부분을 이루고 있는 것이라고도 볼 수 있다.

특별보호대상자에 대한 특별한 보호는 협의의 의미에 있어서의 사회복지에 해당하며, 아동복지·노인복지·심신장애복지 등으로 표현된다.

[22] Ⅳ. 생활무능력자의 기초생활 보장청구권

현실적으로 생활불능상태에 있거나 생활이 곤궁한 상태에 있는 자는 국가 또는 공공단체에 대하여 기초생활의 보장을 청구할 수 있다. 이는 공적부조의 형태로 이루어지는 데, 갹출을 요건으로 하지 않고 최저생활에 필요한 급여를 행하는 제도이다. 무갹출인 사회보장급여로서의 공적부조는 생활보장제도를 비롯하여 각국마다 그 구체적 내용이나 기능은 달리하나, 모두 사회보험과는 구별되는 제도로서 생활보장을 위한 체계의 일익

을 담당하고 있다.39)

역사적으로 보면, ① 중세 말기로부터 자본주의 초기에 걸쳐서 시행되어온 자혜적인 구제로서의 구빈제도와 ② 갹출제에 의한 사회보장원리만으로는 최저생활의 보장을 처리할 수 없게 된 독점자본주의 단계에 이르러 사회보험에 대한 보충적 제도로서 시행된 권리성이 강한 무갹출제도의 생활구제의 단계로 나눌 수 있다.

현대적 의미의 공적부조는 ②의 의미를 띤 것이다. 공적부조는 국민에 대하여 직접적으로 생활보험급여를 행한다는 점에서는 사회보험과 전적으로 동일한 목적을 가지고 있다. 그러나 사회보험이 질병·노령 등의 생활상의 사고의 발생을 기초로 하여 생활불능이나 생활곤궁상태로의 전락을 방지하려는 빈곤예방적 성격을 가지고 있음에 대하여, 공적부조는 생활불능이나 생활곤궁의 현실에 대한 사후적 구제라는 성격을 가지고 있다. 또한 사회보험이 보험기술을 이용하고 보험료 등의 사전갹출을 필요로 하며 정형적인 급여형태를 취함에 대하여, 공적부조는 사전갹출을 필요로 하지 않고 또한 보험조직에 의하지도 않으면서 최저생활에 절대적으로 필요한 비용을 그에 따라 보충하는 것으로서 급여되는, 말하자면 최저생활비 한도내에서의 수요급여라는 형태를 취한다.

공적부조의 위와 같은 특징은 생활곤궁의 실상이나 최저생활에 필요한 수요의 정도·범위를 확인할 필요에서 필연적으로 담당행정기관에 의한 자력조사(means test)의 절차를 요구하게 된다.

---

39) 김유성, "공적부조제도의 의의와 문제점", (1985), 416~460면.

[23] V. 그 밖의 사회보장청구권

1. 의 의

사회보장청구권은 위에서 설명한 3가지에 한정되는 것은 아니다. 이것은 사회보장청구권이 각종 법률에서 창설되는 것이 아니라 헌법에서 보장한 인간다운 생활권을 보장하기 위한 수단적 권리라는 점에서 볼 때 당연한 것이다.

2. 취업청구권

노동능력있는 자는 취업을 청구할 수 있는 권리가 있다. 이는 헌법에서 보장하고 있는 근로의 권리와 사회보장청구권에 의하여 2중적으로 인정되고 있다. 근본적으로 개인의 행복추구와 생활의 책임은 개인에게 있다. 그리고 이는 노동을 통하여 실현할 수 있다. 그러나 노동력을 제공할 분야가 과도하게 협소한 경우에는 이러한 길이 막히게 된다. 따라서 국가는 노동력을 제공할 분야 즉, 취업의 기회를 계속 확대하여야 할 의무를 진다.

3. 재해예방청구권

사회보장이 근본적으로 사회적 재해가 발생한 이후의 보장인 사후보장이 원칙이지만, 국가는 반드시 재해가 발생할 때까지 기다려서 그때부터 재해 보장의무가 발생하는 것은 아니고 사전에 재해 발생을 예방하여 국민의 인간다운 생활을 보장하여야 할 의무가 있다. 따라서 모든 국민은 국가에 대하여 각종 사회적 재해의 예방을 위한 조치를 취해 줄 것을 요구할 수 있다.

사회보장청구권은 이에 한정되는 것은 아니고, 이외에도 인간다운 생활을 영위하기 위하여 필요한 금전적인 급여나 행정적인 서비스를 국가에 대하여 청구할 권리를 가진다. 따라서 사회의 변화에 따라 새로운 내용의 사회보장이 요구되고 국가는 계속적으로 국민의 사회보장을 위한 새로운 방법을 모색하여 시행하여야 한다. 이것의 대표적인 것이 독일과 일본을 거쳐 우리나라에 도입한 노인장기요양보험이다.

[24] Ⅵ. 사회보장청구권의 실현을 위한 권리

1. 의 의

사회보장청구권의 개념에는 국가에 대하여 사회보장의무의 이행 즉, 사회보장법의 제정과 시행을 요구할 수 있는 권리가 발생함은 물론, 국가의 불이행에 대한 이행청구권, 권리가 침해된 경우 이의 배제를 요구할 권리 등 사회보장쟁송권과 사회보장행정에 직·간접으로 참여할 권리를 포함한다고 해석하여야 한다.

2. 사회보장쟁송권

실체적 권리인 사회보장청구권이 위법 또는 부당한 행정기관의 조치에 의해서 침해되었을 때 이의 구제를 신청하는 절차적 권리이다.

행정심판의 청구를 통한 행정적 구제와 행정소송을 통한 사법적 구제가 있다. 행정기관의 사회보장급여 부작위에 대하여는 부작위위법확인소송을 제기할 수 있다. 사회보장을 받을 권리를 구체적 권리로 파악하는 이상, 이를 근거로 하여 재판상 사회보장청구권을 행사할 수 있다.

3. 사회보장행정참여권

사회보장행정은 전문적·기술적이기 때문에 행정기관의 재량의 여지가 많다. 구체적인 급여기준의 결정 등에 있어서 현저히 불공평한 경우가 있을 수 있으므로, 사회보장 행정절차에 지역주민 등이 사전에 참여할 수 있는 절차적 권리가 확보되어야 한다.

4. 사회보장입법청구권

사회보장을 실현할 구체적 법률이 제정되지 않았거나 또는 제정된 법률이 불충분한 경우에 사회보장의 입법 혹은 그 개정을 청구할 수 있는 권리이다.

5. 위헌심판청구

사회보장법이 헌법에 위반되는 지 여부가 재판의 전제가 된 경우에는 법원은 헌법재판소에 제청하여야 하며 헌법재판소가 위헌이라고 인정하는 경우, 해당 법률은 효력을 상실하여 그 법률이 폐지된 것과 동일한 효과를 가진다(헌 제107조 제1항, 헌재 제47조).

그리고 이는 현행 헌법에 대한 위헌 여부의 판단뿐만 아니라 헌법에서 요구하고 있는 입법을 이행하지 않는 입법의 부작위의 경우에까지 확대 적용된다.40)

6. 헌법소원

헌법소원이라 함은 헌법에 위반되는 공권력의 행사 또는 불

---

40) 헌재결, 88 헌마 1, (1989.3.17); 헌재결, 89 헌마 79, (1993.3.11)

행사로 말미암아 헌법상 보장된 기본권이 직접 그리고 현실적으로 침해당한 자가 헌법재판소에 위헌 여부의 심사를 청구할 수 있는 제도이다(헌재 제68조 제1항).

그리고 위헌법률 심판의 제청신청이 법원에 의하여 기각된 경우에는 헌법재판소에 바로 헌법소원을 제기할 수 있다(헌재 제68조 제2항). 헌법소원은 사유가 발생하였음을 안 날로부터 60일, 사유가 발생한 날로부터 180일 이내에 청구하여야 한다. 다만, 다른 법률에 의한 구제절차를 거친 헌법소원의 심판은 최종결정을 통지받은 날로부터 30일, 위헌법률심판의 제청신청이 기각된 경우에는 기각된 날로부터 14일 이내에 청구하여야 한다(헌재 제69조). 그리고 헌법재판소는 심판사건을 접수한 날로부터 180일 이내에 종국결정의 선고를 하여야 한다(헌재 제38조).

[25] Ⅶ. 손해배상청구권

1. 공법상 손해배상청구권

국가가 사회보장의무를 이행하지 않거나 해태하는 경우 혹은 불법적인 이행으로 인하여 손해를 입은 국민은 국가에 대하여 손해배상을 청구할 수 있다. 이때 국가나 지방자치단체의 처분에 대하여 손해배상을 청구하는 공법상 손해배상청구소송은 국가배상법의 절차에 따라 행정소송을 제기하여야 한다.

2. 민법상 손해배상청구권

국가나 지방자치단체가 아닌 기관의 결정에 대하여 손해배상을 청구하는 민사상 손해배상청구소송은 민사소송법의 절차에 따라 민사소송을 제기하여야 한다.

제 4 장

사회보장의 기본원칙

강의주제 :

학교 무상급식, 5세 이하 영유아 보육, 대학생 등록금 반값 등 대상자의 소득을 고려하지 않고 모든 국민을 대상으로 하는 사회보장은 많은 예산을 필요로 한다. 따라서 모든 국민은 더 많은 세금을 납부하여야 하는데, 이것은 국민의 재산권을 침해하는 것이 아닌가?

제 1 절 사회보장의 기본원칙과 추진방향

[26] Ⅰ. 주요국의 사회보장 기본원칙

1. 영 국(비버리지 보고서)

1942년의 영국의 「비버리지 보고서」[41]는 영국 뿐만 아니라 전 세계적으로 사회보장의 기본원칙과 이념을 제공하고 각국의 사회보장법을 크게 발전시킨 중요한 요인으로 이해되고 있다.

이 보고서에는 사회보험의 6대 기본원칙을 제시하고 있는데, ① 균일액의 최저생활비급여, ② 균일액의 보험료 갹출, ③ 행정책임의 통일, ④ 급여의 적정성, ⑤ 포괄성, ⑥ 피보험자의

---

41) 원명은 "Social Insurance and Allied Services"이나, 일반적으로 「비버리지 보고서」라 부르므로 이하에서도 「비버리지 보고서」라 표기하고자 한다.

분류 등이다.

그리고 이를 관철하기 위한 원리는 포괄성, 형식적 평등성, 최저보장의 3가지 원리로 집약된다.[42] 첫째, 포괄성의 원리는 특히 사회보험에 적용되는 원리로 피보험자의 범위와 사회보장요구 (Needs)의 양면에 있어서 포괄적이어야 한다. 따라서 사회보장은 특정계층만을 대상으로 제한하거나 특정사회보장요구에 대한 보장으로 제한되어서는 안된다. 둘째, 형식적 평등성의 원리로 최저생활비 「균일급여」와 「균일 갹출」을 원칙으로 한다. 셋째, 최저보장의 원리로 사회보장급여는 금액이나 기간의 면에서 최저생활비 보장을 목적으로 하며, 최저생활비 이상을 보장하여서는 아니된다.

2. 프랑스(라로크 보고서)

1945년 프랑스의 「라로크 보고서」는 ① 사회보장의 적용대상을 전국민으로 확대시키는 「일반화」, ② 여러 가지 제도를 통합하는 「통일화」를 주장하고, ③ 사회보장제도의 관리에 있어서 「민주화」와 ④ 재정적 「독립성」을 강조하였다.[43]

3. 미 국(사회보장법)

1935년에 제정된 미국의 사회보장법은 생활개인책임제와 지방분권주의의 전통위에 최저생활보장을 기본원칙으로 하고 있다.[44]

4. ILO(조약)

ILO가 채택한 조약에 나타난 기본원칙은 아래의 3가지이다.

---

42) 毛利健二, 「イギリス福祉國家の研究」, (1987), 213～217면.

43) 社會保障研究所 編, 「フランスの社會保障」, (1987), 96면.

44) 社會保障研究所 編, 「アメリカの社會保障」, (1987), 24면.

첫째, 대상의 보편성 원직으로 특정 계층만을 대상으로 하지 않고 국민 전체를 사회보장의 적용대상으로 하여야 한다.

둘째, 비용부담의 공평성 원칙으로 사회보장비용은 공동부담을 원칙으로 한다. 비용은 피보험자의 능력에 따라 공평하게 부담하며, 자산이 적은 자에게 과중한 부담을 주지 않도록 하여야 한다. 이 비용부담의무는 급여가 피보험자의 권리 즉, 법률상의 청구권으로 지급됨에 대응한 것으로 묵시적으로 요구되는 것이다.45)

셋째, 급여수준의 적절성 원칙으로 이에는 3가지 원칙을 포함하고 있다. 즉, ① 급여비례원칙(각 개인의 생활정도에 맞추어 그에 알맞는 수준의 급여를 행한다는 원칙), ② 급여균일원칙(모든 수급자에게 동일액의 급여를 행한다는 원칙), ③ 가족부양수준원칙(급여액과 수급자의 재산정도를 감안하여 양자를 합쳐 수급자가 최저생활을 영위할 수 있도록 지급하여야 한다는 원칙) 등이다.

[27] Ⅱ. 우리나라의 사회보장 기본원칙

기본법에는 사회보장 기본원칙을 다음과 같이 규정하고 있다.

① 국가와 지방자치단체가 사회보장제도를 운영할 때에는 이 제도를 필요로 하는 모든 국민에게 적용하여야 한다(제25조 제1항).

② 국가와 지방자치단체는 사회보장제도의 급여 수준과 비용 부담 등에서 형평성을 유지하여야 한다(제25조 제2항).

③ 국가와 지방자치단체는 사회보장제도의 정책 결정 및 시행 과정에 공익의 대표자 및 이해관계인 등을 참여시켜 이를 민주적으로 결정하고 시행하여야 한다(제25조 제3항).

④ 국가와 지방자치단체가 사회보장제도를 운영할 때에는 국민의 다양한 복지 욕구를 효율적으로 충족시키기 위하여 연계성과 전문성을 높여야 한다(제25조 제4항).

---

45) 高橋武, 「國際社會保障法の研究」, (1968), 479면.

⑤ 사회보험은 국가의 책임으로 시행하고, 공공부조와 사회서비스는 국가와 지방자치단체의 책임으로 시행하는 것을 원칙으로 하지만, 국가와 지방자치단체의 재정 형편 등을 고려하여 이를 협의·조정할 수 있다(제25조 제5항).

그리고 기본법은 사회보장비용의 부담은 각각의 사회보장제도의 목적에 따라 국가, 지방자치단체 및 민간부문간에 합리적으로 조정되어야 하고(제28조 제1항), 사회보험에 소요되는 비용은 사용자피용자 및 자영자가 부담하는 것을 원칙으로 하되, 관계 법령에서 정하는 바에 따라 국가가 그 비용의 일부를 부담할 수 있도록 하고(제28조 제2항), 공공부조 및 관계 법령에서 정하는 일정 소득수준 이하의 국민에 대한 사회서비스에 소요되는 비용의 전부 또는 일부는 국가 및 지방자치단체가 이를 부담하며(제28조 제3항), 부담능력이 있는 국민에 대한 사회서비스에 드는 비용은 그 수익자가 부담함을 원칙으로 하되, 관계 법령에서 정하는 바에 따라 국가 및 지방자치단체가 그 비용의 일부를 부담할 수 있도록 하였다(제28조 제4항).

제 2 절   사회보장의 추진방향

[28] I . 사회보장의 기본방향

사회보장은 모든 국민이 다양한 사회적 위험으로부터 벗어나 행복하고 인간다운 생활을 향유할 수 있도록 자립을 지원하며, 사회참여·자아실현에 필요한 제도와 여건을 조성하여 사회통합과 행복한 복지사회를 실현하는 것을 기본 이념으로 한다(제2조).

모든 국민은 사회보장 관계 법령에서 정하는 바에 따라 사회보장급여를 받을 권리(이하 "사회보장수급권"이라 한다)를 가지며(제9조), 국가와 지방자치단체는 모든 국민이 "건강하고 문화적인 생활"을 유지할 수 있도록 사회보장급여의 수준 향상을 위하여 노력하여야 하고(제10조 제1항), 국가는 관계 법령에서 정하는 바에 따라 최저보장수준과 최저임금을 매년 공표하여야 한다(제10조 제2항).46) 그리고 국가와 지방자치단체는 최저보장수준과 최저임금 등을 고려하여 사회보장급여의 수준을 결정하여야 한다(제10조 제3항). 여기서 "건강하고 문화적인 생활수준"은 예산에 의하여 결정되는 것이 아니고, 사전에 예산결정에 반영되어야 한다.47)

국가와 지방자치단체는 가정이 건전하게 유지되고 그 기능이 향상되도록 노력하여야 하고(제6조 제1항), 사회보장제도를 시행할 때에 가정과 지역공동체의 자발적인 복지활동을 촉진하여야 한다(제10조 제1항). 국내에 거주하는 외국인에게 사회보장제도를 적용할 때에는 상호주의의 원칙에 따르되, 관계 법령에서 정하는 바에 따른다(제8조).

[29] Ⅱ. 사회보장의 의무자

1. 국가와 지방자치단체

헌법은 국가에 대하여 사회보장, 사회복지의 증진에 노력할 의무를 부과하고(제34조 제2항), 기본법은 국가와 지방자치단체에 대하여 모든 국민의 인간다운 생활을 유지·증진할 책임을 부과하고 있다(제5조 제1항).

---

46) 2016년 최저임금(시간급: 6,030원, 월환산액: 1,260,270원)
→ 2017년 최저임금(시간급: 6,470원, 월환산액: 1,352,230원).

47) 권영성, 「헌법학원론」, (2001), 565면.

국가와 지방자치단체는 사회보장에 관한 책임과 역할을 합리적으로 분담하여야 하고(제5조 제2항), 국가 발전수준에 부응하고 사회환경의 변화에 선제적으로 대응하며 지속가능한 사회보장제도를 확립하고 매년 이에 필요한 재원을 조달하여야 한다(제5조 제3항). 그리고 국가는 사회보장제도의 안정적인 운영을 위하여 중장기 사회보장 재정추계를 격년으로 실시하고 이를 공표하여야 한다(제5조 제4항).

이에 따라 기본법은 구체적으로 보건복지부장관에게 관계 중앙행정기관의 장과 협의하여 사회보장 증진을 위하여 사회보장에 관한 기본계획(이하 "기본계획"이라 한다)을 5년마다 수립하도록 하고 있다(제16조 제1항). 이 기본계획에 따라 보건복지부장관 및 관계 중앙행정기관의 장은 사회보장과 관련된 소관 주요 시책의 시행계획(이하 "시행계획"이라 한다)을 매년 수립·시행하여야 한다(제18조 제1항). 그리고 특별시장·광역시장·특별자치시장·도지사 또는 특별자치도지사·시장(「제주특별자치도 설치 및 국제자유도시 조성을 위한 특별법」 제11조 제1항에 따른 행정시장을 포함한다)·군수·구청장(자치구의 구청장을 말한다. 이하 같다)은 관계 법령으로 정하는 바에 따라 사회보장에 관한 지역계획(이하 "지역계획"이라 한다)을 수립·시행하여야 한다.

2. 사회보장위원회

사회보장에 관한 주요 시책을 심의·조정하기 위하여 국무총리 소속으로 사회보장위원회를 둔다. 위원회의 위상과 기능은 기본법의 제정시 사보법에 비하여 대폭 강화하였고, 2012년 전부개정시 더욱 강화하였다.

위원회는 위원장 1명, 부위원장 3명과 행정자치부장관, 고용노동부장관, 여성가족부장관, 국토교통부장관을 포함한 30명 이내의 위원으로 구성한다(제21조 제1항). 위원장은 국무총리가 되고 부위원장은 기획재정부장관, 교육부장관 및 보건복지부장관이 된다(제21조 제2항). 그리고 위원의 임기는 2년으로 한다(제21조 제4항).[48)]

위원회는 다음의 사항을 심의·조정한다(제20조 제2항). ① 사회보장의 증진을 위한 기본계획, ② 사회보장 관련 주요 계획, ③ 사회보장제도의 평가 및 개선, ④ 사회보장제도의 신설 또는 변경에 따른 우선순위, ⑤ 둘 이상의 중앙행정기관이 관련된 주요 사회보장정책, ⑥ 사회보장급여 및 비용부담, ⑦ 국가 및 지방자치단체의 역할 및 비용 분담, ⑧ 사회보장의 재정추계 및 재원조달 방안, ⑨ 사회보장 전달체계 운영 및 개선, ⑩ 제32조 제1항에 따른 사회보장통계, ⑪ 사회보장정보의 보호 및 관리, ⑫ 그 밖에 위원장이 심의에 부치는 사항 등이다.

3. 국민의 책임

모든 국민은 자신의 능력을 최대한 발휘하여 자립·자활(自活)할 수 있도록 노력하여야 한다(제7조 제1항), 경제적·사회적·문화적·정신적·신체적으로 보호가 필요하다고 인정되는 사람에게 지속적인 관심을 가지고 이들이 보다 나은 삶을 누릴 수 있는 사회환경 조성에 서로 협력하고 노력하여야 한다(제7조 제2항).

나아가 모든 국민은 관계 법령에서 정하는 바에 따라 사회보장급여에 필요한 비용의 부담, 정보의 제공 등 국가의 사회보장정책에 협력하여야 한다(제7조 제3항).

---

48) 다만, 공무원인 위원의 임기는 그 재임 기간으로 하고, 제3항 제2호 각 목의 위원이 기관·단체의 대표자 자격으로 위촉된 경우에는 그 임기는 대표의 지위를 유지하는 기간으로 한다.

[30] Ⅲ. 사회보장수급권의 보장방법

1. 사회보장급여의 신청

사회보장급여를 받으려는 사람은 관계 법령에서 정하는 바에 따라 국가나 지방자치단체에 신청하여야 한다(제11조 제1항 본문). 다만, 관계 법령에서 따로 정하는 경우에는 국가나 지방자치단체가 신청을 대신할 수 있다(제11조 제1항 단서).

사회보장급여를 신청하는 사람이 다른 기관에 신청한 경우에는 그 기관은 지체 없이 이를 정당한 권한이 있는 기관에 이송하여야 한다. 이 경우 정당한 권한이 있는 기관에 이송된 날을 사회보장급여의 신청일로 본다(제11조 제2항).

2. 사회보장수급권의 보호

사회보장수급권은 관계 법령에서 정하는 바에 따라 다른 사람에게 양도하거나 담보로 제공할 수 없으며, 이를 압류할 수 없다(제12조).

3. 사회보장수급권의 제한 등

사회보장수급권은 제한되거나 정지될 수 없다(제13조 제1항 본문). 다만, 관계 법령에서 따로 정하고 있는 경우에는 그러하지 아니하지만(제13조 제1항 단서), 이 경우에는 제한 또는 정지하는 목적에 필요한 최소한의 범위에 그쳐야 한다(제13조 제2항).

4. 사회보장수급권의 포기

사회보장수급권은 정당한 권한이 있는 기관에 서면으로 통지하여 포기할 수 있지만(제14조 제1항), 사회보장수급권을 포기하는 것이 다른 사람에게 피해를 주거나 사회보장에 관한 관계 법령에 위반되는 경우에는 사회보장수급권을 포기할 수 없다(제14조 제3항). 그리고 사회보장수급권은 포기하더라도 이를 취소할 수 있다(제14조 제2항).

5. 불법행위에 대한 구상

제3자의 불법행위로 피해를 입은 국민이 그로 인하여 사회보장수급권을 가지게 된 경우 사회보장제도를 운영하는 자는 그 불법행위의 책임이 있는 자에 대하여 관계 법령에서 정하는 바에 따라 구상권(求償權)을 행사할 수 있다(제15조).

┌─────────── 제 5 장 ───────────┐
│   │
│   사회보장법의 지위   │
└──────────────────────────────┘

강의주제 :

사회보장법은 헌법에서 규정한 이념을 실현하기 위하여 기존의 시민법 원리
를 수정하였다. 그런데 명확하게 시민법의 규정을 수정하지 않아 시민법의
규정과 서로 다른 내용의 사회보장법의 규정이 존재한다면, 이 경우에도 사
회보장법이 우선 적용되어야 하는가?

제 1 절 헌법과의 관계

[31] Ⅰ. 헌법상 사회보장청구권의 보장

우리나라 헌법은 직접적으로 "국민의 사회보장청구권"을 명
시하지는 않지만, 국민의 인간다운 생활권을 보장하고(제34조 제1
항), 사회보장, 사회복지의 증진에 노력할 국가의 의무를 규정함
으로써(제34조 제2항), 간접적으로 보장하고 있다.

따라서 국민의 사회보장청구권은 인간다운 생활권을 실현하
기 위한 하부권리로서 보장되고 있으며, 국가의 사회보장 및 사
회복지 증진의무를 전제하고 있다.

[32] Ⅱ. 이념의 제공과 이념의 실현

헌법에서 보장하고 있는 사회보장을 받을 권리는 헌법에서 보장하는 차원에서 머물러서는 안되고 반드시 구체적인 사회보장입법을 제정하여 이 권리를 실현하는 절차와 방법 그리고 그 한계에 대하여 규정하여야 한다.

그리고 이 권리를 침해하는 행위를 규제하여야 하고 이 권리에 위배되는 행위에 대하여 법률상 효력을 부여하지 않아야 한다. 따라서 헌법과 사회보장법의 관계는「이념의 제공과 실현의 관계」로 표현할 수 있는 바, 표로 나타내면 아래 <표 1-5-1>과 같다.

〈표 1-5-1〉   헌법과 사회보장법

헌 법	행복추구권, 인간다운 생활권, 사회보장청구권의 보장
사 회 보 장 법	사회보장청구권의 구체적인 내용, 권리의 주체, 권리의 실현방법, 권리의 한계 등 규정

제 2 절   근대 시민법원리의 수정

[33] Ⅰ. 근대 시민법원리의 수정 배경

앞에서 설명한 바와 같이 사회보장법을 인간다운 생활권의 보장을 그 이념으로 한다. 그리고 인간다운 생활권은 근대 시민법원리하에서의 법이념인 자유와 평등만으로는 오히려 강자의 약자에 대한 지배현상을 초래하게 되어 이를 극복하기 위하여 새롭게 도입된 법이념이다.

그리고 인간다운 생활권의 법이념을 실현하기 위하여 새롭게 인정된 권리가 사회적 기본권이며 그 대표적인 것이 사회보장청구권이라 할 수 있으며, 이 권리의 구체적인 내용을 규정한 법률이 사회보장법이다.

[34] Ⅱ. 시민법과 사회법

사회보장법은 노동법·경제법 등과 함께 시민법의 수정법에 해당하며 이러한 시민법의 수정법을 통칭하여 '사회법'이라 부르기도 한다. 사회법의 개념은 19세기 말경 독일에서 모든 사회개량주의적 입법을 동일한 이념 내지 동기에서 노동관계법, 경제법 등을 모두 하나로 파악하는 것이 가능했던 특수한 사회적 배경을 전제로 하여, 종래의 시민법원리에 대한 부분적 수정원리를 기저로 하여 나타났던 것이다.

이러한 시민법과 사회법, 사회보장법의 관계를 표로 그려보면 다음과 같다.

〈표 1-5-2〉   시민법과 사회법과의 관계

구 분	시 민 법	사 회 법
법 이 념	자유·평등	자유·평등 + 인간다운 생활권
인 간 상	평등한 추상적 인간	불평등한 현실적 인간
법 원 칙	계약자유의 원칙 소유권 절대의 원칙 과실책임의 원칙	특정 계약행위의 금지 소유권 행사의 제한 일부 무과실 책임 인정
법 영 역	민법·상법	사회보장법·노동법·경제법

제 3 절   현대 사회법원리의 실현

[35] Ⅰ. 사회법과 사회보장법

1. 사회법의 개념

사회법과 사회보장법의 관계를 설명하기 위해서는 사회법의 개념이 무엇인지를 먼저 확정하여야 한다. 오늘날 사회법의 독자적 영역이나 그 특이성을 과연 인정할 수 있을 것인가에 관하여는 많은 이론과 의문이 제기되고 있다. 이에 관하여 김유성 교수는 "여러 가지 사회환경이나 시대적 배경이 다르고 또한 노동법과 경제법 등이 독자의 법영역 내지 학문영역을 선언한 오늘날에는 이러한 포괄적 의미의 사회법개념의 인정에는 난점이 있다"49)라고 한다.

그러나 사회보장법, 노동법, 경제법 등이 독자적인 법영역으로 발전하였다고 하더라도 이러한 법률의 이념이 인간다운 생활권의 보장이라는데 공통점을 가지고 있고, 이를 실현하기 위한 권리를 통칭하여 사회적 기본권이라 부르며, 또한 이러한 법률들이 모두 근대 시민법원리의 수정법이라는 점에서 본다면 이러한 법률을 포괄적으로 통칭하는 추상적 개념으로서의 사회법은 그 의의가 크다고 생각한다.

사회법은 그 기준여하에 따라 그 개념의 범위와 내용이 다른데 대체로 다음의 4가지로 구분된다.50)

---

49) 김유성, 「한국사회보장법」, (2001), 95면.

가. 최광의 개념

이 견해에 의하면 「사회정책에 관련된 모든 법」을 의미하며, 이에는 노동법, 사회보장법, 교육법, 환경·위생법, 주택법이 모두 포함되며 사회정책·사회복지에 관한 모든 공사법을 의미한다.

나. 광의의 개념

이 견해는 노동법과 협의의 사회보장법을 포함하고, 그 밖의 사회정책에 관계된 법규는 제외한다.

다. 협의의 개념

이 견해는 광의의 사회법 가운데 노동법 분야를 제외한 협의의 사회보장법만을 의미한다.

라. 최협의의 개념

이 견해는 협의의 사회법 중에서 사회보험법만을 의미한다.

2. 사회법과 사회보장법

위에서 설명한 바와 같이 사회법과 사회보장법의 관계는 사회법의 개념에 관한 견해에 따라서 달라진다. 위의 견해 중 최광의의 개념과 광의의 개념은 사회보장법보다 그 범위가 넓으며, 협의의 개념은 사회보장법과 동일하다. 그리고 최협의의 개념은 사회보장법 중의 일부(사회보험법)를 의미하므로 사회보장법보다 더 좁은 개념이다.

이와 같이 사회법과 사회보장법의 관계는 다양하게 논의될 수 있지만, 어떤 의미로 이해하더라도 현대 사회법 원리를 실현하기 위한 법이란 점에서는 사회보장법과 그 이념을 같이 한다고 볼 수 있다.

---

50) 이상광, 「사회법」, (2002), 13~15면.

⟨표 1-5-3⟩   사회법과 사회보장법의 개념 비교

사회법		사회보장법	
4. 최광의	3+ 그 밖의 사회정책 관련법	4. 최광의	3+ 그 밖의 사회보장법
3. 광 의	2+ 노동법	3. 광 의	2+ 사회복지법
2. 협 의	최광의 사회보장법	2. 협 의	1+ 공적부조법
1. 최협의	사회보험법	1. 최협의	사회보험법

이에 관하여 생각하여 보면, 일반적으로 현대 사회법 원리를 실현하기 위한 법률은 위의 최광의의 개념에 있어서 사회법과 동일하다고 생각한다. 따라서 필자는 사회법을 위의 최광의의 의미에 있어서의 사회법으로 이해하고 사회보장법은 그 일부라고 생각한다. 필자가 생각하는 사회법의 개념과 사회보장법의 관계를 정리하면 <표 1-5-4>와 같다.

⟨표 1-5-4⟩   사회법과 사회보장법의 관계

현대 사회법원리의 실현						
사 회 법						
노동법	사회 보장법	환경법	교육법	소비자 보호법	독점 규제법	그 밖의 인간다운 생활을 보장하기 위한 법률

[36] Ⅱ. 노동법과 사회보장법

1. 의 의

노동법과 사회보장법은 인간다운 생활을 보장하기 위하여 인정된 사회적 기본권에 기초하여 현대 사회법 원리를 실현하기 위한 법률이란 점에서 공통점을 가지고 있다.

그러나 노동법은 노동자에게만 특유하게 보장된 단결권과 근로의 권리를 보장하기 위한 법률이고, 사회보장법은 노동자뿐만 아니라 모든 국민에게 보장되고 있는 사회보장청구권의 행사에 관하여 규정한 법률이라는 점에서 서로 다르다.

2. 학 설

이에 관한 일본의 학설은 양법은 각자 독자성을 가지면서 서로 협조적 관계에 있다[51]고 하거나 서로 중복되는 영역도 있지만, 노동법은 사법에 가깝고 사회보장법은 공법에 가깝다[52]고 하거나 둘 다 생존권 보장을 지향하지만, 노동법은 간접적인 방법으로, 사회보장법은 직접적인 방법으로 지원한다[53]고 한다.

3. 사 견

역사적으로 노동법과 사회보장법이 생성·발전해 온 과정을 보면 상호 협력적인 관계에 있었음을 알 수 있다. 즉, 사회보장법은 구빈정책 등에서 발전해 왔으므로 노동법보다 먼저 시작되었다고 볼 수 있다. 그러나 법률로서의 사회보장법은 노동자 계층의 형성에 의하여 노동법이 성립되고 산재보험이나 실업보험 등 노동법의 적용범위를 일부 일반 국민에게 확장하는 과정에서 사회보장법이 탄생하게 되었다고 볼 수 있다.

그리고 노동법과 사회보장법이 지향하는 이념은 둘 다 인간다운 생활권이라는 점에서 볼 때 동일한 방향을 향하여 걸어가는 동반자와 같다. 단지 그 적용범위가 노동법은 노동자에 한정

---

51) 荒木誠之 編, 「社會保障法」, (1988), 66˜68면.
52) 佐藤進, 「勞動法と社會保障法との交錯」, (1979), 60˜62면.
53) 坂本重雄, 「社會保障の立法政策」, (2001), 39˜41면.

제 5 장 사회보장법의 지위 61

뇌시반, 사회보상법은 국민 모두인 점에서 차이가 있다.

이 점에 착안하여 생각하여 볼 때, 노동법도 광의의 사회보장법으로 해석할 수 있을 까 하는 점이다. 먼저, 노동법은 노동자에게 적용되지만, 노동자 입장에서 볼 때 노동법만 적용받는 것이 아니고 사회보장법도 적용을 받는다. 따라서 노동자는 안에는 노동법이라는 옷을 입고 밖에는 사회보장법이라는 옷을 입는 현상이 나타나고, 이것은 사회적 약자인 노동자를 이중으로 보호하는 결과가 되는 것이다.

이러한 현상은 단결권과 결사의 자유의 관계와 흡사하다. 왜냐하면, 노동자는 단결권을 보장받고 있지만, 모든 국민에게 보장한 결사의 자유도 행사할 권리가 있기 때문이다. 그리고 노동법과 사회보장법이 모두 인간다운 생활권을 실현하기 위한 법이라고 볼 때, 노동법은 결국 "노동자만을 위한 사회보장법" 혹은 "노동자의 사회보장을 지향하는 법"이라고 볼 수 있지 않을까 생각한다. 노동자가 노동기본권의 행사를 통하여 사회적·경제적 지위를 향상시키게 되는데 이는 결국 모든 국민의 인간다운 생활을 추구해 가는 과정이 아닐까 생각한다. 이러한 현상을 "노동법의 사회보장적 성격" 혹은 "사회보장법의 포괄적 성격"이라고 부를 수 있다.

헌법과 노동법 및 사회보장법의 관계를 보면, 다음 <표 1-5-5>와 같다.

〈표 1-5-5〉   헌법과 노동법 및 사회보장법의 관계

헌 법			
행 복 추 구 권			
인 간 다 운 생 활 권			
노 동 3 권	근로의 권리	사회보장청구권	그 밖의 인간다운 생활을 보장하기 위한 권리
□	□	□	□
노동자 대상 ·노동조합법 및 노동관계조정법 ·노동위원회법 ·근로자참여 및 협력 증진에 관한 법률	·근로기준법 ·최저임금법 ·임금채권보장법 ·산업안전보건법	·고용관련법 ·산업재해보상 보험법 ·그 밖의 노동자 복지 관련법	·남녀고용평등과 일·가정 양립지원 에 관한 법률
모든 국민 대상		□ ·국민건강보험법 ·국민연금법 ·국민기초생활보장법 ·아동복지법 ·장애자복지법 ·노인복지법 등	□ ·환경법 ·교육법 ·소비자보호법 ·독점규제 및 공정거래에 관한 법률 등

헌 법 : □+□+□+□+□+□   노동법 : □+□+□+□   사회보장법 : □+□

제 6 장
사회보장법의 기능

강의주제 :

사회보장법이 정치·경제·사회·문화 등 다방면에 영향을 미치는 법률이라고 한다면, 이는 시민법의 경우에도 마찬가지 아닌가? 특히, 사회보장법이 시민법과 달리 기능하는 점은 무엇인가?

제 1 절　정치적 기능

[37] Ⅰ. 정치적 안정

　　사회보장의 기능 중에서 가장 중요한 의미를 지니는 것은 정치적 안정화 기능이라고 말할 수 있다. 왜냐하면 사회보장제도의 창출 자체가 모든 국민에게 인간다운 생활을 보장하고 그 기능 위에서 사회의 안정과 국가의 번영을 이룩하고자 하는 목적이었기 때문이다. 따라서 오늘날의 사회에 있어서 사회보장의 충실한 진전은 국민의 강력한 요청 중의 하나이다.

　　만약 사회보장의 충실화없이 자본주의 경제가 진행된다면 개개인의 국민생활은 위태롭게 되어 도저히 안정된 생활을 유지할 수가 없게 될 것이다. 그런 곳에서는 국민생활의 혼란이 나타나고 사회의 존립근거가 흔들리게 되는 커다란 사회적·정치적 문제를 일으키게 될 것이 분명하다.

개개의 국민은 생활의 압박, 불안정, 궁핍 등으로 인하여 자기 스스로 노후에 대한 충분한 준비를 할 여유가 없다. 따라서 노령에 접어들면 노동능력의 상실과 함께 노인은 곧바로 생활의 곤궁에 직면하게 되고, 노인을 부양할 후세대들도 자신의 생활유지에 쫓기게 되므로 부양할 여력이 없는 것이 일반적인 경향이다.

이러한 경향은 특히 고령사회화와 핵가족화에 의하여 더욱 심화될 것이므로, 이 문제에 대한 국가적 보장은 노인의 생활에 관련된 극히 중요한 정치적 과제가 아닐 수 없다.

이것은 노령문제 뿐만 아니라 모든 사회적 재해에 공통되는 문제이다. 경제발전에 대응하는 사회보장의 정비가 행하여지지 않으면 오늘날의 정치적 안정은 기대할 수가 없다. 이러한 의미에서 사회보장은 국가의 정치적 안정에 중대한 기능을 수행한다는 것이 분명해진다.

이는 뒤에서 설명하는 사회보장의 경제적 기능 중 자본주의 경제체제의 수정을 통하여 자본주의 경제체제의 발전에 기여하게 되는 역할과 상호관련성이 있다. 사회보장은 자본주의 체제를 전제로 하면서 거기에서 드러난 모순의 하나인 국민의 생활위기를 해결하려는 정치안정의 성격과 기능을 담당하고 있는 것이다.54)

그리고 사회보장제도는 확고한 중산층을 형성시키며, 점진적 개혁주의를 추구할 뿐만 아니라 국민계층간의 위화감을 제거함으로써 정치적 안정을 가져온다.55)

---

54) 荒木誠之 編, 「社會保障法」, (1988), 10~16면
55) 이상광, 「사회법」, (2002), 27면

[38] Ⅱ. 민주주의의 실현

현대사회에 있어서 사회보장행정은 지방자치제의 실시에 따라 국가에 의한 일방적인 지원보다는 자치단체별로 주민의 의견을 반영하여 자율적으로 추진해가는 추세에 있으므로 주민자치에 의한 민주주의의 실현에도 기여하는 효과가 있다.

우리나라의 사회보장법은 과거 군사정권에 의하여 일방적으로 입법화된 것이기 때문에 노동조합이나 시민단체의 의견을 수렴하는 민주적인 절차를 거치지 못하였다. 그러나 향후 사회보장법의 운용이나 개정시에는 반드시 일반 국민의 여론을 충분히 수렴하고 국가예산상 사회보장비의 책정도 적정수준을 확보하는 방향으로 노력하여야 할 것이다.

[39] Ⅲ. 국민의 행복추구와 국가의 번영

사회보장제의 실시에 의하여 모든 국민의 인간다운 기본적 생활을 보장함으로써 국민의 행복추구를 위한 기초적 조건을 충족시켜 주므로, 국민은 이러한 안정된 생활의 기반 위에서 각종 사회적 재해에 대한 불안을 해소하고 경제적·사회적 활동에 활발히 추진할 수 있는 여력을 확보할 수 있고, 이것은 나아가 국가의 번영에 기여하게 된다.

한 개인의 노령과 질병 그리고 사망은 개인차원에 머무르는 것이 아니고 결국 그 영향이 국가 전체에 미친다는 관점에서 볼 때, 안정된 개인 생활의 보장없이는 사회와 국가의 조화·발전을 이룩할 수 없다는 것은 명백한 이치이다.

제 2 절   경제적 기능

[40] Ⅰ. 소득재분배적 기능

사회보장법은 국가의 책임 아래서 모든 국민의 인간다운 생활을 보장하는 것이지만, 국가원리론적 측면에서 보면 자본주의 경제의 자동조절기능에만 의존하지 않고 국가가 직접적으로 개입하여 실질적 의미의 평등을 실현하기 위하여 소득재분배기능을 수행한다고 말할 수 있다.

첫째, 모든 국민은 국가에 대하여 인간다운 생활의 보장을 요구할 수 있으며, 특히 스스로의 힘으로 생활을 영위하기 어려운 자는 국가에 대하여 기본적인 생활을 영위하기 위한 보호를 요구할 수 있다. 그러나 국가는 모든 국민으로부터 그 재원이 되는 세금을 징수하는 것이 아니고 과세 최저한 이상의 소득을 취득한 자로부터 받은 세금에서 어느 정도의 공비를 최저생활유지불능자에 대하여 지급하고 있다.

둘째, 건강보험에 있어서도 보험료가 사보험에서와 같이 사회적 위험의 대소에 의하여 결정하는 것이 아니라 소득에 따라 차등 부과되고 있으며, 건강보험급여는 원칙적으로 차별없이[56] 모든 피보험자에 균등하게 지급된다.

셋째, 사회보장에 있어서 "공무원 연금법" 및 "사립학교 교직원연금법"에서 국가와 사립학교가 일정부분을 부담하며, 국민

---

56) 소득을 기준으로 하는 각종 요양급여에는 차이가 있다.

연금법과 산업재해보상보험에 있어서도 노동자에 대하여 일정 부담분을 사용자가 부담함으로써 소득재분배 기능을 수행하고 있다.

　이와 같은 소득재분배기능은 사회보장의 매우 중요한 특징이지만, 이를 다른 측면에서 보면 사회보장이 사회연대관계를 기초로 하고 있음이 분명해진다. 즉, 일정한 생활위기에 직면한 자에 대하여 사회가 연대하여 상대적으로 생활의 여유가 있는 사람의 자금에 의하여 구제하는 방식을 취하고 있는 것이다. 이것은 사회보장의 단순한 특징이라기보다는 본질적인 것으로 볼 수 있다.[57]

　사회보장의 이러한 소득재분배기능은 자본주의 경제체제하에서 필연적으로 발생하는 독과점 문제를 해결하고 모든 국민의 인간다운 생활을 보장하게 된다. 그리고 이러한 소득재분배정책은 사회보장만에 의하여 해결될 수 없고, 조세정책에 의하여 보완되어야 한다.

　그러나 우리나라는 그 동안 사회보장이 미미한 수준에 머물러 왔고 조세정책도 소득재분배를 위한 형평과세의 기능이 미약하였기 때문에, 재산소유의 불공평과 독과점 문제가 아직도 심각한 것으로 평가되고 있다. 이에 관한 연구[58]에 의하면 사회보장정책이 오히려 빈부격차를 심화시켜온 것으로 나타나[59] 온 국민에게 충격을 던져주고 있다. 특히 IMF 구제금융 이후에는 빈부격차가 더욱 심화되고 있는 것으로 나타났다.

---

57) 荒木誠之 編, 「社會保障法」, (1988), 12면

58) 서울대 사회복지연구소, 「소득분배구조에 관한연구」, (1996.2.22).

59) 한겨레 신문, (1996.2.24).

[41] Ⅱ. 자본주의 경제체제의 수정과 발전

사회보장은 자본주의 경제의 구조적인 모순점인 자본의 독점과 상대적 빈곤의 문제를 해결하기 위하여 일부 사회주의 요소를 도입함으로써 자본주의 경제체제를 수정·보완하는 기능을 수행한다.

사회보장급여는 유효수요를 불러 일으키는 한편 자본주의 경제의 안정화에 이바지한다. 먼저 실업보험에 대하여 살펴보면, 보험료율이 고정되어 있는 경우, 호경기 때에는 실업자가 적은 반면에 소득이 증가하여 징수되는 보험료도 증가하고 그에 의하여 경기과열을 방지하게 된다. 반대로 불황인 때에는 실업자가 많아지고 징수되는 보험료도 감소하게 되는 대신에 실업보험금 지급액이 증가됨으로써 그것이 구매력을 지탱하게 되어 경기후퇴를 방지하는 데 한 몫을 하게 된다. 공적부조도 이와 비슷한 기능을 수행한다.

사회보장은 자본주의 경제체제가 내포하고 있는 모순점을 스스로 제거하는 자동정화기능을 통하여60) 자본주의의 성숙발전에 기여할 뿐만 아니라 사회보장의 시행에 따른 막대한 저축의 효과로 인하여 재투자기능을 수행함으로써 자본주의의 발전에 기여하고 있다.

사회보장 중에서도 사회보험은 그 재정에 있어서 적립방식을 취할 경우에는 매년의 보험료가 막대한 금액으로 국가에 축적되어 그것이 재정 투·융자에 쓰이게 된다. 이러한 재정 투·융자는 오늘날의 제2의 예산이라고 말하여질 정도의 규모와 중요성을 가지고 국민경제의 원활한 운행과 그 기반 강화에 이바지하고 있다. 이것을 "사회보장의 자본축적기능"이라고 부른다.61)

---

60) 窪田準人·佐藤進 編, 「現代社會保障法 入門」, (1993), 8면.

제 3 절 사회적 기능

[42] Ⅰ. 사회동화적 기능의 강화

사회보장법은 사회보장급여의 지급을 통하여 전국민의 안정적인 생활을 보장함으로써, 사회적 연대의식을 형성하게 된다.

사회보장은 간접적으로도 영향을 미치는데, 사회보장 급여수준과 일반의 임금수준과는 상호규정적 관계를 가지므로, 전자는 후자에 대하여 어떠한 형태로든 영향을 미치게 된다고 말할 수 있다. 이와 같은 사회보장의 일반생활수준 규정적 기능에 비추어 볼 때, 공적부조기준은 단순히 피보호자뿐만 아니라 전국민의 최저임금(소득)수준을 규정하는 영향력이 있고 그 의의는 대단히 큰 것이다.62)

이와 같은 사회동화적 기능의 강화는 소외계층의 사회에 대한 부정적 심리를 약화시키고 사회파괴적 요인을 축소시켜 나감으로써, 사회범죄의 최소화에도 기여한다.

[43] Ⅱ. 인류문화 창달에 기여

국가의 사회보장제 실시에 의하여 사회의 안정화 기능과 사회동화적 기능을 강화하고, 사회적 재해에 대한 개인적 불안감

---

61) 荒木誠之 編, 「社會保障法」, (1988), 15면.
62) 荒木誠之 編, 위의 책, 14~15면

을 해소해 줌으로써 사회·경제적인 활동을 강화하여 국가의 번영, 나아가 인류문화 창달에도 기여하게 된다.

각종 사회적 재해를 당한 국민 개개인이 각자 해결하여야 한다면 그 효과도 미흡할 뿐만 아니라 국가적 차원에서 볼 때 시간이나 재원의 면에서 엄청난 낭비를 초래하게 된다.

따라서 이러한 사회적 재해를 국가적 차원에서 해결함에 따라 국민 개개인은 개인의 행복추구는 물론 노동을 통한 인류문화 창달에 기여하게 되는 것이다.

제 4 절   규범적 기능

[44] Ⅰ. 국민의 기본권 실현

사회보장입법에 의하여 인간다운 생활권의 실현이 구체화됨으로써 그것을 기초로 한 국가에 대한 국민의 사회보장청구권은 구체적 권리성을 가지게 되었다.

헌법에 의한 인간다운 생활권의 보장과 이를 실현하기 위한 사회보장청구권의 보장은 사회권적 기본권의 보장 자체에만 의미가 있는 것이 아니고 근대 시민법원리하에서의 법이념인 자유와 평등의 보장을 확립하는 역할도 수행한다고 볼 수 있다. 왜냐하면 근대 시민법원리하에서 모든 인간을 평등하다고 가정하여 모든 인간에게 부여하였던 자유와 평등은 약자에 대한 강자의 지배를 통화여 결과적으로 「부자유」와 「불평등」을 초래하게 되었으며, 이것은 사회보장제의 실시 등 인간다운 생활을 위한

기본석 조건을 충속시켜 술 때에 비로소 실질적인 자유와 평등
이 보장될 수 있기 때문이다.

　제2차 세계대전후 미국에서는 생활보호계층의 복지수급권
(welfare right)의 주장과 그 확립을 위한 운동이 전개되었고, 영국
에서도 복지수급권의 보장과 함께 각종의 사회보장급여에 대한
불복신청 및 소송이 제기되었다.63)

[45] Ⅱ. 지방자치행정의 실현

　사회보장은 행정의 전문화를 초래하고 특히 지역주민의 욕
구에 대응하기 위한 사회보장정책의 강화는 지방자치행정의 발
전에 기여하게 된다.

　사회보장입법은 그 전문적·기술적 성격상 행정주도에 위한
정책입법적 성격을 가지는 것이 일반적인 경향이다. 입법과정에
서 뿐만 아니라 사회보장법의 시행과정에서 행정기관이 중심적
역할을 하고 있음은 물론이다. 사회보장입법의 발전은 필연적으
로 사회보장의 확충을 위한 행정권의 확대를 초래한다. 이에 따
른 사회보장행정의 합리성과 민주화의 확보가 더욱 중요시되고
있다.

　사회보장 급여수준·재원부담·수급요건 등에 현저히 나타
나는 격차와 불공평을 시정하기 위하여 제도의 관리운영에 노동
자와 지역주민이 주체적으로 참여할 수 있는 방도가 모색되어야
할 것이다.64)

　특히 사회문화적 패러다임이 되는 다양한 대인적 서비스 전
략이 실효성을 거두기 위해서는 공동체 및 주민적 차원으로 분

---

63) 佐藤進, 「勞動法と社會保障法との交錯」, (1979), 83〜86면.
64) 林迪廣·古賀昭典 編, 「社會保障法講義」, (1980), 96면.

권화되지 않으면 안된다. 고객과의 「인간적 연계」를 강조하는 분권적·참여적 복지전달체계는 국가라는 이름의 고도로 집권화 된 이른바 「복지리바이어던」(Welfare Leviathan)의 출현을 막을 수 있는 유효한 기제이다.65)

그러나 우리나라는 지방자치제 시행의 경험이 일천하고 체계적인 연구가 미흡하기 때문에 아직도 중앙집권적 행정체계를 유지하고 있다. 따라서 지방자치행정의 효율화를 도모하기 위해 서는 중앙과 지방간의 분권이 선행되어야 할 것이다. 특히 사회 보장행정은 대폭적으로 지방자치단체에 위임시키고 재정적으로 지원하는 방향으로 개선이 시급하다고 생각한다.66)

[46] Ⅲ. 법치주의의 실현

사회보장의 시행과정에서 한편으로는 행정권의 역할이 중요 시되고 또 한편으로는 경제적·재정적 압력에 의한 사회보장의 위축현상을 직시하게 됨으로써 사회보장에 있어서의 법의 우위 가 문제되고 있다.67)

사회보장에서 법의 우위가 새삼스럽게 논의되는 배경은 사 회보장의 법이념인 인간다운 생활권의 논리보다는 그것의 실현 수단인 경제의 논리가 더욱 지배하는 사회보장의 현실에 대한 비판에 있는 것이다. 이는 사회보장을 경제나 재정의 배려에 종 속시킨 나머지, 한 국가의 경제적·재정적 사정이 사회보장을 정체시키고 그 법이념의 후퇴를 가져오는 사회보장의 위기현상 에서 비롯된 것이다. 경제의 논리가 인권의 논리를 제약하여서

---

65) 인병영, "2000년대를 향한 사회복지정책의 방향", (1994), 11면
66) 박승두, "지방자치단체의 사회보장행정 전개방향", (1994), 76~78면.
67) 上村政彦, "社會保障における法の 優位", (1983), 379~404면

는 안된다는 것이 사회보상에서의 법우위론의 전제이다. 따라서 인간다운 생활권의 구체화를 위하여 한 국가의 경제나 재정은 오히려 사회보장의 실현·확보에 맞추어서 운영되어야 한다는 것이다.

그러므로 사회보장 행정은 사회보장법의 이념인 인간다운 생활권의 관점에서 수행되어야 하며, 행정기관의 자유재량에 의하여 집행되어서는 안된다.

그러나 우리나라에 있어서는 아직 ① 일반국민의 권리의식이 미약할 뿐만 아니라 ② 행정기관의 권위주의적 태도가 상존하고 있으며, ③ 각종 사회보장입법이 행정부의 자유재량적 형태의 수준을 벗어나지 못하고 있는 실정이므로, 사회보장행정에 있어서 법치주의의 실현이 아주 미흡하다고 생각한다. 이는 하루 속히 시정하여야 할 중요한 과제이다.

제 7 장

사회보장청구권의 실현

강의주제 :

시민법의 경우에는 국민 각자가 서로 권리와 의무를 가지고 국가는 권리를 침해당한 자의 신청이 있으면 이를 확인해 주는데 불과하다. 그런데 사회보장법은 국가 스스로 의무를 부담하는 사항들이다. 그러면 굳이 권리를 침해당한 자가 신청하지 않더라도 국가 스스로 자신의 의무를 성실히 이행하고 있는지 혹시 권리를 침해당한 국민은 없는 지 확인하여야 할 의무는 없는가?

제 1 절 의 의

[47] Ⅰ. 사회보장청구권의 특수성

각종 사회보장법률에서 보장하고 있는 사회보장청구권은 헌법에서 보장하고 있는 인간다운 생활권을 실현하기 위한 수단에 불과한 것이다. 그러므로 각종 사회보장법률은 사회보장청구권을 보장하는 선에 그쳐서는 안되고 이러한 권리가 충분히 실현되어 모든 국민이 인간다운 생활을 영위할 수 있도록 하여야 한다.

특히 우리나라는 사회보장법의 해석체계도 아직 실정법적 해석체계에 머무르고 있고, 사회보장청구권의 보장 자체만으로는 그 보장이념인 인간다운 생활을 실현할 수가 없다. 따라서 사회보장청구권의 개념과 보장한계, 그리고 사회보장청구권이 침해된 경우의 실현방법에 대한 구체적인 기준이 확립되어 있어야 한다.

[48] Ⅱ. 사회보장청구권의 실현방향

기본법은 국민이 행정보장청구권을 침해받은 경우 행정적 구제와 사법적 구제를 받을 수 있다고 규정하고 있다.68) 사회보장청구권은 그 보장이념인 인간다운 생활권이 너무 추상적인 개념이므로, 학설이나 판례를 통하여 구체화시켜 나가야 한다.

그리고 사회보장청구권은 헌법상 보장하고 있는 인간다운 생활권을 실현하기 위한 수단이기 때문에, 각종 사회보장법률에서 규정하고 있는 사회보장청구권을 재조명하여 헌법에서 보장하고 있는 인간다운 생활권을 실현하기에 미흡한 경우에는 새로운 입법의 제정이나 기존 법률의 개정을 추진하여야 한다.

제 2 절 행정적 구제

[49] Ⅰ. 행정적 구제의 내용

1. 행정심판의 의의

행정심판이란, 행정청69)의 위법·부당한 처분 또는 부작위에 대한 불복에 대하여 행정기관이 심판하는 행정심판법상의 행정쟁송절차를 말한다.70) 이와 같이 행정청이 행한 행정처분에

---

68) 제39조(권리구제) 위법 또는 부당한 처분을 받거나 필요한 처분을 받지 못함으로써 권리 또는 이익을 침해받은 국민은 「행정심판법」에 따른 행정심판을 청구하거나 「행정소송법」에 따른 행정소송을 제기하여 그 처분의 취소 또는 변경 등을 청구할 수 있다.

69) 행정주체의 법률상의 의사를 결정하고 이를 사인에게 표시하는 권한을 가진 행정기관을 말한다:천병태·김명길, 「행정법Ⅰ:행정법총론」, (2011), 151면.

70) 박균성, 「행정법론(상)」, (2015), 984면.

대한 행정기관의 심사와 판정절차를 "행정심판"이라 하고 법원
에 소송을 제기하기 전에 이러한 절차를 거치도록 하고 있
는 제도를 "행정심판전치주의"라 부른다.71)

행정심판의 개념은 협의와 광의로 나누어지며, 전자는 행정
청의 위법·부당한 처분, 공권력의 행사·불행사 등으로, 권리와
이익을 침해당한 자가 그 구제를 위하여 행정청에 시정을 요구
하고, 행정청에서 심판하는 쟁송절차라는 요건을 갖춘 개념을
말하며, 행정심판법상의 행정심판이라는 용어도 이러한 의미로
사용하고 있다. 반면 후자는 분쟁을 전제로 이를 사후적으로 해
결하기 위한 것 뿐만 아니라 그 외에 행정작용을 신중하게 하기
위하여 행정청에서 행하는 사전절차로서의 행정절차도 포함하는
개념으로 파악한다.72)

그러나 개별 법률에 따라 이의신청, 심사청구, 불복신청, 소
원 등 다양한 용어를 사용하고 있으며, 각종 사회보장법에서 사
회보장청구권의 실현을 위하여 사회보장급여의 결정처분에 대하
여 정하고 있는 이의신청이나 심사청구도 이에 해당한다.

우리나라의 사회보장법은 각각 다양한 형태의 행정심판의
절차를 두고 있다. 그 규정내용에 따라 다음의 6가지로 구분할
수 있는 바, ① 심사청구제도만을 두고 있는 경우로 공무원연금
법, 사립학교교직원연금법, 한부모가족지원법, 장애인복지법, 노
인복지법 등이 이에 해당되고, ② 재심사청구제도만을 두고 있
는 경우로 "진폐의 예방과 진폐근로자의 보호등에 관한 법률"(이

---

71) 1994년 7월 27일 개정된 「행정소송법」(법률 제4770호, 시행일: 1998년 3월 1일)은 기존
   의 「절대적 행정심판전치주의」 혹은 「필요적 행정심판전치주의」를 폐지하고 당사자의 선
   택에 맡기는 「상대적 행정심판전치주의」 혹은 「임의적 행정심판전치주의」를 채택하였다.
   그러나 다른 법률에서 행정심판을 거치지 않으면 행정소송을 제기할 수 없다고 규정하고
   있는 경우에는 예외적으로 이 규정이 적용된다: 하명호, 「행정쟁송법」, (2015), 242~253면.
72) 박송규, 「행정심판법」, (1998), 11~12면.

하 '진폐법'이라 한다)이 있다. ③ 심사청구와 재심사청구제도를 두고 있는 경우로 산업재해보상보험법, 고용보험법 등이 이에 해당된다. ④ 이의신청제도만을 두고 있는 경우로는 아동복지법, 국민기초생활 보장법이 있으며, ⑤ 이의신청과 심사(심판)청구제도를 두고 있는 경우로는 국민연금법, 국민건강보험법, 의료급여법 등이 있다.

이 중에서 심사청구제도나 재심사청구제도 중 어느 하나만을 규정하고 있거나 아무런 규정이 없는 경우는 행정심판법상의 행정심판을 청구할 수 있다. 그러나 심사청구와 재심사청구제도를 함께 두고 있거나 이의신청과 심사청구제도를 함께 두고 있는 경우에는 이 제도가 행정심판법상의 행정심판에 갈음한다.

2. 행정심판의 법적 성질

행정심판의 법적 성질에 관하여는, ① 법을 해석·적용하는 판단작용으로서 재판에 준하는 준사법적 작용이라는 견해, ② 일종의 행정작용으로서 법률관계를 확정시키는 행정처분의 성질이라는 견해, ③ 양자 모두의 성격을 가진다는 절충설[73]이 있다.

이에 관하여 생각하여 보면, 행정심판이 행정소송의 전심절차로서 사법절차가 준용되기는 하지만 그 자체를 재판과 같은 것으로 볼 수는 없으며, 행정청에서 하나의 행정작용으로서 행하는 것인 만큼 행정처분으로서의 성질이 더욱 강하다 할 것이다. 따라서 행정심판의 재결은 행정처분의 하나로서 구속력·불가쟁력·불가변력·공정력 등의 일반적 행정행위가 갖는 성질을 그대로 보유하게 되는 것이다.[74]

---

73) 김동희, 「행정법(Ⅰ)」, (2015), 649면.
74) 박송규, 「행정심판법론」, (1998), 23면.

3. 행정심판의 목적

사법절차에 의한 행정사건에 대한 심판은 심리절차의 공정 및 신중을 기할 수 있기 때문에 개인의 권익구제에 충실할 수 있다는 장점이 있다. 그리고 상당한 시일과 비용을 요하는 사법 기관보다 오히려 행정기관이 고도로 복잡하고 전문적·기술적인 현대행정의 문제를 신속하고 효율적으로 해결할 수 있기 때문 에75) 다른 나라에서도 일반적으로 행정심판제도를 두고 있다.

국민주권주의하에 행정의 헌법·법률에의 종속이라는 제도 를 전제로 하여 권력적이든 비권력적이든 국민의 권리·자유에 관한 행정권의 행사에 대해서는 그 자의를 인정하지 않는다는 의미에서 행정의 법률에 의한 통제의 법리를 고려하여야 할 것 이다. 그러나 현대행정이 계획행정화·기술행정화 등 복잡다양 화하고 전문기술화하고 있는데 따라 국민의 권리구제방법도 전 통적인 사법적 구제방법으로는 적당하지 않다는 것에 주의할 필 요가 있는 것이다.

현대행정의 특징에서 나타나는 여러 가지 현상은 법원의 심 리의 한계를 초래하게 하였으며, 현대행정이 개인주의적 기초에 서 사회주의적 복지국가에로 이행함에 따라 행정이 공익적 견지 에서 효율적으로 수행되어야 한다는 요청에서 또 국민의 입장에 서도 사법적 구제보다는 더 효율적인 권리구제를 기대할 수 있 다는 점에서 행정심판의 필요성이 강조된다.76)

[50] Ⅱ. 행정심판의 종류

현대 행정소송법은 항고쟁송으로서 취소소송·무효 등 확인

---

75) 석종현, 「일반행정법(상)」, (2000), 708면; 천병태, 「행정법(Ⅱ)」, (1994), 106면.
76) 박송규, 「행정심판법론」, (1998), 25면.

소송 및 부작위위법확인소송을 인정하고 있으나, 행정심판법에
서는 행정심판의 종류로서 취소심판, 무효등확인심판 및 의무이
행심판의 세 가지로 규정하고 있다.

1. 취소심판

취소심판은 행정청의 위법 또는 부당한 공권력의 행사 또는
그 거부나 그밖에 이에 준하는 행정작용으로 인하여 권리 또는
이익을 침해당한 자가 그 취소 또는 변경을 구하는 행정심판으
로서 행정심판의 가장 대표적인 유형이다.

취소심판의 주된 목적은 공정력있는 처분의 효력을 취소하는
데 있으며, 청구기간의 제한이 있다. 취소심판의 경우, 그 심판
청구가 부적법한 것이거나 이유없다고 인정하는 때에 당해 심판
청구를 각하 또는 기각하는 재결을 하는 것임은 다른 유형의 행
정심판의 경우와 다를 것이 없다. 행정심판이 제기되더라도 "집
행부정지의 원칙"이 적용되어 집행정지결정을 받지 않는 한 처
분의 효력은 지속된다.[77]

취소심판의 청구가 이유있다고 인정할 때에는 행정심판의
재결청은, ① 심판청구의 대상이 된 위법 또는 부당한 처분을 재
결로써 직접 취소·변경할 수도 있고, ② 처분청으로 하여금 취
소·변경하도록 명하는 재결을 할 수도 있다(행심 제32조 제1항). 전
자는 "형성재결", 후자는 "이행재결"이라고 할 수 있다.[78]

그리고 "사정재결의 원칙"이 적용되어, 심판청구가 이유있다
고 하더라도 현저히 공공복리에 적합하지 않은 경우에는 행정심
판위원회의 의결에 의하여 심판청구가 기각될 수 있다.[79]

---

77) 하명호, 「행정쟁송법」, (2015), 227면.
78) 박송규, 「행정심판법론」, (1998), 73면.

2. 무효등 확인심판

무효인 처분은 무효선언 등 별도의 행위를 기다릴 것 없이 처음부터 당연히 무효인 것이나, 행정행위로서의 외형이 존재하거나 존재하는 것처럼 오인됨으로써 법적으로 무효 또는 부존재인 처분도 행정청에 의하여 집행될 우려가 적지 않다. 그러므로 행정청의 처분의 유무 또는 존재 여부에 대한 확인을 하는 심판의 필요성이 있다. 무효등확인심판에서는 유효확인심판·무효확인심판·실효확인심판·존재확인심판·부존재확인심판   등이   포함된다.80) 이는 취소심판과 달리 청구기간의 제한이 없고, 사정재결에 관한 규정도 적용되지 않는다.81)

무효등확인심판에 있어서 심판청구가 이유있다고 인정하는 경우에는 심판청구의 대상이 된 처분의 유효·무효 또는 존재·부존재를 확인하는 재결을 한다(행심 제32조 제4항). 원래 확인판결의 효력은 당해 소송의 당사자 및 관계인에게만 미치는 것이 원칙인 것이나, 확인재결은 그 대상인 처분의 성질상 사사로운 개인 사이의 법률관계를 확인의 대상으로 하는 것과는 달리 당해 행정심판의 당사자는 물론 제3자에게도 미친다고 해석하여야 할 것이다.82)

3. 의무이행심판

행정청의 위법 또는 부당한 거부처분이나 부작위에 대하여 일정한 처분을 하도록 하는 심판을 말한다. 재결청은 위무이행

---

79) 하명호, 「행정쟁송법」, (2015), 227면.

80) 박송규, 「행정심판법론」, (1998), 74면.

81) 하명호, 「행정쟁송법」, (2015), 227면.

82) 박송규, 「행정심판법론」, (1998), 74면.

심판의 청구가 이유있다고 인정할 때에는 지체없이 신청에 따른 처분을 하거나 이를 할 것을 명하게 된다. 따라서 국민은 행정 청이 일정한 처분을 하여야 할 의무가 있음에도 그러한 처분을 하지 아니하므로 인하여 피해를 받게 될 경우에는 이 의무이행 심판을 통하여 행정청의 처분을 확보할 수 있게 되었다.83)

행정심판은 잘못된 거부처분의 효력을 소멸시키는 소극적 효력밖에 없지만, 의무이행심판은 거부한 처분을 이행하게 하는 적극적 효력이 있다. 거부처분에 대한 의무이행심판에는 청구기 간의 제한이 있지만, 부작위에 대한 의무이행심판에는 그러한 제한이 없다.84)

의무이행심판의 경우 그 심판청구가 이유있다고 인정할 때 에는 지체없이 원신청에 따른 처분을 하거나 처분을 할 것을 명 하는 재결을 한다(행심 제32조 제5항). 그러므로 의무이행심판에 있 어서의 인용재결에는 재결청 스스로 원신청에 따르는 처분을 하 는 경우와 피청구인인 소속 행정청에 대하여 원신청에 따르는 처분을 할 의무를 명하는 경우의 두 가지가 있는 것이다. 후자의 재결 즉, 행정청에 대하여 이행의무를 명하는 재결이 있으면 당 해 행정청은 지체없이 재결의 취지에 따라 원신청에 대한 처분 을 할 의무를 지게 되며, 처분청이 이를 따르지 아니할 경우에는 재결청이 직접 재결에 따른 처분을 할 수 있다(행심 제37조 제2항).

소극적인 행정적용으로 인한 국민의 권익침해에 대한 구제 수단으로서 행정소송법에서는 부작위위법확인소송을 인정하는 반면에 행정심판법에서는 처분청, 부작위청에 대하여 처분을 할 것을 명하는 내용의 의무이행심판제도가 실현된 셈이다.

이는 또한 19세기의 법이 위법한 공권력행사를 통제하는데 주력하였으나 20세기 후반의 법은 환경오염, 국토이용관계, 자연

---

83) 박송규, 「행정심판법론」, (1998), 75면.
84) 하명호, 「행정쟁송법」, (2015), 228면.

보호, 소비자보호, 생활보호 등 현대문제들을 다루는데 있어 오히려 위법한 공권력의 불행사를 통제하는 것이 문제로 되어 있어 행정청의 거부처분이나 단순한 부작위에 대하여 의무이행심판을 인정한 것은 국민의 권리구제의 폭을 넓힌다는 점에서 볼때 타당하다.[85]

[51] Ⅲ. 행정심판의 대상

행정심판사항 즉 심판청구의 대상으로 될 수 있는 사항에 관하여 현행법은 종전 소원법과 마찬가지로 개괄주의를 채택하여, 행정심판의 대상을 구체적으로 나열하지 아니하고 다른 법률에 특별한 규정이 있는 경우를 제외하고는 모두 행정심판의 대상이 되도록 하였다(행심 제3조 제1항).

1. 행정청

행정청이란 처분 또는 부작위를 할 수 있는 권한을 가지는 행정기관, 즉 국가 또는 지방자치단체의 행정에 관한 의사 또는 판단을 결정하여 이를 외부에 표시하는 권한을 가지는 행정기관을 말하나, 넓은 의미로는 내부의 특정자에 대하여 이를 결정·표시하는 권한을 가진 기관을 포함한다.

그러나 행정청은 본연의 행정관청에 국한되는 것이 아니라 보조기관도 행정관청의 권한의 위임을 받은 경우에는 그 범위안에서 행정청이 되며, 감사기관과 공기업 및 공공시설기관도 그 권한의 범위한에서는 행정에 관한 국가의사를 결정·표시할 수 있는 것이므로 이들 기관도 그 한도안에서는 행정청의 지위에 서는 것이다.[86]

---

85) 박송규, 「행정심판법론」, (1998), 75면.
86) 이상규, 「행정쟁송법」 (2000), 84면.

행정심판법에 의하면 행정심판의 대상이 「행정청의 처분과 부작위」이며, 이 경우 행정청의 범위에 "법령에 의하여 행정권한의 위임 또는 위탁을 받은 행정기관, 공공단체 및 그 기관 또는 사인이 포함됨"을 주의하여야 한다(행심 제2조 제2항). 따라서 이러한 권한의 위임이나 위탁을 받은 단체나 사인의 처분·부작위도 행정심판의 대상이 된다.[87]

2. 처 분

처분은 행정청이 행하는 구체적인 사실에 관한 법집행으로서의 권력의 행사 또는 그 거부와 그 밖에 이에 준하는 행정작용을 말한다(행심 제2조 제1항 제1호).

불복신청은 행정청의 공권력 행사에 의해 발생한 효과를 소급해서 소멸시키는 것을 목적으로 하기 때문에, 불복신청이 인정되기 위하여서는 그 행위가 법률상의 효과를 발생시키는 것이어야 하고, 처분으로서의 외형을 갖추어야 한다. 처분의 외형조차 갖추지 못한 경우에는 "처분의 부존재"라 하고, 처분의 외형은 가지고 있으나 중대하고 명백한 하자가 있으면 "처분의 무효"가 된다.[88]

따라서 행정청의 단순한 알선·권고·경고·견해표명 등 법률상의 효과를 가져오지 않는 것은 처분이 아니다. 행정청의 공권력의 행사에 해당하는 행위가 아직 외부에 표시되지 않고 행정청의 내부적인 의사결정의 단계에 그친 경우에는 사인의 권리의무에 직접 영향을 주는데 이르지 않기 때문에 처분에 해당하지 않으며, 법률상의 효과를 갖지 않기 때문에 동법 제3조의 처분이라고는 할 수 없다.[89]

---

87) 박송규, 「행정심판법론」, (1998), 80면.

88) 하명호, 「행정쟁송법」, (2015), 183면.

89) 박송규, 「행정심판법론」, (1998), 84~85면.

거부처분은 이에 의하여 신청전의 권리상태가 계속될 뿐이고 권리관계에 변동을 일으키는 것이 아닌 것처럼 보이지만 현실적으로는 신청자에게 불이익을 주게 된다. 우선 국민이 이익처분을 요구하는 법령을 갖는 경우에 행정청이 신청내용의 당부를 판단하여 신청요건의 흠결을 이유로 신청을 신청거부처분은 신청자의 권리·이익을 침해하는 것이므로 처분성이 인정된다.

이론상 무효인 처분은 취소심판의 대상이 될 수 없으며, 다만 무효등확인심판의 대상이 될 수 있을 뿐이다. 그러나 무효인 행위인지, 취소할 수 있는 행위에 해당하는지가 분명하지 않은 상태하에서는 그 무효인 처분도 일단 취소심판의 대상이 될 수도 있다.

일련의 절차중 선행행위에 대하여 이들 행위에 의해서는 직접적으로 국민의 권익에 법률적 효과를 발생하는 경우에는 선행행위는 행정심판청구의 대상이 되지 않는다. 그러나 선행행위가 바로 국민의 권익에 영향을 미치며 최종처분을 기다려서는 그 실익을 구제하기 어려운 경우에는 이들 행위는 독립하여 행정심판청구의대상이 될 수 있다고 하여야 할 것이다.[90]

일반처분은 구체적인 사실에 관하여 불특정다수인을 대상으로 하는 하나의 구체적인 명령을 내용으로 하는 것으로서 법의 집행이라는 점에서 행정행위의 일종이라고 할 수 있다. 그것이 특정인의 권익에 직접 관계되는 경우에는 행정심판의 대상이 된다.

고시는 행정청이 그가 결정한 사항 그 밖의 일정한 사항을 일반에게 알리는 것인데 일반처분은 고시의 필요에서 고시의 형식을 채택하는 경우가 많다. 고시는 원칙적으로 법규적 의미가 없고 일반국민을 구속하는 것은 아니지만 고시의 형식으로 일반처분의 성질을 가진 행위가 있을 경우에는 행정심판 혹은 행정소송의 대상으로 될 수 있는지가 문제된다.[91]

---

90) 박송규, 「행정심판법론」, (1998), 88면.
91) 박송규, 「행정심판법론」, (1998), 89면.

일반·추상적 법률로서의 행정입법에 대하여는 행정쟁송이 인정되지 않는다. 따라서 「취소할 수 있는 명령」이란 존재하지 않는다. 다만, 행정입법에 의하여 권리가 직접 침해될 경우에는 이른바 처분적 명령으로서 행정쟁송의 대상이 된다고 한다.

부담을 제외한 그 밖의 부관에 대해서는 그 자체를 독립한 행정소송의 대상으로 볼 수 없다는 것이 다수설과 판례92)의 태도이다. 그러나 부관의 본체인 행정행위와의 불가분성은 쟁송을 이유있게 하는 것과 관계되는 것이지 쟁송의 허용성과는 무관하다는 점 및 부관이 무효인 경우 본체인 처분의 존치여부는 일부무효의 법리에 따른다는 점 등에서 볼 때, 소의 이익이 있는 한 모든 부관에 대한 쟁송이 가능하다 할 것이다.

국가 또는 공공단체의 모든 행위를 「처분」이라고는 할 수 없으며, 그 중에는 상대방과 대등한 입장에서 행하는 것이 있다. 그와 같은 행위는 국가 또는 공공단체의 사법(私法)상의 행위로 볼 수 있으므로 불복신청의 대상이 될 수 없다고 생각되지만 지방공공단체의 사법상의 행위에 대해서도 이의신청을 인정할 수 있다는 견해가 있다.93)

행정심판법에서는 행정청의 사실행위94)에 대한 행정심판의 명문규정이 없다. 일반적으로 사실행위는 불복신청에 의해 구제받을 시간적인 여유없이 종료하기 때문에 별로 불복신청을 인정할 실익이 없다고 한다. 그러나 사실행위에도 공권력의 행사에 해당하는 행위로서 계속적 성질을 가진 것에 대해서는 처분의 경우와 동일하게 일방적으로 상대방의 수인을 강요하는 공정력을 발생하는 것이라고 생각되기 때문에, 그 공권력(공정력)을 배

---

92) 대법원 1992.1.21. 판결, 91누 1264.

93) 박송규, 「행정심판법론」, (1998), 91면.

94) 행정청의 사실행위란 행정행위 그 밖의 법률적 행위와는 달리 일정한 법률효력의 발생을 목적으로 하는 것이 아니라 직접적으로는 사실상의 효과만을 야기하는 행정 주체의 행위형식의 전체를 뜻한다.

제하고 상대방의 수인의무를 해제하기 위한 조치로서 취소심판의 청구를 인정할 가치가 있다고 보아야 할 것이다.[95]

3. 부작위

행정심판의 대상으로서의 부작위는, 행정청이 당사자의 신청에 대하여 상당한 기간내에 일정한 처분을 하여야 할 법률상 의무가 있음에도 불구하고,[96] 이를 하지 아니하는 것을 말한다(행심제2조제1항). 행정청의 부작위로 인하여 국민이 받을 불이익을 구제하고 행정운영의 적정을 도모한다는 견지에서, 행정쟁송의 대상으로서 행정청의 부작위가 문제된다. 특히 사회보장법의 영역에서는 정부의 부작위에 의한 권리침해가 발생할 가능성이 높다.

제 3 절 사법적 구제

[52] I. 사법적 구제의 내용

국민이 사회보장청구권을 침해받은 경우에는 앞 절에서 설명한 행정적 구제 이외에 사법적 구제를 청구할 수 있다.

먼저 사회보장급여의 지급결정이 위법·부당하게 행해진 것

---

95) 박송규, 「행정심판법론」, (1998), 93면.

96) 일반적으로 법률은 신청의 처리기간을 명시하고 있지 않으며, 또 일정한 처리기간을 규정하고 있더라도 행정청이 의무 위반을 한 경우 아무런 제재가 없기 때문에, 단순한 훈시규정으로 해석되고 있다. 이와 같이 법령에 의한 신청에 대하여 행정청의 처분이 반드시 적정하고 신속하게 행하여지고 있지는 않아, 신청에 대하여 행정청의 부작위상태가 발생할 가능성이 있다.

제 7 장 사회보장청구권의 실현　87

이라면 이 결정의 무효확인과 취소를 청구할 수 있고, 적법한 급여를 지급하지 않는 경우에는 이행청구소송을 제기할 수 있다. 또 헌법에서 보장하고 있는 인간다운 생활권을 영위할 수 있는 수준의 사회보장법률을 제정하지 않는 경우 법률의 제정을 청구할 수 있다.

나아가 적법한 사회보장급여를 지급하지 않는 등 국가와 지방자치단체의 위법한 행위로 인하여 국민이 손해를 입은 경우에는 이러한 손해의 배상을 청구할 수 있다. 그런데 국가와 지방자치단체를 상대로 하는 이러한 소송은 모두 행정소송으로 제기하여야 한다. 다만, 근로복지공단 등에 대한 보험급여의 지급이나 손해배상의 청구는 일반 민사소송의 절차에 따른다.

[53] Ⅱ. 행정소송

행정소송이란, 법원이 행정법상의 법률관계에 관한 분쟁에 대하여 당사자의 소의 제기에 의하여 이를 심리·판단하는 정식 재판절차를 말한다.[97] 즉 행정소송은 행정기관의 위법한 처분 그 밖에 공권력의 행사, 불행사 등으로 인한 권리 또는 이익의 침해를 당한 자가 이의 구제를 위하여 법원에 제기하는 소송이며, 국민의 권리구제기능과 행정통제기능을 가진다.

행정소송은 성질에 따라서, ① 형성소송, ② 이행소송, ③ 확인소송으로, 내용에 따라서 ① 항고소송, ② 당사자 소송, ③ 민중소송으로 나누어 진다.[98]

우리나라 행정소송법은 1948년 제헌헌법(제81조 제1항)에 의거 1951년 최초로 제정되었다. 그 후 1980년 대폭 개정되고 1984년

---

97) 김동희, 「행정법(Ⅰ)」, (2015), 702면.
98) 하명호, 「행정쟁송법」, (2015), 22~25면.

새로이 제정되어 1994년 7월 27일 개정(1998년 3월 1일 시행)되었다.[99]

현행 우리나라의 행정소송제도에 대하여는 ① 의무이행소송의 부인, ② 가(假)구제절차의 불비, ③ 자료제출 요구제도의 미흡, ④ 사정판결제도의 인정, ⑤ 집단분쟁 해결을 위한 소송제도의 부재, ⑥ 행정법원 설치의 문제점, ⑦ 상고심사제의 문제점, ⑧ 행정소송의 심급상의 문제점 등의 문제점이 지적되어 왔으며,[100] 현재 대법원 및 법무부를 중심으로 개정이 추진되고 있다.

<판례 5> 대법원 2011.11.24. 선고 2011두18786 판결

행정소송법 제18조 제1항, 제20조 제1항, 구 행정심판법(2010. 1. 25. 법률 제9968호로 전부 개정되기 전의 것) 제18조 제1항을 종합해 보면, 행정처분이 있음을 알고 처분에 대하여 곧바로 취소소송을 제기하는 방법을 선택한 때에는 처분이 있음을 안 날부터 90일 이내에 취소소송을 제기하여야 하고, 행정심판을 청구하는 방법을 선택한 때에는 처분이 있음을 안 날부터 90일 이내에 행정심판을 청구하고 행정심판의 재결서를 송달받은 날부터 90일 이내에 취소소송을 제기하여야 한다. 따라서 처분이 있음을 안 날부터 90일 이내에 행정심판을 청구하지도 않고 취소소송을 제기하지도 않은 경우에는 그 후 제기된 취소소송은 제소기간을 경과한 것으로서 부적법하고, 처분이 있음을 안 날부터 90일을 넘겨 청구한 부적법한 행정심판청구에 대한 재결이 있은 후 재결서를 송달받은 날부터 90일 이내에 원래의 처분에 대하여 취소소송을 제기하였다고 하여 취소소송이 다시 제소기간을 준수한 것으로 되는 것은 아니다.

---

99) 1994년 개정의 주요내용은 ① 임의적 행정심판전치주의의 채택, ② 행정법원의 설치 및 행정소송의 3심제로의 전환, ③ 취소송의 제소기간 연장, ④ 상고심사제의 채택 등이다.

100) 석종현, 「일반행정법(상)」, (2000), 785～787면.

[54] Ⅲ. 공법상 손해배상청구소송

공법상 손해배상이란 공무원의 위법한 직무집행행위[101] 또는 국가나 공공단체의 공공영조물이 설치 또는 관리의 하자로 인하여 개인에게 재산상의 손해를 가한 경우에 국가나 공공단체가 그 손해를 배상하는 제도를 말한다. 사회보장청구권은 국민의 국가에 대한 청구권으로서의 의미를 가지고 국가는 국민의 인간다운 생활을 보장하기 위하여 사회보장을 실시하여야 할 의무가 있다. 따라서 사회보장급여의 지급과 관련하여 공무원의 직무집행행위가 이러한 국민의 권리를 침해하는 결과가 초래된 경우에는 국민은 당해 처분에 대한 취소의 청구 등 행정소송을 제기할 수 있음은 물론, 그러한 행정처분의 결과 입은 손해에 대한 배상을 청구할 수 있다.

우리나라의 헌법은 제29조 제1항에서 "공무원의 직무상 불법행위로 손해를 받은 국민은 법률이 정하는 바에 의하여 국가 또는 공공단체에 정당한 배상을 청구할 수 있다. 이 경우 공무원 자신의 책임은 면제되지 아니한다."라고 규정하고 있고, 1951년 9월 8일에 제정된 「국가배상법」은 제1조에서 "이 법은 국가 또는 지방자치단체의 손해배상의 책임과 배상절차를 규정함을 목적으로 한다."라고 규정하고 있다.

그리고 제2조에서는 "① 국가 또는 지방자치단체는 공무원이 그 직무를 집행함에 당하여 고의 또는 과실로 법령에 위반하여 타인에게 손해를 가하거나, 자동차손해배상보장법의 규정에 의하여 손해배상의 책임이 있는 때에는 이 법에 의하여 그 손해를 배상하여야 한다. 다만, 군인·공무원·경찰공무원 또는 향토예

---

101) 공무원의 직무행위에는 적극적인 작위뿐 아니라 작위의무가 존재함에도 불구하고 고의 또는 과실로 권한을 행사하지 않거나 직무를 소홀히 하는 등의 넓은 의미에서의 부작위가 포함된다: 김남철, 「행정법강론」, (2015), 496면.

비군대원이 전투·훈련 그 밖의 직무집행과 관련하거나 국방 또는 치안유지의 목적상 사용하는 시설 및 자동차·함선·항공기 그 밖의 운반기구 안에서 전사순직 또는 공상을 입은 경우에 본인 또는 그 유족이 다른 법령의 규정에 의하여 재해보상금·유족연금·상이연금 등의 보상을 지급받을 수 있을 때에는 이 법 및 민법의 규정에 의한 손해배상을 청구할 수 없다. ② 제1항 본문의 경우에는 공무원이 고의 또는 중대한 과실이 있는 때에는 국가 또는 지방자치단체는 그 공무원에게 구상할 수 있다."라고 규정하고 있다.

그리고 국가 또는 지방자치단체의 손해배상의 책임에 관하여는 이 법의 규정에 의한 것을 제외하고는 민법의 규정에 의한다(국배 제8조). 그리고 국가배상법상의 손해배상청구를 하기 전에는 먼저 「배상심의회」의 배상금 지급 또는 기각의 결정을 거쳐야 한다(국배 제9조 본문). 다만, 배상금지급신청이 있은 날로부터 3개월을 경과 한 때에는 바로 손해배상청구소송을 제기할 수 있다(국배 제9조 단서). 배상심의회에 대한 신청은 배상금의 지급을 받고자 하는 자의 주소지·소재지 또는 배상원인 발생지를 관할하는 「지구심의회」에 하여야 하고, 여기서 신청이 기각된 경우에는 결정정본이 송달된 날로부터 2주일 이내에 당해 심의회를 거쳐 신청할 수 있다(국배 제12조 및 제15조의2).

손해배상청구소송에 관하여는 행정소송법상의 당사자 소송이어야 한다는 설102)이 다수설이나, 우리나라의 판례와 재판실무에 있어서는 민사소송절차에 따르고 있다. 그리고 소송절차는 행정소송을 제기하고 이와 관련된 손해배상을 행정소송과 병합하여 청구하는 소송절차와 국가 또는 지방자치단체를 피고로 하여

---

102) 천병태, 「행정법(Ⅱ)」, (1994), 19면; 김도창, 「일반행정법론(상)」, (2000), 619; 박윤흔, 「행정법강의(상)」, 660면; 석종현, 「일반행정법(상)」, (2000), 610면; 김남진, 「행정법(Ⅰ)」, (2000), 600면.

민사소송의 절차에 따르는 경우가 있다.

[55] Ⅳ. 공법상 결과제거청구권

이는 행정작용의 결과로서 남아 있는 상태로 인하여 자기의 법률상의 이익을 침해받고 있는 자가 행정주체에 대하여 그 위법한 상태를 제거하여 줄 것을 청구하는 권리를 말한다.

독일에서는 결과제거청구권과 관련하여 사회보장법상의 회복청구권(sozialrechtliche Herstellungsanspruch)이 논의되고 있다.[103] 이는 결과제거청구권과 약간의 공통점도 있으나 서로 구별되는 제도이다. 결과제거청구권이 과거에 존재하였던 사실상의 상태의 원상회복을 목표로 하는데, 사회보장법상의 회복청구권은 행정기관이 적법하게 행동하였더라면 현재 존재할 법적 상태의 회복을 목표로 한다.

사회보장법상의 회복청구권은 특히 행정기관이 상담여부와 보호의무를 위반한 경우에 발생한다. 행정기관의 잘못된 안내 또는 통지로 인하여 당해 신청을 적시에 하지 못하였고, 그 결과 특정한 청구권을 더 이상 주장할 수 없게 된 개인이 그 신청이 기한 내에 행하여졌더라면 있을 수 있는 법적 지위의 회복을 요구할 수 있다. 또한 잘못된 안내 또는 통지로 인하여 목표로 하는 연금 등을 받기 위하여 납부하여야 할 금액보다 낮은 금액의 기여금(개인납입금)을 납부한 개인이 사후에 추가로 기여금을 납부함으로써 기한 내에 납부한 것으로 인정하여 줄 것을 요구할 수 있다.

이는 행정기관의 귀책사유와는 무관하며, ① 행정기관의 위법한 행동이 있고, ② 그로 인하여 개인에게 손해가 발생하고, ③ 요

---

103) 행정청이 무주택자를 사회복지시설에 일정기간 입주시키도록 하였으나 그 기간이 지나도록 아무런 조치를 취하지 않고 있는 경우에, 이에 대한 결과제거청구는 무주택자가 퇴소하게 해 줄 것을 내용으로 하는 것이지, 무주택자가 야기한 손해에 대한 원상회복까지 요구할 수는 없는 것이다: 김남철, 「행정법강론」, (2015), 626면.

구되는 행정기관의 행위가 법적으로 허용되는 경우에 행사될 수 있다. 이에 관한 이론적 근거는 아직도 다투어지고 있는데, 결과제거청구권의 발전된 현상, 급부행정법 분야에서의 결과제거청구권과 유사한 현상, 사회보장법상의 급부관계의 부수적 의무, 신의성실의 원칙 혹은 독자적(sui generis)인 법제도 등으로 해석하고 있다.104)

[56] V. 민사상 손해배상청구소송

민법 제750조에는 "고의 또는 과실로 인한 위법행위로 타인에게 손해를 가한 자는 그 손해를 배상할 책임이 있다"라고 규정하고 있는 바, 사회보장급여가 국가나 지방자치단체, 그 밖의 담당기관의 불법적인 판단으로 지급되지 않고 이로 인하여 재산적·정신적 손해가 발생한 경우에는 국가와 지방자치단체에 대하여는 공법상의 손해배상을 청구할 수 있으며, 국가와 지방자치단체 이외의 자에 대하여는 민사상 손해배상을 청구할 수 있다.

그러나 여기서 문제되는 것은 민사소송을 제기하는 경우에도 심사와 중재절차를 거쳐야 하느냐 하는 것이다. 과거 근로기준법에서는 원칙적으로 민사소송을 제기하기 위해서는 노동위원회의 심사와 중재절차를 거쳐야 하고 예외적으로 노동위원회가 당사자의 청구에 의하여 심사를 개시한 후 1개월 이내에 심사 또는 중재를 완료하지 않는 경우에만 바로 민사소송을 제기할 수 있었다(구 근기 제90조). 그러나 이는 국민의 소송권을 과도하게 제한한다는 비판을 받아 1989년 3월 29일 개정에서 이 조항을 삭제하여 노동위원회의 심사 또는 중재여부와 상관없이 민사소송을 제기할 수 있게 되었다.

---

104) H. Maurer, Allgemeines Verwaltungsrecht, S. 648[박윤흔, 「행정법강의」, (상), (2000), 722면에서 재인용].

제 8 장
사회보장법의 형성과 발전

강의주제 :

세계 각국의 사회보장법은 모두 험난한 과정을 거쳐서 형성·발전하여 왔다. 그 과정에서 공통적으로 겪은 난관은 무엇이며, 이를 각 국가가 슬기롭게 극복한 방법은 무엇인가?

제 1 절 사회보장 이전의 단계

[57] I. 사회보장의 출발선

인간의 생활이 자연상태에서 문화적인 생활로 점차 발전함에 따라, 인간이 필요로 하는 생활품에 대한 수요는 급격히 증대되었지만, 이에 대한 물자의 생산과 공급은 이를 충족시킬 수 없는 상황이었다. 그리고 화폐경제가 도입되면서 교환의 매개체인 화폐에 대한 수요가 급격히 증대하는 상황속에서 모든 사회에서 빈곤의 문제는 필연적으로 발생하는 최초의 사회문제라 할 수 있다.

이러한 빈곤을 해결하기 위한 노력은 처음 종교단체나 노동단체 등에 의하여 자선적이거나 공제적인 활동에서 시작되었다가, 점차 이에 대한 공동체 책임의식이 증가하게 되고 국가가 앞장 서 이를 해결하여야 한다는 주장이 제기됨에 따라 대부분의 국가에서 사회보장 이전의 단계에서 구빈정책을 펴게 되었다.

초기에 대부분의 국가에서 가난한 자를 죄인으로 취급하여 처벌이나 질서유지의 차원에서 관리하였지만, 우리나라에서는 삼국시대부터 가난한 백성을 보살피는 정책을 널리 폈다는 점은 세계적으로 자랑스러운 일이다.

[58] Ⅱ. 각국에서의 구빈정책

1. 영 국

영국에서 빈곤의 문제를 국가적 차원에서 해결하고자 하는 첫 번째 시도가 1601년 엘리자베스구빈법(An Act for Relief of the poor) 이다. 그러나 이 법 이전에도 영국에서는 빈민이 사회문제로 제기됨에 따라 구빈에 관한 법률이 제정되어 시행되어 왔다.105)

2. 스웨덴

스웨덴은 세계적으로 복지국가의 대명사로 불려 질 만큼 사회보장제도가 발달한 국가이다. 영국에서와 마찬가지로 스웨덴도 사회보장법이 제정되기 이전에 빈민문제를 국가의 책임하에 해결하기 위한 구빈법이 먼저 제정되었다.106)

정부는 1848년 구빈령을 내리고 1853년 「구빈법」을 제정하여 빈곤자 문제를 해결함과 동시에 인구의 1/4인 약 130만명을 미국에 도항시키기까지 하였다. 교회법에 의하면 빈궁자, 고아, 노인, 병자 등을 방치할 수 없으며 반드시 교회가 설치하는 시

---

105) 영국에서 엘리자베스구빈법 이전에 시행된 구빈정책은 주로 방랑걸인을 치안유지의 차원에서 처벌하거나 노예화하는 수준에 머물러 있었고 국가적 차원에서 빈민을 구제하고자 하는 정책은 수립되지 못한 것으로 판단된다.

106) 스웨덴에서 구빈법이 제정된 배경에는 기독교의 박애정신과 지방행정에 의한 공중위생의 의식도 작용하였다. 永山泰彦, "社會保障の歷史", (1999), 143면.

설에 수용하도록 되어 있었다.107)

3. 독 일

산업혁명의 영향으로 독일에서도 전통적인 농업중심에서 노동집약적 산업으로 발전하고, 이 과정에서 빈곤, 질병, 노령 등 사회문제가 발생하기 시작하였다.

차츰 빈곤은 개인의 문제가 아니라 사회의 공통문제로 인식되었으며, 사회부조로 이를 해결하고자 하였다. 초기는 주로 기독교의 활동에 의존하였으며, 국가적 차원에서는 1794년 제정된 프로이센일반법(ALR)에 처음으로 빈민부조를 위한 규정을 두었다.108)

4. 프랑스

프랑스에 기독교가 전파된 이후에는 교구단위의 자선활동이 주요 해결책이었다. 6세기경까지 교회의 자선사업이 유일한 구제수단이었으며, 567년의 종교회의에서는 구제에 관한 일반원칙이 최초로 제정되어 각 시에 대하여 빈민구제를 명령하였다. 그리고 17세기에 이르러서는 자선부인회 등이 설치되었다.

점차 국가권력이 형성 발전함에 따라 16세기경부터 국가차원의 빈민구제책이 시행되기 시작하였다.109)

---

107) 小野寺百合子, "社會保障の歷史", (1990), 115면.

108) 박응격 외, 「독일사회복지론」, (2005), 53～54면.

109) 국가가 빈민자를 구제하여야 할 의무가 성립되지 못하였으며 빈민자의 생존권이 인정된 것도 아니었고, 오히려 사회질서유지에 방해가 되는 자로 인식되어져 걸인합숙소 등에 격리 수용하는 수준이었다.

5. 미 국

미국에서는 1776년 독립후 산업혁명이 일어나고 대도시에 노동자, 빈민이 집중됨에 따라 노동과 빈민이 사회문제화 되었다. 따라서 19세기 전반에는 대부분의 주가 구빈원을 설치하고 빈민구제의 방법으로 수용보호(indoor relief)를 원칙으로 하였다.

6. 일 본

일본에서도 노인, 병자, 연소자 등 생활의 능력이 없는 빈민에 대하여 국가가 보호하는 정책은 존재하였다. 일본의 메이징 정부는 천황을 정점으로하는 국가체제를 확립하기 위하여는 민심의 안정이 필요하다는 판단하에 1868년 빈민구제정책을 펴기 시작하였다. 그 후 1874년에는 휼구규칙(恤救規則)을 제정하였다.

7. 우리나라

세계적으로 구빈정책은 우리나라에서 가장 먼저 시작하였다. 우리나라는 고대부터 국민의 재난을 국가가 구조하는 이른바 구휼(救恤)정책을 전개하여 왔다.

즉 삼국사기에 의하면 서기 18년 신라 제2대 남해왕(南解王) 15년에 "백성들이 기근으로 굶주리므로 국고로 이들을 구휼하였다."라는 기록이 있다. 또 유리왕(儒理王) 5년에는 "관리에게 명하여 곳곳마다 홀아비, 홀어미니, 고아, 자식없는 이, 늙은이, 병든 이로서 자활할 수 없는 자를 위문하여 식료품을 주어 부양하였다"라는 기록이 있다.110)

---

110) 우리나라는 삼국시대부터 국민이 재해를 당했을 경우 국가가 이를 지원하는 구

이러한 국가에 의한 구빈정책은 삼국시대 뿐 아니라 고려, 조선시대까지 계속 확대되어 왔다. 그리고 갑오경장 이후에는 천주교 등 종교단체에 의하여 자선사업이 전개되었으며, 1910년 한일합방 이후에는 총독부 직영의 제생원(濟生院)에서 구빈사업을 전개하였다.111)

제 2 절 사회보장법의 탄생

[59] Ⅰ. 사회보장법의 탄생 배경

세계 각국에서 사회보장법이 탄생된 배경에는, 각 국가마다 다양한 역사와 문화적 차이가 있지만 일반적인 현상은 다음과 같다. ① 산업화로 노동자가 결집하게 됨에 따라, ② 자연히 이들은 자신들의 권익을 주장하게 되고, ③ 자본주의 경제가 성숙·발전함에 따라, ④ 빈곤, 노령, 실업, 주택난 등 사회문제가 나타나고, ⑤ 각 국가는 이러한 문제는 국가정책으로 해결하고자 노력하였다. ⑥ 그 결과 연금, 건강보험, 실업보험 등 사회보장제도를 규율하는 사회보장법을 제정하게 된 것이다.

휼정책을 폈다는 점에서 사회보장적 국가이념이 세계에서 가장 먼저 확립되었다고 볼 수 있다. 특히 영국이나 일본에서 초기 빈민구제가 치안유지의 차원에서 시작되었다는 점에서 큰 대조를 이룬다고 보아야 한다. 이 점은 우리 민족의 홍익인간의 이념이 크게 작용하였다고 보아야 할 것이다.

111) 하상락, "한국 사회복지사의 흐름", (1989), 38 ~ 84면.

[60] Ⅱ. 각국의 초기 사회보장법

1. 영 국

영국에서는 산업혁명이 세계에서 가장 먼저 일어났으며, 그 결과 자본주의 경제체제가 가장 먼저 형성되어 왔다. 또한 자본주의 경제체제하에서 발생된 각종 사회문제(Social Problem)를 해결하고 사회의 안정을 도모하기 위한 사회보장(Social Security)도 가장 먼저 체계화되어 왔다.

그 후 1906년 총선거에서 노동자들이 의회에 진출하게 되고 사회개혁을 주장하던 자유당이 집권하게 됨에 따라 사회보장도 크게 확대되었다. 그러나 독점자본주의가 형성되어 임금의 저하와 실업의 증가현상이 나타났고, 이에 반발한 노동운동이 강화되어 1908년 무갹출의 고령연금법이 제정되고, 1911년에는 영국 최초의 사회보험인 국민보험법이 제정되었다.

그리고 1920년에는 심각한 불황이 시작되어 실업이 급증할 가능성이 제기됨에 따라 동년에는 실업보험법을 제정하였다. 그 후 1936년에는 실업보험(농업)법(Unemployment Insurance (Agriculture) Act)이 제정되어 실업보험이 농업노동자에게까지 확대적용하였다.112)

2. 스웨덴

산업화의 진전에 따라 스웨덴에서는 1880년경부터 사회보장제도가 도입되기 시작하였다. 특히 노동조합은 사회의 불평등이 국민의 궁핍을 초래하고 있다고 주장하였다. 그러나 이러한 요

---

112) 紫田嘉彦, 「世界の社會保障」, (1996), 31~47면.

구가 입법화되기까지에는 오랜 기간이 소요되었다.113)

1881년 아동노동금지법이 제정되었는데, 구빈법에 의하여 행해오던 강제노동을 10세 이하의 아동에게는 노동을 금지하였다. 1891년에는 질병기금조성법이 제정되어 임의로 가입하여 설립된 질병기금에 대하여 국가가 지원하는 정도였다.

1900년에는 여자·연소자노동법, 1901년에는 산재보상법, 1902년에는 수양자(收養子)법이 제정되었다.114) 그리고 1913년에는 스웨덴에서 최초로 국민연금법115)이 제정되었는 바, 만 16세 이상 66세까지 소득의 1%를 보험료로 납부하고 67세부터 연금을 지급받았다.

3. 독 일

독일은 1871년 통일후 강력하게 전개된 사회주의 운동에 대응하여 비스마르크는 탄압과 회유의 2중적 정책을 펴기 시작하였다.116) 즉, 한편으로는 1878년 "사회주의자 탄압법"(Sozialisten Gesetz)을 제정하여 사회주의 운동을 탄압하기 시작하고, 다른 한편에서는 사회보장정책을 전개함으로써 노동자를 비롯한 국민의 복지향상을 위하여 노력하였다.

독일의 사회보장법은 비스마르크(Bismarck)시대에 세계 최초로 사회보험법을 제정하였는데, ① 건강보험법, ② 산업재해보험법, ③ 폐질 및 노령보험법의 3가지 법률이며, 그 후 1911년 이들을

---

113) 스웨덴이 사회보장법을 제정하는 데는 각종 사회보험법을 제정한 독일 비스마르크의 사회정책이 강한 영향을 미친 것으로 평가되고 있다: 永山泰彦, "社會保障の 歷史", (1999), 129면.

114) 1924년에 아동복지법으로 명칭이 변경되었다.

115) 이 법은 스웨덴 최초의 사회보험법제이다.

116) 특히 1971년 프랑스에서 파리코뮨과 같은 일시적인 프로레타리아 정권의 성립에 영향을 받은 바 크다: 足立正樹, "社會保障制度の歷史的發展", (1999), 15면.

통합하여 「제국보험법」117)을 제정하였다.

라이히보험법이 제정된 후에도 실업보험, 아동수당, 전쟁희
생자원호, 사회부조, 공중위생, 의료제도 등은 별개의 법률로 운
영하였다. 또 같은 해 사무직·기술직 노동자의 노령·질병·
재해·사망시에 보험금을 지급하도록 한 「사무직노동자보험
법」(Angestelltenversicherung)118)을 제정하였다.

4. 프랑스

프랑스 사회보장법119)의 특징은, 다른 유럽 각국과 비교하
여 볼 때 사회보험법이 늦게 제정되었다는 점이다. 그러나 1889
년 파리에서 세계공적부조총회가 개최된 것을 계기로 공적부조
법은 일찍 제정되었다.

지방자치단체의 공적부조의무가 명시됨에 따라 「의료부조법」
(1893), 「공적부조에 대한 국가의 재정지원법」(1897), 「아동보호법」
(1904), 「노인·불구·폐질자에 대한 공적부조법」(1905) 등이 제정되
었다. 이러한 법들은 혁명기의 권리원칙을 이어받으면서 공적부조
의 원리를 확립시킨 것으로 평가된다.120)

5. 미 국

미국에서는 남북전쟁(1861~1865)이 끝난 후 산업화가 본격 추

---

117) 이 법의 원명은 Reichsversicherungsordnung(RVO)이며, 「라이히(Reich)보험법」이라
부르기도 한다.

118) 이 법은 주로 사무직 노동자를 위하여 제정된 연금법이다.

119) 프랑스에서는 오랫동안 사회보호(Protection Sociale)의 개념이 사용되어 왔다. 그리고
1987년 사회보장법전(Code de la Sécurité Sociale)의 편찬 등으로 사회보장(Sécurité Sociale)
의 개념이 체계화되었으나, 여전히 사회보호의 하위개념에 해당한다.

120) 田端博邦, "社會保障の歷史", 105면.

진되었는데, 이후 경제적인 번영과 극심한 빈곤, 대기업에 의한 부의 독점, 정경유착에 대한 부패의 만연 등 심각한 사회문제를 타파하기 위하여 혁신주의 운동(progressive movement)이 제기되었다. 이러한 운동은 1904년 대통령선거에서 당선된 시어도어 루즈벨트와 1912년 대통령에 당선된 우드로 윌슨 대통령에 의하여 적극적으로 추진되었다.121)

이 시기에는 사회보장법도 크게 진전되어, 1911년에는 워싱턴 주에서 최초로 「노동자재해보상법」(Workmen's Com-pensation Law)이 제정되었는데, 이는 다른 주까지 확대되어 1920년에는 43개의 주에서 제정되었다. 그리고 1911년 일리노이 주를 시작으로 「모자부조법」(Mother's Aid Law)가 제정되어 1926년에는 40개의 주로 확대되었다.122)

6. 일 본

일본은 1931년 만주사변을 시작으로 1945년 제2차 세계대전의 패전까지 약 15년 동안 전쟁의 수렁에 빠지게 된다.

1938년 노무, 물자, 물가 등의 정책을 정부의 통제하에 두기 위하여 국가총동원법을 제정하고 이후 모든 정책은 전쟁을 위한 수단으로 전락하게 되었다. 따라서 당시 제정되었던 사회보장에 관한 법률들도 이러한 군국주의 이념을 실현하기 위하여 제정된 것이라고 보아야 한다. 같은 해 국민건강보험법을 제정되었는데, 이 법은 1922년에 제정된 건강보험법의 대상이 되지 않는 일반의 국민을 대상으로 한 것이었다.

그리고 노동자에 대한 연금보험제도의 실시가 검토되어

---

121) 이주영, 「미국사」, 212면.
122) 社會保障硏究所 編, 「アメリカの社會保障」, (1987), 18면.

1939년부터 법안이 작성되었으나 1941년에야 노동자연금보험법으로 제정되었다. 이 법은 ① 전시하 노동력의 유지, ② 노동자의 작업능률향상, ③ 통화회수, ④ 전쟁비용조달 등의 목적으로 제정된 것으로 이해되고 있다.

7. 우리나라

1961년 5·16 군사쿠테타에 의하여 집권한 박정희 군사정권은 국민에 대한 명분적 방향제시를 선전하기 위하여[123] 각종 사회보장법을 제정하였다.[124]

즉, 1961년에는 직업안정법, 직업훈련기본법, 생활보호법, 아동복리법 등이 제정되었고, 1963년에는 사회보장에 관한 법률,[125] 의료보험법, 산업재해보상보험법 등이 제정되었다.

그리고 1970년대에도 10월유신에 의하여 인권탄압을 더욱 강화하였고 사회보장제도의 실질적 발전은 없었다. 이러한 가운데 대내외 선전용으로 각종 사회보장법을 제정하거나 개정하였다.[126] 1977년 "공무원 및 사립학교 교직원 의료보험법"이 제정되어 1979년 7월 1일부터 공무원 및 사립학교 교직원에 대한 의료보험이 실시되었다. 같은 해 의료보호법이 제정되어 생활보호법에 의한 보호대상자에 대한 의료보호가 실시되었다.

---

123) 특히 민정이양이 이루어지는 1963년도에 들어오면서 군사정권의 정통성이 급격히 실추함에 따라 사회보장정책에 대한 관심이 제고되었다. 그리고 그 시행도 조세로 재원을 조달하는 가족수당의 도입이나 공적부조의 확대보다는 당사자부담을 원칙으로 하는 산재보험과 의료보험제도를 도입하고자 하였다: 권문일, "1960년대의 사회보험", (1989), 509면.

124) 이 점은 독일의 비스마르크 시대와 유사한 점이 있다.

125) 이는 1995년 "사회보장기본법"으로 대체되었다.

126) 대표적인 예로 1973년 국민복지연금법이 제정되었으나, 경제적 불황과 사회현실의 여건부족을 이유로 그 시행을 10여 년 동안 보류하여 사실상 유명무실화되었다.

제 3 절 사회보장법의 발전

[61] I. 사회보장법의 발전 배경

세계 각국에서 사회보장법이 발전하게 된 배경은, 각 국가마다 다양한 환경과 특성이 있지만 일반적인 현상은 다음과 같다. ① 제1차 및 제2차 세계대전을 겪으면서 평화와 인간존중의식이 고조되고, ② 사회적으로 세력을 형성한 노동자들의 권리의식이 강화되어 정치활동이나 선거에 있어서 영향력을 행사하게 되고, ③ 사회당·노동당 등 진보적 정당이 집권하게 됨에 따라 자본가 등 지배계층보다는 일반 대중의 고충을 해결하는데 중점을 두게 되고, ④ 자본주의 경제의 성숙으로 자연히 발생하는 사회문제를 효율적으로 해결하여야 자본주의 경제체제를 지킬 수 있게 되어 ⑤ 각 국가는 사회보장법을 성숙·발전시키게 되지만, ⑥ 경제가 불황이거나 보수정당이 집권하는 경우에는 구조조정이 불가피한 면도 있었다.

[62] II. 각국에서의 발전 과정

1. 영 국

영국의 사회보장법 발전과정은 다음 <표 1-8-1>과 같다.

〈그림 1-8-1〉　　　영국 사회보장법의 형성과 발전

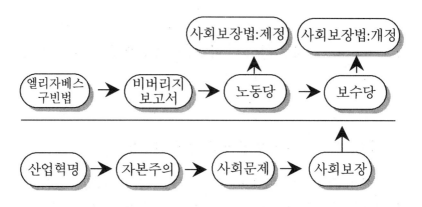

　　영국의 노동조합회의(TUC)는 1941년 2월 국가에 대하여 사회
보험에 관한 광범한 실태조사를 요구하여, 같은 해 6월에 비버
리지를 위원장으로 하는 조사위원회가 구성되었다. 이 조사위원
회에서 기존 사회보장제도의 실태를 조사하여 1942년 11월 보고
한 것이 유명한 「비버리지 보고서」(Reported by Beveridge, Social)이다.
　　　　　　　　　　　　　　　　　　　Insurance and Allied Services
이 보고서는 5가지의 사회악, 즉 ① 빈곤, ② 질병, ③ 무지, ④
불결, ⑤ 실업을 동시에 퇴치하여야 한다고 주장하였다.
　　이에 대하여 처칠 수상을 중심으로 한 보수당은 내용이 과
도하게 혁신적이고 국가의 부담이 과중하게 소요된다는 이유로
반대하였지만, 1945년 7월 총선거에서 노동당이 압승을 거두어
집권함에 따라 이 보고서에서 주장한 내용들이 시행되게 되
어,127) 영국의 사회보장은 이제 그 확립의 시대를 맞이하게 되
었다.

---

127) 김상균, "영국의 사회보장", (1992), 50면

〈표 1-8-1〉 비버리지 보고서 이후 영국의 주요 사회보장 입법

연 도	법 률 명	주 요 내 용
1945	가족수당법	장자(장녀)에게 수당지급
1946	국민보험(업무재해)법	최저생활수준 이하의 연금지급, 균일 지출과 균일지급
1946	국민건강서비스법	병원의 국영화, 의료비 무료화
1948	국민부조법	생활수단의 상실자에 대한 무상지원

2. 스웨덴

1932년 사회민주당이 집권하게 됨에 따라 사회보장제도가 본격적으로 시행되기 시작하였다. 구체적으로는 고용정책, 주택정책, 가족정책이 수립되고 사회보험제도와 공중보건시책이 시행되기 시작하였다.

그 후 1946년 「국민건강보험법」이 스웨덴국회에 상정되어 1955년 공포·시행되었다. 그리고 1963년 사회보험법이 제정되어 기초연금, 부가연금, 건강보험이 정해졌다. 그리고 1982년 사회서비스법(Lag om Socialtjanst)과 보건·의료서비스법(Lag om halso och sjukvard)이 시행되면서부터 스웨덴의 사회보장은 체계화되었다.

1994년 국회를 통과한 노령연금개혁법은 1999년 1월부터 시행되고 있는데, 연금재정지출을 삭감하는 것이 주목적이다. 그 주요 내용은 ① 보험의 성격을 강화시키고 소득재분배의 성격을 약화시켰다. 그 동안 기초연금과 부가연금으로 2원화된 급여제계를 소득에 비례하여 지급하는 1단계체제로 전환하고, 대신에 모든 노령자에 대하여 최저소득을 보장하도록 하였다. ② 그 동안 취해 왔던 확정형급여체제에서 확정형납부체제로 전환하였다.128) ③ 보험료율

을 부과방식으로 운용하는 부분과 적립방식으로 명확히 구분하여, 각 세대의 생애연금수급액의 총액은 각 세대가 지불한 보험료의 운용실적에 따라 지급하도록 하였다.

〈그림 1-8-2〉   스웨덴 사회보장법의 형성과 발전

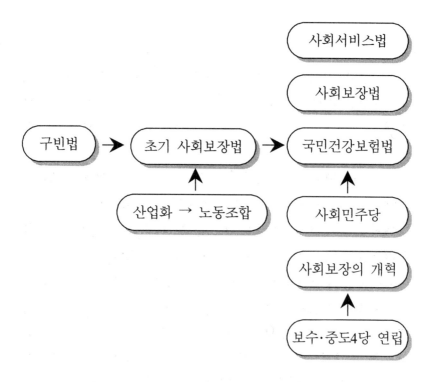

---

128) 괴기에는 연금지급액을 소득의 60% 수준으로 정하여 놓고 보험료를 징수하였기 때문에, 대체로 피보험자 이외의 국가나 기업이 리스크를 부담하였다. 그러나 개정된 제도에서는 납부보험료를 확정해 두고 연금은 운용성과에 따라 지급하게 되어 리스크는 피보험자 각자가 부담하게 되었다.

3. 독 일

제2차 세계대전에서 패전한 독일에서는 1949년 5월 8일 「독일연방공화국기본법」(Grundgesetz der Bun-)129)이 제정되어 서독(독일 desrepublikDeutschland 연방공화국)과 동독으로 분할되었다. 서독은 급속한 경제부흥에 힘입어 사회보장제도가 다시 정비되기 시작하였다. 1954년 11월 13일 아동수당법(Kindergeld gesetz)이 제정되어 1955년 1월 1일부터 아동수당제도가 시행되었다.

사회문제화 되고 있는 무주택문제를 해결하기 위하여 바이마르공화국 이후 사회주택의 전통을 가지고 있으며,130) 주택건설법에 국민의 인간다운 거주를 위하여 적절한 부담을 국가의 의무로 규정하고 있다. 그리고 1965년에 제정된 「주택수당법」에 의하여 주택수당제를 실시하고 있는데 주택수당의 지급은 신청을 하여 허가를 받아야 한다.131)

그 후 1969년 제1차 학업장려법이 제정되었다가 1971년 연방학업장려법(Bundesausbildungsrderungsgesetz)에 통합되었다. 이 법은 제정후 수차에 걸쳐서 개정되어 왔으며, 특히 연방정부와 주정부의 재정상태가 호전된 1988년 사회적 공평성의 관점에서 재편성되었다.

---

129) 이 법은 1949년 5월 24일 시행되었으며, 이하에서는 「독일기본법」이라 한다.

130) 1950년부터 1985년까지 독일에서 준공된 총 1,803만호 중 711만호가 사회주택으로 전체의 39.4%를 기록하고 있다: 社會保障硏究所 編, 「西ドイツの社會保障」, (1989), 404면.

131) 주택수당 지급의 여부나 수당액은 세대의 규모, 가족의 수입, 주택임대료 혹은 주택유지를 위한 경비에 따라서 결정된다. 주택수당에 소요되는 비용은 연방 및 주정부가 각가 반반씩 부담하며, 사무비는 주와 시 등의 지방자치단체에서 부담한다. 주택수당 전반에 관해서는 연방 및 주 정부에서 관여하나, 실제 업무집행은 시 또는 지방구역의 행정기관에서 담당한다: 유광호, "독일의 사회보장", (1994), 184~185면.

그리고 1970년 3월 13일 내각의 결정에 의하여 각종 사회보장법률을 체계화시키기 위하여 「사회법전」(Sozialgesetz buch, SGB)을 편찬하도록 하였다.

1990년 10월 3일 제2차 세계대전후 분단되었던 독일이 재통일됨으로써 서독의 기본법이 동독에도 효력을 미치게 되었다. 그러나 서독기본법의 내용이 모두 그대로 동독지역에까지 적용되는 것은 아니고 일부내용은 개정되고 일부 내용은 경과규정을 우어 적용을 유보시켰다. 그리고 일반 법률도 동독지역에까지 적용하게 되었지만 모두 획일적으로 적용한 것은 아니고 일부 적용을 배제하거나 일부는 당분간 동독법이 그대로 적용되는 경우도 있다.132)

통일후 독일에서는 사회보장비 지출의 증대로 어려움을 겪고 있으며, 1993년 1월에는 의료보장제도구조법이 시행되어 비용억제를 위한 다음의 조치가 취해졌다. 즉, ① 약제비의 일부부담은 가격에 따라 3마르크, 5마르크, 7마르크로 구분하였지만, 1994년 1월 1일부터는 포장의 크기에 따라 정하도록 하였다. ② 비경제적이고 치료의 효과가 의문시 되는 약제는 처방약제의 목록에서 제외한다. ③ 입원요양, 보양요양시의 일부부담은 최초 14일까지는 1일당 구서독지역은 11마르크, 구동독지역은 8마르크였으나, 1994년 1월부터는 1일당 각각 12마르크와 9마르크로 인상하였다.133)

독일 건강보험의 자기부담분은 1990년 기준 1년 총수입이

---

132) 통일전 1990년 5월 18일에 체결된 "통화·경제·사회통합의 창출에 관한 조약"에서 동독은 서독에서 실시하고 있는 ① 노동법의 기본원칙, ② 사회보장의 원칙, ③ 취업촉진법의 제규정, ④ 사회부조체계 등은 그대로 도입하기로 확정되었다. 따라서 구서독 사회보장법규는 구동독 주민에게도 확대적용하게 되었다. 따라서 1991년 동독지역에도 서독지역과 동일하게 질병보험, 연금보험, 실업보험, 아동수당 등의 제도가 도입되었다. 紫田嘉彦, 「世界の社會保障」, (1996), 252면.

133) 紫田嘉彦, 「世界の社會保障」, (1996), 253면.

56,700마르크까지는 그 수입의 2%, 그 이상의 경우는 그 수입의
4%를 넘지 않는다.134) 노인장기요양보험의 가입대상자는 건강보
험의 가입자 및 임의가입자이고, 이 보험에 별도로 가입하는 것
이 아니고 건강보험 가입과 동시에 이 보험 가입자가 된다.135)
임의가입자는 민간의 노인장기요양보험에 가입함으로써 가입을
면제받을 수도 있다.

〈그림 1-8-3〉   독일 사회보장법의 형성과 발전

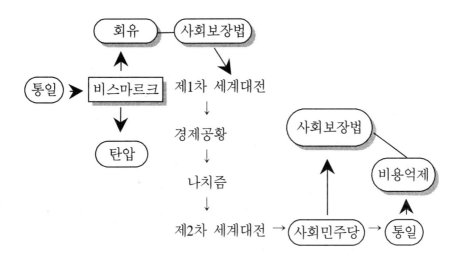

---

134) ドイツ研究會 譯, 「ドイツの社會保障總攬」, (1993), 89〜90면.

135) 노인장기요양보험의 피보험자는 건강보험의 보험료에 추가하여 보험료를 납부
하여야 한다.

5. 프랑스

프랑스에서도 1880년 마르뗑 나도(Martin Nadaud)가 「사회보험법(안)」을 제출한 이후 보수파 자유주의론자와 진보적 공화파간의 논쟁이 계속되어 입법화되지 못하다가, 약 20년이 지난 1898년에야 「산업재해보상법」이 제정되었다.

제1차 세계대전후 프랑스에서도 1921년 「사회보험법(안)」이 의회에 제출되었지만,[136] 검토와 논란 끝에 1928년에야 입법화되었다.[137] 1932년 법은 가족수당(allocation familiale)을 최초로 법제화하였다. 가족수당은 2인 이상의 자녀를 양육하는 모든 가정에 소득에 제한없이 지급하는데, 지급액은 산정기초금액($\frac{1986. 7. 1 \text{ 이후}}{1,683.35\text{프랑}}$)에 급여율($\frac{1986. 1. 1\text{이후, 제2자녀는}}{32\%, \text{ 제3자녀이하는 } 41\%}$)을 곱한 금액으로 한다. 프랑스의 가족급여제도는 세계적으로 매우 발전된 제도로 평가받고 있다. 1939년에는 「프랑스의 출생률 및 가족에 관한 법」이 제정되었는데, 이는 일반적으로 「가족법전」(Code de famille)로 불린다.[138]

1943년 피에르 라로크(Pierre Laroque)는 프랑스 사회보장제도를 전반적으로 재구성하기 위한 「프랑스 사회보장계획」[139]을 제출하였다. 이 보고서의 기본적인 내용은 전국민을 대상으로 하는 일반화시켜 제도의 통일을 통한 단일조직을 만드는 것이었다.

---

136) 추진 배경에는 제1차 세계대전 후 독일의 점령하에 있다가 반환된 알사스로렌지방에 이미 독일의 사회보험제도가 시행되고 있었고, 독일·영국 등 다시 유럽에서 사회보험제도가 당연시되었을 뿐 아니라 ILO을 중심으로 국제적인 압력도 작용하였다.

137) 이 법이 적용대상으로 하는 보험사고는 ① 질병, ② 출산, ③ 장해, ④ 노령, ⑤ 사망의 5가지로, 종합적인 사회보험의 성격을 가지고 있었다. 그리고 강제가입대상은 자녀가 없는 자는 연 15,000 프랑, 자녀가 1인인 자는 연 17,000 프랑 이하의 노동자로 하였다.

138) 田端博邦, "社會保障の歷史", (2000), 110〜113면.

139) 이하에서는 「라로크 보고서」라 표기하고자 한다.

이는 영국의 「비버리지 보고서」의 영향을 받은 것이지만, 내용은 서로 상이하다.140) 이 보고서의 주장은 아래 <표 1-8-2>에서 보는 바와 같이, 사회보장조직을 개선하고 일반화를 추진하는 법률로 이어졌지만, 결국 실패하고 말았다.141)

〈표 1-8-2〉   라로크 보고서를 반영한 사회보장입법

연 도	입 법 내 용
1945. 10. 4	사회보장조직에 관한 법령
1945. 10. 19	사회보험법(개정)
1946. 5. 22	사회보장의 일반화 법
1946. 8. 22	가족수당법
1946. 10. 30	산업재해법

〈그림 1-8-4〉   프랑스 사회보장법의 형성과 발전

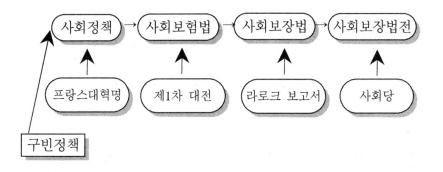

---

140) 영국의 비버리지 보고서가 균일갹출과 균일급여의 보편주의적인 서비스와 국영의 의료, 조세로 비용을 충당하는 국영보험을 중심으로 한데 대하여, 프랑스의 라로크 보고서는 당사자갹출과 당사자관리를 원칙으로 하는 보험제도를 채택하여 그 내용은 오히려 독일형의 보험체계를 따르고 있다.

141) 그 결과 아직도 프랑스의 사회보장제도는 각 직역별로 분화된 형태를 취하고 있다.

6. 미 국

1933년 3월 4일 취임한 루즈벨트 대통령은 1929년 10월 24일 뉴욕증권시장의 폭락을 시작된 대공항(the Great Depression)을 극복하기 위하여 「긴급은행구제법」을 시작으로 강력한 경제회복정책, 즉 뉴딜정책을 펴기 시작하였다. 뉴딜정책의 일환으로 사회보장법(Social Security Act, 이하 SSA라 한다)은 1935년 제정되었다. 이 법은 ① 연방정부가 운영하는 노령연금보험(Old Age Insurance), ② 주정부가 운영하는 실업보험(Unemployment Insurance), ③ 주정부가 운영하는 공적부조 및 사회복지서비스에 대한 연방보조금 등 세 부분으로 되어 있다.

그리고 1967년에는 「연령에 따른 고용상의 차별금지법」이 제정되었으며, 1986년에는 연령제한의 상한선을 완전히 폐지하였다. 1965년 SSA 개정시 건강보험(Medicare)이 제18장에 규정되어 1966년 7월 1일부터 시행되었다. 이는 가입이 강제되는 병원보험(Hospital Insurance, HI)과 임의가입의 보충적 건강보험(Supplementary Medical Insurance, SMI)으로 구성되는데, 전자를 Part A, 후자를 Part B 라 한다.

〈그림 1-8-5〉　　　　미국 사회보장법의 형성과 발전

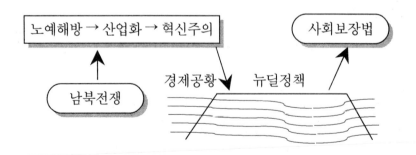

6. 일 본

일본은 제2차 세계대전에서 패한 후 1946년 생활보호법, 1947년 아동복지법142), 실업보험법, 노동자재해보상보험법을 제정하였다. 그리고 1948년 미연합군에 의하여 일본사회보장제도의 개혁을 위하여 파견된 미국 사회보장제도조사단에 의하여 「사회보장에 관한 권고」가 1950년에 제안되었는 바, 이는 그 후 일본의 사회보장확립에 크게 기여하였다.

일본은 1950년 우리나라의 6·25 전쟁시 특수관계로 인한 산업의 발전과 1955년 발표된 경제자립 5개년 계획을 계기로 고도경제성장의 길로 접어들게 되었고 이를 배경으로 사회보장법도 1973년까지 크게 발전하였다.143) 특히, 정신박약자복지법(1960), 노인복지법(1963), 모자복지법(1964) 등 3가지 법을 새로 제정하여 기존의 복지3법(신체장해자복지법, 아동복지법, 사회복지사업법)과 함께 복지6법 체제를 갖추었다.

1997년 12월 9일 노인장기요양보험법이 제정되었는데, 일본의 노인장기요양보험제도는 다른 사회보험제도와 같이 순수하게 보험료만을 재원으로 하는 것이 아니라, 재원의 절반은 조세재원에 의하고 있다는 점에서 독일의 사회보험과는 다르다.

보험자는 지역주민과 가장 친근한 관계를 가지고 있는 기초자치단체인 시정촌(市町村)으로 하고, 국가와 광역자치단체(都道府縣), 그리고 건강보험자와 연금보험자 등이 보완하는 체제를 가지고 있다(개호 제3,5,6조).

---

142) 이 법은 일본에서 최초로 복지라는 용어를 사용한 법이라는데 의의가 있다. 菊池正治外, 「日本社會福祉の歷史」, (2003), 159면.

143) 특히 1973년에는 전국민연금제와 전국민건강보험제가 시행되어 「복지원년」이라 일컬어진다.

〈그림 1-8-6〉   일본 사회보장법의 형성과 발전

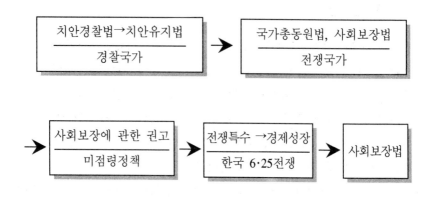

7. 우리나라

우리나라는 1980년대 초반부터 실질적 사회보장이 시작된 것으로 평가할 수 있다. 이 시기의 주요 입법내용은, 직업안정법의 개정(1982), 의료보험법의 개정, 심신장애자복지법의 제정(1981), 산업안전보건법의 제정(1981), 아동복지법의 제정(1981), 노인복지법의 제정(1981), 생활보호법의 개정(1982), "진폐의 예방과 진폐근로자의 보호등에 관한 법률"의 제정(1984), 국민연금법의 제정(1986) 등이다.

1988년의 서울올림픽 개최를 계기로 한 전시행정의 정치적 동기가 1988년부터의 "전국민 의료보험 및 연금보험" 실시라는 정부측 슬로건에 더욱 큰 작용을 했다고 평가할 수 있다. 주요 입법 내용을 보면, 노인복지법의 개정(1989), 장애인복지법의 제정(1989), 모자복지법의 개정(1989), 의료보험법의 개정(1988~1989), 산재보험법의 개정(1989~1994), 고용정책기본법의 제정(1993), 사회보장기본법의 제정(1995) 등이다.

1997년 유동성 위기에 봉착한 우리나라는 국제통화기금(IMF)으로부터 550억 달러이상의 긴급자금을 지원받은 후 IMF와 협정을 체결하였고, 이의 이행을 위하여 1998년 1월 15일 노사정

위원회를 발족하였으며, 1998년 2월 6일 제6차 전체회의에서 10
대 의제에 대하여 완전 타결한 후 합의문을 작성·발표하였는
데, 사회보장과 관련된 내용은 아래 <표 1-8-3>과 같다.

〈표 1-8-3〉　　　사회보장 관련 노사정 합의사항(1998)

구 분	합 의 내 용
고용보험 사업적용 범위확대	1) 이직전 6개월이상 보험료를 납부한 실직자에 실업급여 지급 2) 실업급여 최저지급기간을 60일로 연장, 최저지급수준을 최저임금의 70%로 상향 조정 3) 전국적인 고용불안의 경우 실업급여 지급기간을 30~60일간 연장
사회보험 제도개선	1) 의료보험, 국민연금, 산재보험, 고용보험의 보험료 통합징수 방안 강구 2) 4대 보험관련 각종 위원회에 노사대표의 참여 확대 3) '98년중 의료보험 일원화 및 확대적용 입법 추진
실직노동자 생계지원	1) 사업도산시 임금채권의 보장(2월 임시국회제출, '98.7.1시행) 2) 실직자의 주택자금 상환·전세자금·의료비·본인 또는 자녀의 학자금(대학생 포함) 등 생활안정자금의 저리대부사업 실시('98년중 1조원이상 재원 확보) 3) 경영상의 이유로 인한 실직자에게 이직후 1년간 직장의료보험 혜택 부여, 보험료의 50%는 직장의보에서 지원 4) 일반회계, 고용보험기금, 무기명장기채 발행 등을 통해 '98년중 5조원이 상의 고용안정 및 실직자 생활안정재원 확보
추후논의과제	1) 일용노동자에 대한 고용보험적용 여부 2) 4대 사회보험제도의 적용 확대 및 통합관리

　　IMF협약 체결이후 이 협정의 이행을 위하여 1998년 2월 6
일 노사정위원회의 합의를 어렵게 이루어낸 후 이를 반영한 각
종 노동관계법과 사회보장법률이 1998년 2월 14일 밤 국회를 통
과하였으며, 1998년 2월 20일 공포되었다. 이 때 제·개정된 사
회보장법의 내용은 다음 <표 1-8-4>와 같다.144)

---

144) 당시의 입법은 "한국의 뉴딜정책"이라 할 만하다.

〈표 1-8-4〉 IMF 구제금융 직후 제·개정된 사회보장법(1998)

법 률 명	주 요 내 용
임금채권 보장법 (제정)	1) 기업의 도산 등으로 사업주의 임금지급이 곤란해진 경우 사업주를 대사하여 임금채권보장기름에서 일정범위의 체불임금을 지급할 수 있도록 함. 2) 적용사업장의 범위는 산재보상보험의 당연적용사업장으로 함. 3) 지급범위는 최종 3월분의 임금과 최종 3년간의 퇴직금으로 함.
고용보험법 (개정)	1) 1일 최저 구직급여액의 인상(최저임금액의 50%→70%) 2) 구직급여의 자급기간을 60일의 범위내에서 연장 3) 고용보험료율의 인상(임금액의 1.5%→3% 범위내) 4) 최저 구직급여기간의 연장(30일→60일)
고용정책 기본법 (제정)	노동부장관은 다수의 실업자가 발생한 경우 등에는 1) 실업자의 취업촉진을 위한 훈련실시 2) 실업자에 대한 생계비·의료비 등의 지원 3) 고용안정을 위한 사업을 실시하는 사업주에 대한 지원 등 실업대 책사업을 실시할 수 있도록 하고 4) 필요한 경우에는 이를 근로복지공단에 위탁하여 실시할 수 있 도록 함.
국민연금법 (개정)	1) 가입대상자를 전국민으로 확대 2) 국민연금 급여수준을 인하 3) 국민연금 수급연령을 인상. 국민연금 재정의 장기적인 건전성을 확 보하기 위하여 연금급여의 수급연령을 2013년부터 5년단위로 1세 씩 연장하여 2033년에는 수급연령이 65세가 되도록 함 4) 가입기간을 20년에서 10년으로 단축 5) 분할연금수급권의 인정 6) 퇴직금전환금 납입의무 폐지 7) 실직근로자에 대한 생활안정사업의 일환으로 생활안정자금의 대여

국민연금법 중에서 수급연령 조정내용은 다음과 같다.

〈표 1-8-5〉   국민연금 수급연령 조정표

연 도	2013년	2018년	2023년	2028년	2033년
수급 연령	61	62	63	64	65
출생 연도	1952	1956	1960	1964	1968

신설된 분할연금수급권을 보면, 혼인기간(배우자의 가입기간중의 혼인기간에 한한다)이 5년 이상인 자가 소정의 사유에 해당하게 되는 때에는 그때부터 그가 생존하는 동안 배우자이었던 자의 노령연금을 분할한 일정한 금액의 연금을 지급받을 수 있다(제57조의2 제1항). 그리고 1999년 국민건강보험법이 제정되었는데, 그 동안 직장 및 지역, 그리고 공무원·교직원 등 의료보험의 대상자에 따라 다보험자 방식으로 운영하여 왔던 의료보험관리체계를 단일보험자로 통합운영함으로써, 운영의 효율성과 보험료 부담의 형평성을 제고하였다. 같은 해 국민기초생활 보장법이 제정되고 기존의 생활보호법은 폐지되었다.

2000년대 이후 우리나라의 사회보장이 더욱 내실화되었는데, 먼저 고용보험법이 여러 차례 개정되었고, 2007년에는 우리나라 5대 사회보험제도로 '노인장기요양보험법'이 제정(2007. 4. 27. 법률 제8403호)되어 2008년 7월 1일부터 시행되었다. 같은 해 기초노령연금법이 제정(2007. 4. 25)되었다.

〈그림 1-8-7〉　　　　우리나라 사회보장법 형성과 발전

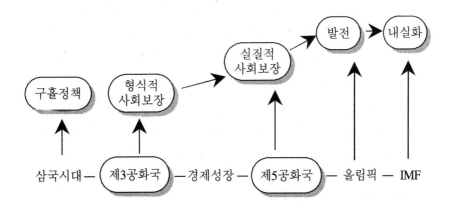

제 4 절   국제 사회보장법의 형성과 발전

[63] I. 사회보장 국제화의 필요성

1. 국제평화의 필요성

사회보장은 모든 국민에 대하여 인간다운 생활을 보장하기 위하여 각종 사회적 재해를 국가적 차원에서 해결하고자 하는 것이 그 제도적 본질이며145) 인간존중의 이념이 그 바탕을 이루고 있다. 이러한 이념의 실현은 한 국가내에서의 노력만으로는 불가능하고, 세계평화를 이룩하기 위한 국제적인 노력이 있어야 가능하다. 왜냐하면 국내적으로 아무리 높은 수준의 사회보장이 제도화되어 있다고 하더라도, 국제적인 전쟁이 발생하는 경우 인간의 생존 자체가 위협받게 되므로 사회보장이 목표로 하는 인간다운 생활은 불가능하게 되기 때문이다.

오늘날 대부분의 국가에서 사회보장제도를 시행하고 있기 때문에, 각국은 다른 나라의 제도를 연구·검토하여 선진제도를 도입하고자 하는 경향에 있다. 특히, 연금, 의료 등 각종 사회보장제도는 국민의 인간다운 생활보장이라고 하는 보편성의 추구에 있으므로, 각국은 자국의 역사·전통·문화에 부합하는 제도를 구축해 가지만, 인류사회 보편의 일정한 제도적 공통점을 가지게 된다. 그리고 ILO 등은 사회보장의 표준화활동을 추진하고 있다.

---

145) 사회보장법은 국가를 초월한 보편적 성격을 가진다. 淸正 寬外編, 「社會保障法」, (2000), 10면; 김유성, 「한국사회보장법론」, (2002), 88~89면.

2. 노동자의 국제적 이동에 따른 불이익 제거 필요성

사회보장법을 자국민을 대상으로 하고, 자국에서 노동하는 사람만을 대상으로 한다는 전통적인 시각에서는 자본과 기업활동의 국제화 및 노동자의 국제적인 이동문제를 해결할 것인가 하는 문제가 제기된다. 즉, ① 자국민 이외의 외국인에 대한 사회보장과 ② 자국민 및 외국인을 포함하여 국제적으로 이동하는 노동자에 대한 사회보장의 문제이다.146)

최근에는 경제 및 문화활동을 위하여 외국에 거주하는 사람의 수가 급증하고 있으며,147) 이들에 대한 사회보장의 제공이 요청되고 있다. 따라서 내·외국인평등의 원칙과 자국과 이민국에서의 사회보장을 상호 조정하는 국제규범이 필요하게 된다.

[64] Ⅱ. 경제·사회의 블록화 현상

제2차 세계대전후 지역차원에서의 국제협력, 즉 경제의 지역통합현상이 나타나게 되고, 이는 경제블록(block)을 형성하게 되고 같은 블록안에서는 상황에 따라 노동자의 이동현상이 활발해지고 있다.

또한 그에 따라서 각국이 자국내에 있는 노동자들에 대하여는 내외국인 평등의 사회보장정책을 행함으로써 타국에도 똑같은 정책을 기대·촉진시키게 되어 외국에 거주하게 된 자국의 노동자들의 사회보장을 기대할 수 있게 된다.

---

146) 川口美貴, 「國際社會法の硏究」, (1999), 376면.

147) 예를 들면, EU에는 약3,000만명의 이민노동자와 그 가족이 거주하고 있고, 미국에 거주하고 있는 멕시코인만 1,700만명에 이르고, 매년 일본에 입국하는 약300만명의 외국인중 10만명은 정규취업을 목적으로 하는 것으로 파악되고 있다. 窪田準人·佐蘭進·河野正輝 編, 「新現代社會保障法入門」, (2002), 14~15면.

이는 1957년 로마조약에 의해 설립된 유럽경제공동체(EEC)가 그 대표적이며, 1950년 스리랑카에서 개최된 제1회 아시아지역 회의, 1947년 이스탄불에서 개최된 중동아시아회의, 1936년 칠레의 산티아고에서 개최된 제1회 미주 ILO가맹국회의,148) 1939년 하바나에서 개최된 제2회 미주 ILO가맹국회의149)등이 이에 해당한다.

[65] Ⅲ. 사회보장 국제화의 추진기구

1. 국제노동기구(ILO)

국제노동기구(International Labor Organization, ILO)의 창설은 제1차 세계대전중에 교전국과 중립국의 노동조합과 일부국가(특히 영국과 프랑스)가 노동문제의 국제적 규제를 평화조약에 포함시키자고 주장하였으며, 이것이 반영되어 1919년 베르사이유 평화조약 제13편 ILO의 창설을 규정하였다.

ILO는 국제노동총회, 이사회, 국제노동사무국으로 성립되며, 그 목적은 각국의 근로조건·생활상태의 자료를 수집하여 근로조건의 국제적 기준을 설정하고 정부대표, 노동자대표, 사용자대표로 구성된 국제노동총회에서 자유로운 토의에 의하여 조약(treaties)과 권고(recommendations)를 채택하는데 조약은 그것을 비준한 국가에 대하여 국제적인 법적 의무를 부과하고 구속력을 가지지만150), 권고는 아무런 법적 의무를 부과하지 않는 행동지침에 불과하다.

---

148) 여기서 「사회보험의 기본원칙에 관한 결의」를 채택하였다.
149) 여기서도 「사회보험의 목표와 기능에 관한 결의」를 채택하였다.
150) ILO로부터 탈퇴하더라도 기존에 비준한 조약상의 의무를 면하지 못한다.

ILO는 창설한 1919년에 근로시간을 1일 8시간 주 48시간으로 제한하는 조약(제1호)과 실업에 관한 조약(제2호)을 채택하였으며, 그 후에도 계속 노동조약이나 권고를 채택함으로써 근로조건의 국제적 기준을 설정하는 것을 임무로 하였다.

그러나 1940년에 들어 4개의 중요한 변화가 일어났는데, 1941년의 대서양헌장, 1942년의 ILO의 「사회보장제의 실현방안」(Approaches to Social Security)과 「비버리지 보고서」, 1944년 「필라델피아 선언」에 영향을 받아 ILO가 채택한 「소득보장에 관한 권고」와 「의료보호에 관한 권고」 등이다. 그리고 제2차 세계대전후에는 UN의 경제사회이사회와 협력하여 협의의 근로조건 뿐 아니라 사회보장에 대하여도 활발한 활동을 행하게 되었다.151)

1944년 필라델피아 선언, 사회보장의 최저기준에 관한 조약, 소득보장권고, 의료보장권고 등은 당시의 사회보장의 수준과 방향을 보여 주었다.152)

2. 유럽협의회(CE) 및 유럽연합(EU)

제1차 세계대전이 ILO를 창설하였지만 제2차 세계대전은 유럽협의회(council of Europe, CE)를 낳았다. CE는 1948년 5월 헤이그에서 협의가 있은 후 그 다음해 5월 유럽협의회협정이 체결되어 설립되었다. 그 목적은 공통적인 재산을 이루는 이념과 원칙을 준수하고 실현하며, 경제적·사회적 발전을 용이하게 하는데 있다. 또한 사회정의와 노동운동의 자유를 증진하는 것을 포함하고 있다.

---

151) ILO가 채택한 조약에 나타난 사회보장의 기본3원칙은 ① 대상의 보편성, ② 비용부담의 공평성, ③ 급여수준의 적절성이며, 구체적인 내용은 앞에서 본 바와 같다.
152) ILO의 구체적인 조약과 권고 내용은 뒤에서 설명하고자 한다.

CE는 1953년 12월 11일 파리에서 잠정협정을 체결한 후 1972년 12월 14일 사회보장협정(Convention on Social Security)을 체결하였다. CE 는 회원국들의 사회보장제도를 발전시키도록 노력하며 1961년에 는 유럽사회헌장(Europe Social Charter)를 채택하였다. 이 헌장에서는 사회보장의 권리를 기본적인 사회적 권리로 규정하고, 최소한 ILO의 사회보장최저기준조약(제102호)수준으로 하는 만족할 만한 사회보장제도를 유지하여야 한다고 한다. 그리고 CE는 1949년부 터 유럽사회보장법전(Europe Code on Social Security)의 제정을 준비하여 1964년 제 정되었다.153)

1992년 EC의 경제통합화의 실현은 동시에 EC내의 사회보장 의 통합화를 향한 일대진전으로 평가되고 있다. 또한 1993년 11 월 탄생한 유럽연합(EU)도 유럽전체의 사회보장의 통일화를 추진 하고 있다.

EU 사회보험급여의 4대 원칙은 ① 자국민이 아니더라도 가 맹국에 거주하거나 취업중인 자에 대하여는 자국민과 동일한 권 리와 의무를 부여하는 자국민과 동등대우의 원칙, ② 거주나 취 업이 여러 나라에 걸쳐 이동한 경우, 이 기간을 모두 합산하여 인정하는 자격가산의 원칙, ③ 다른 나라로 이동하기 전에 수급 자격이 발생한 경우, 다른 나라에 가서도 이 제도의 적용을 받 을 수 있는 수급자격 수출의 원칙, ④ 이는 연금에 대하여만 적 용되는 것으로, 1 이상의 국가에서 연금수급자격을 가진 경우에 는 각 해당국의 급여기준에 의하여 산정된 연금급여액의 합계액 을 지급한다. 그리고 급여의 비용도 각 해당국에 피보험자의 수 급자격에 비례하여 분배하는 비용분배의 원칙 등이다.154)

---

153) F.Pennings, *Introduction to European Social Security Law*, (1994), 12~14면.
154) 訓覇法子, "雇用關聯の社會保險", (1999), 169~170면.

[66] Ⅳ. 국제 사회보장법의 형성과 발전

1. 대서양헌장(1941)

1941년 8월 영국의 처칠 수상과 미국의 루즈벨트 대통령은 대서양에서 회담을 가져 독일의 나치즘을 타파하고, 제2차 세계대전후 세계재건의 방침을 시사하는 대서양헌장을 발표하였다.

여기에는 8가지의 공통원칙을 국내정책에 반영하기로 하였는데 그 제4항에 「보다 나은 근로기준과 경제적 혜택, 그리고 사회보장을 모든 사람에게 보장해 줄 것을 목적으로 하며, 경제분야에 있어서 모든 국가의 완전한 협력을 이룩할 것」을 규정하였고, 또 제5항에는 「공포와 결핍으로부터의 해방」을 표명하였다. 이것은 제2차 세계대전후 각국에서 사회보장을 추진하는 중요한 계기가 되었다.

2. 필라델피아선언(1944)

1944년 4월부터 5월까지 필라델피아에서 개최된 ILO의 제26회 대회에서 사회보장에 관한 중요한 선언이 채택되었는데, 이를 필라델피아선언이라고 한다.

ILO는 제2차 세계대전후의 주된 정책목표를 사회보장에 두었는데, 이는 대전중의 경험에 의하여 전후의 장기계획으로서 종래의 사회보장·사회부조의 재편성이 필요하다고 인정했기 때문이다. 필라델피아선언은 구미의 선진 자본주의 제국의 전후정책의 국제적 표현이었다고 할 수 있다.

필라델피아 총회는 사회보장원칙 및 전쟁에서 생기는 제문제를 심의하여 결과적으로 소득보장에 관한 권고(제67호), 군대 및 유사업종 또는 전시고용으로부터 풀려난 자에 대한 소득보장 및 의료에 관한 권고(제68호), 건강보험에 관한 권고(제69호) 등 3개를 채택하였다.155)

3. 세계인권선언(1948)

이 선언은 1948년 UN의 제3회 총회에서 채택되었는 바, 이 선언은 제22조에서 "모든 인간은 사회의 일원으로서 사회보장을 받을 권리를 갖고 또한 국가적 노력과 국제적 협력을 통하여 그리고 또 각국의 조직 및 자원에 맞추어 자신의 존엄과 자유로운 인격의 발전을 실현시킬 수 있는 경제적·사회적·문화적 권리를 향유한다."라고 규정하고 있다.

또 제25조에서 "모든 인간은 의식주, 의료 및 필요한 사회후생시설을 포함하여 자신 및 가족의 건강과 복지를 유지함에 충분한 생활수준을 보유할 권리를 가지며, 또한 실업·불구·질병·배우자 상실·노령 또는 불가항력적인 생활불능의 경우에 생활보장을 받을 권리를 갖는다."라고 규정하고 있다.

4. 사회보장헌장(1982)

1961년 모스크바에서 개최된 제5회 세계노동조합회의에서 최초로 「사회보장헌장」이 채택되었으며, 1982년 하바나에서 개최된 제10회 세계노동조합회의에서 새로운 「사회보장헌장」이 채택되었다.156) 사회보장의 기본원칙은 다음과 같다.

---

155) 이와 같이 사회보장정책의 주요 내용을 조약이 아닌 권고로 채택한 것을 보면, 조약에 비하여 법적 구속력이 약한 권고를 통하여 각국의 사회보장입법방향을 유도할려고 하는 당시의 판단을 알 수 있다: 窪田準人 · 佐藤進 · 河野正輝 編, 「新現代社會保障法入門」, (2002), 14˜15면.

① 자신의 노동에 의해 생활하여야 하는 자로서 일시적 혹은 항구적으로 일할 자리를 찾지 못하거나 노동력을 상실한 자와 그 부양가족은 모두 사회보장의 권리를 법률로써 보장받아야 한다.

② 사회보장은 질병, 출산, 장해, 노령, 사망, 자녀나 부양가족으로 인한 경비의 증가, 산업재해, 직업병, 실업 등 그 원인과 이유에 불문하고 보호나 사회적 원호가 필요한 모든 위험이 고려되어야 한다.

③ 모든 국민에 대하여 국가의 사회·보건 서비스를 통하거나 사회보장제도에 의한 무료의 예방조치·의료 및 재활을 보증하여야 한다.

④ 모든 사람에 대하여 생계비, 임금 및 필수적인 사회적 사회복지수요의 증대에 따른 현금 및 필수적인 사회적 사회복지수요의 증대에 따른 현금 및 현물의 급여에 의하여 기본적인(decent) 생활수준을 보증하여야 한다.

⑤ 사회보장의 권리는 인종, 국적, 종교, 성별, 연령, 직업 등에 의하여 차별받지 않으며 모든 사람은 평등하게 대우받아야 한다.

⑥ 입법은 권리행사를 방해하지 않도록 가능한 한 알기 쉽게 규정되어야 하며, 노동자는 사회보장 관련 결정에 대하여 소송을 제기할 권리를 가져야 한다.

⑦ 사회보장의 재원은 주로 사용자로부터 특별한 이윤으로부터 공제하여 직립하여 충당하여야 하며 국가로부터도 지원받아야 한다.

⑧ 사회보장은 민주적 방법으로 운영되어야 한다.

---

156) 桑田嘉彦, 「現代の社會保障論」, (1996), 230~238면.

5. ILO의 조약 · 권고

ILO는 국제적인 사회보장제도의 보급과 발전을 위해서 크나 큰 역할과 영향을 미쳐 왔다. ILO는 창립부터 제2차 세계대전전까지는 주로 사회보험에 관한 많은 조약과 권고를 채택하였고 전후부터는 보다 포괄적으로 사회보장을 대상으로 취급하여 왔다.

ILO가 사회보장에 관하여 채택한 조약과 권고 내용은 각각 <표 1-8-6>, <표 1-8-7>과 같다.

<표 1-8-6>　　　ILO의 사회보장에 관한 조약 현황

연 도	번 호	내 용	연 도	번 호	내 용
1919	2	실업	1934	42	노동자보상(직업병):개정
〃	3	모성보호	〃	44	실업급여
1920	8	실업보상(해난)	1935	48	이민연금권보전
1921	12	재해보상(농업)	1936	55	선박소유자책임(상병선원)
1925	17	노동자보상(직업병)	〃	56	선원보험(해상)
〃	18	노동자보상(직업병)	1946	70	사회보장(선원)
〃	19	균등대우(재해보상)	〃	71	선원연금
1926	23	해원송환	1952	102	사회보장(최저기준)
1927	24	질병보험(공업)	1952	103	모성보호(개정)
〃	25	질병보험(농업)	1962	118	균등대우(사회보장)
1933	35	노령보험(공업등)	1964	121	업무재해급여
〃	36	노령보험(농업)	1967	128	장해·노령·유족급여
〃	37	장해보험(공업등)	1969	130	의료·질병급여
〃	38	장해보험(농업)	1982	157	사회보장의 권리보전
〃	39	유족보험(공업등)	1988	168	고용촉진·고용보호
〃	40	유족보험(농업)			

〈표 1-8-7〉　　　　ILO의 사회보장에 관한 권고 현황

연 도	번 호	내　　　　용	연 도	번 호	내　　　　용
1919	1	실업	1936	56	선원의 질병보험
〃	2	외국인노동자	1944	67	소득보장
1920	10	실업보험(선원)	〃	68	사회보장(군대)
1921	12	모성보호(농업)	〃	69	건강보험
〃	17	사회보험(농업)	1946	75	선원사회보장(협정)
1925	22	노동자보상(최저 규모)	〃	76	선원(피부양자의 의료)
〃	23	노동자보상(재판)	1952	95	모성보호
〃	24	노동자보상(직업병)	1964	121	업무상 재해급여
〃	25	균등대우(재해보상)	1967	131	장해·노령·유족급여
1926	27	송환(선장 및 견습)	1969	134	의료 및 상병급여
1927	29	질병보험(일반원칙)	1983	167	사회보장의 권리보전
1933	43	장해·노령·유족	〃	168	직업재활과 교육
		(과부 및 고아)보험	1988	175	건설업의 산업안전 및 보건
1934	44	실업보험	1990	176	고용촉진과 실업보호

　　ILO의 사회보장에 관한 조약 중에서 가장 중요한 것은 제 102호 조약으로, 이 조약은 1952년 6월에 개최된 제35회 총회에 서 채택된 「사회보장(최저기준)조약」이다.[157]

　　이 조약의 가장 큰 특징은 사회보장을 전체로서 하나로 이 해하면서도 내부적으로는 각 급여·사고부문간의 균형을 취한 내용을 담고 있고, 또한 부문별 비준을 허용하였다는 점이다. 이 와 같이 사회보장을 전체로서 체계화하는 것은 전후 사회보장법 의 일반적 추세였으며, 이 조약의 제정도 이러한 경향에 부응한 것이었다.[158]

---

157) 이 조약은 1955년 4월 27일부터 효력을 발생하였으며, 1990년까지 32개국에 의 하여 비준되었다.

158) 高橋武, 「國際社會保障法の研究」, (1968), 90면.

6. 유럽 사회보장법의 통합

ILO는 1951년과 1952년 총회에서 사회보장의 최저기준을 심의함과 동시에 최고기준을 심의할 계획이었으나, 시간관계상 불가능하여 서유럽의 17개국으로 구성된 유럽협의회(Council of Europe, CE)에서 최고기준에 해당하는 「유럽사회보장법전」을 제정하게 된 것이다.159)

〈그림 1-8-8〉　　　　국제 사회보장법의 형성과 발전

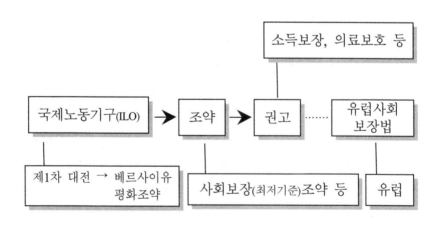

---

159) 이것은 ILO의 사회보장(최저기준)조약을 서유럽 제국의 경제적 수준에 알맞게 조정한 것인데, 이 서유럽의 사회보장조약은 각국의 비준을 거친 후부터 일반적으로 「유럽사회보장법전」이라고 불리고 있다: 김유성, 「한국사회보장법론」, (2001), 90면.

제 2 편 사회적 재해 보장청구권

제 1 장 사회적 재해 보장의 방법

제 2 장 국민건강보험법

제 3 장 국민연금법

제 4 장 산업재해보상보험법

제 5 장 고용보험법

세 6 장 노인장기요양보험법

제 1 장

사회적 재해 보장의 방법

강의주제 :

사회보험(社會保險)은 운영주체, 목적, 원칙 등에서 보험회사 등에서 운영하는 사보험(私保險)과 다르다. 그럼, 사회보험은 사보험과 서로 단절된 입장을 취하여야 하는가, 아니면 상호 보완하는 관계를 가져야 하는가?

제 1 절   사회보험의 이념

[67] Ⅰ. 인간다운 생활권의 실현

사회보험제도는 헌법상 보장된 인간다운 생활권과 사회보장 청구권의 실현을 위하여, 모든 국민이 사회적 재해를 당한 경우에 이를 효율적으로 극복할 수 있도록 국가가 사전에 마련한 대비책이다.160)

[68] Ⅱ. 강제보험

사회적 재해의 보장을 위한 사회보험은 국민 모두가 의무적으로 가입하여야 하는 강제보험의 성격을 가진다. 그 이유는 저

---

160) 사회보험제도의 이념을 실현하는 데 가장 문제가 되는 것은 적용대상의 제한 등으로 이 제도의 적용을 받지 못하는 자가 다수 존재한다는 것이다. 이를 해소하는 방안을 조속히 마련하여 시행하여야 할 것이다. 김태환, "사회보험 급여의 사각지대 해소방안에 관한 연구", (2014) 참조.

소득 등의 이유로 보험료 납부가 곤란한 경우에도 강제적용대상
으로 함으로써 사회보장의 이념을 실현하기 위한 취지이다.

[69] Ⅲ. 전국민에 대한 동일한 제도의 적용

사회적 재해의 보장을 위한 보험은 모두 원칙적으로 전국민
을 대상으로 하여야 하고(이를 '보편성의 원칙'이라 한다), 모두에게 동
일한 제도를 적용하여야 한다(이를 '동일성의 원칙'이라 한다).

이상의 사회보험의 특성을 사보험과 비교하여 보면, 아래
<표 2-1-1>과 같다.

〈표 2-1-1〉   사보험과 사회보험의 비교

구 분	가입·탈퇴	내 용	비 용	보장 내용	종 류
사(私)보험	각자의 선택	계약에 의하여 결정	가입자 부담	사망, 화재, 자동차 사고 등	인(人)보험 손해보험
사회(社會)보험	전국민 강제가입	전국민 동일내용	국가의 지원	질병, 사고, 실업, 노령 등	건강보험 등

제 2 절   5대 사회보험제도의 도입

[70] Ⅰ. 사회보험의 종류

우리나라에서는 ① 건강보험, ② 연금, ③ 산재보험, ④ 고
용보험, ⑤ 요양보험 등 5대 사회보험제도를 운용하고 있다.

〈그림 2-1-1〉   5대 사회보험제도

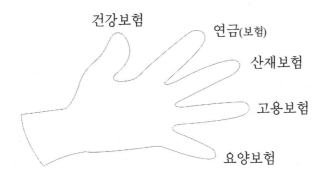

　　건강보험
　　　　　　　연금(보험)
　　　　　　　　산재보험
　　　　　　　　고용보험
　　　　　　　　요양보험

　　이상 5대 사회보험제도를 필자 나름대로, 손가락으로 풀어 보았다. ① 엄지는 '첫째' 혹은 '최고'를 뜻한다. 건강이 가장 중요하다는 의미에서 건강보험을, ② 검지는 '식지(食指)'라고도 하여 평생 먹을 것을 준다는 의미에서 연금(보험)을, ③ 셋째는 가장 길어서 '장지(長指)'라고도 하며, 산의 정상과 같으므로 산재보험을, ④ 넷째는 '약지(藥指)'라고도 하며, 행복의 기초는 노동이라고 볼 때, 고용은 인생의 영원한 약이라는 의미에서 고용보험을, ⑤ 마지막 다섯째는 '소지(小指)'라고도 하며, 가장 왜소하고 외로운 손가락이라는 의미에서 노후의 요양보험을 가르킨다.
　　이를 쉽게 암기하는 방법은 아래 <표 2-1-2>와 같다.

〈표 2-1-2〉　　　　　　　5대 사회보험제도 암기법

구 분	건	연	산 은	고	요 하다
내 용	건강보험	연금(보험)	산재보험	고용보험	요양보험
근거 법률	국민건강보험법	국민연금법, 공무원연금법, 사립학교교직원연금법, 군인연금법, 별정우체국법	산업재해보상보험법, 공무원연금법	고용보험법	노인장기요양보험법

[71] Ⅱ. 건강보험제도

1. 목 적

국민건강보험법은 국민이 질병·부상·분만 또는 사망 등의 재해를 당한 경우에 보험급여를 실시함으로써 국민보건을 향상시키고 사회보장의 증진을 도모함을 목적으로 하고 있다(제1조).

건강보험은 질병·부상·분만·사망 등의 재해를 극복하고 국민의 보건을 향상시키는 제 목적이 있기 때문에, 특정지역이나 직장에 한정하지 않고 전국민을 대상으로 한다. 우리나라에서 의료보험은 사업장의 근로자를 대상으로 하는 직장보험과 지역의 주민을 대상으로 하는 지역보험으로 구분하고 있으나 동일한 제도를 적용하고 있다.

2. 발전 과정

우리나라의 건강보험제도의 발전과정을 보면, 1963년 의료보험법이 제정되면서부터 시작되었다. 이 법은 1976년에 전면개정을 한 이래, 사회적·경제적 여건변화에 따라 수차에 걸쳐서 개정되어 왔다. 특히 1988년 올림픽 개최를 계기로 농·어촌 지역의료보험이 실시되고, 1989년부터 도시 지역의료보험이 실시됨으로써 이른바 전국민 의료보험을 달성하게 되었다.

그리고 1997년에는 의료보험법을 개정하고 국민의료보험법을 제정하여 지역피보험자와 공무원·교직원에 대한 관리를 통합하였다. 나아가 1999년에는 국민건강보험법을 제정하여 직장및 지역, 그리고 공무원·교직원 등 모든 보험가입자에 대한 관리를 통합하였다. 이 법은 당초 2000년 1월 1일부터 시행할 예정이었으나, 이에 대한 여러 가지 문제점이 제기되어 개정

(1999.12.31)하여 그 시행일을 2000년 7월 1일로 연기하였다. 최근 2016년 개정에서는 국민건강보험제도의 안정적 운영과 제도의 에측가능성을 확보하고자 하였다.

[72] Ⅲ. 국민연금제도

1. 목 적

국민연금법 등을 통하여 국민의 노후생활을 보장하고 있다. 연금법은 국민의 노령·폐질 또는 사망 등 사회적 재해가 발생한 경우에, 가입자의 거출금을 주된 재원으로 하여 연금급여의 실시를 통한 장기적 소득을 보장함으로써 국민생활의 안정과 복지증진에 기여하고 헌법에서 보장하고 있는 인간다운 생활을 실현하고자 하는 것이다. 이러한 취지에서 제정된 국민연금법의 규정에 의하여 모든 국민은 연금을 청구할 권리를 가지게 되는 것이다.

우리나라의 연금제도는 국민연금제도 이외에 각 특수직역별로 공무원연금, 군인연금, 사립학교교원연금 등이 시행되고 있다.

2. 발전 과정

우리나라에서는 1973년 국민복지연금법이 제정되었으나 오랫동안 시행되지 못하였다. 그 후 1988년 올림픽 개최를 앞두고 국민복지연금법을 「국민연금법」으로 전면개정하여 시행되었다.

그 후 이 법은 1989년·1993년·1995년 등 수 차에 걸쳐 개정되었는데, 특히 IMF후 1998년 대폭 개정되었는데, ① 가입대상자를 전국민으로 확대하고,161) ② 국민연금 급여수준을 인하하

---

161) 가입대상자는 1995년 대폭 확대하여 농어민에게도 당연히 가입하도록 한 바 있다. 그런데 1998년 개정시 이를 도시지역 거주자에게까지 확대함으로써 명실상부하게 「전국민 연금시대」를 맞이하게 되었다. 국민연금의 가입대상은 국내에 거주하는 18세이상 60세미만의 국민이며(제6조 본문), 공무원연금법, 군인연금법 및 사립학교교

고, ③ 국민연금 수급연령을 인상하고, ④ 가입기간을 단축하고, ⑤ 분할연금수급권을 인정하고, ⑥ 퇴직금전환금 납입의무을 폐지하고, ⑦ 실직근로자에 대한 생활안정사업의 일환으로 생활안정자금의 대여를 할 수 있도록 대여사업에 관한 법적 근거를 마련하였다(제42조). 최근 2015년과 2016년에도 많은 내용이 개정되었다.

[73] Ⅳ. 산업재해보상보험제도

1. 노동자의 인간다운 생활보장

산업재해의 근로관계적인 특질은 피재노동자에 대한 보장책임을 사용자 또는 기업이 부담하여야 한다는 데 있다. 직접보상제에 있어서는 직접적인 보상법관계로 나타나고 산재보험제에 있어서는 기업책임의 원칙이 보험료를 전면적으로 기업이 부담하여야 한다는 형태인데 반하여, 산재보험제는 총체로서의 기업(총자본)의 보상책임의 형태라고 할 수 있다. 그러나 모든 국민의 인간다운 생활권을 보장하여야 할 의무를 부담하고 있는 현대복지국가에 있어서는 이를 사용자나 기업에게만 부담시켜서는 안 된다고 생각한다. 사회보장적 측면에서 국가의 예산으로 산업재해를 보상해 주는 방향으로 발전해 가야 할 것이다.

2. 사회보장을 받을 권리

노동자의 재해에 대한 보상은 근로조건 보호나 손해배상적인 기능도 존재하지만, 노동자의 생활보상적인 성격이 강하다고 할 수 있다. 산업재해보상보험법에 의한 강제보험제, 산재보험의

직원연금법의 적용을 받는 공무원·군인 및 사립학교교직원 그 밖의 대통령령이 정하는 자를 제외하고 있다(제6조 단서).

적용확대, 상병보상연금제의 적용, 장해특별급여와 유족특별급여 등의 실시 등은 재해보상을 사회보장의 체제속에 편입함으로써만이 가능하며 근로기준법상의 재해보상제와는 본질적으로 다르다고 하지 않을 수 없다.

이러한 측면에서 볼 때 산업재해에 대한 보상은 국가책임주의로 발전해가야 할 것이며, 노동자의 인간다운 생활을 보장하고 국민의 사회보장을 받을 권리를 보장하는 의미에서 '업무상' 재해보상 차원에서 '노동자'의 재해보상차원으로 발전시켜 가야 한다고 생각한다.

3. 산업재해보상제도의 형성과 발전

가. 의 의

산업재해보상보험제도는 ① 처음 노동자가 업무상 재해를 당한 경우 고의나 과실의 책임이 있는 경우에 한하여 사용자가 배상하도록 되어 있는 민법상불법행위책임에서 시작하여, ② 근로기준법상 사용자의 책임 유무와 상관없이 사용자가 보상하여야 하는 재해보상제도가 확립되었다. ③ 그 후 재해를 당한 개별 노동자게 대한 보상차권이 아닌 국가적 차원에서 노동자의 보건과 안전을 도모하고 사회적 재해로부터 생활의 안정을 확보하기 위하여 사회보험제도인 재해보상보험제도가 확립되었다.

나. 민법상 과실책임

근대시민법하에서는 산업재해를 보상하는 특별한 법제도가 존재하지 않고 일반불법행위의 법이론에 의하여 처리할 수밖에 없었다. 그런데 불법행위의 법이론에서는 사용자에게 고의나 과실이 있는 경우에만 손해배상을 받을 수 있었다. 따라서 노동자들은 재해를 당한 경우에도 사용자의 책임 즉, 사용자에게 과실이 있고 이에 따라 재해가 발생하였다는 인과관계를 입증하여야 하였다. 이로 인하여 노동자가 재해를 당하였더라도 입증하기가 어려워 손해를 배상받지 못하는 경우가 허다하였다. 그리고 사용자의 책임을 추궁하기 위하여는 민사소송이라는 시간과 경비를 소요하는 절차를 밟아야 하기 때문에 더욱 어려운 실정이었다.

다. 근로기준법상의 무과실책임

이와 같은 모순을 해결하고 산업재해를 당한 경우에 사용자에게 고의나 과실이 없는 경우에도 무과실책임이론을 바탕으로 하여 산업재해를 당한 노동자를 보호하고자 한 입법이 1871년의 독일의 「연방배상책임법」과 1880년의 영국의 「사용자책임법」이다.

우리나라에서도 헌법의 제정(1948)에 의하여 노동자의 노동3권이 보장됨으로써, 업무상 재해에 대한 보상문제는 주로 단체협약을 통하여 해결하기 시작하였다. 1953년 근로기준법이 제정·공포되어 재해보상의 개별사용자 책임제도가 확립되었으며, 그 적용도 비조직 노동자에게까지 확대되기에 이르렀다. 이는 업무상 재해가 발생한 경우에는 사용자에게 고의나 과실이 있느냐의 여부와 상관없이 반드시 사용자가 이를 보상해 주어야 한다는 내용을 강제하였다.

라. 사회보험제도에의 편입

제2차 세계대전 후 각국의 산재보상제도는 일대전환기를 맞이하게 되었다. 즉, 그때까지만 하더라고 대부분의 국가에서 직접보상방식을 채택하고 있었으나, 전후에 이르러 영국·프랑스 등의 국가에 있어서 사회보험방식으로 전환하게 되었다. 이러한 취지에서 우리나라도 1963년 「산업재해보상보험법」이 제정되어 1964년 7월 1일부터 시행되었다. 그러나 이 법 제정 이후에도 근로기준법상의 재해보상제도가 그대로 존재하고 있기 때문에, 현재는 병존하고 있는 실정이다. 이 법은 그동안 산업재해보상보험의

적용확대와 보상수준의 향상 및 보험운영의 합리화를 도모해 왔
으며, 1994년 전면개정후 2010년 및 2015년 개정을 거쳐 현재에
이르고 있다.

[74] V. 고용보험제도

1. 목 적

고용보험법은 고용보험의 시행을 통하여 실업예방, 고용촉진
및 근로자의 직업능력의 개발·향상을 도모하고, 국가의 직업지
도·직업소개기능을 강화하여, 실업근로자에게 생활에 필요한
급여를 실시함으로써, 노동자의 생활안정과 구직활동을 촉진하
고 그로써 경제·사회발전에 이바지함을 목적으로 한다(제1조).

2. 성 격

고용보험(employment insurance)은 실직한 노동자에게 사후적으로
실업급여를 지급함으로써 그의 생계를 지원하는 전통적 의미의
실업보험(unemployment insurance)과 그 성격이 다르다.

기존의 실업보험이 실업이라는 사회적 재해가 발생한 경우
이를 극복하기 위한 수단을 제공하는 사후적·소극적 의미의 실
업보험사업에 한정하였지만, 고용보험은 이에 머무르지 않고 실
업의 예방, 재취업의 촉진, 고용기회의 확대 등 고용안정사업과
노동자의 능력개발사업을 연계하여 실시하는 예방적·적극적 성
격의 사회보험이다.

3. 일반적 연혁

고용보험제도는 19세기 중반유럽의 일부 노동조합이 실직조

합원들에게 실업급여를 지급하던 노동조합의 자주적인 실업공제 기금제도(unemployment fund)에서 출발하였다.

이후 노동조합의 실업공제기금에 국가가 법률의 제정을 통하여 보조금을 지급하는 임의적 실업보호제도(voluntary unemployment insurance system)가 도입되고(최초의 입법은 1905.4.22.의 프랑스재정법), 나아가서는 노동조합의 가입 유무와 무관하게 일정요건에 해당하는 모든 노동자를 보험에 강제로 가입시키는 국가에 의한 강제적 실업보험제도(compulsory unemployment insurance system)로 발전하게 되었다(최초의 입법은 1911년의 영국법).

그리나 실직자에 대한 사후적 생계보장을 목적으로 하는 실업보험제도는 노동자의 산업구조 변화에의 적응력(즉 전직훈련)이나 실업예방을 통한 실질적 고용안정을 도모하기가 어렵게 되었다. 그에 따라 실업보험제도를 고용정책(노동시장정책)과 연계시키기는 고용보험제도(employment insurance system)로 전환·정착하게 된다.

4. 고용보험법의 연혁

1970년대 고도성장기를 지나 1980년 이후 우리 경제구조의 개편과 이에 따른 산업구조조정의 요청에 따라 실업이 중요한 사회문제로 대두되었다. 이러한 상황하에서 고용보험법은 1993년 재정되어, 1995년 7월 1일부터 시행되었고, 이후 1996년과 1997년 개정을 거쳐, 1998년 대폭개정되었다.

정부는 1997년 12월 24일 IMF측과 「실업자 지원확충, 직업훈련 강화, 노동시장 구조조정 등 정부의 고용보험제도 강화계획을 1998년 2월중 발표」하기로 합의하였고, 이 합의사항 이행의 차원에서 1998년 2월 20일 고용보험법이 개정되었다. 그 후에도 1999년부터 2016까지 수차 개정되어 현재에 이르고 있다.

[75] Ⅵ. 노인장기요양보험제도

1. 도입 배경

우리나라는 2007년 4월 27일 법률 제8403호로 '노인장기요양보험법'을 제정하여 제5대 사회보험으로 노인장기요양보험제도를 2008년 7월 1일부터 시행하고 있다.

고령화사회에서 고령사회로 이행되는데[162] 소요되는 기간면에서 보면, 일본은 26년, 미국은 75년, 프랑스는 무려 115년이 소요되었지만,[163] 우리나라는 2000년에서 2018년까지 약 18년밖에 걸리지 않을 것으로 예상되는데,[164] 이는 세계적으로 유례없는 현상이다.

이러한 상황하에서 스스로 일상생활을 영위할 수 없는 노인의 간병·장기요양 문제를 사회적 연대원리에 따라 정부와 사회가 공동으로 해결하는 노인장기요양보험제도를 도입하여, 노인의 노후생활 안정을 도모하고 그 가족의 부양부담을 덜어줌으로써 국민의 삶의 질을 향상시키고자 한 것이다.

2. 개정 내용

노인장기요양보험법은 제정후 수차 개정되었으며, 최근 2015년과 2016년 개정을 거쳐 현재에 이르고 있다.

---

162) 국제연합이 정한 기준에 의하면 고령화율, 즉 전체인구에서 65세 이상의 인구가 차지하는 비율이 7% 이상인 사회를 고령화사회(Aging Society)라 하고, 14% 이상인 사회를 고령사회(Aged Society)라고 정의한다.

163) 박승두, "일본 개호보험법의 기본구조에 관한 연구", (2002), 104면.

164) 보건복지부, 「2006년 보건복지백서」, (2007), 10면.

제 2 장

국민건강보험법

강의주제 :

선진 각국에서 국민의 건강보호를 국가의 공적 의무사항으로 처리하고 있다. 그러나 미국은 아직 건강보험 조차 제대로 정비되지 못하고 있다. 우리는 건강보험 형식을 취하고 있지만, 여전히 의료는 영리의 대상이 되고 있다. 바람직한 의료정책은 무엇인가?

제 1 절 보험자

[76] Ⅰ. 건강보험의 운영주체

건강보험의 보험자라 함은 건강보험의 운영 주체로서 보험료의 징수 및 보험급여의 실시 등 건강보험의 업무를 행하는 자를 말한다.

건강보험사업은 국가의 책임하에 행하는 것으로 보건복지부장관이 맡지만(제2조), 정부의 감독하에 국민건강보험공단(이하 '공단'이라 한다)이 보험자로서의 업무를 담당한다(제13조).

[77] Ⅱ. 국민건강보험공단

1. 공단의 성격

공단은 법인으로 한다(제15조). 공단에 법인격을 인정한 것은 건강보험사업의 운영 주체로서 당연히 법률상의 권리능력이 부여되어야 하고 또한 건강보험사업의 성질상 그 항구성을 보장할 필요가 있기 때문이다.

공단은 정부를 대행하여 국가적인 차원인 건강보험사업을 경영하기 때문에 사법인이 아니라 공법인에 속한다. 따라서 그 운영도 사법인과 같이 자율성이 강조되는 것이 아니라 정책성이 중시된다.

2. 공단의 주요업무

공단은 ① 가입자 및 피부양자의 자격관리, ② 보험료와 그 밖의 이 법에 따른 징수금의 부과·징수, ③ 보험급여의 관리, ④ 가입자 및 피부양자의 건강의 유지와 증진을 위하여 필요한 예방사업, ⑤ 보험급여비용의 지급, ⑥ 자산의 관리·운영 및 증식사업, ⑦ 의료시설의 운영, ⑧ 건강보험에 관한 교육훈련 및 홍보, ⑨ 건강보험에 관한 조사연구 및 국제협력, ⑩ 이 법에서 공단의 업무로 정하고 있는 사항, ⑪「국민연금법」,「고용보험 및 산업재해보상보험의 보험료징수 등에 관한 법률」,「임금채권보장법」및「석면피해구제법」(이하 "징수위탁근거법"이라 한나)에 따라 위탁받은 업무, ⑫ 그 밖에 이 법 또는 다른 법령에 따라 위탁받은 업무, ⑬ 그 밖에 건강보험과 관련하여 보건복지부장관이 필요하다고 인정한 업무 등 업무를 관장한다(제14조 제1항).

3. 공단의 조직과 운영

공단업무는 이사장의 책임하에 임원이 집행한다. 공단에 임원으로서 이사장 1인, 이사 14인 및 감사 1인을 두며, 이사장, 이사 중 5인 및 감사 중 1인은 상임으로 한다(제20조 제1항). 비상임임원은 정관이 정하는 바에 의하여 실비변상을 받을 수 있다(제20조 제6항). 이사장의 임기는 3년, 이사(공무원인 이사는 제외한다)와 감사의 임기는 각각 2년으로 한다(제20조 제7항).

공단의 주요사항을 심의·의결하기 위하여 공단에 이사회를 둔다(제26조 제1항). 이사회는 이사장과 이사로 구성한다(제26조 제2항). 감사는 이사회에 출석하여 발언할 수 있다(제26조 제3항). 이사회의 의결사항 및 운영 등에 관하여 필요한 사항은 대통령령으로 정한다(제26조 제4항).

[78] Ⅲ. 재정운영위원회

요양급여비용의 계약 및 결손처분 등 보험재정에 관련된 사항을 심의·의결하기 위하여 공단에 재정운영위원회를 둔다(제33조 제1항). 재정운영위원회의 위원장은 제34조 제1항 제3호에 따른 위원 중에서 호선(互選)한다(제33조 제2항).

재정운영위원회는 ① 직장가입자를 대표하는 위원 10명, ② 지역가입자를 대표하는 위원 10명, ③ 공익을 대표하는 위원 10명의 위원으로 구성한다(제34조 제1항).

〈그림 2-2-1〉　　　　건강보험제도의 운영 시스템

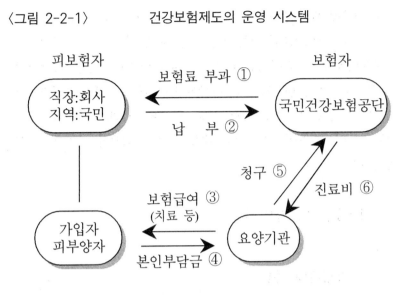

제 2 절　피보험자

[79] Ⅰ. 건강보험의 적용대상

국민건강보험의 적용대상은 ① 국내에 거주하는 국민으로서 ② 적용제외자가 아닌 ③ 가입자 또는 피부양자이다(제5조 제1항).

첫째, 국내에 거주하는 국민이어야 한다. 「국내에 거주한다」함은 민법 제18조 내지 제20조에 의하여 주소 또는 거소를 두는 경우를 말하나, 현실적으로는 국내에 주민등록이 되어 있는 경우로 보아야 할 것이다.

둘째, 적용제외자가 아니어야 한다. 적용제외자는 ① 의료급여법에 의하여 의료급여를 받는 사람(이하 "수급권자"라 한다), ② "독립유공자 예우에 관한 법률" 및 "국가유공자 등 예우 및 지원에 관한 법률"에 따라 의료보호를 받는 사람이다. 다만, 이들도 ① 유공자등 의료보호대상자 중 건강보험의 적용을 보험자에게 신청한 사람 또는 ② 건강보험을 적용받고 있던 사람이 유공자등 의료보호대상자로 되었으나 건강보험의 적용배제신청을 보험자에게 하지 아니한 사람은 가입자 또는 피부양자가 된다. 마지막으로 가입자와 가입자의 피부양자이어야 한다.

[80] Ⅱ. 가입자

1. 가입자의 종류

가입자는 직장가입자 및 지역가입자로 구분한다(제6조 제1항).

2. 직장가입자

모든 사업장의 근로자와 그 사용자, 그리고 공무원 및 교직원은 직장가입자가 된다(제6조 제2항 본문). 그러나 다음의 사람은 제외된다(제6조 제2항 단서). ① 고용 기간이 1개월 미만인 일용근로자, ② 병역법에 따른 현역병(지원에 의하지 아니하고 임용된 하사를 포함한다), 전환복무된 사람 및 무관후보생, ③ 선거에 당선되어 취임하는 공무원으로서 매월 보수 또는 보수에 준하는 급료를 받지 아니하는 사람, ④ 그 밖에 사업장의 특성, 고용 형태 및 사업의 종류 등을 고려하여 대통령령으로 정하는 사업장의 근로자 및 사용자와 공무원 및 교직원 등이다.

가. 근로자

근로자란 직업의 종류와 관계없이 근로의 대가로 보수를 받

아 생활하는 사람(법인의 이사와 그 밖의 임원을 포함한다)으로서 공무
원 및 교직원을 제외한 사람을 말한다(제3조 제1호).

나. 사용자

사용자란 다음의 어느 하나에 해당하는 자를 말한다(제3조 제2호).

① 근로자가 소속되어 있는 사업장165)의 사업주

② 공무원이 소속되어 있는 기관의 장으로서 대통령령으로
정하는 사람

③ 교직원이 소속되어 있는 사립학교(사립학교교직원 연금법 제3조에
규정된 사립학교를 말한다.)를 설립·운영하는 자.

다. 공무원 및 교직원

공무원이란 국가나 지방자치단체에서 상시 공무에 종사하는
사람을(제3조 제4호), 교직원이란 사립학교나 사립학교의 경영기관
에서 근무하는 교원과 직원을 말한다(제3조 제5호).

<판례 6> 대법원 2011.11.24. 선고 2011두15534 판결

국민건강보험법(이하 '법'이라 한다) 제6조 제2항 단서 제4호가 "기타 사업
장의 특성, 고용형태 및 사업의 종류 등을 고려하여 대통령령으로 정하는
사업장의 근로자 및 사용자와 공무원 및 교직원"을 규정함으로써 사업장의
근로자·사용자·공무원·교직원 중 건강보험의 직장가입자에서 제외되는 자를
일부 대통령령에서 정할 수 있도록 위임하고 있지만, 현대 사회에서 사업장
의 특성, 고용형태 및 사업 종류 등이 매우 복잡하고 다양하여 직장가입자
의 범위를 법률로 구체적으로 정하기 곤란하다는 입법기술상 한계가 인정될
뿐 아니라 여러 가지 사회경제적 상황에 따라 수시로 변화할 수 있어 위임
입법의 필요성이 크므로 위임의 구체성·명확성 요건은 결과적으로 완화된다
고 볼 수 있고, 법 제6조 제2항의 입법 목적과 규정 형식 등에 비추어 볼
때 대통령령에서 정하여질 직장가입자에서 제외되는 자의 범위에 대하여 대
강의 예측도 가능하다. 따라서 법 제6조 제2항 단서 제4호가 직장가입자에
서 제외되는 자를 일부 대통령령에서 정할 수 있도록 위임하고 있다 하여
그것이 권리의 본질적 내용의 침해 금지를 규정한 헌법 제37조 제2항이나
실질적 법치주의 등을 위반하였다고 할 수 없다.

---

165) 사업장이란 사업소나 사무소를 말한다.

<판례 7> 대법원 2011.11.24. 선고 2011두15534 판결

국민건강보험법(이하 '법'이라 한다) 제6조 제2항이 모든 사업장의 근로자 및 사용자와 공무원 및 교직원은 원칙적으로 직장가입자가 되는 것으로 규정하고, 이에 대한 예외를 규정한 국민건강보험법 시행령 제10조가 사립학교를 설립·운영하여 법 제3조 제2호 (다)목에 해당하는 사용자 중 다른 사업장의 근로자로서 건강보험료를 납부하고 있고 사립학교에서는 별도로 급여를 받지 않는 자를 예외의 하나로 규정하지 않았다고 하여 위 법령이 결사의 자유를 규정한 헌법 제21조, 재산권 보장을 규정한 헌법 제23조, 권리의 본질적 내용의 침해 금지를 규정한 헌법 제37조 제2항 등을 위반한 것이라거나 위 시행령이 모법의 위임 취지에 반하는 것이라고 할 수 없다.

라. 실업자에 대한 특례

사용관계가 끝난 직장가입자 중 보건복지부령으로 정하는 사람은 지역가입자가 된 이후 최초로 제79조에 따라 지역가입자 보험료를 고지받은 날부터 그 납부기한에서 2개월이 지나기 이전까지 공단에 직장가입자로서의 자격을 유지할 것을 신청할 수 있다(제110조 제1항, 2013년 5월 22일 개정).

공단에 신청한 가입자(이하 "임의계속가입자"라 한다)는 제9조에도 불구하고 대통령령으로 정하는 기간 동안 직장가입자의 자격을 유지한다. 다만, 신청 후 최초로 내야 할 직장가입자 보험료를 그 납부기한부터 2개월이 지난 날까지 내지 아니한 경우에는 그 자격을 유지할 수 없다(제110조 제1항, 2013년 5월 22일 신설). 임의계속 가입자의 보수월액은 제70조에도 불구하고 사용관계가 끝난 날이 속하는 달을 제외한 직전 3개월간의 보수월액을 평균한 금액으로 한다(제110조 제3항, 2013년 5월 22일 개정). 임의계속가입자의 보험료는 보건복지부장관이 정하여 고시하는 바에 따라 그 일부를 경감할 수 있다(제110조 제4항, 2013년 5월 22일 개정). 임의계속가입자의 보수월액보험료는 제76조 제1항 및 제77조 제1항 제1호에도 불구하고 그 임의계속가입자가 전액을 부담하고 납부한다(제110조 제5항, 2013년 5월 22일 개정).

3. 지역가입자

지역가입자는 가입자중 직장가입자와 그 피부양자를 제외한 자를 말한다(제6조 제3항).

4. 외국인 및 외국정부근로자에 대한 특례

정부는 외국정부가 사용자인 사업장의 근로자에 대한 건강보험에 관하여는 외국정부와의 합의에 의하여 따로 정할 수 있다(제109조 제1항).

국내에 체류하는 재외국민 또는 외국인(이하 "국내체류 외국인 등"이라 한다)이 적용대상사업장의 근로자, 공무원 또는 교직원이고 제6조 제2항 각 호의 어느 하나에 해당하지 아니하면서 다음의 어느 하나에 해당하는 경우에는 제5조에도 불구하고 직장가입자가 된다(제109조 제2항, 2016. 3. 22 개정).

① 주민등록법 제6조 제1항 제3호에 따라 등록한 사람

②「재외동포의 출입국과 법적 지위에 관한 법률」제6조에 따라 국내거소신고를 한 사람

③ 출입국관리법 제31조에 따라 외국인등록을 한 사람.

직장가입자에 해당하지 아니하는 국내체류 외국인등이 다음의 요건을 모두 갖춘 경우에는 제5조에도 불구하고 공단에 신청하면 지역가입자가 될 수 있다(제109조 제3항, 2016. 3. 22 신설).

① 보건복지부령으로 정하는 기간 동안 국내에 거주하였거나 해당 기간 동안 국내에 지속적으로 거주할 것으로 예상할 수

있는 사유로서 보건복지부령으로 정하는 사유에 해당될 것

② 다음의 어느 하나에 해당할 것

(가) 제2항 제1호 또는 제2호에 해당하는 사람

(나) 출입국관리법 제31조에 따라 외국인등록을 한 사람으로서 보건복지부령으로 정하는 체류자격이 있는 사람.

위 제109조 제2항 각 호의 어느 하나에 해당하는 국내체류 외국인등이 다음의 요건을 모두 갖춘 경우에는 제5조에도 불구하고 공단에 신청하면 피부양자가 될 수 있다(제109조 제4항, 2016. 3. 22 신설).

① 직장가입자와의 관계가 제5조 제2항 각 호의 어느 하나에 해당할 것

② 제5조 제3항에 따른 피부양자 자격의 인정 기준에 해당할 것.

이상의 규정에도 불구하고 다음에 해당되는 경우에는 가입자 및 피부양자가 될 수 없다(제109조 제5항, 2016. 3. 22 신설).

① 국내체류가 법률에 위반되는 경우로서 대통령령으로 정하는 사유가 있는 경우

② 제2항에 해당되는 사람으로서 국내에 근무하는 기간 동안 외국의 법령, 외국의 보험 또는 사용자와의 계약 등에 따라 제41조에 따른 요양급여에 상당하는 의료보장을 받을 수 있어 사용자가 보건복지부령으로 정하는 바에 따라 가입 제외를 신청한 경우.

이상의 사항 외에 국내체류 외국인등의 가입자 또는 피부양자 자격의 취득 및 상실에 관한 시기·절차 등에 필요한 사항은 제5조부터 제11조까지의 규정을 준용하고(제109조 제6항 본문), 국내체류 외국인등의 특성을 고려하여 특별히 규정해야 할 사항은 대통령령으로 다르게 정할 수 있다(제109조 제6항 단서, 2016. 3. 22 신설).

가입자인 국내체류 외국인등이 매월 2일 이후 지역가입자의 자격을 취득하고 그 자격을 취득한 날이 속하는 달에 보건복지부장관이 고시하는 사유로 해당 자격을 상실한 경우에는 제69조 제2항 본문에도 불구하고 그 자격을 취득한 날이 속하는 달의 보험료를 부과하여 징수한다(제109조 제7항 단서, 2016. 3. 22 신설).

국내체류 외국인등(국내에 영주하는 외국인은 제외한다)에 해당하는 지역가입자의 보험료는 제78조 제1항 본문에도 불구하고 그 직전 월 25일까지 납부하여야 한다. 다만, 다음에 해당되는 경우에는 공단이 정하는 바에 따라 납부하여야 한다(제109조 제8항, 2016. 3. 22 신설).

① 자격을 취득한 날이 속하는 달의 보험료를 징수하는 경우

② 매월 26일 이후부터 말일까지의 기간에 자격을 취득한 경우.

[81] Ⅲ. 가입자의 피부양자

피부양자라 함은 다음의 사람 중에서 직장가입자에 의하여 주로 생계를 유지하는 자로서 보수 또는 소득이 없는 사람을 말한다(제5조 제2항).

① 직장가입자의 배우자, ② 직장가입자의 직계존속(배우자의 직계존속 포함), ③ 직장가입자의 직계비속(배우자의 직계비속 포함)과 그 배우자, ④ 직장가입자의 형제·자매 등이다.166)

건강보험의 적용대상은 직장 및 지역가입자와 직장가입자의 피부양자이므로 피부양자의 의의 및 범위를 확장할 필요가 있다.

---

166) 피부양자 자격의 인정기준, 취득상실시기 그 밖의 필요한 사항은 보건복지부령으로 정한다(제5조 제3항).

[82] Ⅳ. 자격의 취득·상실 및 변동

1. 자격의 취득

가. 자격취득의 시점

가입자는 국내에 거주하게 된 날에 직장가입자 또는 지역가입자의 자격을 얻는다(제8조 제1항 본문).

다만, 다음의 경우에는 그 해당되는 날에 각각 자격을 얻는다(제8조 제1항 단서). ① 수급자이었던 자는 그 대상자에서 제외된 날, ② 직장가입자의 피부양자이었던 사람은 그 자격을 잃은 날, ③ 유공자 등 의료보호대상자이었던 사람은 그 대상자에서 제외된 날, ④ 제5조 제1항 제2호가목에 따라 보험자에게 건강보험의 적용을 신청한 유공자등 의료보호대상자는 그 신청한 날 등이다.

나. 자격취득의 신고

자격을 얻은 경우 그 직장가입자의 사용자 및 지역가입자의 세대주는 그 명세를 보건복지부령으로 정하는 바에 따라 자격을 취득한 날부터 14일 이내에 보험자에게 신고하여야 한다(제8조 제2항).

2. 자격의 상실

가. 자격상실의 시점

가입자는 다음의 어느 하나에 해당하게 된 날에 그 자격을 잃는다(제10조 제1항). ① 사망한 날의 다음 날, ② 국적을 잃은 날의 다음 날, ③ 국내에 거주하지 아니하게 된 날의 다음 날, ④ 직장가입자의 피부양자가 된 날,167) ⑤ 수급권자가 된 날, ⑥ 건

---

167) 종전에는 '직장가입자의 피부양자가 된 날의 다음날' 자격을 상실하게 되어 있

강보험의 적용을 받고 있던 사람이 유공자등 의료보호대상자가 되어 건강보험의 적용배제신청을 한 날 등이다.

나. 자격상실의 신고

자격을 잃은 경우 직장가입자의 사용자와 지역가입자의 세대주는 그 명세를 보건복지부령으로 정하는 바에 따라 자격을 잃은 날부터 14일 이내에 보험자에게 신고하여야 한다(제10조 제2항).

3. 자격의 변동

가. 자격변동의 시점

가입자는 다음의 어느 하나에 해당하게 된 날에 그 자격이 변동된다(제9조 제1항).

① 지역가입자가 적용대상사업장의 사용자로 되거나, 근로자·공무원 또는 교직원(이하 "근로자등"이라 한다)으로 사용된 날

② 직장가입자가 다른 적용대상사업장의 사용자로 되거나 근로자등으로 사용된 날

③ 직장가입자인 근로자등이 그 사용관계가 끝난 날의 다음 날

④ 적용대상사업장에 제7조 제2호에 따른 사유가 발생한 날의 다음 날

⑤ 지역가입자가 다른 세대로 전입한 날.

나. 자격변동의 신고

자격이 변동된 경우 직장가입자의 사용자와 지역가입자의 세대주는 다음의 구분에 따라, 그 명세를 보건복시부령으로 정하는 바에 따라 자격이 변동된 날부터 14일 이내에 보험자에게

었으나, 2004년 개정시 피부양자가 된 당일 자격을 상실하게 되었다.

신고하여야 한다(제9조 제2항).

① 제1항 제1호 및 제2호에 따라 자격이 변동된 경우: 직장가입자의 사용자

② 제1항 제3호부터 제5호까지의 규정에 따라 자격이 변동된 경우: 지역가입자의 세대주.

다. 법무부장관 및 국방부장관의 신고

법무부장관 및 국방부장관은 직장가입자나 지역가입자가 제54조 제3호(지원에 의하지 아니하고 임용된 하사를 포함한 병역법에 따른 현역병, 전환복무된 사람 및 무관후보생) 또는 제4호(교도소, 그 밖에 이에 준하는 시설에 수용되어 있는 경우)에 해당하면 보건복지부령으로 정하는 바에 따라 그 사유에 해당된 날부터 1개월 이내에 보험자에게 알려야 한다(제9조 제3항).

4. 효력 발생시점

가입자의 자격의 취득변동 및 상실은 위에서 설명한 자격의 취득변동 및 상실의 시기에 소급하여 효력을 발생한다(제11조 제1항). 가입자 또는 가입자이었던 사람 또는 피부양자나 피부양자이었던 사람은 이의 확인을 청구할 수 있으며(제11조 제2항), 보험자는 그 사실을 확인할 수 있다(제11조 제1항).

5. 건강보험증의 발급

가. 건강보험증의 제출

국민건강보험공단은 가입자에 대하여 건강보험증을 발급하여야 하고(제12조 제1항),168) 가입자 또는 피부양자가 요양급여를 받을 때에

---

168) 건강보험증의 서식과 그 교부 및 사용 등에 필요한 사항은 보건복지부령으로 정한다(제12조 제7항, 2013.5.22. 신설).

는 이를 요양기관에 제출하여야 한다(제12조 제2항 본문). 다만, 천재·지변 그 밖의 부득이한 사유가 있는 경우에는 예외가 허용된다(제12조 제2항 단서).

가입자 또는 피부양자는 주민등록증, 운전면허증, 여권, 그 밖에 보건복지부령으로 정하는 본인 여부를 확인할 수 있는 신분증명서(이하 "신분증명서"라 한다)로 요양기관이 그 자격을 확인할 수 있으면 건강보험증을 제출하지 아니할 수 있다(제12조 제3항).

나. 부정사용 금지

가입자·피부양자는 자격을 잃은 후 자격을 증명하던 서류를 사용하여 보험급여를 받아서는 아니 된다(제12조 제4항, 2013.5.22. 신설).

누구든지 건강보험증이나 신분증명서를 다른 사람에게 양도(讓渡)하거나 대여하여 보험급여를 받게 하여서는 아니 된다(제12조 제5항, 2013.5.22. 신설). 누구든지 건강보험증이나 신분증명서를 양도 또는 대여를 받거나 그 밖에 이를 부정하게 사용하여 보험급여를 받아서는 아니 된다(제12조 제6항, 2013.5.22. 신설).

제 3 절 보험급여

[83] I. 의 의

건강보험급여에는 ① 요양급여, ② 요양비, ③ 부가급여, ④ 장애인 보장구, ⑤ 건강검진 등이 있다.

[84] Ⅱ. 보험급여의 종류

1. 요양급여

가. 요양급여의 내용

요양급여는 가입자 및 피부양자의 질병, 부상, 출산 등에 대하여 그 치유 및 예방을 목적으로 하는 급여로서, 원칙적으로 현물급여이다. 요양급여의 내용은 ① 진찰·검사, ② 약제(藥劑)·치료재료의 지급, ③ 처치·수술 및 그 밖의 치료, ④ 예방·재활, ⑤ 입원, ⑥ 간호, ⑦ 이송(移送) 등이다(제41조 제1항).

나. 요양급여의 기간

요양급여의 기간에는 제한이 없다. 구의료보험법은 제정이후 의료보험의 급여기간을 1994년까지는 180일로 제한하였다. 그 후 1995년 8월 4일 개정시 '210일 이상'으로 연장되고 그 기간은 대통령령으로 정하도록 하였는데, 1995년 12월 29일 시행령 개정에서 이를 연간 240일로 연장하였다. 그 후에도 매년 30일씩 급여기간을 연장하여 1999년에는 연간 330일까지 확대되었다. 그러나 국민건강보험법에서는 이러한 제한을 두지 않음에 따라 연중 제한없이 건강보험급여를 받을 수 있게 되었다.

그 동안 이와 같은 요양급여의 기간을 제한함에 대하여 불가피론[169]이 주장되고 있었지만, 필자는 사회보장법 이념의 차원에서 볼 때 심각한 문제라 지적하여 왔다.[170] 이러한 제한을 폐

---

169) 김유성, 「한국사회보장법론」, 173면.

170) 박승두, 「사회보장법」, (1997), 316면.

지한 것은 만시지탄이 있지만, 그나마 다행한 일이라 생각한다.

<판례 8> 대법원 2010.9.9. 선고 2009두218 판결

이미 고시된 요양급여대상 약제에 대하여 일정한 사유가 발생할 경우에는 그 약제의 상한금액을 조정할 수 있는 재량권을 가진다고 할 것이나, 그 조정의 절차 및 내용 등이 관련 법령과 국민건강보험 요양급여의 기준에 관한 규칙 및 조정기준 등 제반규정에 비추어 허용될 수 없는 방식으로 이루어져 사회통념상 현저하게 그 타당성을 잃었다고 볼 수 있는 경우에는 재량권을 일탈·남용한 것으로서 위법하다고 할 것이다(대법원 2007. 1. 11. 선고 2006두3841 판결 참조).

원심판결 이유에 의하면, 원심은, 원료 조달 방식이 직접 생산이 아닌 방식으로 변경되었다면 원료직접생산의약품에 관한 특례의 적용이 배제되고 일반적인 복제 의약품에 대하여 인정되는 수준으로 상한금액이 조정되어야 한다는 것은 당해 의약품의 생산·판매자라면 누구나 예견하거나 예견할 수 있었던 사정으로 보이는 점, 원고가 원료 조달 방식을 변경한 사실이 알려지지 않아 상당 기간 종전의 최고가 상한금액을 인정받음으로써 취득한 이윤을 그대로 보유하게 하는 것이 오히려 부당할 뿐 아니라 이 사건 의약품에 관하여 최고가 상한금액이 그대로 유지될 것이라는 원고의 신뢰는 보호가치가 있는 정당한 신뢰로 볼 수 없는 점, 조정기준에 의한 원료직접생산의약품에 대한 특례는 국내 제약산업의 원료합성기술 개발을 촉진하기 위하여 국민건강보험의 재정적 부담하에 이를 지원하는 제도로 위 제도의 취지에 비추어 원료직접생산의약품이 아닌 이 사건 의약품에 대하여 다른 복제 의약품과 차별하여 의약품 상한금액을 달리 정할 특별한 이유가 없는 점 등을 종합하여 보면, 이 사건 고시를 통해 이 사건 의약품의 상한금액을 인하한 것이 재량권을 일탈·남용한 것이라고 볼 수 없다고 판단하였다. 앞서 본 법리와 기록에 비추어 살펴보면, 원심의 이와 같은 판단은 정당한 것으로 수긍이 가고, 거기에 상고이유에서 주장하는 바와 같은 재량권 일탈·남용에 관한 법리오해 등의 위법이 없다.

다. 요양기관

(1) 의 의

요양급여의 시행을 위한 의료조직은 ① 원칙적으로 금지하고 요양급여를 할 수 있는 기관을 지정하는 제도(허가주의, Positive System)와 ② 원칙적으로 의료기관은 요양급여를 할 수 있도록 하고 적합하지 않은 기관을 제외하는 제도(금지주의, Negative System)가 있다. 우리나라는 그 동안 전자의 제도를 취하여 왔지만, 헌법재판소가 의료보험요양기관지정취소규정을 위헌이라 결정(1998. 5. 28)한 후, 후자로 전환하였다.

(2) 요양기관의 종류

요양급여(간호와 이송은 제외한다)를 행하는 요양기관은 다음과 같다(제42조 제1항 전문). 이 경우 보건복지부장관은 공익이나 국가정책에 비추어 요양기관으로 적합하지 아니한 대통령령으로 정하는 의료기관 등은 요양기관에서 제외할 수 있다(제42조 제1항 후문).

① 의료법에 따라 개설된 의료기관

② 약사법에 따라 등록된 약국

③ 약사법 제91조에 따라 설립된 한국희귀의약품센터

④ 지역보건법에 따른 보건소·보건의료원 및 보건지소

⑤ "농어촌등 보건의료를 위한 특별조치법"에 따라 설치된 보건진료소.

보건복지부장관은 효율적인 요양급여를 위하여 필요하면 보건복지부령으로 정하는 바에 따라 시설·장비·인력 및 진료과목 등 보건복지부령으로 정하는 기준에 해당하는 요양기관을 전문요양기관으로 인정할 수 있다(제42조 제2항 전문). 이 경우 해당 전문요양기관에 인정서를 발급하여야 한다(제42조 제2항 후문).

보건복지부장관은 요양기관이 ① 인정기준에 미달하게 되거나 ② 발급받은 인정서를 반납한 경우에는 그 인정을 취소한다(제42조 제3항). 전문요양기관으로 인정된 요양기관 또는 의료법 제3조의4에 따른 상급종합병원에 대하여는 제41조 제3항에 따른 요양급여의 절차 및 제45조에 따른 요양급여비용을 다른 요양기관과 달리 할 수 있다(제42조 제4항). 요양기관은 정당한 이유 없이 요양급여를 거부하지 못한다(제42조 제5항).

(3) 요양기관에 대한 감독

(가) 업무정지명령

보건복지부장관은 요양기관이 다음 사유에 해당하면 1년의 범위안에서 기간을 정하여 요양기관의 업무정지를 명할 수 있으며 (제98조 제1항), 이 기간 중에는 요양급여를 하지 못한다(제98조 제1항).

① 속임수나 그 밖의 부당한 방법으로 보험자·가입자 및 피부양자에게 요양급여비용을 부담하게 한 경우

② 제97조 제2항에 따른 명령에 위반하거나 거짓 보고를 하거나 거짓 서류를 제출하거나, 소속 공무원의 검사 또는 질문을 거부·방해 또는 기피한 경우

③ 정당한 사유 없이 요양기관이 제41조의3 제1항에 따른 결정을 신청하지 아니하고 속임수나 그 밖의 부당한 방법으로 행위·치료재료를 가입자 또는 피부양자에게 실시 또는 사용하고 비용을 부담시킨 경우.171)

업무정지 처분의 효과는 그 처분이 확정된 요양기관을 양수한 자 또는 합병 후 존속하는 법인이나 합병으로 설립되는 법인에 승계되고, 업무정지 처분의 절차가 진행 중인 때에는 양수인 또는 합병 후 존속하는 법인이나 합병으로 설립되는 법인에 대하여 그 절차를 계속 진행할 수 있다(제98조 제1항 본문). 다만, 양수인 또는 합병 후 존속하는 법인이나 합병으로 설립되는 법인이 그 처분 또는 위반사실을 알지 못하였음을 증명하는 경우에는 그러하지 아니하다(제98조 제1항 단서).

---

171) 이는 2016년 2월 3일 개정시 신설되어, 2016년 8월 4일부터 시행한다.

업무정지 처분을 받았거나 업무정지 처분의 절차가 진행 중인 자는 행정처분을 받은 사실 또는 행정처분절차가 진행 중인 사실을 보건복지부령으로 정하는 바에 따라 양수인 또는 합병 후 존속하는 법인이나 합병으로 설립되는 법인에 지체 없이 알려야 한다(제98조 제4항). 업무정지를 부과하는 위반행위의 종류, 위반 정도 등에 따른 행정처분기준이나 그 밖에 필요한 사항은 대통령령으로 정한다(제98조 제5항).

(나) 과징금172)

보건복지부장관은 요양기관에 대하여 업무정지 처분을 하여야 하는 경우로서 그 업무정지 처분이 해당 요양기관을 이용하는 사람에게 심한 불편을 주거나 보건복지부장관이 정하는 특별한 사유가 있다고 인정되면 업무정지 처분을 갈음하여 속임수나 그 밖의 부당한 방법으로 부담하게 한 금액의 5배 이하의 금액을 과징금으로 부과·징수할 수 있으며, 납부는 12개월의 범위에서 분할로 납부를 하게 할 수 있다(제99조 제1항, 2016년 2월 3일 개정).

보건복지부장관은 약제를 요양급여에서 적용 정지 또는 제외하는 경우 국민 건강에 심각한 위험을 초래할 것이 예상되는 등 특별한 사유가 있다고 인정되는 때에는 요양급여의 적용 정지 또는 제외에 갈음하여 대통령령으로 정하는 바에 따라 해당 약제에 대한 요양급여비용 총액의 100분의 40을 넘지 아니하는 범위에서 과징금을 부과·징수할 수 있으며, 납부는 12개월의 범위에서 분할로 하게 할 수 있다(제99조 제2항, 2014년 1월 1일 개정).

대통령령으로 해당 약제에 대한 요양급여비용 총액을 정할 때에는 그 약제의 과거 요양급여 실적 등을 고려하여 1년간의 요양급여 총액을 넘지 않는 범위에서 정하여야 한다(제99조 제3항, 2014

---

172) 과징금에 관한 내용은 2016년 8월 4일부터 시행한다.

년 1월 1일 개정).

이상의 과징금 부과에 대하여 이를 납부하여야 할 자가 납부기한까지 이를 내지 아니하면 국세 체납처분의 예에 따라 징수한다(제99조 제4항, 2014년 1월 1일 개정). 그리고 보건복지부장관은 과징금을 징수하기 위하여 필요하면 ① 납세자의 인적사항, ② 사용 목적, ③ 과징금 부과 사유 및 부과 기준을 적은 문서로 관할 세무관서의 장 또는 지방자치단체의 장에게 과세정보의 제공을 요청할 수 있다(제99조 제5항, 2014년 1월 1일 개정). 징수한 과징금은 ① 공단이 요양급여비용으로 지급하는 자금과 ② 응급의료에 관한 법률에 따른 응급의료기금의 지원의 용도로만 사용할 수 있다(제99조 제6항, 2014년 1월 1일 개정).[173]

(다) 위반사실의 공표

보건복지부장관은 관련 서류의 위조·변조로 요양급여비용을 거짓으로 청구하여 제98조 또는 제99조에 따른 행정처분을 받은 요양기관이 다음의 어느 하나에 해당하면 그 위반 행위, 처분 내용, 해당 요양기관의 명칭·주소 및 대표자 성명, 그 밖에 다른 요양기관과의 구별에 필요한 사항으로서 대통령령으로 정하는 사항을 공표할 수 있다(제100조 제1항).[174] ① 거짓으로 청구한 금액이 1천 500만원 이상인 경우 ② 요양급여비용 총액 중 거짓으로 청구한 금액의 비율이 100분의 20 이상인 경우

보건복지부장관은 이상의 공표 여부 등을 심의하기 위하여 건강보험공표심의위원회(이하 "공표심의위원회"라 한다)를 설치·운영한다(제100조 제2항). 보건복시부징관은 공표신의위원회의 심의를 거

---

173) 과징금의 금액과 그 납부에 필요한 사항 및 과징금의 용도별 지원 규모, 사용 절차 등에 필요한 사항은 대통령령으로 정한다(제99조 제7항, 2014년 1월 1일 개정).

174) 이 경우 공표 여부를 결정할 때에는 그 위반행위의 동기, 정도, 횟수 및 결과 등을 고려하여야 한다.

친 공표대상자에게 공표대상자인 사실을 알려 소명자료를 제출하거나 출석하여 의견을 진술할 기회를 주어야 한다(제100조 제3항). 보건복지부장관은 공표심의위원회가 제출된 소명자료 또는 진술된 의견을 고려하여 공표대상자를 재심의한 후 공표대상자를 선정한다(제100조 제4항).175)

2. 요양비

요양급여는 현물급여가 원칙이지만, 부득이한 사유가 있을 때에는 요양급여의 보완적 역할로서 예외적으로 현금급여를 인정하고 있다. 즉, 공단은 가입자나 피부양자가 보건복지부령으로 정하는 긴급하거나 그 밖의 부득이한 사유로 요양기관과 비슷한 기능을 하는 기관(제98조 제1항에 따라 업무정지기간 중인 요양기관을 포함한다)에서 질병·부상·출산 등에 대하여 요양을 받거나 요양기관이 아닌 장소에서 출산한 경우에는 그 요양급여에 상당하는 금액을 보건복지부령이 정하는 바에 따라 가입자 또는 피부양자에게 요양비로 지급한다(제49조 제1항). 이때 요양을 실시한 기관은 보건복지부장관이 정하는 요양비 명세서나 요양 명세를 적은 영수증을 요양을 받은 사람에게 내주어야 하며, 요양을 받은 사람은 그 명세서나 영수증을 공단에 제출하여야 한다(제49조 제2항).

3. 부가급여

공단은 이 법에서 정한 요양급여 외에 대통령령으로 정하는 바에 따라 임신·출산 진료비, 장제비, 상병수당, 그 밖의 급여를 실시할 수 있다(제50조, 2013년 5월 22일 개정).

---

175) 이상의 사항 외에 공표의 절차·방법, 공표심의위원회의 구성·운영 등에 필요한 사항은 대통령령으로 정한다(제100조 제5항).

[85] Ⅲ. 본인의 일부부담

요양급여를 받는 자는 대통령령으로 정하는 바에 따라 비용의 일부(이하 "본인일부부담금"이라 한다)를 본인이 부담하며, 선별급여에 대해서는 다른 요양급여에 비하여 본인일부부담금을 상향 조정할 수 있다(제44조 제1항, 2016년 3월 22일 개정, 2017년 3월 23일 시행).

본인이 연간 부담하는 본인일부부담금의 총액이 대통령령으로 정하는 금액(이하 "본인부담상한액"이라 한다)을 초과한 경우에는 공단이 그 초과 금액을 부담하여야 한다(제44조 제2항, 2016년 3월 22일 신설, 2017년 3월 23일 시행). 본인부담상한액은 가입자의 소득수준 등에 따라 정한다(제44조 제3항, 2016년 3월 22일 신설, 2017년 3월 23일 시행). 본인일부부담금 총액 산정 방법, 본인부담상한액을 넘는 금액의 지급 방법 및 가입자의 소득수준 등에 따른 본인부담상한액 설정 등에 필요한 사항은 대통령령으로 정한다(제44조 제4항, 2016년 3월 22일 신설, 2017년 3월 23일 시행).

[86] Ⅳ. 비급여 대상

보건복지부장관은 요양급여의 기준을 정할 때 업무나 일상생활에 지장이 없는 질환에 대한 치료 등 보건복지부령으로 정하는 사항은 요양급여대상에서 제외되는 사항(이하 "비급여대상"이라 한다)으로 정할 수 있다(제41조 제4항, 개정 2016.2.3, 시행일: 2016.8.4).

이 제도에 대하여 필자는 그 동안 우리나라 건강보험제도를 근본적으로 유명무실화시킬 수 있는 악법규정이라 평가하여 왔는 바, 그 이유는 다음과 같다.176)

---

176) 박승두, 「사회보장법」, (1997), 337면.

첫째, 건강보험법에서 가장 중요한 것이 보험료의 납부와 보험급여의 제공이라 할 수 있는데 보험급여 중에서 건강보험의 적용을 받지 못하는 비급여대상을 폭넓게 인정함으로써 의료보장의 기능을 크게 약화시키고 있다.

둘째, 입법의 정당성을 결여하고 있다고 하지 않을 수 없다. 왜냐하면 보건복지부장관의 내부고시에 의하여 건강보험법에서 규정하고 있는 전국민의 건강보험급여청구권을 크게 침해하고 있기 때문이다. 더구나 건강보험법에 이에 관한 수권규정이 전혀 없기 때문에 입법의 정당성을 가지지 못하고 있다.

그리고 이 고시내에서도「그 밖의 장관이 정하는 사항」이라고 하여 헌법에서 보장되고 있는 인간다운 생활권과 사회보장청구권을 보건복지부장관이 재량으로 제한할 수 있다고 한 동 내용은 위헌·무효라고 하지 않을 수 없다. 따라서 비급여대상은 대폭 축소하여야 하고, 그 내용은 대폭 축소하여야 하고, 그 내용은 반드시 법률에 명문화하여야 한다고 생각한다.

[87] V. 보험급여의 제한 및 정지

1. 절대적 제한사항

보험급여를 행하지 않는 절대적 제한사항은 다음과 같다(제 53조 제1항). ① 고의 또는 중대한 과실로 인한 범죄행위에 그 원인이 있거나 고의로 사고를 일으킨 경우, ② 수급자가 고의 또는 중대한 과실로 공단이나 요양기관의 요양에 관한 지시에 따르지 아니한 경우, ③ 고의 또는 중대한 과실로 문서와 그 밖의 물건의 제출을 거부하거나 질문 또는 진단을 기피한 경우, ④ 업무상 또는 공무로 생긴 질병·부상·재해로 다른 법령에 따른 보험급여나 보상(報償) 또는 보상(補償)을 받게 되는 경우 등이다.

공단은 보험급여를 받을 수 있는 사람이 다른 법령에 따라 국가나 지방자치단체로부터 보험급여에 상당하는 급여를 받거나 보험급여에 상당하는 비용을 지급받게 되는 경우에는 그 한도에서 보험급여를 하지 아니한다(제53조 제2항).

2. 임의적 제한사항

공단은 가입자가 대통령령으로 정하는 기간 이상 ① 소득월액보험료, ② 세대단위의 보험료를 체납한 경우 그 체납한 보험료를 완납할 때까지 그 가입자 및 피부양자에 대하여 보험급여를 실시하지 아니할 수 있다. 다만, 보험료의 체납기간에 관계없이 월별 보험료의 총체납횟수(이미 납부된 체납보험료는 총체납횟수에서 제외한다)가 대통령령으로 정하는 횟수 미만인 경우에는 그러하지 아니하다(제53조 제3항).

공단은 납부의무를 부담하는 사용자가 보수월액보험료를 체납한 경우에는 그 체납에 대하여 직장가입자 본인에게 귀책사유가 있는 경우에 한하여 위 규정을 적용하며, 당해 직장가입자의 피부양자에게도 적용한다(제53조 제4항).

위의 사항에 해당함에도 불구하고 공단으로부터 분할납부 승인을 받고 그 승인된 보험료를 1회 이상 낸 경우에는 보험급여를 할 수 있지만, 분할납부 승인을 받은 사람이 정당한 사유 없이 2회 이상 그 승인된 보험료를 내지 아니한 경우에는 그러하지 아니하다(제53조 제5항).

위 규정에 따라 보험급여를 하지 아니하는 기간(이하 "급여제한기간"이라 한다)에 받은 보험급여는 다음의 어느 하나에 해당하는 경우에만 보험급여로 인정한다(제53조 제6항).

① 공단이 급여제한기간에 보험급여를 받은 사실이 있음을 가입자에게 통지한 날부터 2개월이 지난 날이 속한 달의 납부기

한 이내에 체납된 보험료를 완납한 경우

② 공단이 급여제한기간에 보험급여를 받은 사실이 있음을 가입자에게 통지한 날부터 2개월이 지난 날이 속한 달의 납부기 한 이내에 분할납부 승인을 받은 체납보험료를 1회 이상 낸 경우. 다만, 분할납부 승인을 받은 사람이 정당한 사유 없이 2회 이상 그 승인된 보험료를 내지 아니한 경우에는 그러하지 아니하다.

3. 보험급여의 일시정지

보험급여를 받을 수 있는 사람이 다음의 사유에 해당하는 때에는 그 기간에는 보험급여를 하지 아니한다(제54조 본문). ① 국외에 여행 중인 경우, ② 국외에서 업무에 종사하고 있는 경 우, ③ 병역법에 따른 현역병(지원에 의하지 아니하고 임용된 하사를 포 함한다), 전환복무된 사람 및 무관후보생, ④ 교도소, 그 밖에 이 에 준하는 시설에 수용되어 있는 경우 등이다. 다만, ③ 및 ④의 경우에는 요양급여를 실시한다(제54조 단서).

[88] Ⅵ. 부당이득의 징수 및 구상권

1. 의 의

수급자·요양기관·공급자 등이 부당한 방법으로 급여 등을 받은 경우 공단은 이를 징수하고, 제3자의 행위로 인한 보험급 여사유가 발생하여 가입자에게 보험급여를 한 때에는 그 급여에 소요된 비용의 한도내에서 그 제3자에 대한 손해배상청구를 할 수 있다.

2. 부당이득의 징수

공단은 속임수나 그 밖의 부당한 방법으로 보험급여를 받은 사람이나 보험급여 비용을 받은 요양기관에 대하여 그 보험급여 또는 급여비용의 상당하는 금액의 전부 또는 일부를 징수한다(제 57조 제1항). 이 경우 공단은 속임수나 그 밖의 부당한 방법으로 보험급여 비용을 받은 요양기관이 다음의 어느 하나에 해당하는 경우에는 해당 요양기관을 개설한 자에게 그 요양기관과 연대하여 같은 항에 따른 징수금을 납부하게 할 수 있다(제57조 제2항, 2013년 5월 22일 신설).

① 의료법 제33조 제2항을 위반하여 의료기관을 개설할 수 없는 자가 의료인의 면허나 의료법인 등의 명의를 대여받아 개설·운영하는 의료기관

② 약사법 제20조 제1항을 위반하여 약국을 개설할 수 없는 자가 약사 등의 면허를 대여받아 개설·운영하는 약국.

사용자나 가입자의 거짓 보고나 거짓 증명 또는 요양기관의 거짓 진단에 따라 보험급여가 실시된 경우 공단은 이들에게 보험급여를 받은 사람과 연대하여 위의 징수금을 내게 할 수 있다(제57조 제3항, 2013년 5월 22일 신설).

그리고 공단은 속임수나 그 밖의 부당한 방법으로 보험급여를 받은 사람과 같은 세대에 속한 가입자[177])에게 속임수나 그 밖의 부당한 방법으로 보험급여를 받은 사람과 연대하여 제1항에 따른 징수금을 내게 할 수 있다(제57조 제4항, 2013년 5월 22일 신설).

요양기관이 가입자나 피부양자로부터 속임수나 그 밖의 부

---

177) 속임수나 그 밖의 부당한 방법으로 보험급여를 받은 사람이 피부양자인 경우에는 그 직장가입자를 말한다.

당한 방법으로 요양급여비용을 받은 경우 공단은 해당 요양기관으로부터 이를 징수하여 가입자나 피부양자에게 지체 없이 지급하여야 하고, 공단은 가입자나 피부양자에게 지급하여야 하는 금액을 그 가입자 및 피부양자가 내야 하는 보험료등과 상계할 수 있다(제57조 제5항, 2013년 5월 22일 신설).

<판례 9> 대구지법 2002. 12. 11. 선고 2002나11456 판결

[1]업무상 재해로 인하여 상해를 입은 근로자에 대하여 사용자는 근로기준법 제81조에 의한 요양보상을 할 의무가 있는데, 근로자가 산업재해보상보험에 의하여 근로복지공단으로부터 요양보상을 받은 경우, 사용자는 근로기준법 제90조 및 산업재해보상보험법 제48조 제1항에 의하여 근로기준법상 요양보상 책임이 면제되나, 치료종결로 인하여 근로자가 산업재해보상보험에 의한 요양보상을 받지 못하여 국민건강보험법에 의한 보험급여를 받은 경우, 사용자는 여전히 근로기준법 제81조에 의한 요양보상을 할 의무가 있는데, 근로자의 상해가 업무상 재해로 인한 것이어서 국민건강보험법 제48조 제1항 제4호에 의하여 국민건강보험공단은 근로자에게 보험급여를 지급하지 않아도 됨에도 불구하고 보험급여를 지급함으로써 보험급여에 해당하는 손해를 입었으며, 근로자에 대하여 요양보상책임이 있는 사용자는 국민건강관리공단이 보험급여를 함으로써 그 한도 내에서 법률상 원인 없이 그 책임을 면하는 이득을 얻었다고 할 것이므로 사용자는 국민건강관리공단에게 보험급여에 해당하는 금원을 부당이득으로 반환하여야 한다.

[2]건강보험의 공공적·사회보장적 성격과 국민 전체에 대한 강제보험으로서의 특성, 건강보험금의 지급절차 등에 비추어 보면, 건강보험가입자에게 부상 등이 발생한 경우 국민건강보험공단은 일단 건강보험 급여를 실시하여야 할 것이므로 국민건강보험법 제48조 제1항 제4호에 따라 업무상 재해로 인한 부상으로 건강보험급여가 제한되는 부상에 대하여 국민건강보험공단이 보험급여를 하였다고 하더라도 이를 민법 제742조의 비채변제라고 볼 수 없다.

<판례 10> 대법원 2011.11.24. 선고 2011두16025 판결

[1] 구 국민건강보험법(2010.1.18. 법률 제9932호로 개정되기 전의 것) 제47조에 따라 가입자에게 실시하는 건강검진 실시 당일 검진기관에서 진료 시 진찰료 산정에 관한 '구 요양급여의 적용기준 및 방법에 관한 세부사항'(2010.9.28.

보건복지부 고시 제2010-75호로 개정되기 전의 것) 중 "건강검진 당일에 동일 의료기관에서 동일 의사가 검진결과에 따른 진료 시 건강검진 시 진찰행위와 진료과정의 연계로 판단되므로 건강보험 요양급여비용상의 진찰료는 별도로 산정할 수 없으므로 진찰료를 제외한 비용을 요양급여로 청구토록 함"은 기존 질병 또는 다른 질병에 대한 진료행위가 검진 당일에 동일 의료기관에서 동일 의사에 의한 건강검진 과정의 진찰 내용과 건강검진 결과를 바탕으로 이와 연계되어 이루어지는 경우를 의미한다고 보아야 한다.

[2] 국민건강보험법 제52조 제1항에 의한 국민건강보험공단의 환수처분 또는 징수처분은 요양기관이 환자에게 실제로 제공한 진료행위 등에 비하여 과다한 요양급여비용을 받았다고 하여 곧바로 행할 수 있는 것이 아니라 그러한 과다한 요양급여비용을 지급받은 것이 요양기관의 사위 기타 부당한 방법에 의한 것일 때 행할 수 있는 것이고, 그러한 경우 요양기관이 사위 기타 부당한 방법으로 요양급여비용을 지급받았다는 점을 증명할 책임은 국민건강보험공단에 있다.

<판례 11> 대법원 2010.9.30. 선고 2010두8959 판결

[1] 의료법 제33조 제1항에서 의료인은 당해 의료기관 내에서 의료업을 하여야 한다는 원칙을 규정하는 한편, 제39조 제2항에서 환자에 대한 최적의 진료를 하도록 하기 위하여 필요한 경우 해당 의료기관에 소속되지 않은 전문성이 뛰어난 의료인을 초빙하여 진료하도록 허용한 것이라고 해석하여야 하므로, 의료법 제39조 제2항에 따른 진료는 그러한 범위 내에서 허용되고, 해당 의료기관에 소속되지 아니한 의료인이 사실상 그 의료기관에서 의료업을 하는 정도에 이르거나 해당 의료기관에 소속되지 아니한 의료인에게 진료하도록 할 필요성에 대한 구체적인 판단 없이 반복하여 특정 시기에 내원하는 환자를 일률적으로 진료하도록 하는 행위는 의료법 제39조 제2항에 의하여 허용되는 행위라고 볼 수 없다.
[2] 의료법 제17조 제1항 본문에 의료업에 종사하고 직접 진찰한 의사 등이 아니면 처방전 등을 작성하여 환자 등에게 교부하지 못한다고 규정하고, 구 의료법 시행규칙(2008. 4. 11. 보건복지가족부령 제11호로 전부 개정되기 전의 것) 제15조 제1항에 의하면 처방전을 교부하는 경우에는 처방전에 의료인의 성명·면허종류 및 번호 등을 기재한 후 서명 또는 날인하여야 한다고 규정하고 있으므로, 환자를 직접 진찰한 의사 등이 자신의 이름으로 처방전을 작성하여 교부하여야 하고 환자를 직접 진찰한 의사라고 하더라도 다른 사람의 이름으로 처방전을 작성하여 교부하는 것은 이러한 규정에 위배되는 것이다.
[3] 갑 안과의원을 개설하여 운영하고 있는 안과 전문의 을이 매주 화·목요일 오후와 토요일에 병 안과의원을 개설하여 운영하고 있는 정으로 하여금 갑 의원

> 을 내원한 환자를 일률적으로 진료하도록 하고 을의 이름으로 원외처방전을 발
> 행하도록 한 것은 의료법 제39조 제2항에 의하여 허용되는 한계를 벗어나 위법
> 하고 처방전 작성 및 교부에 관한 규정에도 위배되는 것으로서 국민건강보험법
> 제85조 제1항 제1호에서 규정하는 '속임수나 그 밖의 부당한 방법으로 보험자·
> 가입자 및 피부양자에게 요양급여비용을 부담하게 한 때'에 해당한다.

3. 구상권

공단은 제3자의 행위로 인한 보험급여사유가 생겨 가입자
또는 피부양자에게 보험급여를 한 경우에는 그 급여에 들어간
비용 한도에서 그 제3자에 대한 손해배상청구의 권리를 얻는다
(제58조 제1항). 보험급여를 받은 사람이 제3자로부터 이미 손해배
상을 받은 경우에는 공단은 그 배상액의 한도에서 보험급여를
하지 아니한다(제58조 제2항).

<판례 12> 대법원 2010.7.8. 선고 2010다21276 판결

> [1] 불법행위로 인한 재산상 손해는 위법한 가해행위로 인하여 발생한 재산상
> 불이익, 즉 그 위법행위가 없었더라면 존재하였을 재산상태와 그 위법행위가 가
> 해진 현재의 재산상태의 차이를 말하는 것이므로, 손해액을 산정함에 있어서는
> 먼저 위법행위가 없었더라면 존재하였을 재산상태를 상정하여야 하는데, 위법행
> 위가 없었을 경우의 재산상태를 상정함에 있어 고려할 사정들은 위법행위 전후
> 의 여러 정황을 종합한 합리적인 추론에 의하여 인정될 수 있어야 하고, 당사자
> 가 주장하는 사정이 그러한 추론에 의하여 인정되지 않는 경우라면 이를 위법행
> 위가 없었을 경우의 재산상태를 상정하는 데 참작할 수 없다.

> [2] 국민건강보험법령에 따라 요양급여의 대상이 되는 약제와 그 상한금액을
> 고시하면서 행정청이 완제의약품의 제조자가 원료의약품까지 생산하는 경우
> 최고가를 인정하는 '원료 직접 생산 의약품에 대한 특례규정'에 대한 유권해석
> 을 통해 원료의약품을 직접 생산하는 경우뿐만 아니라 원료의약품 생산회사의
> 지분을 과반수 이상 보유하고 있는 경우에도 위 특례규정을 적용하였는데, 의
> 약품 제조업자가 원료제조회사의 주식 과반수를 계속하여 보유할 의사가 없이

의약품에 관한 최고가의 상한금액을 인정받은 다음 바로 이를 반환할 의도로 일시적·형식적으로 주식을 취득하였으면서도 주식 보유에 관한 근거서류를 심사기관에 제출하면서 마치 계속하여 원료제조회사 주식의 과반을 보유할 것처럼 위 특례규정의 적용을 요청하였다면, 이는 위 특례의 적용을 심사하는 건강보험심사평가원 또는 보건복지부장관을 착오에 빠뜨리는 적극적인 기망행위에 해당하므로, 위 기망행위로 인하여 국민건강보험공단에 발생한 손해에 대하여 불법행위책임을 부담하고, 그 손해액은 위 의약품의 상한금액으로 인정된 금액의 범위에서 요양기관에 실제로 지급한 요양급여비용과 기망행위가 없었더라면 상한금액으로 결정되었을 금액을 기준으로 산정한 요양급여비용과의 차액이라고 한 사례.

[3] 손해배상청구소송에서 피해자에게 과실이 인정되면 법원은 손해배상의 책임 및 그 금액을 정함에 있어서 이를 참작하여야 하며, 배상의무자가 피해자의 과실에 관하여 주장하지 않는 경우에도 소송자료에 의하여 과실이 인정되는 경우에는 이를 법원이 직권으로 심리·판단하여야 할 것이지만, 피해자의 부주의를 이용하여 고의로 불법행위를 저지른 자가 피해자의 바로 그 부주의를 이유로 자신의 책임을 감하여 달라고 주장하는 것은 허용될 수 없다.

[4] 국민건강보험법 제43조 제3항에서는 국민건강보험공단이 요양급여비용을 요양기관에게 지급시 이미 과다 납부된 본인부담금이 있는 경우 이를 공제하여 그 금액을 가입자에게 환급하도록 규정하고 있으나, 이는 요양기관에 대한 공단의 요양급여비용 지급과정에서 과다 납부된 본인일부부담금의 환수를 위한 절차적 편의를 위하여 마련된 규정일 뿐, 공단이 요양기관에게 의약품을 판매한 제약회사를 상대로 불법행위로 인한 손해배상청구를 구하고 있는 경우에는 위 규정이 적용 내지 유추적용될 여지가 없고, 그 밖에 민법 제734조의 사무관리 규정이나 조리에 의하여 공단이 타인의 권리를 소송상 행사할 수 있다거나 건강보험가입자들을 위한 소송수행권이 인정된다고 볼 수도 없다.

<판례 13> 전주지법 2005.12.15. 선고 2005나3444 판결

[1] 국민건강보험법상의 보험자인 국민건강보험공단이 피보험자에게 보험급여를 한 후 보험급여의 원인 제공자인 제3자에게 청구권 대위를 할 때 제3자가 피부혐자의 동거친족 등인 경우 이를 제한하는 이유는 보험제도의 효용성에 반한다는 취지, 즉 피보험자와 동거친족 등은 보험료를 납입하고 보험의 이익을 법률상 또는 사실상 함께 향유하는 주체인데 만약 보험자로 하여금 동거친족 등에 대한 청구권 대위를 허용한다면 피보험자와 동거친족 등에게서 보험 가입의 이익을 빼앗아 결국은 보험에 가입하지 않은 것과 마찬가지의 효과가 발생하여 보험의 효용성에 반한다는 취지에 근거하는 것이다.

[2] 국민건강보험법상 보험지급사유를 발생시킨 제3자가 피보험자의 동거친족 등이더라도 위 동거친족 등이 고의 또는 중대한 과실로 보험급여의 사유를 발생시킨 경우에는 국민건강보험공단의 청구권 대위가 허용된다.

<판례 14> 대법원 2010.7.15. 선고 2010다2428,2435 판결

[1] 소송요건을 구비하여 적법하게 제기된 본소가 그 후에 상대방이 제기한 반소로 인하여 소송요건에 흠결이 생겨 다시 부적법하게 되는 것은 아니므로, 원고가 피고에 대하여 손해배상채무의 부존재확인을 구할 이익이 있어 본소로 그 확인을 구하였다면, 피고가 그 후에 그 손해배상채무의 이행을 구하는 반소를 제기하였다 하더라도 그러한 사정만으로 본소청구에 대한 확인의 이익이 소멸하여 본소가 부적법하게 된다고 볼 수는 없다. 민사소송법 제271조는 본소가 취하된 때에는 피고는 원고의 동의 없이 반소를 취하할 수 있다고 규정하고 있고, 이에 따라 원고가 반소가 제기되었다는 이유로 본소를 취하한 경우 피고가 일방적으로 반소를 취하함으로써 원고가 당초 추구한 기판력을 취득할 수 없는 사태가 발생할 수 있는 점을 고려하면, 위 법리와 같이 반소가 제기되었다는 사정만으로 본소청구에 대한 확인의 이익이 소멸한다고는 볼 수 없다.

[2] 산업재해보상보험법 또는 국민건강보험법에 따라 보험급여를 받은 피해자가 제3자에 대하여 손해배상청구를 할 경우 그 손해발생에 피해자의 과실이 경합된 때에는 먼저 산정된 손해액에서 과실상계를 한 다음 거기에서 보험급여를 공제하여야 하는바, 피해자 스스로 보험급여를 공제하고 손해배상청구를 한 경우에도 위 과실상계의 대상이 되는 손해액에는 보험급여가 포함되어야 한다.

제 4 절   건강보험의 재정

[89] Ⅰ. 의 의

우리나라의 건경보험은 ① 직장가입자, ② 공무원 및 교직원, ③ 지역가입자 등으로 분리하여 운영하여 오다가, 2000년 7

월 1일부터 이를 국민의료보험으로 통합하여 시행하였다. 그럼에도 불구하고, 보험의 재정은 당분간 구분계리해 오다가 2002년 1월 1일부터는 완전 통합하였다.178)

보험재정은 건강보험사업의 운영에 필요한 경비의 조달과 이에 대한 지출의 문제이며, 먼저 필요한 비용은 보험급여비, 건강의 유지 및 증진을 위하여 필요한 예방사업비, 의료시설비, 복지시설비, 사무비 등을 들 수 있다. 이들의 재원은 주로 보험료에 의하여 충당되고 있으나, 건강보험사업은 국가가 행하여야 할 사업이므로 국가도 그 일부를 부담하여야 한다.

[90] Ⅱ. 보험료

1. 보험료의 징수

공단은 건강보험사업에 드는 비용에 충당하기 위하여 보험료의 납부의무자로부터 보험료를 징수한다(제69조 제1항). 보험료는 가입자의 자격을 취득한 날이 속하는 달의 다음 달부터 가입자의 자격을 잃은 날의 전날이 속하는 달까지 징수한다(제69조 제2항 본문). 다만, 가입자의 자격을 매월 1일에 취득한 경우에는 그 달부터 징수한다(제69조 제2항 단서).

보험료를 징수할 때 가입자의 자격이 변동된 경우에는 변동된 날이 속하는 달의 보험료는 변동되기 전의 자격을 기준으로 징수한다(제69조 제3항 본문). 다만, 가입자의 자격이 매월 1일에 변동된 경우에는 변동된 자격을 기준으로 징수한다(제69조 제3항 단서).

---

178) 일반 직장가입자와 공무원 및 교직원의 재정은 2000년 12월 31일까지, 직장가입자와 지역가입자의 재정은 2001년 12월 31일까지 구분계리하고, 2002년 1월 1일부터는 전체 재정을 완전 통합하였다.

2. 직장 가입자의 보험료

가. 보험료 산출방법

직장가입자의 월별 보험료액은 다음에 따라 산정한 금액으로 한다(제69조 제4항).

① 보수월액보험료: 제70조에 따라 산정한 보수월액에 제73조 제1항 또는 제2항에 따른 보험료율을 곱하여 얻은 금액

② 소득월액보험료: 제71조에 따라 산정한 소득월액에 제73조 제1항 또는 제2항에 따른 보험료율의 100분의 50을 곱하여 얻은 금액.

나. 보수월액의 산출

직장가입자의 보수월액은 직장가입자가 지급받는 보수를 기준으로 하여 산정하되, 대통령령으로 정하는 기준에 따라 상한과 하한을 정할 수 있다(제70조 제1항). 휴직이나 그 밖의 사유로 보수의 전부 또는 일부가 지급되지 아니하는 가입자(이하 "휴직자등"이라 한다)의 보수월액보험료는 해당 사유가 생기기 전 달의 보수월액을 기준으로 산정한다(제70조 제2항).

보수는 근로자등이 근로를 제공하고 사용자·국가 또는 지방자치단체로부터 지급받는 금품(실비변상적인 성격을 갖는 금품은 제외한다)으로서 대통령령으로 정하는 것을 말한다(제70조 제3항 전문). 이 경우 보수 관련 자료가 없거나 불명확한 경우 등 대통령령으로 정하는 사유에 해당하면 보건복지부장관이 정하여 고시하는 금액을 보수로 본다(제70조 제3항 후문).

보수월액의 산정 및 보수가 지급되지 아니하는 사용자의 보수월액의 산정 등에 필요한 사항은 대통령령으로 정한다(제70조 제4항).

다. 소득월액의 산출

소득월액은 보수월액의 산정에 포함된 보수를 제외한 직장가입자의 소득(이하 "보수외소득"이라 한다)이 대통령령으로 정하는 금액을 초과하는 경우 보수외소득을 기준으로 하여 산정하되, 대통령령으로 정하는 기준에 따라 상한을 정할 수 있다(제71조 제1항). 소득월액을 산정하는 기준, 방법 등 소득월액의 산정에 필요한 사항은 대통령령으로 정한다(제71조 제2항).

라. 보험료율

직장가입자의 보험료율은 1천분의 80의 범위에서 심의위원회의 의결을 거쳐 대통령령으로 정한다(제73조 제1항).

국외에서 업무에 종사하고 있는 직장가입자에 대한 보험료율은 위 보험료율의 100분의 50으로 한다(제73조 제2항).

<판례 15> 대법원 2011.11.24. 선고 2011두15534 판결

국민건강보험법(이하 '법'이라 한다) 제63조 제4항이 직장가입자 중 보수가 지급되지 않는 사용자의 보수월액 산정에 관하여 대통령령에서 정하도록 위임하고 있으나, 개인사업장의 사용자는 지역가입자와 마찬가지로 소득파악이 쉽지 않을 뿐 아니라 사업장을 운영하면서 얻은 수입 유형과 수입 시기 등이 서로 달라 그 수입을 기준으로 보수월액을 산정하는 방법을 법률에서 구체적으로 규정하는 것이 곤란하다는 입법기술상 한계가 인정되고, 사업장에서 얻은 수입 중 어떤 수입을 부과대상으로 삼고 어떤 기준으로 부과할 것인지는 경제현실의 변화에 따라 적절하게 변경할 필요가 있으므로 사용자의 보수월액 산정 방법에 관하여는 위임입법의 필요성이 인정되며, 보수월액은 사용자가 영위하는 사업 종류, 규모, 소득 유형과 수입 시기, 소득파악률 등에 따라 매우 다양하고 여러 가지 사회경제적 상황에 따라 수시로 변화할 수 있어 위임의 구체성·명확성 요건은 결과적으로 완화된다고 볼 수 있으며, 법 제63조 제4항의 입법 목적과 보수월액 산정에 관한 다른 조항들을 종합하여 볼 때 대통령령에서 정하여질 보수가 지급되지 않는 사용자의 보수월액 산정 방법에 관하여 대강의 예측도 가능하다. 따라서 법 제63조 제4항이 직장가입자 중 보수가 지급되지 않는 사용자의 보수월액 산정에 관하여 대통령령에서 정

하도록 위임하였다고 하여 그것이 권리의 본질적 내용 침해 금지를 규정한
헌법 제37조 제2항, 실질적 법치주의 등을 위반하였다고 할 수 없다.

<판례 16> 대법원 2011.11.24. 선고 2011두15534 판결

국민건강보험법(이하 '법'이라 한다) 제63조 제4항의 입법 취지와 문언에 따르면 사회보험으로서 건강보험은 사회연대 원칙을 기반으로 하여 경제적인 약자에게도 기본적인 사회보험의 급여를 주고자 하는 것으로서 개인별 등가 원칙이 철저히 적용되지 않고, 동일위험집단에 속한 구성원들에게 법률로써 가입을 강제하고 소득재분배를 하기에 적합한 방식으로 보험료를 부과함으로써 목적이 달성되는 것이라는 사회보험의 제도적 취지를 종합해 보면, 다른 사업장의 근로자로서 건강보험료를 납부하고 있는 사용자나 법 제3조 제2호 (다)목의 '당해 교직원이 소속되어 있는 사립학교(사립학교교직원 연금법 제3조에 규정된 사립학교를 말한다)를 설립·운영하는 자'에 해당하는 사용자로서 별도로 급여를 받지 않는 사람도 법 제63조 제4항에 규정된 '보수가 지급되지 아니하는 사용자'에 포함된다고 보아야 한다.

<판례 17> 대법원 2011.11.24. 선고 2011두15534 판결

국민건강보험공단이, 사립유치원의 직장가입자로서 건강보험료를 납부하고 있는 갑이 별도의 급여를 받지 않으면서 다른 사립유치원을 설립·운영하는 사실을 확인하고 국민건강보험법 제63조 제4항, 국민건강보험법 시행령 제38조 제2항에 따라 보수가 지급되지 않는 사용자의 보수월액을 산정하여 갑에게 정산보험료를 부과한 사안에서, 사립유치원을 설립하여 운영하지만 보수를 받지 않는 사용자인 갑에게도 국민건강보험법 제63조 제4항이 적용된다고 본 원심판단을 정당하다.

3. 지역 가입자의 보험료

가. 보험료 산출방법

지역가입자의 월별 보험료액은 세대 단위로 산정하되, 지역가입자가 속한 세대의 월별 보험료액은, 보험료부과점수에 보험료부과점수당 금액을 곱한 금액으로 한다(제69조 제5항).

나. 보험료부과점수의 산출

보험료부과점수는 지역가입자의 소득·재산·생활수준·경제활동참가율 등을 고려하여 정하되, 대통령령으로 정하는 기준에 따라 상한과 하한을 정할 수 있다(제72조 제1항). 보험료부과점수의 산정방법과 산정기준을 정할 때 법령에 따라 재산권의 행사가 제한되는 재산에 대하여는 다른 재산과 달리 정할 수 있다(제72조 제2항). 보험료부과점수의 산정방법·산정기준 등에 필요한 사항은 대통령령으로 정한다(제72조 제3항).

다. 보험료부과점수당 금액

지역가입자의 보험료부과점수당 금액은 심의위원회의 의결을 거쳐 대통령령으로 정한다(제73조 제3항).

4. 보험료의 면제

공단은 직장가입자가 제54조[179) 제2호부터 제4호까지의 어느 하나에 해당하면 그 가입자의 보험료를 면제한다(제74조 제1항). 다만, 제54조 제2호에 해당하는 직장가입자의 경우에는 국내에 거주하는 피부양자가 없을 때에만 보험료를 면제한다.

지역가입자가 제54조 제2호부터 제4호까지의 어느 하나에 해당하면 그 가입자가 속한 세대의 보험료를 산정할 때 그 가입자의 제72조에 따른 보험료부과점수를 제외한다(제74조 제2항).

보험료의 면제나 보험료의 산정에서 제외되는 보험료부과점수에 대하여는 제54조 제2호부터 제4호까지의 어느 하나에 해당하

---

179) 제54조(급여의 정지) 보험급여를 받을 수 있는 사람이 다음 각 호의 어느 하나에 해당하면 그 기간에는 보험급여를 하지 아니한다. 다만, 제3호 및 제4호의 경우에는 제60조에 따른 요양급여를 실시한다. 1. 국외에 여행 중인 경우 2. 국외에서 업무에 종사하고 있는 경우 3. 제6조 제2항 제2호에 해당하게 된 경우 4. 교도소, 그 밖에 이에 준하는 시설에 수용되어 있는 경우.

는 급여정지 사유가 생긴 날이 속하는 달의 다음 달부터 사유가 없어진 날이 속하는 달까지 적용한다. 다만, 급여정지 사유가 매월 1일에 없어진 경우에는 그 달의 보험료를 면제하지 아니하거나 보험료의 산정에서 보험료부과점수를 제외하지 아니한다(제74조 제3항).

4. 보험료의 경감

다음의 어느 하나에 해당하는 가입자 중 보건복지부령으로 정하는 가입자에 대하여는 그 가입자 또는 그 가입자가 속한 세대의 보험료의 일부를 경감할 수 있다(제75조 제1항).180)

① 섬·벽지(僻地)·농어촌 등 대통령령으로 정하는 지역에 거주하는 사람, ② 65세 이상인 사람, ③ 장애인복지법에 따라 등록한 장애인, ④ 「국가유공자 등 예우 및 지원에 관한 법률」에 따른 국가유공자, ⑤ 휴직자, ⑥ 그 밖에 생활이 어렵거나 천재지변 등의 사유로 보험료를 경감할 필요가 있다고 보건복지부장관이 정하여 고시하는 사람.

보험료 납부의무자가 다음의 어느 하나에 해당하는 경우에는 대통령령으로 정하는 바에 따라 보험료를 감액하는 등 재산상의 이익을 제공할 수 있다(제75조 제2항, 2013년 5월 22일 신설). ① 보험료의 납입 고지를 전자문서로 받는 경우, ② 보험료를 자동 계좌이체의 방법으로 내는 경우.

5. 보험료의 납부의무자

가. 보험료 부담자

건강보험은 국가가 관장하는 사회보험이므로, 국가의 예산

---

180) 보험료 경감의 방법·절차 등에 필요한 사항은 보건복지부장관이 정하여 고시한다(제75조 제3항 2013년 5월 22일 신설).

으로 운영하여야 한다고 생각할 수도 있다. 그러나 건강보험은 국가가 국민의 인간다운 생활을 보장함에 있어서 직접 지원하는 것이 아니라 보험제도를 통하여 간접적으로 지원하는 제도이기 때문에, 건강보험의 수익자인 피보험자가 부담함을 원칙으로 하고, 국가는 운영비용을 지원한다.

나. 직장가입자 보험료의 부담자

(1) 보험료 부담자

직장가입자의 보수월액보험료는 직장가입자와 다음의 구분에 따른 자가 각각 보험료액의 100분의 50씩 부담한다(제76조 제1항 본문). 다만, 직장가입자가 교직원으로서 사립학교에 근무하는 교원이면 보험료액은 그 직장가입자가 100분의 50을, 제3조 제2호 다목에 해당하는 사용자가 100분의 30을, 국가가 100분의 20을 각각 부담한다(제76조 제1항 단서, 2014년 1월 1일 개정).

① 직장가입자가 근로자인 경우에는 제3조 제2호 가목에 해당하는 사업주

② 직장가입자가 공무원인 경우에는 그 공무원이 소속되어 있는 국가 또는 지방자치단체

③ 직장가입자가 교직원(사립학교에 근무하는 교원은 제외한다)인 경우에는 제3조 제2호 다목에 해당하는 사용자.

직장가입자의 소득월액보험료는 직장가입자가 부담한다(제76조 제2항). 직장가입자가 교직원인 경우 제3조 제2호 다목에 해당하는 사용자가 부담액 전부를 부담할 수 없으면 그 부족액을 학교에 속하는 회계에서 부담하게 할 수 있다(제76조 제4항, 2014년 1월 1일 개정).

사용자에게 2분의 1의 부담의무를 지운 것은 근로조건 및 사업장 설비의 미비로 인하여 피보험자의 업무 외의 상병을 발생시키는 소지를 만든 데에 책임이 있고, 피보험자의 건강유지

및 빠른 상병의 회복은 근로능률의 증진을 가져와 결국 사용자에게도 이익이 돌아가기 때문이다.

(2) 보험료 납부자

직장가입자의 보험료는 다음의 구분에 따라 정한 자가 납부한다(제77조 제1항). ① 보수월액보험료: 사용자. 이 경우 사업장의 사용자가 2명 이상인 때에는 그 사업장의 사용자는 해당 직장가입자의 보험료를 연대하여 납부한다. ② 소득월액보험료: 직장가입자. 사용자는 보수월액보험료 중 직장가입자가 부담하여야 하는 그 달의 보험료액을 그 보수에서 공제하여 납부하여야 하고, 직장가입자에게 공제액을 알려야 한다(제77조 제3항).

(3) 제2차 납부의무자

법인의 재산으로 그 법인이 납부하여야 하는 보험료, 연체금 및 체납처분비를 충당하여도 부족한 경우에는 해당 법인에게 보험료의 납부의무가 부과된 날 현재의 무한책임사원 또는 과점주주181)가 그 부족한 금액에 대하여 제2차 납부의무를 진다. 다만, 과점주주의 경우에는 그 부족한 금액을 그 법인의 발행주식총수(의결권이 없는 주식은 제외한다) 또는 출자총액으로 나눈 금액에 해당 과점주주가 실질적으로 권리를 행사하는 주식 수(의결권이 없는 주식은 제외한다) 또는 출자액을 곱하여 산출한 금액을 한도로 한다(제77조의2 제1항, 2016년 2월 3일 신설, 2016년 8월 4일 시행).

사업이 양도·양수된 경우에 양도일 이전에 양도인에게 납부의무가 부과된 보험료, 연체금 및 체납처분비를 양도인의 재산으로 충당하여도 부족한 경우에는 사업의 양수인이 그 부족한 금액에 대하여 양수한 재산의 가액을 한도로 제2차 납부의무를

---

181) 국세기본법 제39조 각 호의 어느 하나에 해당하는 자를 말한다.

진다. 이 경우 양수인의 범위 및 양수한 재산의 가액은 대통령
령으로 정한다(제77조의2 제2항, 2016년 2월 3일 신설, 2016년 8월 4일 시행).

나. 지역가입자 보험료의 부담자

지역가입자의 보험료는 그 가입자가 속한 세대의 지역가입
자 전원이 연대하여 부담한다(제76조 제3항). 지역가입자의 보험료
는 그 가입자가 속한 세대의 지역가입자 전원이 연대하여 납부
한다(제77조 제2항 본문). 다만, 소득·생활수준·경제활동참가율 등을
고려하여 대통령령으로 정하는 기준에 해당하는 미성년자는 납
부의무를 부담하지 아니한다(제77조 제2항 단서).

6. 보험료의 징수

가. 보험료의 납입고지

공단은 보험료등을 징수하려면 그 금액을 결정하여 납부의
무자에게 다음의 사항을 적은 문서로 납입 고지를 하여야 한다
(제79조 제1항). ① 징수하려는 보험료등의 종류, ② 납부해야 하는
금액, ③ 납부기한 및 장소.

공단은 납입 고지를 할 때 납부의무자의 신청이 있으면 전자
문서교환방식 등에 의하여 전자문서로 고지할 수 있으며(제79조 제1
항, 2016년 8월 4일 시행), 이 경우 전자문서 고지에 대한 신청 방법·절
차 등에 필요한 사항은 보건복지부령으로 정한다(제79조 제2항, 2016
년 2월 3일 개정, 2016년 8월 4일 시행). 전자문서로 고지하는 경우에는
전자문서가 보건복지부령으로 정하는 정보통신망에 저장되거나 납
부의무자가 지정한 전자우편주소에 입력된 때에 납입 고지가 그
납부의무자에게 도달된 것으로 본다(제79조 제3항, 2016년 8월 4일 시행).

직장가입자의 사용자가 2명 이상인 경우 또는 지역가입자의

세대가 2명 이상으로 구성된 경우 그 중 1명에게 한 고지는 해당 사업장의 다른 사용자 또는 세대 구성원인 다른 지역가입자 모두에게 효력이 있는 것으로 본다(제79조 제4항, 2016년 8월 4일 시행).

휴직자등의 보험료는 휴직 등의 사유가 끝날 때까지 보건복지부령으로 정하는 바에 따라 납입 고지를 유예할 수 있다(제79조 제5항, 2016년 8월 4일 시행). 공단은 제77조의2에 따른 제2차 납부의무자에게 납입의 고지를 한 경우에는 해당 법인인 사용자 및 사업 양도인에게 그 사실을 통지하여야 한다(제79조 제6항, 2016년 2월 3일 개정, 2016년 8월 4일 시행).

공단이 납입 고지한 보험료등을 납부하는 지역가입자와 대통령령으로 정하는 금액 이하의 보험료등을 납부하는 직장가입자는 보험료등의 납부를 대행할 수 있도록 대통령령으로 정하는 기관 등(이하 "보험료등납부대행기관"이라 한다)을 통하여 신용카드, 직불카드 등(이하 "신용카드등"이라 한다)으로 납부할 수 있다(제79조의2 제1항, 2014년 5월 20일 신설). 신용카드등으로 보험료등을 납부하는 경우에는 보험료등납부대행기관의 승인일을 납부일로 본다(제79조의2 제2항, 2014년 5월 20일 신설). 보험료등납부대행기관은 보험료등의 납부자로부터 보험료등의 납부를 대행하는 대가로 수수료를 받을 수 있다(제79조의2 제3항, 2014년 5월 20일 신설). 보험료등납부대행기관의 지정 및 운영, 수수료 등에 필요한 사항은 대통령령으로 정한다(제79조의2 제4항, 2014년 5월 20일 신설).

나. 가산금

① 사업장의 사용자가 대통령령으로 정하는 사유에 해당되어 직장가입자가 될 수 없는 자를 제8조 제2항 또는 제9조 제2항을 위반하여 거짓으로 보험자에게 직장가입자로 신고한 경우 공단은 제1호의 금액에서 제2호의 금액을 뺀 금액의 100분의 10

에 상당하는 가산금을 그 사용자에게 부과하여 징수한다. 그러나 공단은 가산금이 소액이거나 그 밖에 가산금을 징수하는 것이 적절하지 아니하다고 인정되는 등 대통령령으로 정하는 경우에는 징수하지 아니할 수 있다(제78조의2 제4항, 2016년 3월 22일 신설, 2016년 9월 23일 시행).

① 사용자가 직장가입자로 신고한 사람이 직장가입자로 처리된 기간 동안 그 가입자가 제69조 제5항에 따라 부담하여야 하는 보험료의 총액

② 제1호의 기간 동안 공단이 해당 가입자에 대하여 제69조 제4항에 따라 산정하여 부과한 보험료의 총액.

다. 보험료 납부기한

보험료의 납부의무가 있는 자는 가입자에 대한 그 달의 보험료를 그 다음달 10일까지 납부하여야 한다(제78조 제1항 본문). 다만, 직장가입자의 소득월액보험료 및 지역가입자의 보험료는 보건복지부령으로 정하는 바에 따라 분기별로 납부할 수 있다(제78조 제1항 단서, 2013년 5월 22일 개정).

그러나 공단은 납입 고지의 송달 지연 등 보건복지부령으로 정하는 사유가 있는 경우 납부의무자의 신청에 따라 제1항에 따른 납부기한부터 1개월의 범위에서 납부기한을 연장할 수 있다. 이 경우 납부기한 연장을 신청하는 방법, 절차 등에 필요한 사항은 보건복지부령으로 정한다(제78조 제2항, 2013년 5월 22일 개정).

라. 보험료의 징수순위

보험료등은 국세와 지방세를 제외한 다른 채권에 우선하여 징수한다(제85조 본문). 다만, 보험료등의 납부기한 전에 전세권·질권·저당권 또는 「동산·채권 등의 담보에 관한 법률」에 따른 담보

권의 설정을 등기 또는 등록한 사실이 증명되는 재산을 매각할 때
에 그 매각대금 중에서 보험료등을 징수하는 경우 그 전세권·질
권·저당권 또는 「동산·채권 등의 담보에 관한 법률」에 따른 담보
권으로 담보된 채권에 대하여는 그러하지 아니하다(제85조 단서).

마. 연체금

공단은 보험료등의 납부의무자가 납부기한까지 보험료등을
내지 아니하면 그 납부기한이 지난 날부터 매 1일이 경과할 때
마다 체납된 보험료등의 1천분의 1에 해당하는 금액을 가산한
연체금을 징수한다. 이 경우 연체금은 체납된 보험료등의 1천분
의 30을 넘지 못한다(제80조 제1항, 2016년 2월 3일 개정).

공단은 보험료등의 납부의무자가 체납된 보험료등을 내지 아
니하면 납부기한 후 30일이 지난 날부터 매 1일이 경과할 때마다
체납된 보험료등의 3천분의 1에 해당하는 연체금을 제1항에 따른
연체금에 더하여 징수한다. 이 경우 연체금은 체납된 보험료등의
1천분의 90을 넘지 못한다(제80조 제2항, 2016년 2월 3일 개정). 공단은
천재지변이나 그 밖에 보건복지부령으로 정하는 부득이한 사유가
있으면, 연체금을 징수하지 아니할 수 있다(제80조 제3항).

바. 독 촉

공단은 납부의무자가 보험료등을 내지 아니하면 기한을 정
하여 독촉할 수 있고,[182] 이 경우 직장가입자의 사용자가 2명
이상인 경우 또는 지역가입자의 세대가 2명 이상으로 구성된 경
우에는 그 중 1명에게 한 독촉은 해당 사업장의 다른 사용자 또
는 세대 구성원인 다른 지역가입자 모두에게 효력이 있는 것으
로 본다(제81조 제1항, 2016년 2월 3일 개정, 2016년 8월 4일 시행).

---

182) 10일 이상 15일 이내의 납부기한을 정하여 독촉장을 발부하여야 한다(제81조 제2항).

사. 보험료에 대한 체납처분

공단은 독촉을 받은 자가 그 납부기한까지 보험료등을 내지 아니하면 보건복지부장관의 승인을 받아 국세 체납처분의 예에 따라 이를 징수할 수 있다(제81조 제3항). 공단은 국세 체납처분의 예에 따라 압류한 재산의 공매에 대하여 전문지식이 필요하거나 그 밖에 특수한 사정으로 직접 공매하는 것이 적당하지 아니하다고 인정하는 경우에는「금융회사부실자산 등의 효율적 처리 및 한국자산관리공사의 설립에 관한 법률」에 따라 설립된 한국자산관리공사(이하 "한국자산관리공사"라 한다)에 공매를 대행하게 할 수 있다. 이 경우 공매는 공단이 한 것으로 본다(제81조 제4항). 공단은 한국자산관리공사가 공매를 대행하면 보건복지부령으로 정하는 바에 따라 수수료를 지급할 수 있다(제81조 제5항).

체납처분의 절차에 의하여 징수하더라도 국세와 같은 우선권은 인정되지 않으므로 법정우선채권이나 저당권 보다 항상 후순위가 된다.183) 그리고 체납처분전에 처분금지가처분결정이 있고 그 후 이전등기를 한 자에 대하여도 우선하지 못한다.184)

아. 결손처분

공단은 다음의 어느 하나에 해당하는 사유가 있으면 재정운영위원회의 의결을 받아 보험료등을 결손처분할 수 있다(제84조 제1항). ① 체납처분이 끝나고 체납액에 충당될 배분금액이 그 체납액에 미치지 못하는 경우, ② 해당 권리에 대한 소멸시효가

---

183) 서울고판, 88나38282, (1989.1.13).

184) 부동산을 매수한 후 처분금지가처분결정을 받아 등기하였는데, 그 후 국세체납처분의 실행으로 압류등기가 있었다. 그 후 매수자가 소유자이전등기를 마친 경우 위 압류와의 효력관계가 어떻게 되느냐 하는 것이 문제된다. 이에 대하여 판례는 체납처분의 효력이 가처분에 우선하지 못한다고 한다: 대판, 92마903, (1993.2.19).

완성된 경우, ③ 그 밖에 징수할 가능성이 없다고 인정되는 경우로서 대통령령으로 정하는 경우.

공단은 위 ③의 사유로 결손처분을 한 후 압류할 수 있는 다른 재산이 있는 것을 발견한 때에는 지체 없이 그 처분을 취소하고 체납처분을 하여야 한다(제84조 제2항).

[91] Ⅲ. 국가재정의 지원

1. 보험료의 일부 국가부담

국민건강보험의 재원은 주로 보험료에 의하여 조달하지만, 건강보험사업은 국가의 주관하에 시행되므로 국가도 그 일부를 부담하여야 한다. 이에 관하여 보면 먼저 ① 공무원의 경우, 그 공무원이 소속되어 있는 국가 또는 지방자치단체가 보수월액보험료의 50%를 부담하고, ② 교직원으로서 사립학교에 근무하는 교원이면 국가가 보수월액보험료의 20%를 부담한다(제76조 제1항).

2. 공단 운영비의 지원[185]

국가는 매년 예산의 범위에서 해당 연도 보험료 예상 수입액[186]의 100분의 14에 상당하는 금액을 국고에서 공단에 지원한다(제108조 제1항). 공단은 이를 다음의 사업에 사용한다(제108조 제1항, 2013년 5월 22일 개정). ① 가입자 및 피부양자에 대한 보험급여, ② 건강보험사업에 대한 운영비, ③ 제75조 및 제110조 제4항에 따른 보험료 경감에 대한 지원.

---

185) 2011년 12월 31일 개정법률(제11141호) 부칙 제2조의 규정에 의하여, 이는 2017년 12월 31일까지 유효하다.

186) 예상액을 축소하여 국가지원을 줄였다는 비판을 받고 있다: 연합뉴스, 2016.8.8.자.

그리고 공단은 국민건강증진법에서 정하는 바에 따라 같은 법에 따른 국민건강증진기금에서 자금을 지원받을 수 있는데(제108조 제2항), 이는 다음의 사업에 사용한다(제108조 제4항). ① 건강검진 등 건강증진에 관한 사업, ② 가입자와 피부양자의 흡연으로 인한 질병에 대한 보험급여, ③ 가입자와 피부양자 중 65세 이상 노인에 대한 보험급여.

3. 출연금의 사용

공단은 국민연금법, 산업재해보상보험법, 고용보험법 및 임금채권보장법에 따라 국민연금기금, 산업재해보상보험및예방기금, 고용보험기금 및 임금채권보장기금으로부터 각각 지급받은 출연금을 제14조 제1항 제11호에 따른 업무187)에 소요되는 비용에 사용하여야 한다(제114조 제1항). 지급받은 출연금의 관리 및 운용 등에 필요한 사항은 대통령령으로 정한다(제114조 제2항).

제 5 절   권리구제절차

[92] Ⅰ. 수급권의 보호

보험급여를 받을 권리는 양도하거나 압류할 수 없게 하여 수급권자를 보호하고 있다(제59조 제1항). 요양비등수급계좌에 입금된 요양비등은 압류할 수 없다(제59조 제2항, 2014년 5월 20일 신설).

---

187) 제14조 ① 11.「국민연금법」,「고용보험 및 산업재해보상보험의 보험료징수 등에 관한 법률」,「임금채권보장법」 및 「석면피해구제법」 (이하 "징수위탁근거법"이라 한다)에 따라 위탁받은 업무.

[93] Ⅱ. 이의신청 및 심판청구 등

1. 이의신청

가입자 및 피부양자의 자격, 보험료등, 보험급여, 보험급여 비용에 관한 공단의 처분에 이의가 있는 자는 공단에 이의신청을 할 수 있다(제87조 제1항). 그리고 요양급여비용 및 요양급여의 적정성 평가 등에 관한 심사평가원의 처분에 이의가 있는 공단, 요양기관 또는 그 밖의 자는 심사평가원에 이의신청을 할 수 있다(제87조 제2항).

이러한 이의신청은 처분이 있음을 안 날부터 90일 이내에 문서(전자문서를 포함한다)로 하여야 하며, 처분이 있은 날부터 180일을 지나면 제기하지 못한다(제87조 제3항 본문). 다만, 정당한 사유로 그 기간에 이의신청을 할 수 없었음을 소명한 경우에는 그러하지 아니하다(제87조 제3항 단서). 그러나 요양기관이 심사평가원의 확인에 대하여 이의신청을 하려면 통보받은 날부터 30일 이내에 하여야 한다(제87조 제4항). 그 외 이의신청의 방법·결정 및 그 결정의 통지 등에 필요한 사항은 대통령령으로 정한다(제87조 제5항).

2. 심판청구

이의신청에 대한 결정에 불복하는 자는 건강보험분쟁조정위원회에 심판청구를 할 수 있다(제88조 제1항). 이 경우 심판청구의 제기기간 및 제기방법에 관하여는 위의 이의신청에 관한 규정(제87조 제3항)을 준용한다.

심판청구를 하려는 자는 대통령령으로 정하는 심판청구서를 처분을 한 공단 또는 심사평가원에 제출하거나 건강보험분쟁조정위원회에 제출하여야 한다(제88조 제2항). 그 외에 심판청구의 절

차·방법·결정 및 그 결정의 통지 등에 필요한 사항은 대통령령
으로 정한다(제88조 제3항).

이러한 심판청구를 심리·의결하기 위하여 보건복지부에 건
강보험분쟁조정위원회(이하 "분쟁조정위원회"라 한다)를 둔다(제89조 제1
항). 분쟁조정위원회는 위원장을 포함하여 60명 이내188)의 위원
으로 구성하고, 위원장을 제외한 위원 중 1명은 당연직위원으로
한다(제89조 제2항). 분쟁조정위원회의 회의는 위원장, 당연직위원
및 위원장이 매 회의마다 지정하는 7명의 위원을 포함하여 총 9
명으로 구성한다(제89조 제3항). 분쟁조정위원회는 구성원 과반수의
출석과 출석위원 과반수의 찬성으로 의결한다(제89조 제4항). 분쟁
조정위원회를 실무적으로 지원하기 위하여 분쟁조정위원회에 사
무국을 둔다(제89조 제5항, 2014년 1월 1일 신설). 그 외에 분쟁조정위
원회 및 사무국의의 구성 및 운영 등에 필요한 사항은 대통령령
으로 정한다(제89조 제6항, 2014년 1월 1일 개정). 분쟁조정위원회의 위
원 중 공무원이 아닌 사람은 형법 제129조부터 제132조까지의
규정을 적용할 때 공무원으로 본다(제89조 제7항, 2016년 2월 3일 신설).

[94] Ⅲ. 행정소송

공단 또는 심사평가원의 처분에 이의가 있는 자와 이의신청
또는 심판청구에 대한 결정에 불복하는 자는 행정소송법에서 정
하는 바에 따라 행정소송을 제기할 수 있다(제90조).

<판례 18> 대법원 2011.11.24. 선고 2011두18786 판결

[1] 행정소송법 제18조 제1항, 제20조 제1항, 구 행정심판법(2010. 1. 25.
법률 제9968호로 전부 개정되기 전의 것) 제18조 제1항을 종합해 보면, 행
정처분이 있음을 알고 처분에 대하여 곧바로 취소소송을 제기하는 방법을

---

188) 2014년 1월 1일 개정시, "35명 이내"에서 "60명 이내"로 증원하였다.

선택한 때에는 처분이 있음을 안 날부터 90일 이내에 취소소송을 제기하여
야 하고, 행정심판을 청구하는 방법을 선택한 때에는 처분이 있음을 안 날
부터 90일 이내에 행정심판을 청구하고 행정심판의 재결서를 송달받은 날부
터 90일 이내에 취소소송을 제기하여야 한다. 따라서 처분이 있음을 안 날
부터 90일 이내에 행정심판을 청구하지도 않고 취소소송을 제기하지도 않은
경우에는 그 후 제기된 취소소송은 제소기간을 경과한 것으로서 부적법하
고, 처분이 있음을 안 날부터 90일을 넘겨 청구한 부적법한 행정심판청구에
대한 재결이 있은 후 재결서를 송달받은 날부터 90일 이내에 원래의 처분에
대하여 취소소송을 제기하였다고 하여 취소소송이 다시 제소기간을 준수한
것으로 되는 것은 아니다.

[2] 국민건강보험공단이 2009. 9. 2. 국민건강보험법 제85조의2 제1항에
따라 갑에게 과징금을 부과하는 처분을 하여 2009. 9. 7. 갑의 동료가 이를
수령하였는데, 갑이 그때부터 90일을 넘겨 국무총리행정심판위원회에 행정
심판을 청구하여 청구기간 경과를 이유로 각하재결을 받았고, 그 후 재결서
를 송달받은 때부터 90일 이내에 원처분에 대하여 취소소송을 제기한 사안
에서, 행정심판은 갑이 처분이 있음을 안 날부터 90일을 넘겨 청구한 것으
로서 부적법하고, 행정심판의 재결이 있은 후에 비로소 제기된 과징금 부과
처분에 대한 취소소송 또한 제소기간이 경과한 후에 제기된 것으로서 부적
법하다는 이유로 이를 각하한 원심판결을 정당하다고 한 사례.

제 6 절 소멸시효 및 벌칙

[95] Ⅰ. 소멸시효

다음의 권리는 3년간 행사하지 아니하면 소멸시효가 완성된
다(제91조 제1항). ① 보험료, 연체금 및 가산금을 징수할 권리, ②

보험료, 연체금 및 가산금으로 과오납부한 금액을 환급받을 권리, ③ 보험급여를 받을 권리, ④ 보험급여 비용을 받을 권리, ⑤ 제47조 제3항 후단에 따라 과다납부된 본인일부부담금을 돌려받을 권리, ⑥ 제61조에 따른 근로복지공단의 권리.189)

그리고 소멸시효는 다음의 사유로 인하여 중단된다(제91조 제2항). ① 보험료의 고지 또는 독촉, ② 보험급여 또는 보험급여비용의 청구. 휴직자등의 보수월액보험료를 징수할 권리의 소멸시효는 제79조 제5항에 따라 고지가 유예된 경우 휴직 등의 사유가 끝날 때까지 진행하지 아니한다(제79조 제3항). 소멸시효기간, 시효 중단 및 시효 정지에 관하여 이 법에 정한 사항 외에는 민법의 규정에 의한다(제79조 제4항). 이 법 또는 이 법에 의한 명령에 규정된 기간의 계산에 관하여 이 법에 정한 사항외에는 민법의 기간에 관한 규정을 준용한다(제92조).

[96] Ⅱ. 벌 칙

1. 징역 또는 벌금

이 법 제102조 제1호를 위반하여 가입자 및 피부양자의 개인정보를 직무상 목적 외의 용도로 이용하거나 정당한 사유 없이 제3자에게 제공한 자는 5년 이하의 징역 또는 5천만원 이하의 벌금에 처한다(제115조 제1항, 2016년 3월 22일 신설).190)

다음의 어느 하나에 해당하는 자는 3년 이하의 징역 또는 3천만원 이하의 벌금에 처한다(제115조 제2항, 2016년 3월 22일 개정).

---

189) 2016년 3월 22일 개정시 "연체금"과 "근로복지공단"에 관한 규정이 추가되었다.
190) 제115조 제3항 제1호는 2017년 3월 23일 시행하고, 나머지는 모두 2016년 9월 23일 시행한다.

① 대행청구단체의 종사자로서 거짓이나 그 밖의 부정한 방법으로 요양급여비용을 청구한 자

② 제102조 제2호를 위반하여 업무를 수행하면서 알게 된 정보를 직무상 목적 외의 용도로 이용하거나 제3자에게 제공한 자

다음의 어느 하나에 해당하는 자는 1년 이하의 징역 또는 1천만원 이하의 벌금에 처한다(제115조 제3항, 2013년 5월 22일 및 2016년 3월 22일 개정).

① 제42조의2 제1항 및 제3항을 위반하여 선별급여를 제공한 요양기관의 개설자(시행일 2017년 3월 23일)

② 제47조 제6항을 위반하여 대행청구단체가 아닌 자로 하여금 대행하게 한 자

③ 제93조를 위반한 사용자

④ 제98조 제2항을 위반한 요양기관의 개설자

⑤ 거짓이나 그 밖의 부정한 방법으로 보험급여를 받거나 타인으로 하여금 보험급여를 받게 한 자.

제97조 제2항을 위반하여 보고 또는 서류 제출을 하지 아니한 자, 거짓으로 보고하거나 거짓 서류를 제출한 자, 검사나 질문을 거부·방해 또는 기피한 자는 1천만원 이하의 벌금에 처한다(제116조). 제42조 제5항을 위반한 자 또는 제49조 제2항을 위반하여 요양비 명세서나 요양 명세를 적은 영수증을 내주지 아니한 자는 500만원 이하의 벌금에 처한다(제117조).

2. 양벌규정

법인의 대표자나 법인 또는 개인의 대리인, 사용인, 그 밖의 종사자가 그 법인 또는 개인의 업무에 관하여 제115조부터 제117조까지의 규정 중 어느 하나에 해당하는 위반행위를 하면 그 행위

자를 벌하는 외에 그 법인 또는 개인에게도 해당 조문의 벌금형을 과(科)한다(제118조 제1항 본문). 다만, 법인 또는 개인이 그 위반행위를 방지하기 위하여 해당 업무에 관하여 상당한 주의와 감독을 게을리하지 아니한 경우에는 그러하지 아니하다(제118조 제1항 단서).

3. 과태료

다음의 어느 하나에 해당하는 자에게는 500만원 이하의 과태료를 부과한다(제119조 제3항, 2016년 3월 22일 개정).

① 제7조를 위반하여 신고를 하지 아니하거나 거짓으로 신고한 사용자

② 정당한 사유 없이 제94조 제1항을 위반하여 신고·서류제출을 하지 아니하거나 거짓으로 신고·서류제출을 한 자

③ 정당한 사유 없이 제97조 제1항, 제3항, 제4항을 위반하여 보고·서류제출을 하지 아니하거나 거짓으로 보고·서류제출을 한 자

④ 제98조 제4항을 위반하여 행정처분을 받은 사실 또는 행정처분절차가 진행 중인 사실을 지체 없이 알리지 아니한 자

⑤ 정당한 사유 없이 제101조 제2항을 위반하여 서류를 제출하지 아니하거나 거짓으로 제출한 자.

다음의 어느 하나에 해당하는 자에게는 100만원 이하의 과태료를 부과한다(제119조 제4항, 2016년 3월 22일 개정).

① 제43조 제1항 및 제2항을 위반하여 신고를 하지 아니하거나 거짓으로 신고한 자

② 제96조의2를 위반하여 서류를 보존하지 아니한 자

③ 제103조에 따른 명령을 위반한 자

④ 제105조를 위반한 자.

위 제119조 제3항 및 제4항에 따른 과태료는 대통령령으로 정하는 바에 따라 보건복지부장관이 부과·징수한다(제119조 제5항, 2016년 3월 22일 개정). 그리고 기존의 과태료 규정191)은 2013년 5월 22일 개정시 삭제되었다.

<판례 19> 서울행법 2005. 5. 3. 선고 2005구합2360 판결

[1] 국민건강보험법 제85조 제1항 제1호, 제2항, 구 국민건강보험법시행령 (2004. 3. 29. 대통령령 제18437호로 개정되기 전의 것) 제61조 제1항 [별표 5]의 제1항,제2항 에 의하여 계산한 과징금의 액수는 [별표 5]의 제3항에 따라 가중할 수는 있으나 감경할 수 있음에 관하여는 아무런 정함이 없고 [별표 5]의 '업무정지처분 및 과징금부과의 기준'은 대외적으로 국민이나 법원을 구속하는 힘이 있는 법규명령에 해당하기는 하나, 모법의 위임규정의 내용과 취지 및 헌법상의 과잉금지의 원칙과 평등의 원칙 등에 비추어 볼 때, 같은 유형의 위반행위라 하더라도 위반 의료기관의 성격과 그 규모, 위반행위의 기간이나 이에 대한 사회적 비난 정도, 위반행위로 인하여 다른 법률에 의하여 처벌받은 다른 사정, 행위자의 개인 사정 및 위반행위로 얻은 불법이익의 규모 등 여러 요소를 종합적으로 고려하여 사안에 따라 적정한 과징금의 액수를 정하여야 할 것이므로, 그 수액은 정액이 아니라 최고한도액이다.

[2] 부당한 방법으로 요양급여비용을 청구하여 지급받은 보건소에 대하여 구 국민건강보험법시행령(2004. 3. 29. 대통령령 제18437호로 개정되기 전의 것) 제61조 제1항 [별표 5]에 규정된 최고액수로 과징금을 부과한 경우, 보건소의 공익적 성격, 65세 이상 노인들의 진료대기 시간을 단축시키려는 의도, 부당하게 청구하여 지급받은 부분은 모두 부당이득으로서 징수되었거나 징수될 예정인 점 등 제반 사정을 종합적으로 고려해 볼 때, 위 과징금 부과처분은 재량권의 일탈·남용에 해당한다.

---

191) 가입자 및 피부양자 또는 가입자 및 피부양자이었던 자가 그 자격을 잃은 후 그 자격을 증명하는 서류를 사용하여 보험급여를 받은 때에는 그 급여에 상당하는 금액이하의 과태료에 처한다(제98조 제1항). 보험급여를 받을 수 있는 자가 사위 그 밖의 부당한 방법에 의하여 타인으로 하여금 보험급여를 받게 한 때에는 그 보험급여에 상당하는 금액이하의 과태료에 처한다. 같은 방법으로 그 보험급여를 받은 자도 또한 같다(제98조 제2항).

제 3 장

국민연금법

강의주제 :

일부 국민연금 가입자의 경우, 현재 실업 등으로 생활이 어려워 고금리의 사채에 시달리고 있다. 노후생활 보장이 아니라 현재 생존이 위협받고 있다. 이러한 자들에 대하여는 국민연금을 해지하여 당장의 어려운 생활에 보탬이 되도록 하는 것이 바람직한가?

제 1 절 보험자

[97] Ⅰ. 국민연금의 운영주체

연금보험자라 함은 연금보험의 운영 주체로서 보험료의 징수 및 연금급여의 실시 등 연금보험의 업무를 행하는 자를 말한다. 공적연금의 운영형태로는 자영방식과 국영방식이 있는데, 국민연금법은 "이 법에 따른 국민연금사업은 보건복지부장관이 맡아 주관한다(제2조)."라고 규정함으로써 국영방식을 채택하고 있다.

또한 국가에게 연금급여가 안정적·지속적으로 지급되도록 필요한 시책을 수립·시행할 의무를 부과하고(제3조의2, 2014년 1월 14일 신설), 보건복지부장관은 대통령령으로 정하는 바에 따라 5년마다 국민연금 재정 수지를 계산하고, 국민연금의 재정 전망과 연금보험료의 조정 및 국민연금기금의 운용 계획 등이 포함된 국민연금 운영 전반에 관한 계획을 수립하여 국무회의의 심의를 거쳐 대통령의 승인을 받아야 하며, 승인받은 계획을 국회에 제출하고 대통령령으로 정하는 바에 따라 공시하도록 하였다(제4조 제2항). 그리고 연금보험료, 급여액, 급여의 수급 요건 등은 국민연금의 장기재정 균형 유지, 인구구조의 변화, 국민의 생활수준, 임금, 물가, 그 밖에 경제사정에 뚜렷한 변동이 생기면 그 사정에 맞게 조정하도록 하였다(제4조 제3항).

그리고 보건복지부장관의 위탁을 받아 제1조[192]의 목적을 달성하기 위한 사업을 효율적으로 수행하기 위하여 국민연금공단(이하, '공단'이라 한다)을 설립하여 운영하도록 한다(제24조).

[98] Ⅱ. 국민연금공단

1. 공법인

공단은 법인으로 한다(제26조). 공단에 법인격을 인정한 것은 연금보험사업의 운영 주체로서 당연히 법률상의 권리능력이 부여되어야 하고 또한 연금보험사업의 성질상 그 항구성을 보장할 필요가 있기 때문이다.

공단은 정부를 대행하여 국가적인 차원인 연금보험사업을 경영하기 때문에 사법인이 아니라 공법인에 속한다. 따라서 그 운영도 사법인과 같이 자율성이 강조되는 것이 아니라 정책성이 중시된다.

---

192) 제1조(목적) 이 법은 국민의 노령, 장애 또는 사망에 대하여 연금급여를 실시함으로써 국민의 생활 안정과 복지 증진에 이바지하는 것을 목적으로 한다.

2. 공단의 주요업무

공단은 ① 가입자에 대한 기록의 관리 및 유지, ② 연금보험료의 부과,193) ③ 급여의 결정 및 지급, ④ 가입자, 가입자였던 자, 수급권자 및 수급자를 위한 자금의 대여와 복지시설의 설치·운영 등 복지사업, ⑤ 가입자 및 가입자였던 자에 대한 기금증식을 위한 자금 대여사업, ⑥ 제6조의 가입 대상(이하 "가입대상"이라 한다)과 수급권자 등을 위한 노후준비서비스 사업, ⑦ 국민연금제도·재정계산·기금운용에 관한 조사연구, ⑧ 국민연금에 관한 국제협력, ⑨ 그 밖에 이 법 또는 다른 법령에 따라 위탁받은 사항, ⑩ 그 밖에 국민연금사업에 관하여 보건복지부장관이 위탁하는 사항 등 연금보험에 관한 주요 업무를 관장한다(제25조, 2016년 5월 29일 개정, 2016년 11월 30일 시행).194)

그리고 공단은 가입자, 가입자였던 자 및 수급권자의 복지를 증진하기 위하여 대통령령으로 정하는 바에 따라 "복지사업과 대여사업" 등을 할 수 있다(제46조).

3. 공단의 임원

공단에 임원으로서 이사장 1명, 상임이사 4명 이내, 이사 7명 및 감사 1명을 둔다(제30조 제1항). 이사에는 사용자 대표, 근로자 대표, 지역가입자 대표 각 1명 이상과 당연직이사로서 보건복지부의 국민연금업무를 담당하는 3급 이상 국가공무원 또는 고위공무원단에 속하는 일반직 공무원 1명이 포함되어야 한다(제

---

193) 연금보험료 부과 업무만 하고, 징수업무는 통합징수를 위하여 국민건강보험공단으로 이관되었다.

194) 이 규정은 2016년 5월 29일 개정되었으며, 2016년 11월 30일부터 시행한다.

30조 제1항).

이사장은 보건복지부장관의 제청에 의하여 대통령이 임명하고, 상임이사·당연직이사가 아닌 이사·감사는 이사장의 제청으로 보건복지부장관이 임명한다(제30조 제2항). 이사에게 실비(實費)는 지급할 수 있지만, 보수는 지급하지 아니한다(제30조 제2항).

4. 이사회

공단의 주요사항을 심의·의결하기 위하여 공단에 이사회를 둔다(제38조 제1항). 이사회는 이사장·상임이사 및 이사로 구성한다(제38조 제2항). 이사장은 이사회를 소집하고 그 의장이 된다(제38조 제3항). 이사회는 재적 구성원 과반수의 출석과 출석 구성원 과반수의 찬성으로 의결한다(제38조 제4항). 감사는 이사회에 출석하여 발언할 수 있다(제38조 제5항). 이사회의 운영에 관하여 필요한 사항은 대통령령으로 정한다(제34조 제6항).195)

5. 국민연금심의위원회

국민연금사업에 관한 다음 사항을 심의하기 위하여 보건복지부에 국민연금심의위원회를 둔다(제5조 제1항). ① 국민연금제도 및 재정 계산에 관한 사항, 급여에 관한 사항, ③ 연금보험료에 관한 사항, ④ 국민연금기금에 관한 사항, ⑤ 그 밖에 국민연금제도의 운영과 관련하여 보건복지부장관이 회의에 부치는 사항.

위원회는 위원장·부위원장 및 위원으로 구성하며, 위원장은 보건복지부차관이, 부위원장은 공익을 대표하는 위원 중에서 호선(互選)하며, 위원은 다음 구분에 따라 보건복지부장관이 지명하거나

---

195) 이사회는 ① 예산 및 결산에 관한 사항 ② 정관변경에 관한 사항 ③ 중요재산의 취득·관리 및 처분에 관한 사항 등에 관하여 심의·의결한다(영 제23조).

위촉한다(제5조 제2항). ① 사용자를 대표하는 위원으로서 사용자 단체가 추천하는 자 4명, ② 근로자를 대표하는 위원으로서 근로자 단체가 추천하는 자 4명, ③ 지역가입자를 대표하는 위원으로서 농어업인 단체가 추천하는 자 2명, 농어업인 단체 외의 자영자(自營者) 관련 단체가 추천하는 자 2명, 소비자단체와 시민 단체가 추천하는 자 2명, ④ 공익을 대표하는 위원으로서 국민연금에 관한 전문가 5명.

〈그림 2-3-1〉　　　국민연금제도의 운영 시스템

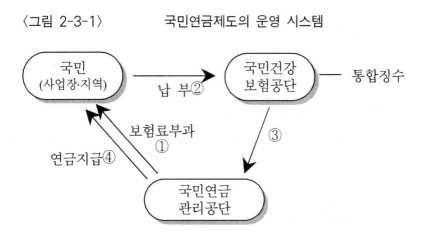

6. 공단의 회계

공단의 회계연도는 정부의 회계연도에 따르므로(제38조 제1항), 예산회계법상 국가의 회계연도는 매년 1월 1일에 시작하여 매년 12월 31일에 종료하므로(제2조), 공단의 회계연도도 이와 동일하게 운영한다.196)

---

196) 공단은 보건복지부장관의 승인을 얻어 회계규정을 정하여야 한다(제42조 제2항).

제 2 절   피보험자

[99] Ⅰ. 국민연금 가입대상

1. 의 의

국내에 거주하는 18세 이상 60세 미만의 국민은 가입대상이 된다(제6조 본문). 다만, 공무원연금법, 군인연금법, 사립학교교직원 연금법 및 별정우체국법을 적용받는 공무원, 군인, 교직원 및 별 정우체국 직원,197) 그 밖에 대통령령으로 정하는 자는 제외한다 (제6조 단서).

2. 가입자의 종류

가. 의 의
국민연금의 가입자는 사업장가입자, 지역가입자, 임의가입자 및 임의계속가입자로 구분한다(제7조).

나. 사업장가입자
사업의 종류, 근로자의 수 등을 고려하여 대통령령으로 정 하는 사업장(이하 "당연적용사업장"이라 한다)의 18세 이상 60세 미만인 근로자와 사용자는 당연히 사업장가입자가 된다(제8조 제1항 본문).

---

197) 2016년 5월 29일 개정시 별정우체국 직원이 추가되어, 2016년 11월 30일 시행된다.

다만, 다음의 어느 하나에 해당하는 자는 제외한다(제8조 제1항 단서). 공무원연금법, 사립학교교직원 연금법 또는 별정우체국법에 따른 퇴직연금, 장해연금 또는 퇴직연금일시금이나 군인연금법에 따른 퇴역연금, 상이연금, 퇴역연금일시금을 받을 권리를 얻은 자(이하 "퇴직연금등수급권자"라 한다). 다만, 퇴직연금등수급권자가「국민연금과 직역연금의 연계에 관한 법률」제8조에 따라 연계 신청을 한 경우에는 그러하지 아니하다.

그러나 국민연금에 가입된 사업장에 종사하는 18세 미만 근로자는 사업장가입자가 되는 것으로 본다(제8조 제2항 본문). 다만, 본인이 원하지 아니하면 사업장가입자가 되지 아니할 수 있다(제8조 제2항 단서). 그리고 국민기초생활 보장법 제7조 제1항 제1호에 따른 생계급여 수급자 또는 같은 항 제3호에 따른 의료급여 수급자는 본인의 희망에 따라 사업장가입자가 되지 아니할 수 있다(제8조 제3항).198)

다. 지역가입자

사업장가입자 이외의 18세 이상 60세 미만의 자는 당연히 지역가입자가 된다(제9조 본문). 다만, 다음에 해당하는 자는 제외된다(제9조 단서).

① 다음에 해당하는 자의 배우자로서 별도의 소득이 없는 자, ㉮ 제6조 단서에 따라 국민연금 가입 대상에서 제외되는 자, ㉯ 사업장가입자, 지역가입자 및 임의계속가입자, ㉰ 노령연금 수급권자 및 퇴직연금등 수급권자,199) ② 퇴직연금등수급권자,200) ③

---

198) 이는 2011년 6월 7일 개정시 신설되었으며, 2015년 12월 29일 개정시 "생계급여 수급자"와 "의료급여 수급자"로 한정하였다.

199) 2016년 5월 29일 개정시, "별정우체국 직원"은 삭제되었으며, 2016년 11월 30일부터 시행한다.

200) 다만, 퇴직연금등수급권자가「국민연금과 직역연금의 연계에 관한 법률」제8조에 따라 연계 신청을 한 경우에는 그러하지 아니하다.

18세 이상 27세 미만인 자로서 학생이거나 군복무 등의 이유로 소득이 없는 자,201) ④ 제7조 제1항 제1호에 따른 생계급여 수급자 또는 같은 항 제3호에 따른 의료급여 수급자, ⑤ 1년 이상 행방불명된 자.202)

라. 임의가입자

사업장가입자와 지역가입자 이외의 자로서 18세 이상 60세 미만인 자는 보건복지부령으로 정하는 바에 따라 공단에 가입신청을 하는 경우에는 임의가입자가 될 수 있다(제10조 제1항). 그리고 임의가입자는 보건복지부령으로 정하는 바에 따라 국민연금공단에 신청하여 탈퇴할 수 있다(제10조 제2항).

마. 임의계속가입자

다음에 해당하는 자가 계속하여 가입자가 되려고 하는 경우에는 보건복지부령으로 정하는 바에 따라 임의계속가입자 가입신청서를 공단에 제출하여 65세까지 임의계속가입자가 될 수 있다(제13조 제1항).203) 그리고 임의계속가입자는 보건복지부령으로 정하는 바에 따라 국민연금공단에 신청하면 탈퇴할 수 있다(제13조 제2항).

① 국민연금 가입자 또는 가입자였던 자로서 60세가 된 자204)

② 전체 국민연금 가입기간의 5분의 3 이상을 대통령령으로 정하는 직종의 근로자로 국민연금에 가입하거나 가입하였던 사람(이하 "특수직종근로자"라 한다)으로서 다음의 어느 하나에 해당하는 사람 중 노령연금 급여를 지급받지 않는 사람

---

201) 연금보험료를 납부한 사실이 있는 자는 제외한다.

202) 이 경우 행방불명된 자에 대한 인정 기준 및 방법은 대통령령으로 정한다.

203) 이 경우 가입 신청이 수리된 날에 그 자격을 취득한다.

204) 다만, 다음의 자는 제외한다. ① 연금보험료를 납부한 사실이 없는 자, ② 노령연금 수급권자로서 급여를 지급받고 있는 자, ③ 제77조 제1항 제1호에 해당하는 사유로 반환일시금을 지급받은 자.

(가) 제61조 제1항에 따라 노령연금 수급권을 취득한 사람

(나) 법률 제3902호 국민복지연금법개정법률 부칙 제5조에 따라 특례노령연금 수급권을 취득한 사람.

[100] Ⅱ. 가입자격의 취득 및 상실

1. 의 의

국민연금에 있어서 가입자 지위의 득실시기는 연금수급요건과 관련하여 관계자의 이해관계에 중대한 영향을 미치므로 법률은 이에 관하여 명확히 규정하고 있다.

2. 자격의 취득

가. 사업장가입자

다음의 어느 하나에 해당하는 날에 그 자격을 취득한다(제11조 제1항). ① 제8조 제1항 본문에 따른 사업장에 고용된 때 또는 그 사업장의 사용자가 된 때, ② 당연적용사업장으로 된 때.

나. 지역가입자

지역가입자는 다음의 각 경우에 해당하는 날에 그 자격을 취득한다(제11조 제2항). ① 사업장 가입자의 자격을 상실한 때, ② 국민연금 가입대상 제외자에 해당하지 아니하게 된 때, ③ 제9조 제1호에 따른 배우자가 별도의 소득이 있게 된 때,205) ④ 18세 이상 27세206) 미만인 자로서 소득이 있게 된 때.207)

---

205) 소득이 있게 된 때를 알 수 없는 경우에는 신고를 한 날에 그 자격을 취득한다.
206) 종전에는 '23세'로 규정되어 있었으나, 2000년 개정시 '27세'로 상향 조정하였다.
207) 소득이 있게 된 때를 알 수 없는 경우에는 신고를 한 날에 그 자격을 취득한다.

다. 임의가입자

임의가입자는 가입신청이 수리된 날에 그 자격을 취득한다(제11조 제3항).

라. 임의계속가입자

임의계속가입자는 가입신청이 수리된 날에 그 자격을 취득한다(제13조 제1항).

3. 자격의 상실

가. 사업장가입자

가입자가 다음 각 경우에 해당하게 된 날의 다음 날에 그 자격을 상실한다(제12조 제1항 본문). ① 사망한 때, ② 국적을 상실하거나 국외에 이주한 때, ③ 사용관계가 끝난 때, ④ 60세에 달한 때, ⑤ 국민연금 가입대상 제외자에 해당하게 된 때.208) 다만, 이 경우에는 '그 다음날' 이 아니라 당일 자격을 상실한다(제12조 제1항 단서).

나. 지역가입자

가입자가 다음 각 경우에 해당하게 된 날의 다음 날에 그 자격을 상실한다(제12조 제2항 본문). ① 사망한 때, ② 국적을 상실하거나 국외로 이주한 때, ③ 배우자로서 별도의 소득이 없게 된 때, ④ 60세에 달한 때.

그리고 다음의 경우에는 해당하는 당일에 그 자격을 상실한다(제12조 제2항 단서). ① 국민연금 가입대상 제외자에 해당하게 된 때, ② 사업장가입자의 자격을 취득하게 된 때.

---

208) 이는 2002년 개정시 추가되었다.

다. 임의가입자

가입자가 다음 각 사유에 해당하게 된 날의 다음 날에 그 자격을 상실한다(제12조 제3항 1호 내지 5호). ① 사망한 때, ② 국적을 상실하거나 국외로 이주한 때, ③ 제10조 제2항에 따른 탈퇴 신청이 수리된 때, ④ 60세가 된 때, ⑤ 대통령령으로 정하는 기간209) 이상 계속하여 연금보험료를 체납한 때.

그리고 임의가입자에게 다음의 사유가 발생하면 당일자로 그 자격을 상실한다(제12조 제3항 6호 내지 7호). ① 사업장가입자 또는 지역가입자의 자격을 취득한 때, ② 국민연금 가입대상 제외자에 해당하게 된 때.

라. 임의계속가입자

가입자가 다음 각 경우에 해당하게 된 날의 다음 날에 그 자격을 상실한다(제13조 제3항 본문). ① 사망한 때, ② 국적을 상실하거나 국외로 이주한 때, ③ 제13조 제2항에 따른 탈퇴 신청이 수리된 때, ④ 대통령령으로 정하는 기간210) 이상 계속하여 연금보험료를 체납한 때.

<판례 20> 대법원 2007.8.23. 선고 2005두3660 판결

> 국민연금법 제17조 제1항은 국민연금가입기간(이하 '가입기간'이라고 한다) 계산의 단위를 '일'이 아니라 '월'로 하는 방식을 채택하면서, 그 가입기간을 가입자의 자격을 취득한 날이 속하는 달부터 그 자격을 상실한 날의 전날이 속하는 달까지라고 규정하고 있고, 제75조 제1항은 '공단은 국민연금사업에 소요되는 비용에 충당하기 위하여 가입자 및 사용자로부터 가입기간 동안 매월 연금보험료를 징수한다'고 규정하고 있다.

---

209) 이는 "3개월"로 한다. 다만 천재지변이나 그 밖에 부득이한 사유로 기간 내에 연금보험료를 낼 수 없었음을 증명하면 그러하지 아니하다(영 제21조).

210) 이는 "3개월"로 한다. 다만 천재지변이나 그 밖에 부득이한 사유로 기간 내에 연금보험료를 낼 수 없었음을 증명하면 그러하지 아니하다(영 제21조).

원심은, 위와 같은 규정들을 근거로 하여 원고의 근로자들인 소외 1, 2, 3이 국민연금법상 사업장가입자의 자격을 취득한 날이 속하는 달이나, 국민연금법상 사업장가입자의 자격을 상실한 날의 전날이 속하는 달은 모두 실제 근무일수와 관계없이 1달로 계산하여 원고 사업장에 대한 사업장가입자로서의 가입기간에 포함되는 것으로 보아야 하므로, 위 근로자들에 대한 연금보험료 중 부담금 부분의 납부의무와 기여금 부분의 원천공제납부의무를 지고 있는 원고로서는 위 근로자들의 가입기간에 포함되는 위 각 해당 월의 연금보험료 전액을 납부할 의무를 부담하는 것으로 보아야 한다고 판단하였는바, 앞서 본 규정과 기록에 비추어 살펴보면 원심의 사실인정과 판단은 정당한 것으로 수긍할 수 있다.

원심판결에는 상고이유로 주장하는 바와 같은 연금보험료에 관한 법리오해 등의 위법이 없다.

그러므로 상고를 기각하고, 상고비용은 패소자가 부담하기로 하여 관여 대법관의 일치된 의견으로 주문과 같이 판결한다.

4. 자격의 확인

공단은 가입자 자격의 취득·상실 및 기준소득월액211)에 관한 확인을 하여야 한다(제14조 제1항).212) 이 확인은 가입자의 청구, 신고 또는 직권으로 한다(제14조 제3항).

그리고 가입자 또는 가입자였던 자는 언제든지 보건복지부령으로 정하는 바에 따라 자격의 취득·상실, 가입자 종류의 변동 및 기준소득월액213)에 관한 확인을 청구할 수 있다(제14조 제4항).

---

211) 기준소득월액은 2016년 5월 29일 신설되어, 2016년 11월 30일 시행한다.

212) 구법에서는 이 확인에 의하여 가입자격 득실의 효력이 발생하도록 하였으나, 2016년 5월 29일 개정시 가입자 자격의 취득 및 상실은 제11조부터 제13조까지의 규정에 따른 자격의 취득 및 상실 시기에 그 효력이 생기도록 하였다(제14조 제2항, 2016년 11월 30일 시행).

213) 기준소득월액은 2016년 5월 29일 신설되어, 2016년 11월 30일 시행한다.

제 3 절 보험급여

[101] Ⅰ. 연금수급권의 의의

1. 급여의 종류

국민연금법상 급여의 종류는 ① 노령연금, ② 장애연금, ③ 유족연금, ④ 반환일시금 등이다(제49조).

수급권자에게 이 법에 의한 2 이상의 급여 수급권이 생기면 수급권자의 선택에 따라 그 중 하나만 지급하고 다른 급여의 지급은 정지된다(제56조 제1항). 그러나 선택하지 아니한 급여가 다음의 어느 하나에 해당하는 경우에는 해당 호에 규정된 금액을 선택한 급여에 추가하여 지급한다(제56조 제2항).214) ① 선택하지 아니한 급여가 유족연금일 때(선택한 급여가 반환일시금일 때를 제외한다): 유족연금액의 100분의 30에 해당하는 금액

② 선택하지 아니한 급여가 반환일시금일 때(선택한 급여가 장애연금이고, 선택하지 아니한 급여가 본인의 연금보험료 납부로 인한 반환일시금일 때를 제외한다): 제80조 제2항에 상당하는 금액.

2. 수급요건의 결정방법

국민연금의 수급요건과 연금수준을 어떻게 결정하느냐 하는

---

214) 이 규정은 2016년 5월 29일 신설되어, 2016년 11월 30일 시행한다.

문제는 가장 중요한 문제이다. 왜냐 하면 국민연금은 모든 국민이 당하게 되는 노령에 대비한 것으로 근로능력을 상실하여 소득이 없는 시기에 적절한 생활을 보장하여야 하기 때문이다.

일반적으로 이를 결정하는 요인으로는 인구분포도, 고용수준, 정년제도, 재정방식, 사적 소득보장수단의 확충정도 등을 들 수 있지만, 일정한 가입기간(갹출료 납입기간)과 법정된 사고발생(보험사고에 해당)이 주요인이 된다.215) 그러나 무엇보다도 이를 수급하는 당사자의 인간다운 생활권의 보장수준이 확보되는 요건과 수준을 결정하여야 할 것이다.

3. 연금 지급방법

연금은 지급하여야 할 사유가 생긴 날216)이 속하는 달의 다음 달부터 수급권이 소멸한 날이 속하는 달까지 지급한다(제54조 제1항). 연금은 매월 25일217)에 그 달의 금액을 지급하되, 지급일이 토요일이나 공휴일이면 그 전날에 지급한다(제54조 제2항 본문). 다만, 수급권이 소멸하거나 연금 지급이 정지된 경우에는 그 지급일 전에 지급할 수 있다(제54조 제2항 단서). 연금은 지급을 정지하여야 할 사유가 생기면 그 사유가 생긴 날이 속하는 달의 다음 달부터 그 사유가 소멸한 날이 속하는 달까지는 지급하지 아니한다(제54조 제3항).

수급자는 제58조 제2항에 따라 대통령령으로 정하는 금액 이하의 급여를 본인 명의의 지정된 계좌(이하 "급여수급전용계좌"라 한다)로 입금하도록 공단에 신청할 수 있으며, 이 경우 공단은 급여를 급여수급전용계좌218)로 입금하여야 한다(제54조 제1항).

---

215) 김유성, 「한국사회보장법론」, (1997), 160면.

216) 반납금, 추납보험료 또는 체납된 연금보험료를 냄에 따라 연금을 지급하여야 할 사유가 생긴 경우에는 해당 금액을 낸 날이다.

217) 2011년 12월 31일 개정시 "매월 말일"에서 "매월 25일"로 변경되었다.

그러나 공단은 정보통신장애나 그 밖에 대통령령으로 정하는 불가피한 사유로 급여를 급여수급전용계좌로 이체할 수 없을 때에는 현금으로 지급하는 등 대통령령으로 정하는 바에 따라 급여를 지급할 수 있다(제54조 제2항). 급여수급전용계좌가 개설된 금융기관은 급여만이 급여수급전용계좌에 입금되도록 하고, 이를 관리하여야 한다(제54조 제3항). 기타 신청 방법·절차와 급여수급전용계좌의 관리에 필요한 사항은 대통령령으로 정한다(제54조 제1항).

4. 지급의 제한

가입자 또는 가입자이었던 자가 고의로 질병·부상을 발생시켜 장애를 입은 경우에는 당해 장애를 지급사유로 하는 장애연금을 지급하지 아니할 수 있다(제82조 제1항).

가입자 또는 가입자였던 자가 고의나 중대한 과실로 요양지시에 따르지 아니하거나 정당한 사유 없이 요양 지시에 따르지 아니하여 다음의 어느 하나에 해당하게 되면 대통령령으로 정하는 바에 따라 이를 원인으로 하는 급여의 전부 또는 일부를 지급하지 아니할 수 있다(제82조 제2항). ① 장애를 입거나 사망한 경우, ② 장애나 사망의 원인이 되는 사고를 일으킨 경우, ③ 장애를 악화시키거나 회복을 방해한 경우.

다음의 어느 하나에 해당하는 사람에게는 사망에 따라 발생되는 유족연금, 미지급급여, 반환일시금 및 사망일시금(이하 "유족연금등"이라 한다)을 지급하지 아니한다(제82조 제3항).219) ① 가입자 또는 가입자였던 자를 고의로 사망하게 한 유족, ② 유족연금등의 수급권자가 될 수 있는 자를 고의로 사망하게 한 유족, ③

218) 급여전용계좌 규정은 2015년 1월 28일 신설되었다.
219) 이 규정은 2016년 5월 29일 신설되어, 2016년 11월 30일 시행한다.

다른 유족연금등의 수급권자를 고의로 사망하게 한 유족연금등의 수급권자.

5. 지급의 정지

수급권자가 급여의 전부 또는 일부의 지급을 정지할 수 있다(제86조 제1항). ① 정당한 사유없이 공단의 서류 그 밖의 자료제출요구에 응하지 아니한 때, ② 장애연금 또는 유족연금의 수급권자가 정당한 사유없이 공단의 진단요구 또는 확인에 응하지 아니한 때, ③ 장애연금수급권자가 고의 또는 중대한 과실로 요양지시에 따르지 않거나 정당한 사유없이 요양지시에 따르지 아니함으로써 회복을 방해한 때, ④ 수급권자가 정당한 사유없이 신고를 하지 아니한 때.

이상의 사유에 해당되어 지급을 정지하고자 하는 경우에는 그 지급정지 전에 급여의 지급을 일시중지할 수 있다(제86조 제2항).

<판례 21> 대법원 2009.5.14. 선고 2009두3026 판결

구 국민연금법(2007. 7. 23. 법률 제8541호로 전문 개정되기 전의 것, 이하 '법'이라 한다) 제72조의2 제2호는 장애연금 또는 유족연금의 지급을 제한할 수 있는 사유 중의 하나로 "장애연금 또는 유족연금의 지급사유 발생 당시 연금보험료를 납부한 기간(제17조 제3항의 규정에 의하여 기여금을 납부한 기간을 포함한다)이 그 연금보험료를 납부한 기간과 연금보험료를 납부하지 아니한 기간(제76조 제1항의 규정에 의한 납부기한으로부터 1월을 경과하지 아니한 기간과 제77조의2 제1항의 규정에 의하여 연금보험료를 납부하지 아니한 기간을 제외한다.)을 합산한 기간의 3분의 2에 미달하는 경우. 다만, 연금보험료를 납부하지 아니한 기간이 6월 미만인 경우를 제외한다."고 규정하고 있는바, 법 제72조의2의 입법 취지 및 관계 법령의 내용과 체계 등에 비추어 볼 때, '연금보험료를 납부한 기간'이란 법 제17조 제3항의 규정에 의하여 사업장가입자가 기여금을 납부한 기간을 포함하여 사용자가 실제로 연금보험료를 납부한 기간을 의미하므로, 법 제17조 제2항 단서에 의하여 사용자가 사업장가입자의 임금에서 기여금을 공제하고 연금보험료를 납부하지 아니한 경우 가입기간에 산입되는 기간은 이에 해당하지 않고, 또한 연금보험료를 납부하였는지 여부는 장애연금과 유족연금의 지급사유 발생당시를 기준으로 판단하여야 하므로, 그 지급사유 발생일 이후에 연금보험료를 납부하였다 하여 연금보험료를 납부한 기간에 포함시킬 수 없다 할 것이다.

6. 미지급 급여

수급권자가 사망한 경우 그 수급권자에게 지급하여야 할 급여 중 아직 지급되지 아니한 것이 있으면 그 배우자·자녀·부모·손자녀·조부모 또는 형제자매의 청구에 따라 그 미지급 급여를 지급한다(제55조 제1항 본문). 다만, 가출·실종 등 대통령령으로 정하는 경우에 해당하는 사람에게는 지급하지 아니하며, 형제자매의 경우에는 대통령령으로 정하는 바에 따라 수급권자의 사망 당시[220] 수급권자에 의하여 생계를 유지하고 있던 사람에게만 지급한다(제55조 제1항 단서). 이에 관하여 대통령령은 다음 <표 2-3-1>과 같이 정하고 있다(영 제39조).

급여를 받을 순위는 배우자, 자녀, 부모, 손자녀, 조부모, 형제자매의 순으로 하며, 순위가 같은 사람이 2명 이상이면 똑같이 나누어 지급하되, 지급 방법은 대통령령으로 정한다(제55조 제2항). 이에 관하여 대통령령은 미지급의 급여를 지급받을 같은 순위 자가 2명 이상 있을 때에 그 지급 방법을 다음과 같이 정하고 있다(영 제40조). 즉, ① 같은 순위자 중 1명이 한 청구는 그가 지급받을 부분에 대하여 청구한 것으로 본다. ② 같은 순위자나 그의 법정대

---

220) 민법 제27조 제1항에 따른 실종선고를 받은 경우에는 실종기간의 개시 당시를, 같은 조 제2항에 따른 실종선고를 받은 경우에는 사망의 원인이 된 위난 발생 당시를 말한다. 2011년 12월 31일 신설, 2016년 11월 30일 시행.

리인이 같은 순위자 전부 또는 일부의 급여를 지급받을 대표자를 선정하면 그 대표자가 같은 순위자 전부 또는 일부에 해당하는 미지급급여를 청구할 수 있다. 미지급 급여는 수급권자가 사망한 날부터 5년 이내에 청구하여야 한다(제55조 제2항, 2011년 12월 31일 신설).

〈표 2-3-1〉　　　미지급 급여 대상(영 제39조 관련)

대상자	인정기준	입증자료
가. 배우자·자녀·부모·손자녀·조부모	인정. 다만, 다음 중 어느 하나에 해당하는 경우에는 인정하지 않음 1) 「주민등록법」제20조 제6항 본문에 따라 시장·군수 또는 구청장이 거주불명으로 등록한 날부터 1년이 지난 경우 2) 경찰서장이 가출 또는 실종 신고를 접수한 날부터 1년이 지난 경우 3) 1년 이내에 청구권이 시효완성으로 소멸되는 경우로서 공단이 1년 이상 연락이 끊어진 사실을 확인한 경우	○ 주거를 같이하는 경우 － 가족관계증명서류 ○ 주거를 달리하는 경우 － 가족관계증명서류 － 재학증명서·재직증명서·요양증명서·사업자등록증·건물등기부등본 등 주거를 달리하는 사유를 증명할 수 있는 서류 또는 통장사본 등 경제적 지원 사실을 증명할 수 있는 서류
나. 형제자매	1) 주거를 같이하는 경우: 인정. 다만, 가목 단서에 해당하는 경우에는 인정하지 않음 2) 주거를 달리하는 경우: 가목 단서에 해당하지 않는 경우로서 다음 중 어느 하나에 해당하는 경우에만 인정 가) 당사자의 학업·취업·요양·사업·주거의 형편, 그 밖에 이에 준하는 사유로 주거를 달리하는 경우 나) 수급권자가 정기적으로 생계비 등 경제적 지원을 한 경우	

[102] Ⅱ. 노령연금의 수급요건과 금액

1. 노령연금의 수급권

가입기간이 10년 이상인 가입자 또는 가입자였던 자에 대하여는 60세(특수직종근로자는 55세)가 된 때부터 그기 생존하는 동안 노령연금을 지급한다(제61조 제1항). 노령연금액은 기본연금 혹은 감액연금에 부양가족연금액을 더한 금액으로 한다(제63조 제1항).

2. 20년 이상: 기본연금

가입기간이 20년 이상인 자에 대하여는 기본연금을 지급한다(제63조 제1항 제1호). 기본연금액은 다음 ①과 ②를 합한 금액에 1천분의 1천 200을 곱한 금액으로 한다(제51조 제1항). 다만, 가입기간이 20년을 초과하면 그 초과하는 1년(1년 미만이면 매 1개월을 12분의 1년으로 계산한다)마다 본문에 따라 계산한 금액에 1천분의 50을 곱한 금액을 더한다.

① 다음 (가)에서 (다)까지의 금액을 합산하여 3으로 나눈 금액221)

(가) 연금 수급 3년 전 연도의 평균소득월액을 연금 수급 3년 전 연도와 대비한 연금 수급 전년도의 전국소비자물가변동률(통계법 제3조에 따라 통계청장이 매년 고시하는 전국소비자물가변동률을 말한다.)에 따라 환산한 금액

(나) 연금 수급 2년 전 연도의 평균소득월액을 연금 수급 2년 전 연도와 대비한 연금 수급 전년도의 전국소비자물가변동률에 따라 환산한 금액

(다) 연금 수급 전년도의 평균소득월액

② 가입자 개인의 가입기간 중 매년 기준소득월액을 대통령령으로 정하는 바에 따라 보건복지부장관이 고시하는 연도별 재

---

221) (가)에서 (다)까지의 금액을 수급권자에게 적용할 때에는 연금 수급 2년 전 연도와 대비한 전년도의 전국소비자물가변동률을 기준으로 매년 3월 말까지 그 변동률에 해당하는 금액을 더하거나 빼되, 미리 제5조에 따른 국민연금심의위원회의 심의를 거쳐야 한다.

평가율에 의하여 연금 수급 전년도의 현재가치로 환산한 후 이를 합산한 금액을 총 가입기간으로 나눈 금액.222) 다만, 다음 각 목에 따라 산정하여야 하는 금액은 그 금액으로 한다.

> (가) 제18조에 따라 추가로 산입되는 가입기간의 기준소득월액은 제1호에 따라 산정한 금액의 2분의 1에 해당하는 금액
>
> (나) 제19조에 따라 추가로 산입되는 가입기간의 기준소득월액은 제1호에 따라 산정한 금액

3. 20년 미만: 감액연금

가입기간이 10년 이상 20년 미만인 자에 대하여는 감액연금을 지급한다(제63조 제1항 제1호). 감액연금액은 기본연금액의 1천분의 500에 해당하는 금액에 가입기간 10년을 초과하는 1년(1년 미만이면 매 1개월을 12분의 1년으로 계산한다)마다 기본연금액의 1천분의 50에 해당하는 금액을 더한 금액으로 한다.

3. 재직시 감액: 재직노령연금

노령연금 수급권자가 대통령령으로 정하는 소득이 있는 업무에 종사하면 60세 이상 65세 미만(특수직종근로자는 55세 이상 60세 미만)인 기간에는 노령연금액에서 부양가족연금액을 제외한 금액에 수급권자의 연령별로 다음의 비율을 곱한 금액을 지급한다(제63조의2).

> ① 60세(특수직종근로자는 55세)인 자는 1천분의 500
>
> ② 61세(특수직종근로자는 56세)인 자는 1천분의 600

---

222) 조정된 금액을 수급권자에게 적용할 때 그 적용 기간은 해당 조정연도 4월부터 다음 연도 3월까지로 한다.

③ 62세(특수직종근로자는 57세)인 자는 1천분의 700
④ 63세(특수직종근로자는 58세)인 자는 1천분의 800
⑤ 64세(특수직종근로자는 59세)인 자는 1천분의 900.

4. 60세 미만 감액: 조기노령연금

가입기간이 10년 이상인 가입자 또는 가입자였던 자로서 55세 이상인 자가 대통령령으로 정하는 소득이 있는 업무에 종사하지 아니하는 경우 본인이 희망하면, 60세가 되기 전이라도 본인이 청구한 때부터 그가 생존하는 동안 일정한 금액의 연금(이하 "조기노령연금"이라 한다)을 받을 수 있다(제61조 제2항).

여기서 "대통령령으로 정하는 소득이 있는 업무"는 사업소득과 근로소득을 합하여 계산한 금액을 종사 개월 수(해당 연도에 종사한 개월 수를 말하며, 1개월 미만인 경우에는 1개월로 본다)로 나눈 금액이 법 제51조 제1항 제1호에 따라 산정한 금액을 초과하는 소득이 있는 업무를 말한다(영 제45조 제1항).

그리고 "법 제51조 제1항 제1호에 따라 산정한 금액"은 다음 세 가지 금액을 합산하여 3으로 나눈 금액을 말한다.

① 연금 수급 3년 전 연도의 평균소득월액을 연금 수급 3년 전 연도와 대비한 연금 수급 전년도의 전국소비자물가변동률(통계법 제3조에 따라 통계청장이 매년 고시하는 전국소비자물가변동률을 말한다.)에 따라 환산한 금액

② 연금 수급 2년 전 연도의 평균소득월액을 연금 수급 2년 전 연도와 대비한 연금 수급 전년도의 전국소비자물가변동률에 따라 환산한 금액

③ 연금 수급 전년도의 평균소득월액.

조기노령연금액은 가입기간에 따라 제1항에 따른 노령연금액 중 부양가족연금액을 제외한 금액에 수급연령별로 다음의 구분에 따른 비율(청구일이 연령도달일이 속한 달의 다음 달 이후인 경우에는 1개월마다 1천분의 5를 더한다)을 곱한 금액에 부양가족연금액을 더한 금액으로 한다.

① 55세부터 지급받는 경우에는 1천분의 700

② 56세부터 지급받는 경우에는 1천분의 760

③ 57세부터 지급받는 경우에는 1천분의 820

④ 58세부터 지급받는 경우에는 1천분의 880

⑤ 59세부터 지급받는 경우에는 1천분의 940.

5. 부양가족연금액

부양가족연금액은 수급권자(유족연금의 경우에는 사망한 가입자 또는 가입자였던 자를 말한다)를 기준으로 하는 다음의 자로서 수급권자에 의하여 생계를 유지하고 있는 자에 대하여 해당 금액으로 한다(제52조 제1항).223) 이 경우 생계유지에 관한 대상자별 인정기준은 대통령령에서 정하고 있는데, 구체적인 내용은 다음 <표 2-3-2>와 같다(영 제38조).

① 배우자: 연 15만원

② 19세 미만224)이거나 장애등급 2급 이상인 자녀(배우자가 혼인 전에 얻은 자녀를 포함한다. 이하 같다): 연 10만원

③ 60세 이상이거나 장애등급 2급 이상인 부모(부 또는 모의 배우자, 배우자의 부모를 포함한다. 이하 같다): 연 10만원.

---

223) 부양가족연금액을 계산할 때 2명 이상의 연금 수급권자의 부양가족연금 계산 대상이 될 수 없다.

224) 2015년 1월 28일 개정시 "18세 미만"에서 "19세 미만"으로 상향되었다.

〈표 2-3-2〉　　　부양가족연금의 지급 대상(영 제38조 관련)

대상자	인정기준	입증자료
가. 배우자·자녀	인정. 다만, 가출·실종 등의 사유로 명백하게 부양관계가 있는 것으로 볼 수 없는 경우에는 인정하지 않음	○ 주거를 같이하는 경우 – 가족관계증명서류 ○ 주거를 달리하는 경우 – 가족관계증명서류 – 통장사본 등 경제적 지원 사실을 증명할 수 있는 서류
나. 배우자가 혼인 전에 얻은 자녀	주거를 같이하는 경우에만 인정	
다. 부 모	1) 주거를 같이하는 경우: 인정 2) 주거를 달리하는 경우: 수급권자가 정기적으로 생계비 등 경제적 지원을 한 경우에만 인정	
라. 부 또는 모의 배우자(다목에 해당하는 경우는 제외한다)	주거를 같이하는 경우에만 인정	
마. 가입자 또는 가입자였던 자와의 관계는 위 가목부터 라목까지 중 어느 하나에 해당하나, 수급권자와의 관계는 그에 해당하지 않는 경우	주거를 같이하는 경우에만 인정	

비 고 1. "부 또는 모의 배우자"란 계부 또는 계모를 말한다.

단, 다음 어느 하나에 해당하면 부양가족연금액 계산에서 제외한다(제52조 제3항). ① 연금 수급권자(「국민연금과 직역연금의 연계에 관한 법률」에 따른 연계급여 수급권자를 포함한다), ② 퇴직연금등수급권자, ③ 공무원연금법, 사립학교교직원 연금법, 별정우체국법 또는 군인연금법에 따른 유족연금 수급권자.

그리고 다음 어느 하나에 해당하게 되면 부양가족연금액 계산에서 제외한다(제52조 제5항). ① 사망한 때, ② 수급권자에 의한 생계유지의 상태가 끝난 때, ③ 배우자가 이혼한 때, ④ 자녀가 다른 사람의 양자가 되거나 파양(罷養)된 때, ⑤ 자녀가 19세225)가 된 때. 다만, 장애등급 2급 이상의 상태에 있는 자녀는 제외한다. ⑥ 장애등급 2급 이상의 상태에 있던 자녀 또는 부모가

---

225) 2015년 1월 28일 개정시 "18세"에서 "19세"로 상향되었다.

그 장애상태에 해당하지 아니하게 된 때, ⑦ 배우자가 혼인 전에 얻은 자녀와의 관계가 이혼으로 인하여 종료된 때, ⑧ 재혼한 부 또는 모의 배우자와 수급자의 관계가 부모와 그 배우자의 이혼으로 인하여 종료된 경우. 부양가족연금 지급대상자는 부양가족연금액을 계산할 때 2명 이상의 연금 수급권자의 부양가족연금 계산 대상이 될 수 없다(제52조 제4항).

6. 연금수령 연기시: 가산

노령연금의 수급권자로서 60세 이상 65세 미만인 사람(특수직종근로자는 55세 이상 60세 미만인 사람)이 연금지급의 연기를 희망하는 경우에는 1회에 한정하여 65세(특수직종근로자는 60세) 전까지의 기간에 대하여 그 지급을 연기할 수 있다(제62조 제1항).

지급의 연기를 신청한 수급권자가 연금의 지급을 희망하거나 65세(특수직종근로자는 60세)가 된 경우의 연금액은 지급의 연기를 신청한 때의 제61조 및 제66조 제2항의 노령연금액(부양가족연금액은 제외한다. 이하 같다)을 제51조 제2항에 따라 조정한 금액에 연기되는 매 1개월마다 그 금액의 1천분의 6을 더한 액으로 한다(제62조 제2항). 이 경우 1천분의 6에 해당하는 금액도 제51조 제2항에 따라 조정한다.

연금 일부의 지급 연기를 신청하려는 수급권자는 노령연금액 중 다음의 어느 하나에 해당하는 금액의 지급 연기를 신청할 수 있다(제62조 제3항, 2015년 1월 28일 신설). ① 노령연금액의 1천분의 500, ② 노령연금액의 1천분의 600, ③ 노령연금액의 1천분의 700, ④ 노령연금액의 1천분의 800, ⑤ 노령연금액의 1천분의 900.

이와 같이 연금 일부의 지급 연기를 신청한 수급권자가 연금 전부의 지급을 희망하거나 65세가 된 경우의 노령연금액은 다음의 금액을 합산한 금액으로 한다(제62조 제4항, 2015년 1월 28일 신설).

① 노령연금액 중 지급 연기를 신청하지 아니한 금액을 제51조 제2항에 따라 조정한 금액, ② 노령연금액 중 지급 연기를 신청한 금액을 제51조 제2항에 따라 조정한 금액에 연기되는 매 1개월마다 그 금액의 1천분의 6을 더한 금액. 이 경우 1천분의 6에 해당하는 금액도 제51조 제2항에 따라 조정한다.

7. 분할연금 수급권자 등

혼인 기간(배우자의 가입기간 중의 혼인 기간만 해당한다.)이 5년 이상인 자가 다음 세 가지 요건을 모두 갖추면 그때부터 그가 생존하는 동안 배우자였던 자의 노령연금을 분할한 일정한 금액의 연금(이하 "분할연금"이라 한다)을 받을 수 있다(제64조 제1항).

① 배우자와 이혼하였을 것, ② 배우자였던 사람이 노령연금 수급권자일 것, ③ 60세가 되었을 것.

분할연금액은 배우자였던 자의 노령연금액(부양가족연금액은 제외한다) 중 혼인 기간에 해당하는 연금액을 균등하게 나눈 금액으로 한다(제64조 제2항).226) 분할연금은 지급요건을 모두 갖추게 된 때부터 5년 이내에 청구하여야 한다(제64조 제3항).227) 그러나 60세가 되기 전에 이혼하는 경우에는 이혼의 효력이 발생하는 때부터 분할연금을 미리 청구(이하 "분할연금 선청구"라 한다)할 수 있다(제64조의3 제1항).228) 분할연금 선청구는 이혼의 효력이 발생하는 때부터 3년 이내에 하여야 하며, 60세가 되기 이전에 분할연

---

226) 그러나 민법 제839조의2 또는 제843조에 따라 연금의 분할에 관하여 별도로 결정된 경우에는 그에 따르며(제64조의2 제1항), 이 경우에는 분할 비율 등에 대하여 공단에 신고하여야 한다(제64조의2 제2항): 이 규정은 2015년 12월 29일 개정시 신설되어 2016년 12월 30일부터 시행한다.

227) 2016년 5월 29일 개정시 "3년 이내"에서 "5년 이내"로 연장되었으며, 2016년 11월 30일부터 시행한다.

228) 이 경우 제64조 제3항에 따른 청구를 한 것으로 본다(선청구를 하고 제2항에 따른 선청구의 취소를 하지 아니한 경우에 한정한다).

금 선청구를 취소할 수 있다(제64조의3 제2항).229) 분할연금을 선청구한 경우라고 하더라도 미리 지급하는 것은 아니며, 제64조 제1항 각 호의 요건을 모두 갖추게 된 때에 분할연금을 지급한다(제64조의3 제3항).230)

8. 분할연금과 노령연금의 관계 등

분할연금 수급권은 그 수급권을 취득한 후에 배우자였던 자에게 생긴 사유로 노령연금 수급권이 소멸·정지되어도 영향을 받지 아니한다(제65조 제1항).

수급권자에게 2 이상의 분할연금 수급권이 생기면 2 이상의 분할연금액을 합산하여 지급한다(제65조 제2항 본문). 다만, 2 이상의 분할연금 수급권과 다른 급여(노령연금을 제외한다.)의 수급권이 생기면 그 2 이상의 분할연금 수급권을 하나의 분할연금 수급권으로 보고 본인의 선택에 따라 분할연금과 다른 급여 중 하나만 지급하고 선택하지 아니한 분할연금 또는 다른 급여의 지급은 정지된다(제65조 제2항 단서).

분할연금 수급권자는 유족연금을 지급할 때 노령연금 수급권자로 보지 아니한다(제65조 제3항). 분할연금 수급권자에게 노령연금 수급권이 발생한 경우에는 분할연금액과 노령연금액을 합산하여 지급한다(제65조 제4항).

9. 노령연금 수급권의 소멸

노령연금은 생존하는 동안 지급하므로(제61조 제1항), 수급권자의 사망으로 소멸한다.

---

229) 이 경우 분할연금 선청구 및 선청구의 취소는 1회에 한한다.

230) 분할연금 선청구에 관한 규정은 2015년 12월 29일 개정시 신설되어 2016년 12월 30일부터 시행한다.

<판례 22> 서울중앙지법 2009.8.11. 선고 2009가합20609 판결

[1] 국민연금법 제64조에서 규정된 분할연금제도는 국민연금가입자인 배우자와 이혼한 자가 60세가 된 이후에 그 배우자이었던 자가 받는 노령연금액 중 혼인기간에 해당하는 연금액을 균분하도록 하는 제도로서, 혼인기간 동안의 정신적 또는 물질적 기여부분에 대하여 일정액을 보장해 준다는 점에서는 혼인기간 동안의 재산형성에 대한 기여도에 따라 재산을 분할하는 민법상 재산분할청구권과 유사하다. 그러나 국민연금법의 제정목적은 국민의 노령·폐질 또는 사망에 대하여 연금급여를 실시함으로써 국민의 생활안정과 복지증진에 기여함에 있는 점(국민연금법 제1조), 급여를 받을 권리는 이를 양도·압류하거나 담보에 제공할 수 없도록 하여 국민연금수급권을 보호하고 있는 점(국민연금법 제58조) 등에 비추어 보면, 분할연금은 이혼시 혼인기간 중의 기여 자체를 청산하여 그 혼인기간에 해당하는 노령연금액을 향후 균분하여 갖도록 하는 것이 아니라 배우자와 이혼한 자의 노후안정을 위해 일정액의 소득을 보장해주는 제도로서 민법상 재산분할청구권과는 그 제도의 취지 및 권리의 성격이 다르다. 따라서 국민연금수급권자인 배우자와 이혼한 상대방이 이혼시에 분할연금수급권을 사전에 포기하였다고 하더라도 이는 국민연금법의 목적에 반하여 실질적으로 배우자에게 자신의 분할연금수급권을 양도하는 것으로서 국민연금법 제58조에 반하여 무효이다.
[2] 갑이 배우자 을(국민연금수급권자)과의 협의이혼 당시 국민연금(노령연금)에 관한 지분을 포기하기로 약정한 사안에서, 이는 국민연금법의 목적에 반하여 실질적으로 배우자에게 자신의 분할연금수급권을 양도하는 것으로서 국민연금법 제58조에 반하여 무효이다.

[103] Ⅲ. 장애연금의 수급요건과 금액

1. 장애연금의 수급권자

가입자 또는 가입자이었던 자가 질병이나 부상으로 신체상 또는 정신상의 장애가 있고 다음의 요건을 모두 충족하는 경우에는 장애 정도를 결정하는 기준이 되는 날(이하 "장애결정 기준일"이라 한다)부터 그 장애가 계속되는 기간 동안 장애 정도에 따라 장애연금을 지급한다(제67조 제1항).

① 해당 질병 또는 부상의 초진일 당시 연령이 18세(다만, 18세 전에 가입한 경우에는 가입자가 된 날을 말한다) 이상이고 노령연금의 지급 연령 미만일 것

② 다음의 어느 하나에 해당할 것

(가) 해당 질병 또는 부상의 초진일 당시 연금보험료를 낸 기간이 가입대상기간의 3분의 1 이상일 것

(나) 해당 질병 또는 부상의 초진일 5년 전부터 초진일까지의 기간 중 연금보험료를 낸 기간이 3년 이상일 것. 다만, 가입대상기간 중 체납기간이 3년 이상인 경우는 제외한다.

(다) 해당 질병 또는 부상의 초진일 당시 가입기간이 10년 이상일 것.231)

장애결정 기준일은 다음에서 정하는 날로 한다(제67조 제2항, 2016년 5월 29일 개정).

① 초진일부터 1년 6개월이 지나기 전에 완치일이 있는 경우: 완치일

② 초진일부터 1년 6개월이 지날 때까지 완치일이 없는 경우: 초진일부터 1년 6개월이 되는 날의 다음 날

③ 위의 ②에 따른 초진일부터 1년 6개월이 되는 날의 다음 날에 장애연금의 지급 대상이 되지 아니하였으나, 그 후 그 질

---

231) 판례는 질병으로 인한 장애의 경우 초진일 현재 가입기간이 1년 미만인자에 대한 장애연금수급권의 제한은 평등의 원칙에 위반되지 않는다고 한다. 즉, 국민연금법 제58조 제1항이 질병으로 인한 장애의 경우 초진일 현재 가입기간이 1년 이상인 자에 한하여 장애연금수급권을 인정한 취지는 가입기간 1년 미만의 국민연금기금 조성에 기여도가 아주 작은 자를 장애연금의 수급권자에서 제외함으로써 장기간의 가입으로 오랫동안 각출료를 부담하여 온 자와의 관계에서 형평을 기하고 한편 장애의 원인질병을 가진 자가 오로지 장애연금을 지급받을 부정한 목적으로 연금에 가입함으로써 기금의 안정유지를 위태롭게 함을 방지하려는데 있으므로 위 법규정이 국민연금가입자 사이의 불합리한 차별 또는 권리의 제한이라고는 보여지지 아니하며 헌법상의 평등의 원칙에 위반된다고 볼 수 없다고 한다: 대판, 91누2205, (1991.11.26).

병이나 부상이 악화된 경우: 장애연금의 지급을 청구한 날(제61조에 따른 노령연금 지급연령 전에 청구한 경우만 해당한다. 이하 "청구일"이라 한다)과 완치일 중 빠른 날

④ 제70조 제1항에 따라 장애연금의 수급권이 소멸된 사람이 장애연금 수급권을 취득할 당시의 질병이나 부상이 악화된 경우: 청구일과 완치일 중 빠른 날.

위의 기준에 따라 장애연금의 지급 대상이 되는 경우에도 불구하고 다음의 어느 하나에 해당되는 경우에는 장애연금을 지급하지 아니한다(제67조 제3항, 2016년 5월 29일 개정).

① 초진일이 제6조 단서에 따라 가입 대상에서 제외된 기간 중에 있는 경우

② 초진일이 국외이주·국적상실 기간 중에 있는 경우

③ 제77조에 따라 반환일시금을 지급받은 경우.

장애 정도에 관한 장애등급은 1급, 2급, 3급 및 4급으로 구분하되, 등급 구분의 기준과 장애 정도의 심사에 관한 사항은 대통령령으로 정하며(제67조 제4항, 2016년 5월 29일 개정), 2011년 12월 8일 개정된 기준은 다음 <표 2-3-3>과 같다.

〈표 2-3-3〉　　　장애등급 구분의 기준(영 제46조 제1항 관련)

등 급	장애 상태
1급	1. 두 눈의 시력이 각각 0.02 이하로 감퇴된 자 2. 두 팔을 전혀 쓸 수 없도록 장애가 남은 자 3. 두 다리를 전혀 쓸 수 없도록 장애가 남은 자 4. 두 팔을 손목관절 이상에서 상실한 자 5. 두 다리를 발목관절 이상에서 상실한 자 6. 위의 제1호부터 제5호까지 규정된 자 외의 자로서 신체의 기능이 노동 불능상태이며 상시 보호가 필요한 정도의 장애가 남은 자 7. 정신이나 신경계통이 노동 불능상태로서 상시 보호나 감시가 필요한 정도의 장애가 남은 자

	8. 부상이나 질병이 치유되지 아니하여 신체의 기능과 정신이나 신경계통이 노동 불능상태로서 장기간의 안정과 상시 보호 또는 감시가 필요한 정도의 장애가 있는 자로서 보건복지부장관이 따로 정하는 자
2급	1. 두 눈의 시력이 각각 0.06 이하로 감퇴된 자 2. 한 눈의 시력이 0.02 이하로 감퇴되고, 다른 눈의 시력이 0.1 이하로 감퇴된 자 3. 음식물을 먹는 기능이나 말하는 기능을 상실한 자 4. 척추의 기능에 극히 심한 장애가 남은 자 5. 한 팔을 손목관절 이상에서 상실한 자 6. 한 다리를 발목관절 이상에서 상실한 자 7. 한 팔을 전혀 쓸 수 없도록 장애가 남은 자 8. 한 다리를 전혀 쓸 수 없도록 장애가 남은 자 9. 두 손의 손가락을 전부 상실하였거나 전혀 쓸 수 없도록 장애가 남은 자 10. 두 발을 리스프랑관절 이상 부위에서 상실한 자 11. 위의 제1호부터 제10호까지 규정된 자 외의 자로서 신체의 기능이 노동에 극히 심한 제한을 받거나 또는 노동에 극히 현저한 제한을 가할 필요가 있는 정도로 장애가 남은 자 12. 정신이나 신경계통에 노동 불능상태의 장애가 남은 자 13. 부상이나 질병이 치유되지 아니하여 신체의 기능과 정신이나 신경계통이 노동에 극히 심한 제한을 받거나 노동에 극히 현저한 제한을 가할 필요가 있는 정도로 장애가 있는 자로서 보건복지부장관이 따로 정하는 자
3급	1. 두 눈의 시력이 각각 0.1 이하로 감퇴된 자나 한 눈의 시력이 0.02 이하로 감퇴되고 다른 눈의 시력이 0.15 이하로 감퇴된 자 2. 두 귀의 청력이 귀에 대고 큰 소리로 말을 해도 이를 알아듣지 못할 정도로 장애가 남은 자 3. 음식물을 먹는 기능 또는 말하는 기능에 현저한 장애가 남은 자 4. 척추의 기능에 중등도의 장애가 남은 자 5. 한 팔의 3대 관절 중 2관절을 쓸 수 없도록 장애가 남은 자 6. 한 다리의 3대 관절 중 2관절을 쓸 수 없도록 장애가 남은 자 7. 한 손의 엄지손가락과 둘째손가락을 상실한 자 8. 한 손의 엄지손가락과 둘째손가락을 포함하여 4개 이상의 손가락을 쓸 수 없도록 장애가 남은 자 9. 한 발을 리스프랑관절 이상 부위에서 상실한 자 10. 두 발의 모든 발가락을 쓸 수 없도록 장애가 남은 자 11. 위의 제1호부터 제10호까지 규정된 자 외의 자로서 신체의 기능이 노동에 현저한 제한을 가할 필요가 있는 정도로 장애가 남은 자 12. 정신 또는 신경계통이 노동에 있어서 심한 제한을 받거나 또는 노동에

	현저한 제한을 가힐 필요가 있는 징도의 징애가 남은 자
	13. 부상이나 질병이 치유되지 아니하여 신체의 기능과 정신 또는 신경계통이 노동에 심한 제한을 받거나 노동에 현저한 제한을 가할 필요가 있는 정도로 장애가 있는 자로서 보건복지부장관이 따로 정하는 자
4급	1. 두 눈의 시력이 각각 0.3 이하로 감퇴된 자
	2. 두 귀의 청력이 1미터 이상의 거리에서 보통의 소리로 말을 해도 알아듣지 못할 정도로 장애가 남은 자
	3. 음식물을 먹는 기능 또는 말하는 기능에 중등도의 장애가 남은 자
	4. 척추에 기능장애가 남은 자
	5. 한 팔의 3대 관절 중 1관절을 쓸 수 없도록 장애가 남은 자
	6. 한 다리의 3대 관절 중 1관절을 쓸 수 없도록 장애가 남은 자
	7. 엄지손가락 또는 둘째손가락을 포함하여 2개의 손가락을 상실한 자 또는 엄지손가락과 둘째손가락 외의 4개의 손가락을 상실한 자
	8. 두 발의 발가락 중 여섯 발가락을 쓸 수 없도록 장애가 남은 자
	9. 위의 제1호부터 제8호까지 규정된 자 외의 자로서 신체의 기능이 노동에 제한을 가할 필요가 있는 정도로 장애를 입은 자
	10. 정신 또는 신경계통이 노동에 제한을 가할 필요가 있는 정도로 장애가 남은 자
	11. 부상이나 질병이 치유되지 아니하여 노동에 제한을 받거나 노동에 제한을 가할 필요가 있는 정도로 장애가 있는 자로서 보건복지부장관이 따로 정하는 자

비 고

1. 시력 측정은 국제적 시력표에 의하며, 굴절이상이 있는 자는 원칙적으로 교정시력을 측정한다.
2. 손가락의 상실이란 엄지손가락은 지관절, 그 밖의 손가락은 제1지관절 이상 부위를 상실한 경우를 말한다.

2. 장애연금액

장애연금액은 장애 등급에 따라 다음의 금액으로 한다(제68조 제1항).

① 장애등급 1급에 해당하는 자에 대하여는 기본연금액에 부양가족연금액을 더한 금액

② 장애등급 2급에 해당하는 자에 대하여는 기본연금액의 1천분의 800에 해당하는 금액에 부양가족연금액을 더한 금액

③ 장애등급 3급에 해당하는 자에 대하여는 기본연금액의 1

천분의 600에 해당하는 금액에 부양가족연금액을 더한 금액.
그리고 장애등급 4급에 해당하는 자에 대하여는 기본연금액의 1
천분의 2천 250에 해당하는 금액을 일시보상금으로 지급한다(제
68조 제2항).

3. 장애의 중복 조정

장애연금 수급권자에게 다시 장애연금을 지급하여야 할 장애가
발생한 때에는 전후의 장애를 병합한 장애 정도에 따라 장애연금을
지급한다. 다만, 전후의 장애를 병합한 장애 정도에 따른 장애연금
이 전의 장애연금보다 적으면 전의 장애연금을 지급한다(제69조).

4. 장애연금액의 변경 등

공단은 장애연금 수급권자의 장애 정도를 심사하여 장애등
급이 다르게 되면 그 등급에 따라 장애연금액을 변경하고, 장애
등급에 해당되지 아니하면 장애연금 수급권을 소멸시킨다(제70조
제1항). 그리고 장애연금의 수급권자는 그 장애가 악화되면 공단
에 장애연금액의 변경을 청구할 수 있다(제70조 제2항). 이상의 내
용은 60세 이상인 장애연금 수급권자에 대하여는 적용하지 아니
한다(제70조 제4항, 2011년 12월 31일 개정).

장애정도를 결정할 때에는 완치일을 기준으로 하며, 다음의
구분에 따른 날까지 완치되지 않은 경우에는 그 해당하는 날을
기준으로 장애 정도를 결정한다(제70조 제3항, 2011년 12월 31일 신설, 2016년 5
월 29일 개정). ① 제70조 제1항의 경우: 장애 정도의 변화개연성에
따라 공단이 지정한 주기가 도래한 날이 속하는 달의 말일 등
대통령령으로 정하는 날, ② 제70조 제2항의 경우: 수급권자가
장애연금액의 변경을 청구한 날.

5. 일시보상금에 대한 평가

일시보상금 수급권자에게 중복급여의 조정, 장애의 중복 조정, 장애연금액의 변경 및 소멸시효를 적용할 때에는 일시보상금 지급 사유 발생일이 속하는 달의 다음 달부터 기본연금액의 1천분의 400을 12로 나눈 금액이 67개월 동안 지급된 것으로 본다(제71조).

<판례 23> 대법원 2006.7.28. 선고 2005두16918 판결

[1] 국민연금법 제58조 제1항은 국민연금의 가입 중에 발생한 질병 또는 부상으로 인하여 그 완치 후에도 신체 또는 정신상의 장애가 있는 사람에 대하여는 그 장애가 존속하는 동안 장애정도에 따라 장애연금을 지급한다고 규정하고 있으므로, 장애의 원인이 된 질병 또는 부상이 국민연금의 가입 중에 발생하는 것이 장애연금 수급권의 요건이 되고, 따라서 장애의 원인이 된 질병 또는 부상이 국민연금의 가입 중에 발생하지 아니한 경우에는 비록 장애가 국민연금의 가입 중에 발생하였다고 하더라도 장애연금의 수급권자에 해당한다고 볼 수 없다.

[2] 국민연금법 제58조 제1항 소정의 '가입 중에 발생한' 질병 또는 부상의 의미는 장애의 원인이 된 질병 또는 부상이 의학적·객관적으로 판단할 때 국민연금 가입기간 중에 발생하여야 한다는 뜻으로 보아야 하고, 이와 달리 원심과 같이 신체적·정신적인 고통이나 기능의 저하로 인하여 일상생활을 방해받을 정도로 그 장애가 구체화된 경우로 국한하여 해석할 것은 아니다.

[3] 유전적인 양안망막색소변성증을 갖고 있던 사람이 국민연금 가입 당시에 망막색소변성증이 어느 정도 진행되었다고 하더라도 그 후 시력이 급격히 저하됨을 느끼기 시작한 시기에 그 질병이 발생하였다고 봄이 상당하다는 이유로, 국민연금의 가입 중에 장애의 원인이 된 질병이 발생한 경우로서 국민연금법상 장애연금 수급권자이다.

6. 장애연금 수급권의 소멸

장애연금은 장애정도가 존속하는 동안 지급하므로(제67조 제1

항), 장애연금의 수급권은 수급권자가 사망하거나 장해등급에 해당하지 않게 된 때에 소멸한다.

[104] Ⅳ. 유족연금의 수급요건과 금액

1. 요 건

다음 어느 하나에 해당하는 자가 사망하면 그 유족에게 유족연금을 지급한다(제72조 제1항 본문).232)

① 노령연금 수급권자

② 가입기간이 10년 이상인 가입자 또는 가입자였던 자

③ 연금보험료를 낸 기간이 가입대상기간의 3분의 1 이상인 가입자 또는 가입자였던 자

④ 사망일 5년 전부터 사망일까지의 기간 중 연금보험료를 낸 기간이 3년 이상인 가입자 또는 가입자였던 자. 다만, 가입대상기간 중 체납기간이 3년 이상인 사람은 제외한다.

⑤ 장애등급이 2급 이상인 장애연금 수급권자.

그러나 위 ③ 또는 ④에 해당하는 사람이 다음의 기간 중 사망하는 경우에는 유족연금을 지급하지 아니한다(제72조 제2항, 2016년 5월 29일 개정).233) ① 제6조 단서에 따라 가입 대상에서 제외되는 기간, ② 국외이주·국적상실 기간.

---

232) 2016년 5월 29일 개정시 구법상 다음의 내용이 삭제되었다. "가입기간이 1년 미만인 가입자가 질병이나 부상으로 사망하면 가입 중에 생긴 질병이나 부상으로 사망한 경우에만 유족연금을 지급한다(구법 제72조 제1항 단서)."

233) 2016년 5월 29일 개정시 구법상 다음의 내용이 삭제되었다. "가입기간이 10년 미만인 가입자였던 자가 가입 중에 생긴 질병이나 부상 또는 그 부상으로 생긴 질병으로 가입 중의 초진일 또는 가입자 자격을 상실한 후 1년 이내의 초진일부터 2년 이내에 사망하면 그 유족에게 유족연금을 지급할 수 있다(제72조 제2항 본문). 다만, 본인이나 유족이 반환일시금을 지급받은 경우에는 유족연금을 지급하지 아니한다(구법 제72조 제2항 단서)."

2. 유족의 범위

유족연금을 지급받을 수 있는 유족은 제72조 제1항 각 호의 사람이 사망할 당시(민법 제27조 제1항에 따른 실종선고를 받은 경우에는 실종기간의 개시 당시를, 같은 조 제2항에 따른 실종선고를 받은 경우에는 사망의 원인이 된 위난 발생 당시를 말한다) 그에 의하여 생계를 유지하고 있던 다음의 자로 한다. 이 경우 가입자 또는 가입자였던 자에 의하여 생계를 유지하고 있던 자에 관한 인정 기준은 대통령령으로 정한다(제73조 제1항, 2011년 12월 31일 및 2016년 5월 29일 개정). 구체적인 내용은 아래 <표 2-3-4>와 같다.

① 배우자

② 자녀. 다만, 25세 미만234)이거나 장애등급 2급 이상인 자만 해당한다.

③ 부모(배우자의 부모를 포함한다. 이하 같다). 다만, 60세 이상이거나 장애등급 2급 이상인 자만 해당한다.

④ 손자녀. 다만, 19세 미만이거나 장애등급 2급 이상인 자만 해당한다.

⑤ 조부모(배우자의 조부모를 포함한다. 이하 같다). 다만, 60세 이상이거나 장애등급 2급 이상인 자만 해당한다.

유족연금은 위의 순위에 따라 최우선 순위자에게만 지급한다(제73조 제2항 본문). 다만, 배우자의 수급권이 소멸되거나 정지되면 자녀에게 지급한다(제73조 제2항 단서).

이 경우 같은 순위의 유족이 2명 이상이면 그 유족연금액을 똑같이 나누어 지급하되, 지급 방법은 대통령령으로 정한다(제73조 제3항).

---

234) 2011년 12월 31일 개정시 "18세 미만"에서 "19세 미만"으로, 2016년 5월 29일 개정시 다시 "25세 미만"으로 지급기간을 연장하였다.

〈표 2-3-4〉　　　유족연금 지급 대상(영 제47조 관련)

대상자	인정기준	입증자료
가. 배우자·자녀	인정. 다만, 가출·실종 등의 사유로 명백하게 부양관계가 있는 것으로 볼 수 없는 경우에는 인정하지 않음	○ 주거를 같이 하는 경우 　- 가족관계증명서류 ○ 주거를 달리 하는 경우 　- 가족관계증명서류 　- 재학증명서 ·재직증명서·요양증명서·사업자등록증·건물등기부등본 등 주거를 달리하는 사유를 증명할 수 있는 서류 또는 통장사본 등 경제적 지원 사실을 증명할 수 있는 서류 ○ 특수한 사유에 해당하는 경우 　- 장애인증명서 등 해당 사유를 증명할 수 있는 서류
나. 부모	1) 주거를 같이하는 경우: 인정 2) 주거를 달리하는 경우: 다음 중 어느 하나에 해당하는 경우에만 인정 　가) 당사자의 학업·취업·요양·사업·주거의 형편, 그 밖에 이에 준하는 사유로 주거를 달리하는 경우 　나) 가입자 또는 가입자였던 자가 정기적으로 생계비 등 경제적 지원을 한 경우	
다. 손자녀	1) 주거를 같이하는 경우: 손자녀의 부모가 없거나, 부모가 있더라도 특수한 사유로 부양능력이 없는 경우에만 인정 2) 주거를 달리하는 경우: 다음 중 어느 하나에 해당하는 경우에만 인정 　가) 당사자의 학업·취업·요양·사업·주거의 형편, 그 밖에 이에 준하는 사유로 주거를 달리하고, 손자녀의 부모가 없거나, 부모가 있더라도 특수한 사유로 부양능력이 없는 경우 　나) 가입자 또는 가입자였던 자가 정기적으로 생계비 등 경제적 지원을 한 경우	
라. 조부모	1) 주거를 같이하는 경우: 조부모와 주거를 같이하는 조부모의 자녀가 없거나, 자녀가 있더라도 특수한 사유로 부양능력이 없는 경우에만 인정 2) 주거를 달리하는 경우: 다음 중 어느 하나에 해당하는 경우에만 인정 　가) 당사자의 학업·취업·요양·사업·주거의 형편, 그 밖에 이에 준하는 사유로 주거를 달리하고, 조부모와 주거를 같이하는 조부모의 자녀가 없거나, 자녀가 있더라도 특수한 사유로 부양능력이 없는 경우 　나) 가입자 또는 가입자였던 자가 정기적으로 경제적 지원을 한 경우	

비 고
1. "주거의 형편"이란 가옥의 협소 등으로 사실상 주거를 같이 할 수 없는 경우를 말한다.
2. "특수한 사유"란 다음 각 목의 경우를 말한다.
　가. 「장애인복지법」에 따른 장애인인 경우
　나. 단기하사 이하로 군에 입대한 경우

나. 교도소나 그 밖에 이에 준하는 시설에 수용되어 있는 경우
라. 행방불명의 경우
마. 「고등교육법」 제2조에 따른 학교 이하의 학교 재학생인 경우
바. 60세 이상이거나 18세 미만인 경우
사. 「국민기초생활 보장법」에 따른 수급자인 경우

3. 유족연금액

유족연금액은 가입기간에 따라 다음의 금액에 부양가족연금액을 더한 금액으로 한다(제74조 본문). 다만, 노령연금 수급권자가 사망한 경우의 유족연금액은 사망한 자가 지급받던 노령연금액을 초과할 수 없다(제74조 단서).

① 가입기간이 10년 미만이면 기본연금액의 1천분의 400에 해당하는 금액
② 가입기간이 10년 이상 20년 미만이면 기본연금액의 1천분의 500에 해당하는 금액
③ 가입기간이 20년 이상이면 기본연금액의 1천분의 600에 해당하는 금액.

4. 배우자에 대한 유족연금의 지급 정지

유족연금의 수급권자인 배우자에 대하여는 수급권이 발생한 때부터 3년 동안 유족연금을 지급한 후 55세가 될 때까지 지급을 정지한다(제76조 제1항 본문). 다만, 그 수급권자가 다음의 어느 하나에 해당하면 지급을 정지하지 아니한다(제76조 제1항 단서).

① 장애등급이 2급 이상인 경우
② 가입자 또는 가입자였던 자의 25세 미만235)인 자녀 또는 장애등급 2급 이상인 자녀의 생계를 유지한 경우

---

235) 2016년 5월 29일 개정시 "25세 미만"으로 상향하여 지급정지시기를 늦추었다.

③ 대통령령으로 정하는 소득이 있는 업무에 종사하지 아니 하는 경우.

유족연금의 수급권자인 배우자의 소재를 1년 이상 알 수 없 는 때에는 유족인 자녀의 신청에 의하여 그 소재 불명의 기간동 안 그에게 지급하여야 할 유족연금은 지급을 정지한다(제76조 제1 항 본문). 배우자 외의 자에 대한 유족연금의 수급권자가 2명 이상 인 경우 그 수급권자 중에서 1년 이상 소재를 알 수 없는 자가 있으면 다른 수급권자의 신청에 따라 그 소재 불명의 기간에 해 당하는 그에 대한 유족연금의 지급을 정지한다(제76조 제1항 본문).

이상의 모두의 경우, 유족연금의 지급이 정지된 자의 소재 가 확인된 경우에는 본인의 신청에 의하여 지급 정지를 해제한 다(제76조 제4항).

5. 유족연금 수급권의 소멸

유족연금 수급권자가 다음의 어느 하나에 해당하게 되면 그 수급권은 소멸한다(제75조 제1항).

① 수급권자가 사망한 때

② 배우자인 수급권자가 재혼한 때

③ 자녀나 손자녀인 수급권자가 다른 사람에게 입양되거나 파양된 때

④ 장애등급 2급 이상에 해당하지 아니한 자녀인 수급권자 가 25세236)가 된 때 또는 장애등급 2급 이상에 해당하지 아니한 손자녀인 수급권자가 19세가 된 때

⑤ 장애로 수급권을 취득한 자가 장애등급 2급 이상에 해당

---

236) 2016년 5월 29일 개정시 자녀는 "19세"에서 "25세"로 상향하여 소멸시기를 늦추 었지만, 손자녀는 그대로 유지하였다.

하지 아니하게 된 때

⑥ 부모, 손자녀 또는 조부모인 유족의 유족연금 수급권은 가입자 또는 가입자였던 사람이 사망할 당시에 그 가입자 또는 가입자였던 사람의 태아가 출생하여 수급권을 갖게 되면 소멸한다(제75조 제2항, 2015년 1월 28일 개정).

[105] V. 반환일시금 등

1. 의 의

국민연금은 원칙적으로 노후생활의 보장에 목적이 있기 때문에 중도에 이를 일시금으로 지급하는 것은 제도의 취지에 맞지 않지만, 가입자 입장에서 보면 부득이 중도에 반환받아야 할 필요성이 있는 경우도 있다. 예를 들면, 해외에 이민을 가거나 중대한 질병으로 거액의 수술비가 필요하다거나 사업자의 재정상 어려움으로 부도위험에 직면하는 등 불가피한 사유가 발생할 수 있다.

따라서 국민연금법은 이러한 상황에 대비하여 반환일시금등의 제도를 두고 있다. 그러나 이는 국민연금의 본질에서 벗어난 제도이므로, 예외적이며 최소한의 범위로 허용하여야 할 것이다. 현재 국민연금의 재정상태가 어려워진 것도 과거 반환일시금제도를 일부 무분별하게 운용한 데서 비롯된 점도 있다.

2. 요 건

가입자 또는 가입자였던 자가 다음의 어느 하나에 해당하게 되면 본인이나 그 유족의 청구에 의하여 반환일시금을 지급받을 수 있다(제77조 제1항, 2016년 5월 29일 개정).

① 가입기간이 10년 미만인 자가 60세가 된 때

② 가입자 또는 가입자였던 자가 사망한 때. 다만, 제72조에
따라 유족연금이 지급되는 경우에는 그러하지 아니하다.

③ 국적을 상실하거나 국외로 이주한 때.

3. 반환일시금의 액수

가입자 또는 가입자였던 자가 납부한 연금보험료(사업장가입자
또는 사업장가입자였던 자의 경우에는 사용자의 부담금을 포함한다)에 대통령
령으로 정하는 이자를 더한 금액으로 한다(제77조 제2항).

4. 유족의 범위와 청구의 우선순위

제73조를 준용한다(제77조 제3항).

5. 반납금 납부와 가입기간

반환일시금을 받은 자로서 다시 가입자의 자격을 취득한
자는 지급받은 반환일시금에 대통령령으로 정하는 이자를 더한
금액(이하 "반납금"이라 한다)을 공단에 낼 수 있다(제78조 제1항).

반납금은 대통령령으로 정하는 바에 따라 분할하여 납부하
게 할 수 있다. 이 경우 대통령령으로 정하는 이자를 더하여야
한다(제78조 제2항). 반납금을 낸 경우에는 그에 상응하는 기간은
가입기간에 넣어 계산한다(제78조 제3항). 반납금의 납부 신청, 납
부 방법 및 납부 기한 등 반납금의 납부에 필요한 사항은 대통
령령으로 정한다(제78조 제4항).

6. 반환일시금 수급권의 소멸

반환일시금의 수급권은 다음의 어느 하나에 해당하면 소멸
한다(제79조).

① 수급권자가 다시 가입자로 된 때
② 수급권자가 노령연금의 수급권을 취득한 때
③ 수급권자가 장애연금의 수급권을 취득한 때
④ 수급권자의 유족이 유족연금의 수급권을 취득한 때.

7. 사망일시금

가입자 또는 가입자였던 자가 사망한 때에 제73조에 따른
유족이 없으면 그 배우자·자녀·부모·손자녀·조부모·형제자
매 또는 4촌 이내 방계혈족(傍系血族)에게 사망일시금을 지급한다
(제80조 제1항 본문, 2016년 5월 29일 개정). 다만, 가출·실종 등 대통령
령으로 정하는 경우에 해당하는 사람에게는 지급하지 아니하며,
4촌 이내 방계혈족의 경우에는 대통령령으로 정하는 바에 따라
가입자 또는 가입자였던 사람의 사망 당시(민법 제27조 제1항에 따른 실종
선고를 받은 경우에는 실종기간의 개시 당시를, 같은 조 제2항에 따른 실종선고를 받은 경우에
는 사망의 원인이 된 위난 발생 당시를 말한다) 가입자 또는 가입자였던 사람
에 의하여 생계를 유지하고 있던 사람에게만 지급하는데(제80조
제1항 단서), 구체적인 내용은 다음 <표 2-3-5>와 같다(영 제53조).

사망일시금은 가입자 또는 가입자였던 자의 반환일시금에 상
당하는 금액으로 하되, 그 금액은 사망한 가입자 또는 가입자였
던 자의 최종 기준소득월액을 제51조 제1항 제2호에 따른 연도별
재평가율에 따라 사망일시금 수급 전년도의 현재가치로 환산한
금액과 같은 호에 준하여 산정한 가입기간 중 기준소득월액의 평

균액 중에서 많은 금액의 4배를 초과하지 못한다(제80조 제2항).

사망일시금을 받을 자의 순위는 배우자·자녀·부모·손자녀·조부모·형제자매 및 4촌 이내의 방계혈족 순으로 한다. 이 경우 순위가 같은 사람이 2명 이상이면 똑같이 나누어 지급하되, 그 지급 방법은 대통령령으로 정한다(제80조 제3항).

〈표 2-3-5〉   사망일시금의 지급 대상(영 제53조 관련)

대상자	인정기준	입증자료
가. 배우자·자녀·부모·손자녀·조부모·형제자매	인정. 다만, 다음 중 어느 하나에 해당하는 경우에는 인정하지 않음 1) 「주민등록법」 제20조 제6항 본문에 따라 시장·군수 또는 구청장이 거주불명으로 등록한 날부터 1년이 지난 경우 2) 경찰서장이 가출 또는 실종 신고를 접수한 날부터 1년이 지난 경우 3) 1년 이내에 청구권이 시효완성으로 소멸되는 경우로서 공단이 1년 이상 연락이 끊어진 사실을 확인한 경우	○ 주거를 같이 하는 경우 - 가족관계증명서류 ○ 주거를 달리 하는 경우 - 가족관계증명서류
나. 4촌 이내 방계혈족	1) 주거를 같이하는 경우: 인정. 다만, 가목 단서에 해당하는 경우에는 인정하지 않음 2) 주거를 달리하는 경우: 가목 단서에 해당하지 않는 경우로서 가입자 또는 가입자였던 자가 정기적으로 생계비 등 경제적 지원을 한 경우에만 인정	- 통장사본 등 경제적 지원 사실을 증명할 수 있는 서류

8. 유족연금과 사망일시금의 관계

유족연금 수급권자에 대하여는 유족연금수급권이 소멸할 때까지 지급받은 유쪽언금액이 사망일시금액보다 직을 때에는 그 차액을 일시금으로 지급한다(제81조).

제 4 절 국민연금의 재정

[106] I. 의 의

연금재정의 운용방식에는 적립방식(accumulation of funds)과 부과방식(pay-as-you-go)이 있다. 전자는 장래연금급여지급의 부담액을 평균하여 보험료로 부과하는 방법이며, 후자는 매연도마다 지급될 연금급여지급액만큼을 당해연도에 갹출하는 방식을 말한다.

적립식은 인플레이션으로 인해 연금의 실질가치를 보호하지 못하는 단점이 있으므로, 연금수급자를 인플레이션으로부터 보호할 수 있는 부과식으로 전환하고 있는 것이 현재 각국의 경향이다.

그러나 우리나라에서는 노령화가 급속히 진행되고 있어 부과식으로 전환할 경우 장래의 세대에 대한 과중한 부담을 줄 수 있다. 그리고 부과식으로 전환한다고 하더라도 과도기에 후기세대의 갹출금으로 기금의 적자를 보전함으로써 적자발생시기를 다소 연장시킬 수는 있으나 근본적인 적자요인은 계속 남게 되는 문제가 있다.

국민연금사업에 소요되는 비용에 충당하기 위하여 연금보험료를 징수한다. 그리고 정부는 국민연금기금을 설치하여야 하며, 이는 연금보험료, 기금운용수익금, 적립금 및 잉여금으로 조성한다. 국민연금사업의 관리·운영에 필요한 공단의 관리·운영비의 전부 또는 일부를 국고에서 부담한다.

[107] Ⅱ. 보험료 납입의무자

1. 의 의

국민연금은 자립재정의 원리에 입각하고 있기 때문에 연금보험료가 주된 재원이 된다. 보험료 체계의 적정한 운용은 중요한 의의를 지니므로, 그 수리적 가정요인으로서의 사망률, 퇴직률, 폐질율, 인구증가율, 연금수급자에 대한 취업인구 비율, 가입연령, 물가와 임금상승률 등이 종합적으로 고려하여 결정하여야 한다.

2. 사업장가입자

사업장가입자의 연금보험료는 기여금, 부담금237)으로 하되, 기여금은 사업장가입자 본인(근로자)이 부담하고, 부담금은 사용자가 부담한다(제88조 제3항).

3. 지역가입자 등

지역가입자임의가입자 및 임의계속가입자의 연금보험료는 가입자 본인이 부담한다(제88조 제4항).

---

237) 기여금, 부담금 외에 퇴직금전환금을 부담하게 되어 있었으나, 2009년 5월 1일 개정시 삭제되었다. 퇴직금전환금은 근로기준법상 퇴직금규정(제28조 제1항)의 적용을 받거나 동 규정에 준하는 퇴직금을 지급하기로 한 계약이 있는 경우 사용자가 각 사업장가입자에게 장래에 지급할 퇴직금의 준비금에서 전환하여 납부하여야 하였다. 그러나 근로기준법상의 퇴직금규정의 적용을 받지 않고 이에 준하는 퇴직금에 관한 계약이 존재하지 않는 경우에는 사용자와 당해 사업장가입자가 합의하는 바에 따라 이를 부담하여야 하였다. 그리고 기여금, 부담금, 퇴직금전환금은 각각 1,000의 30에 해당하는 금액으로 하였다.

<판례 24> 대법원 2010.1.28. 선고 2008두20444 판결

[1] 구 국민연금법(2007. 7. 23. 법률 제8541호로 전부 개정되기 전의 것)의 입법 목적이 사회적 기본권의 하나인 사회보장수급권을 구체화하여 국민의 생활안정 및 복지증진에 기여하고자 하는 데에 있는 점(제1조), 당연적용사업장의 18세 이상 60세 미만의 근로자 및 사용자는 일부 예외를 제외하고는 사업장가입자로서 당연히 국민연금에 가입하여야 하는 점(제8조 제1항), 사업장가입자 자격의 취득시기는 사업장가입자가 당연적용사업장에 사용된 때 또는 그 사업장의 사용자가 된 때, 혹은 사업장가입자가 당연적용사업장으로 된 때 등으로 객관적으로 정해지는 점(제11조 제1항), 연금보험료를 납부하지 않은 기간은 국민연금 가입기간에 산입되지 않는 점(제17조 제2항 본문), 사용자는 사업장가입자가 부담할 기여금을 그에게 지급할 매월의 임금에서 공제하여 이를 공단에 납부하여야 할 의무가 있는 점(제77조 제1항), 사업장가입자의 사용자는 당연적용사업장에 해당된 사실과 가입자 자격의 취득·상실, 가입자의 소득월액 등에 관한 사항을 국민연금관리공단에 신고하여야 하고(제19조 제1항), 이를 신고하지 않거나 허위 신고를 한 사용자는 50만 원 이하의 벌금에 처해지는 점(제105조 제1호) 등을 종합해 보면, 사업장가입자는 그 자격을 취득한 때부터 연금보험료를 납부하여야 할 의무가 있고, 이에 위반하여 연금보험료를 임의로 납부하지 않을 권리가 있다고 할 수는 없으며, 다만 어떤 사유로 연금보험료가 납부되지 아니한 기간은 국민연금 가입기간에 산입되지 아니할 따름이다.

[2] 구 국민연금법(2007. 7. 23. 법률 제8541호로 전부 개정되기 전의 것)상 당연적용사업장의 사용자가 근로자의 사업장가입자 자격취득신고를 하지 않아 근로자가 가입자 관리대상에서 누락되어 연금보험료를 납부하지 않고 근무하던 중 사용자가 누락된 근로자의 사업장가입자 자격취득신고를 하면서 '국민연금 가입기간 미소급 희망각서'를 첨부하여 제출한 경우, 근로자는 사업장가입자 자격을 취득하였을 때부터 당연히 연금보험료를 납부하여야 할 의무가 있을 뿐 이를 임의로 납부하지 않을 권리가 있다고 할 수 없으므로, '국민연금 가입기간의 누락으로 인한 모든 불이익을 감수하고 누락된 기간 이후의 신고시점부터 사업장가입자 자격 취득을 희망하며 이에 대하여 차후 일체의 이의를 제기하지 않는다'는 내용으로 작성한 위 각서의 효력은 무효이다.

<판례 25> 대법원 2008.6.12. 선고 2006도6445 판결

구 국민연금법(2005.12.29. 법률 제7796호로 개정되기 전의 것) 제104조 제2항 제1호에서 말하는 정당한 사유에는 천재·지변·화재·전화(전화) 기타 재해를 입거나 도난을 당하는 등 연금보험료 납부의무자가 마음대로 할 수 없는 사유는 물론 연금보험료 납부의무자 또는 그 동거가족의 질병, 납부의무자의 파산, 납부의무자의 재산에 대한 경매개시 등 납부의무자의 경제적 사정으로 사실상 연금보험료 납부가 곤란한 사유도 포함된다.

구 국민연금법(2005.12.29. 법률 제7796호로 개정되기 전의 것) 제104조 제2항 제1호에서 말하는 정당한 사유의 유무를 판단할 때에는 위 처벌 조항의 입법 취지를 충분히 고려하면서 연금보험료 미납의 경위, 미납액 및 기간 등을 아울러 참작하여 구체적인 사안에 따라 개별적으로 판단하여야 하고, 연금보험료 미납행위가 위 조항의 구성요건을 충족한다는 점, 즉 연금보험료 미납에 정당한 사유가 없다는 사실은 검사가 증명하여야 한다.

<판례 26> 전주지법 2004. 8. 20. 선고 2004고정284 판결

국민연금법 제104조 제2항 제1호 위반죄는 국민연금법 제79조 제1항에 의한 국민연금관리공단의 납부독촉을 받고도 그 기한 내에 정당한 사유 없이 연금보험료를 납부하지 않았을 때 성립하는 범죄이므로 그 때 사용자였던 사람이 그 주체가 되는 것이며, 이미 납부기한이 경과하여 범죄가 성립된 후에 새로 사용자가 된 자는 그 연금보험료를 계속 납부하지 않고 있다고 하더라도 위 죄책을 지지 않는다.

[108] Ⅲ. 보험료 징수절차

1. 연금보험료의 부과 · 징수 등

보건복지부장관은 국민연금사업 중 연금보험료의 징수에 관하여 이 법에서 정하는 사항을 건강보험공단에 위탁한다(제88조 제1항, 2009년 5월 21일 신설).

국민연금공단은 국민연금사업에 드는 비용에 충당하기 위하여 가입자와 사용자에게 가입기간 동안 매월 연금보험료를 부과하고, 건강보험공단이 이를 징수한다(제88조 제2항).

사업장가입자의 연금보험료 중 기여금은 사업장가입자 본인이, 부담금은 사용자가 각각 부담하되, 그 금액은 각각 기준소득월액의 1천분의 45에 해당하는 금액으로 한다(제88조 제3항).

지역가입자, 임의가입자 및 임의계속가입자의 연금보험료는 지역가입자, 임의가입자 또는 임의계속가입자 본인이 부담하되, 그 금액은 기준소득월액의 1천분의 90으로 한다(제88조 제4항).[238]

공단은 기준소득월액 정정 등의 사유로 당초 징수 결정한 금액을 다시 산정함으로써 연금보험료를 추가로 징수하여야 하는 경우 가입자 또는 사용자에게 그 추가되는 연금보험료를 나누어 내도록 할 수 있다. 건강보험공단은 공단이 연금보험료를 부과한 때에는 그 납부 의무자에게 연금보험료의 금액, 납부 기한, 납부 장소 등을 적은 문서로써 납입의 고지를 하여야 한다(제88조의2 제1항 본문).[239] 다만, 제89조 제4항에 따라 연금보험료를 자동 계좌이체의 방법으로 내는 기간 동안에는 이를 생략할 수 있다(제88조의2 제1항 단서).

건강보험공단은 납부 의무자의 신청이 있는 경우에는 제1항 본문에 따른 납입의 고지를 전자문서교환방식 등에 의하여 전자문서로 할 수 있다. 건강보험공단은 전자문서로 고지한 경우 보건복지부령으로 정하는 정보통신망에 저장하거나 납부 의무자가

---

238) 단, 이 법 제10조의 개정규정에 의한 지역가입자(임의계속가입자가 된 경우에도 준용됨)의 연금보험료는 이에 불구하고 1995년 7월부터 2000년 6월까지는 1,000의 30에 해당하는 금액으로 하고, 2000년 7월부터 2005년 6월까지는 1,000의 60에 해당하는 금액으로 한다.

239) 건강보험공단은 납부 의무자의 신청이 있는 경우에는 납입의 고지를 전자문서교환방식 등에 의하여 전자문서로 할 수 있다(제88조의2 제2항).

지정한 전자우편주소에 입력된 때에 그 납부 의무자에게 도달된 것으로 본다(제88조의2 제3항, 2010년 1월 18일 개정). 연금보험료를 연대하여 납부하여야 하는 자 중 1명에게 한 고지는 다른 연대 납부 의무자에게도 효력이 있다(제88조의2 제4항).

건강보험공단은 제90조의2에 따른 제2차 납부의무자에게 납부의무가 발생한 경우 해당 납부의무자에게 납입의 고지를 하여야 하며, 납입의 고지를 한 경우에는 해당 법인인 사용자 및 사업양도인에게 그 사실을 통지하여야 한다. 이 때 납입의 고지 방법, 고지의 도달 등에 관한 사항은 제1항부터 제3항까지를 준용한다(제88조의2 제5항, 2015년 6월 22일 신설).

2. 연금보험료의 납부 기한 등

연금보험료는 납부 의무자가 다음 달 10일까지 내야 한다(제89조 제1항 본문). 다만, 대통령령으로 정하는 농업·임업·축산업 또는 수산업을 경영하거나 이에 종사하는 자(이하 '농어업인'이라 한다)는 본인의 신청에 의하여 분기별 연금보험료를 해당 분기의 다음 달 10일까지 낼 수 있다(제89조 제1항 단서).

건강보험공단은 고지서의 송달 지연 등 보건복지부령으로 정하는 사유에 해당하는 경우에는 납부 기한으로부터 1개월 범위에서 납부 기한을 연장할 수 있다(제89조 제5항, 2008년 2월 29일, 2009년 5월 21일, 2010년 1월 18일 개정). 납부 기한을 연장받으려면 보건복지부령으로 정하는 바에 따라 건강보험공단에 납부 기한의 연장을 신청하여야 한다(제89조 제6항, 2008년 2월 29일, 2009년 5월 21일, 2010년 1월 18일 개정).

연금보험료를 납부 기한의 1개월 이전에 미리 낸 경우에는 그 전달의 연금보험료 납부 기한이 속하는 날의 다음 날에 낸 것으로 본다(제89조 제2항). 납부 의무자가 연금보험료를 자동 계좌이체의 방법으로 낼 경우에는 대통령령으로 징하는 바에 따라 연금보험료를 감액하거나 재산상의 이익을 제공할 수 있다(제89조 제4항, 2009년 5월 21일 개정).

3. 연금보험료의 원천공제 납부 등

사용자는 사업장가입자가 부담할 기여금을 그에게 지급할 매달의 임금에서 공제하여 내야 한다(제90조 제1항 전문). 이 경우 제100조의3 제1항에 따라 사업장가입자의 연금보험료 중 일부를 지원받는 때에는 사업장가입자가 부담할 기여금에서 지원받는 연금보험료 중 기여금에 지원되는 금액을 뺀 금액을 공제하여야 한다(제90조 제1항 후문, 2009년 5월 21일, 2016년 5월 29일 개정).

사용자는 임금에서 기여금을 공제하면 보건복지부령으로 정하는 바에 따라 공제계산서를 작성하여 사업장가입자에게 내주어야 한다. 이 경우 기여금 공제 내용을 알 수 있는 급여명세서 등은 공제계산서로 본다(제90조 제2항, 2011년 6월 7일, 2015년 1월 28일 개정). 해당 사업장의 사용자는 법인이 아닌 사업장의 사용자가 2명 이상인 때에는 그 사업장가입자의 연금보험료와 그에 따른 징수금을 연대하여 납부할 의무를 진다(제90조 제3항, 2009년 5월 21일 신설).

[109] Ⅳ. 국민연금기금

1. 기금의 설치 및 조성

보건복지부장관은 국민연금사업에 필요한 재원을 원활하게 확보하고, 이 법에 따른 급여에 충당하기 위한 책임준비금으로서 국민연금기금(이하 '기금'이라 한다)을 설치한다(제101조 제1항).

기금은 ① 연금보험료, ② 기금 운용 수익금, ③ 적립금, ④ 공단의 수입지출 결산상의 잉여금을 재원으로 조성한다(제101조 제2항).

2. 기금의 관리 및 운용

기금은 보건복지부장관이 관리·운용하며(제102조 제1항), 국민연금 재정의 장기적인 안정을 유지하기 위하여 그 수익을 최대로 증대시킬 수 있도록 '국민연금기금운용위원회'에서 의결한 바에 따라 다음의 방법으로 기금을 관리·운용하되, 가입자, 가입자였던 자 및 수급권자의 복지증진을 위한 사업에 대한 투자는 국민연금 재정의 안정을 해치지 아니하는 범위에서 하여야 한다(제102조 제2항).

① 대통령령으로 정하는 금융기관에 대한 예입 또는 신탁

② 공공사업을 위한 공공부문에 대한 투자[240]

③ "자본시장과 금융투자업에 관한 법률" 제4조에 따른 증권의 매매 및 대여

④ "자본시장과 금융투자업에 관한 법률" 제5조 제1항 각 호에 따른 지수 중 금융투자상품지수에 관한 파생상품시장에서의 거래

⑤ 제46조에 따른 복지사업 및 대여사업

⑥ 기금의 본래 사업 목적을 수행하기 위한 재산의 취득 및 처분

⑦ 그 밖에 기금의 증식을 위하여 대통령령으로 정하는 사업.

---

240) 이 경우에는 기획재정부장관과 협의하여 국채를 매입한다.

제 5 절 권리보호 및 구제절차

[110] Ⅰ. 수급권의 보호

1. 받을 권리: 양도·압류·담보제공 금지

수급권은 양도·압류하거나 담보로 제공할 수 없다(제58조 제1항).

2. 받은 금액: 일정금액 압류 금지

수급권자에게 지급된 급여로서 대통령령으로 정하는 금액 이하의 급여는 압류할 수 없다(제58조 제2항). 급여수급전용계좌에 입금된 급여와 이에 관한 채권은 압류할 수 없다(제58조 제3항, 2015년 1월 28일 신설).

[111] Ⅱ. 심사청구

가입자의 자격, 기준소득월액, 연금보험료, 그 밖의 징수금과 급여에 관한 공단 또는 건강보험공단의 처분에 이의가 있는 자는 그 처분을 한 공단 또는 건강보험공단에 심사청구를 할 수 있다(제108조 제1항). 이 청구는 그 처분이 있음을 안 날부터 90일 이내에 문서(전자정부법 제2조 제7호에 따른 전자문서를 포함한다)로 하여야 하며, 처분이 있은 날부터 180일을 경과하면 이를 제기하지 못한다. 다만, 정당한 사유로 그 기간에 심사청구를 할 수 없었음을 증명하면 그 기간이 지난 후에도 심사 청구를 할 수 있다 (제108조 제2항). 이 심사청구 사항을 심사하기 위하여 공단에 국민연금심사위원회(이하 "심사위원회"라 한다)를 두고, 건강보험공단에 징수심사위원회를 둔다(제109조 제1항).

[112] Ⅲ. 재심사청구

위의 심사청구에 대한 결정에 불복하는 자는 그 결정통지를 받은 날부터 90일 이내에 국민연금재심사위원회에 재심사를 청구할 수 있다(제110조). 재심사위원회의 재심사와 재결에 관한 절차에 관하여는 행정심판법을 준용한다(제112조 제1항).

[113] Ⅳ. 행정소송

재심사위원회의 재심사는 행정소송법을 적용할 때 행정심판법에 따른 행정심판으로 본다(제112조 제2항).

제6절 소멸시효 및 벌칙

[114] Ⅰ. 소멸시효

1. 공단이 받을 권리: 3년

연금보험료, 환수금, 그 밖의 이 법에 따른 징수금을 징수하거나 한수할 권리는 3년간 행사하지 아니하면 각각 소멸시효가 완성된다(제115조 제1항).

2. 수급권 등의 권리: 5년

급여를 받거나 과오납금을 반환받을 수급권자 또는 가입자 등의 권리는 5년간 행사하지 아니하면 각각 소멸시효가 완성된다(제115조 제1항). 급여의 지급이나 과오납금 등의 반환청구에 관한 기간을 계산할 때 그 서류의 송달에 들어간 일수는 그 기간에 산입하지 아니한다(제115조 제5항).

3. 시효진행의 중단

급여를 지급받을 권리는 그 급여 전액에 대하여 지급이 정지되어 있는 동안은 시효가 진행되지 아니한다(제115조 제2항).

연금보험료나 그 밖의 이 법에 따른 징수금 등의 납입 고지, 독촉과 급여의 지급 또는 과오납금 등의 반환청구는 소멸시효 중단의 효력을 가진다(제115조 제3항). 중단된 소멸시효는 납입 고지나 독촉에 따른 납입 기간이 지난 때부터 새로 진행된다(제115조 제4항).

[115] Ⅱ. 벌 칙

1. 벌 금

거짓이나 그 밖의 부정한 방법으로 급여를 받은 자는 3년 이하의 징역이나 3천만원 이하의 벌금241)에 처한다(제128조 제1항). 그리고 다음 어느 하나에 해당하는 자는 1년 이하의 징역이나 1

천만원 이하의 벌금242)에 처한다(제128조 제2항).

① 제88조 제3항에 따른 부담금의 전부 또는 일부를 사업장 가입자에게 부담하게 하거나 제90조 제1항에 따라 임금에서 기여금을 공제할 때 기여금을 초과하는 금액을 사업장가입자의 임금에서 공제한 사용자

② 제95조 제2항에 따른 납부 기한까지 정당한 사유 없이 연금보험료를 내지 아니한 사용자

③ 제119조를 위반하여 근로자가 가입자로 되는 것을 방해하거나 부담금의 증가를 기피할 목적으로 정당한 사유 없이 근로자의 승급 또는 임금 인상을 하지 아니하거나 해고나 그 밖의 불리한 대우를 한 사용자

④ 제124조를 위반하여 업무를 수행하면서 알게 된 비밀을 누설한 자.

법인의 대표자나 법인 또는 개인의 대리인, 사용인, 그 밖의 종업원이 그 법인 또는 개인의 업무에 관하여 제128조의 위반행위를 하면 그 행위자를 벌하는 외에 그 법인 또는 개인에게도 해당 조문의 벌금형을 과한다(제130조 본문). 다만, 법인 또는 개인이 그 위반행위를 방지하기 위하여 해당 업무에 관하여 상당한 주의와 감독을 게을리하지 아니한 경우에는 그러하지 아니하다(제130조 단서).

2. 과태료

다음의 어느 하나에 해당하는 자에게는 50만원 이하의 과태료를 부과한다(제131조 제1항).

---

241) 2015년 1월 28일 개정시 "1천만원 이하의 벌금"에서 "3천만원 이하의 벌금"으로 상향되었다.

242) 2015년 1월 28일 개정시 "500만원 이하의 벌금"에서 "1천만원 이하의 벌금"으로 상향되었다.

① 제21조 제1항을 위반하여 신고를 하지 아니하거나 서섯
으로 신고한 사용자

② 제122조에 따라 공단 또는 공단의 직원이 서류나 그 밖
의 자료 제출을 요구하거나 조사·질문을 할 때 이를 거부·기
피·방해하거나 거짓으로 답변한 사용자.

그리고 다음의 어느 하나에 해당하는 자에게는 10만원 이하
의 과태료를 부과한다(제131조 제2항).

① 제21조 제2항·제121조 제1항 또는 제2항에 따른 신고를
하지 아니한 자

② 제23조 제2항에 따른 통지를 하지 아니한 자

③ 제122조에 따라 공단 또는 공단의 직원이 서류나 그 밖
의 소득·재산 등에 관한 자료의 제출을 요구하거나 조사·질문
할 때 이를 거부·기피·방해하거나 거짓으로 답변한 가입자,
가입자였던 자 또는 수급권자.

이상의 과태료는 대통령령으로 정하는 바에 따라 보건복지
부장관이 부과·징수하는데(제131조 제3항), 시행령은 과태료의 부
과기준을 아래 <표 2-3-6>과 같이 정하고 있다(영 제114조).

〈표 2-3-6〉　　　과태료의 부과기준(영 제114조 관련)

1. 일반기준

　가. 위반행위의 횟수에 따른 과태료의 부과기준은 최근 1년간 동일한 위반행
　　　위로 과태료 부과처분을 받은 경우에 적용한다. 이 경우 위반행위에 대하
　　　여 과태료 부과처분을 한 날과 다시 동일한 위반행위를 적발한 날을 기
　　　준으로 하여 위반횟수를 계산한다.
　나. 보건복지부장관은 다음의 어느 하나에 해당하는 경우에는 제2호에 따른
　　　과태료 금액의 2분의 1의 범위에서 그 금액을 감경할 수 있다. 다만,
　　　과태료를 체납하고 있는 위반행위자에 대해서는 그러하지 아니하다.
　1) 위반행위자가 「질서위반행위규제법 시행령」 제2조의2 제1항 각 호의
　　　어느 하나에 해당하는 경우

　　2) 위반행위자가 동일한 위반행위로 다른 법률에 따라 벌금 등의 처
　　　벌을 받은 경우
　　3) 위반행위가 사소한 부주의나 오류로 인한 것으로 인정되는 경우
　　4) 위반의 내용·정도가 경미하다고 인정되는 경우
　　5) 그 밖에 위반행위의 정도, 위반행위의 동기와 그 결과 등을 고려
　　　하여 감경할 필요가 있다고 인정되는 경우
　다. 보건복지부장관은 위반행위의 정도, 위반행위의 동기와 그 결과 등
　　을 고려하여 제2호에 따른 과태료 금액의 2분의 1의 범위에서 그
　　금액을 가중할 수 있다. 다만, 가중하는 경우에도 법 제131조에
　　따른 과태료 금액의 상한을 넘을 수 없다.

2. 개별기준

(단위: 만원)

위반 행위	근거 법조문	과태료 금액		
		1차 위반	2차 위반	3차 이상
가. 법 제21조 제1항을 위반하여 신고를 하지 않거나 거짓으로 신고한 경우	법 제131조 제1항 제1호	17	33	50
나. 법 제21조 제2항에 따른 신고를 하지 않은 경우	법 제131조 제2항 제1호	3	6	10
다. 법 제23조 제2항에 따른 통지를 하지 않은 경우	법 제131조 제2항 제2호	3	6	10
라. 법 제121조 제1항 또는 제2항에 따른 신고를 하지 않은 경우	법 제131조 제2항 제1호			
1) 지연신고기간이 3개월 미만인 경우		3		
2) 지연신고기간이 3개월 이상 6개월 미만인 경우		6		
3) 지연신고기간이 6개월 이상인 경우		10		
마. 법 제122조에 따라 사용자가 공단 또는 공단의 직원이 서류나 그 밖의 소득·재산 등에 관한 자료의 제출을 요구하거나 조사·질문할 때 이를 거부·기피·방해하거나 거짓으로 답변한 경우	법 제131조 제1항 제2호	17	33	50

바. 법 제122조에 따라 가입자, 가입자였던 자 또는 수급권자가 공단 또는 공단의 직원이 서류나 그 밖의 소득·재산 등에 관한 자료의 제출을 요구하거나 조사·질문할 때 이를 거부·기피·방해하거나 거짓으로 답변한 경우	법 제131조 제2항 제3호	3	6	10

제 7 절 특수직 연금법

[116] Ⅰ. 특수직 연금법의 종류

1. 공무원연금법

공무원연금법은 최초 1960년 1월 1일 제정(법률 제533호)되어, 동일자로 시행되었다. 이 법은 공무원의 퇴직 또는 사망과 공무(公務)로 인한 부상·질병·장애에 대하여 적절한 급여를 지급함으로써, 공무원 및 그 유족의 생활안정과 복리 향상에 이바지함을 목적으로 한다(제1조). 공무원연금제도의 운영에 관한 사항은 인사혁신처장이 맡아서 주관한다(제2조).

이 법상 공무원은 상시 공무에 종사하는 다음의 어느 하나에 해당하는 자를 말한다. ① 국가공무원법, 지방공무원법, 그 밖의 법률에 따른 공무원. 다만, 군인과 선거에 의하여 취임하는 공무원은 제외한다. ② 그 밖에 대통령령으로 정하는 국가나 지방자치단체의 직원(제3조 제1항 제1호).

2. 사립학교교직원연금법

처음에는 "사립학교교원연금법"이 1973년 12월 20일 제정(법률 제2650호)되어 1974년 1월 1일부터 시행되었다. 2000년 1월 12일 개정시 법률의 명칭을 "사립학교교직원연금법"으로 바꾸었다.

사립학교교직원연금법은 사립학교 교원 및 사무직원의 퇴직·사망 및 직무로 인한 질병·부상·장애에 대하여 적절한 급여제도를 확립함으로써 교직원 및 그 유족의 경제적 생활안정과 복리향상에 이바지함을 목적으로 한다(제1조). 이 법상 교직원은 사립학교법 제54조에 따라 그 임명에 관한 사항이 관할청에 보고된 교원과, 사립학교법 제70조의2에 따라 임명된 사무직원을 말한다. 다만, 임시로 임명된 사람, 조건부로 임명된 사람 및 보수를 받지 아니하는 사람은 제외한다(제2조 제1항 제1호).

가. 적용 원칙

사립학교교직원연금법은 다음과 같은 학교기관에서 근무하는 교직원에게 적용한다(제3조 제1항). 여기에서 학교경영기관이라 함은 아래에 해당한 사립학교를 설치·경영하는 학교법인 또는 사립학교경영자를 말한다.

① 사립학교법 제3조에 규정된 사립학교 및 이를 설치·경영하는 학교 경영기관

② 초·중등교육법 제2조의 특수학교 중 사립학교 및 이를 설치·경영하는 학교경영기관

③ 위의 경우에 해당하지 아니하는 사립학교 및 학교경영기관 중 특히 교육부장관이 지정하는 사립학교와 이를 설치·경영하는 학교경영기관.

위 규정에도 불구하고 이 법은 다음의 어느 하나에 해당하

는 사람에 대해서는 적용하지 아니한다.

나. 적용 배제

이 법은 다음의 어느 하나에 해당하는 사람에 대해서는 적용하지 아니한다(제3조 제2항, 2016년 5월 29일 개정, 2017년 1월 1일 시행). ① 공무원연금법의 적용을 받는 공무원, ② 군인연금법의 적용을 받는 군인, ③ 2017년 1월 1일 이후 교직원으로 신규 임용(제2조 제1항 제3호 단서에 따른 경우는 제외한다)되는 경우로서 임용 당시 다음의 구분에 따른 정년을 초과한 교직원. (가) 교원: 교육공무원법 제47조 제1항에 따라 교육공무원에게 적용되는 정년, (나) 사무직원: 국가공무원법 제74조 제1항에 따라 일반직공무원에게 적용되는 정년.

다. 적용 특례

법률에 따라 고등학교과정 이하의 학교 또는 대학원을 설치·운영하는 연구기관(이하 "연구기관"이라 한다)으로서 교육부장관이 지정하는 연구기관의 교수요원, 연구요원 및 교직원(공무원연금법 또는 군인연금법의 적용을 받는 공무원 또는 군인은 제외한다)에 대하여는 제3조에도 불구하고 이 법을 적용한다. 이 경우 교수요원, 연구요원 및 교직원은 제2조 제1항 제1호에 따른 교직원(이하 "교직원"이라 한다)으로 보고, 연구기관은 제2조 제1항 제6호에 따른 학교경영기관(이하 "학교경영기관"이라 한다)으로 본다(제60조의4 제1항).

평생교육법 제31조에 따른 학교형태의 평생교육시설 또는 같은 법 제33조에 따른 원격대학형태의 평생교육시설로서 교육부장관이 지정하는 평생교육시설의 교원 및 사무직원에 대하여는 제3조에도 불구하고 이 법을 적용한다. 이 경우 교원 및 사무직원은 교직원으로 보고, 학교형태의 평생교육시설을 설치·운영하는 사람 또는 원격대학형태의 평생교육시설을 설치하는 법인은 학교경영기관으로 본다(제60조의4 제2항).

이 법에 따라 설립된 공단의 직원은 제3조에도 불구하고 이

법을 적용한다. 이 경우 공단의 직원은 제2조 제1항 제1호에 따른 사무직원으로 보고, 공단은 학교경영기관으로 본다(제60조의4 제3항).

이상의 내용과 관련하여 다음의 사항은 교육부장관이 정한다(제60조의4 제4항). ① 제1항에 따른 교수요원, 연구요원 및 교직원의 범위, ② 제2항에 따른 평생교육시설의 교원 및 사무직원의 범위, ③ 제3항에 따른 공단의 직원의 범위.

국가가 국립대학법인으로 설치하는 국립대학교의 교원, 직원 및 조교 중 공무원연금법을 적용받지 아니하는 교원, 직원 및 조교에 대하여는 이 법을 적용한다. 이 경우 교원, 직원 및 조교는 제2조 제1항 제1호에 따른 교직원으로, 국가가 국립대학법인으로 설치하는 국립대학교는 같은 항 제6호에 따른 학교경영기관으로 본다(제60조의4 제5항, 2010년 12월 27일 신설).

국가가 법인으로 설치한 서울대학교병원 및 서울대학교치과병원의 임상교수요원, 직원(국가나 지방자치단체로부터 수탁을 받아 운영하는 병원에 파견되어 근무하는 경우를 포함한다)에 대하여는 이 법을 적용한다. 이 경우 임상교수요원, 직원은 제2조 제1항 제1호에 따른 교직원으로, 서울대학교병원 및 서울대학교치과병원은 같은 항 제6호에 따른 학교경영기관으로 본다(제60조의4 제6항, 2016년 1월 28일 신설).

국가가 법인으로 설치한 국립대학병원 및 국립대학치과병원의 임상교수요원, 직원(국가나 지방자치단체로부터 수탁을 받아 운영하는 병원에 파견되어 근무하는 경우를 포함한다)에 대하여는 이 법을 적용한다. 이 경우 임상교수요원, 직원은 제2조 제1항 제1호에 따른 교직원으로, 국립대학병원 및 국립대학치과병원은 같은 항 제6호에 따른 학교경영기관으로 본다(제60조의4 제7항, 2016년 1월 28일 신설).

3. 군인연금법

군인연금법은 1963년 1월 28일 제정(법률 제1260호)되었는데,

1963년 1월 1일로 소급 시행되었다. 이 법은 군인이 상당한 기간을 성실히 복무하고 퇴직하거나 심신의 장애로 인하여 퇴직하거나 사망한 경우 또는 공무(公務)상의 질병·부상으로 요양하는 경우에 본인이나 그 유족에게 적절한 급여를 지급함으로써 본인 및 그 유족의 생활 안정과 복리 향상에 이바지함을 목적으로 한다(제1조).

이 법은 현역 또는 소집되어 군에 복무하는 군인에게 적용한다. 다만, 다음의 어느 하나에 해당하는 사람에게는 제31조(사망보상금)와 제32조(장애보상금)만 적용한다(제2조, 2016년 5월 29일). ① 지원에 의하지 아니하고 임용된 부사관, ② 병(兵), ③ 군간부후보생. 다만, 준사관 또는 부사관(제1호의 부사관은 제외한다)으로 복무 중에 군간부후보생에 지원한 사람(이하 "복무 중 지원 군간부후보생"이라 한다)은 제외한다.

[117] Ⅱ. 상호 연계제도

1. 연계의 필요성

국민연금에 가입한 자가 공무원, 사립학교교직원, 군인 등으로 임용되기도 하고, 반대로 이들 직종에 근무하다가 불가피한 사유로 민간기업에 입사하거나 사업을 할 수도 있다.

이러한 경우에는 국민연금과 특수직 연금간에는 연계가 필요함에도 불구하고 공무원연금, 사립학교교직원연금, 군인연금 상호간에는 재직기간을 합산하는 연계제도가 있었으나, 국민연금과 이들 특수직 연금간에는 연계제도가 없었다.

따라서 2009년 2월 6일 "국민연금과 직역연금의 연계에 관한 법률"(제9431호)을 제정하였다. 이 법은 국민연금의 가입기간과 공무원연금, 사립학교교직원연금, 군인연금 및 별정우체국직원연금의 재직기간·복무기간을 연계하여 연계급여를 지급함으로써 국민의 노후생활 안정과 복지증진에 이바지함을 목적으로 한다(제1조).

2. 적용범위 등

이 법은 신청을 한 자의 연계급여에 대하여 적용하고(제3조 제1항), 연계 신청을 한 자가 ① 국민연금법에 따른 노령연금 수급권자이고, ② 직역연금법에 따른 퇴직·퇴역연금 수급권자가 된 경우에는243) 각 연금법을 적용한다(제3조 제2항).

국민연금가입기간과 직역재직기간을 연계하려는 연금가입자는 다음의 어느 하나에 해당하면 보건복지부령으로 정하는 바에 따라 각 연금법에 따른 급여 수급권이 없어지기 전에 연금관리기관(본인이 가입하였던 연금을 관리하는 연금관리기관을 말한다)에 연계를 신청하여야 한다(제8조 제1항). ① 직역연금가입자가 된 때,244) ② 직역연금가입자가 퇴직한 때(직역연금법에 따른 퇴직급여 또는 군인연금법의 급여를 지급받지 아니한 경우에 한정된다).

3. 연계대상 기간

연계대상 기간은 다음의 기간으로 한다(제7조 제1항). ① 국민연금법에 따른 가입기간(다만, 같은 법 제13조·제18조 및 제19조에 따른 가입기간을 제외한다), ② 공무원연금법에 따른 재직기간, ③ 사립학교교직원 연금법에 따른 재직기간, ④ 군인연금법에 따른 복무기간, ⑤ 별정우체국법에 따른 재직기간.

---

243) 구법에서는 "직역재직기간이 20년 이상이 된 경우에는" 각 연금법을 적용하였으나, 2015년 12월 29일 현행과 같이 개정하였다.

244) 구법에서는 "국민연금법에 따른 국민연금가입자의 자격을 상실한 때"로 규정되어 있었으나, 2015년 12월 29일 현행과 같이 개정되었다.

이상의 연계기간을 산정할 때 각각 기간 중에 서로 중복되는 기간이 있는 경우에는 그 중복된 기간은 연계기간에서 제외된다(제7조 제2항 본문). 다만, 연계노령연금액과 연계퇴직연금액을 산정할 때 중복하여 보험료를 납부한 경우에는 그 중복된 기간을 국민연금가입기간과 직역재직기간에 포함한다(제7조 제2항 단서).

4. 연계급여

연계급여의 종류는 다음과 같다(제9조). ① 연계노령연금, ② 연계퇴직연금, ③ 연계노령유족연금, ④ 연계퇴직유족연금. 연계신청을 한 자가 연계기간이 20년 이상이고 65세 이상이 되면 연계노령연금 수급권 및 연계퇴직연금 수급권이 생긴다(제10조 제1항).

5. 심사청구

이 법에 따른 연계급여의 지급 등과 관련하여 이의가 있는 자는 각 연금법에서 정한 절차에 따라 해당 연계급여에 대한 심사청구를 할 수 있다(제23조 제1항). 그리고 심사결정에 대하여도 불복하는 자는 각 연금법에서 정한 절차에 따라 재심사청구를 할 수 있다(제23조 제2항).

6. 소멸시효

이 법에 따라 연계급여를 받을 권리는 5년간, 제20조에 따라 환수금을 징수할 권리는 3년간 행사하지 아니할 때에는 시효로 인하여 소멸한다(제25조).

제 8 절 기초연금법

[118] I . 기초노령연금에서 기초연금으로

처음에는 기초노령연금법상의 기초노령연금제도에서 시작하여 기초연금법상의 기초연금제도로 발전하였다.

기초연금법은 2007년 4월 25일 제정(법률 제8385호)되고, 2008년 1월 1일부터 시행되었다. 이 법은 노인이 후손의 양육과 국가 및 사회의 발전에 이바지하여 온 점을 고려하여 생활이 어려운 노인에게 기초노령연금을 지급함으로써 노인의 생활안정을 지원하고 복지를 증진함을 목적으로 하였다(제1조).245)

그리고 기초연금법은 2014년 5월 20일 제정(법률 제12617호)되어, 2014년 7월 1일부터 시행되었다.246) 이 법의 시행과 함께 기초노령연금법은 폐지되었다. 이법은 2016년 개정시 국민편의를 증진하고 행정의 효율성을 제고하였다.247)

---

245) 이 법의 제정으로 경로연금에 관한 규정 등 노인복지법의 상당 부분(제9조 ~ 제22조, 제45조 제1항, 제58조, 제61조)이 삭제되었다(부칙 제5조).

246) 이 법은 노인에게 기초연금을 지급하여 안정적인 소득기반을 제공함으로써 노인의 생활안정을 지원하고 복지를 증진함을 목적으로 하였다.

247) 2016년 2월 3일 개정에서는 ① 노인이 정보부족 등을 이유로 부당하게 기초연금 수급 기회를 상실하는 것을 방지하기 위하여 보건복지부장관 또는 지방자치단체의 장이 65세 이상인 사람에게 기초연금의 지급대상, 연금액 및 신청방법 등 관련 정보를 제공하도록 하고, ② 기초연금 수급자의 사망신고를 한 경우에는 기초연금 수급권 상실신고를 한 것으로 간주함으로써 국민편의를 증진하고 행정의 효율성을 제고하고, ③ 관계공무원이 조사를 하는 경우에는 권한을 표시하는 증표뿐만 아니라 조사기간, 조사범위 등이 기재된 서류를 제시하도록 하였다.

[119] Ⅱ. 기초연금의 지급대상

1. 기초연금 수급권자

기초연금은 65세 이상인 사람으로서 소득인정액이 보건복지부장관이 정하여 고시하는 금액(이하 "선정기준액"이라 한다) 이하인 사람에게 지급한다(제3조 제1항). 보건복지부장관은 선정기준액을 정하는 경우 65세 이상인 사람 중 기초연금 수급자가 100분의 70 수준이 되도록 한다(제3조 제2항).

선정기준액의 기준, 고시 시기 및 적용기간 등은 대통령령으로 정하도록 하였는데(제3조 제4항), 대통령령에는 보건복지부장관이 정하여 고시하는 금액은 65세 이상인 사람 및 그 배우자(이하 "노인가구"라 한다)의 소득·재산 수준과 생활실태, 물가상승률 등을 고려하여 산정한다(영 제4조 제1항). 배우자가 있는 노인가구의 선정기준액은 배우자가 없는 노인가구의 선정기준액에 100분의 160을 곱한 금액으로 한다(영 제4조 제2항). 해당 연도 선정기준액은 전년도 12월 31일까지 보건복지부장관이 결정·고시하고, 1월 1일부터 12월 31일까지 적용한다(영 제4조 제4항). 그리고 보건복지부장관은 선정기준액을 정할 때에는 기획재정부장관 등 관계 중앙행정기관의 장과 협의하여야 한다(영 제4조 제5항).248)

2. 기초연금 지급 제외자

다음의 어느 하나에 해당하는 연금의 수급권자와 그 배우자나 다음의 어느 하나에 해당하는 연금을 받은 사람 중 대통령령

---

248) 2016년도 선정기준액은 배우자가 없는 노인가구의 경우 월 소득인정액 100만원, 배우자가 있는 노인가구의 경우 월 소득인정액 160만원으로 한다: 보건복지부 고시 제2016-40호(2016. 3. 24 자).

으로 정하는 사람과 그 배우자에게는 기초연금을 지급하지 아니한다(제3조 제3항).

① 공무원연금법 제42조 및 사립학교교직원 연금법 제42조에 따른 퇴직연금, 퇴직연금일시금, 퇴직연금공제일시금, 장해연금, 장해보상금, 유족연금, 유족연금일시금, 순직유족연금 또는 유족일시금(유족일시금의 경우에는 「공무원연금법」 제56조 제1항 제3호에 해당하는 경우로서 유족이 같은 법 제60조에 따라 유족연금을 갈음하여 선택한 경우로 한정한다).

② 군인연금법 제6조에 따른 퇴역연금, 퇴역연금일시금, 퇴역연금공제일시금, 상이연금, 유족연금 또는 유족연금일시금

③ 별정우체국법 제24조 제2항에 따른 퇴직연금, 퇴직연금일시금, 퇴직연금공제일시금, 유족연금 또는 유족연금일시금

④ 「국민연금과 직역연금의 연계에 관한 법률」 제10조 또는 제13조에 따른 연계퇴직연금 또는 연계퇴직유족연금 중 같은 법 제2조 제1항 제7호에 따른 직역재직기간이 10년 이상인 경우의 연계퇴직연금 또는 연계퇴직유족연금.

[120] Ⅲ. 기초연금의 지급절차

1. 기초연금의 신청

기초연금을 지급받으려는 사람(이하 "기초연금 수급희망자"라 한다) 또는 보건복지부령으로 정하는 대리인은 특별자치시장·특별자치도지사·시장·군수·구청장(자치구의 구청장을 말한다. 이하 같다)에게 기초연금의 지급을 신청할 수 있다(제10조 제1항).

2. 기초연금의 지급결정

특별자치시장·특별자치도지사·시장·군수·구청장은 조사를 한 후 기초연금 수급권의 발생·변경·상실 등을 결정한다(제13조 제1항).

특별자치시장·특별자치도지사·시장·군수·구청장은 결정을 한 경우에는 그 결정 내용을 서면으로 그 이유를 구체적으로 밝혀 기초연금 수급권자에게 지체 없이 통지하여야 한다. 특별자치시장·특별자치도지사·시장·군수·구청장은 기초연금 수급권자로 결정한 사람에 대하여 기초연금의 지급을 신청한 날이 속하는 달부터 기초연금 수급권을 상실한 날이 속하는 달까지 매월 정기적으로 기초연금을 지급한다(제14조 제1항). 기초연금 지급의 방법·절차 등에 관하여 필요한 사항은 보건복지부령으로 정한다(제14조 제3항).

3. 기초연금 기준연금액

기초연금 수급권자에 대한 기초연금의 금액은 기준연금액과 국민연금 급여액 등을 고려하여 산정한다(제5조 제1항). 기준연금액은 보건복지부장관이 그 전년도의 기준연금액에 대통령령으로 정하는 바에 따라 전국소비자물가변동률을 반영하여 매년 고시한다.249)

[121] Ⅳ. 수급권의 보호 등

1. 수급권의 보호

기초연금 수급권은 이를 양도·압류하거나 담보로 제공할 수 없다(제21조 제1항). 그리고 기초연금으로 지급받은 금품은 압류할 수 없다(제21조 제2항).

2. 이의신청

기초연금 수급권의 발생·변경·상실 등에 관한 결정이나 그

---

249) 2016년 기초연금 기준연금액은 월 20만 4천 10원이다: 보건복지부 고시 제2016-40호(2016. 3. 24 자).

밖에 이 법에 따른 처분에 이의가 있는 사람은 특별자치시장·특별자치도지사·시장·군수·구청장에게 이의신청을 할 수 있다(제22조 제1항). 이의신청은 그 처분이 있음을 안 날부터 90일 이내에 서면으로 하여야 한다(제22조 제2항 본문).

다만, 정당한 사유로 인하여 그 기간 이내에 이의신청을 할 수 없었음을 증명한 때에는 그 사유가 소멸한 때부터 60일 이내에 이의신청을 할 수 있다(제22조 제2항 단서). 이의신청의 절차 및 결정 통지 등에 관하여 필요한 사항은 보건복지부령으로 정한다(제22조 제3항).

3. 시 효

환수금을 환수할 권리와 기초연금 수급권자의 권리는 5년간 행사하지 아니하면 시효의 완성으로 소멸된다(제23조).

제 4 장

산업재해보상보험법

강의주제 :

실제 업무상 재해가 발생하였는데, 사업주가 이를 인정하지 않고 있다. 업무 상 재해가 발생하였다는 점은 시인하지만, 재해업체로서의 오명을 두려워하 고 향후 납부하여야 할 보험료의 인상을 염려하고 있다. 이러한 문제를 해 결하기 위한 방법은 없는가?

제 1 절 보험자

[122] Ⅰ. 근로복지공단

산업재해보상보험법에 의한 보험사업은 고용노동부장관이 관장하며(제2조), 구체적인 사업은 근로복지공단(이하 '공단'이라 한다) 이 장관의 위탁을 받아 수행한다(제10조).

[123] Ⅱ. 관련 위원회

1. 산업재해보상보험및예방심의위원회

산업재해보상보험 및 예방에 관한 중요 사항을 심의하게 하 기 위하여 고용노동부에 산업재해보상보험및예방심의위원회(이하

"위원회"라 한다)를 둔다(제8조 제1항).

2. 보험급여자문위원회

보험급여의 결정과 지급에 필요한 자문을 하기 위하여 공단에 관계 전문가 등으로 구성되는 보험급여자문위원회를 둘 수 있다(제11조 제3항).

3. 업무상질병판정위원회

업무상 질병의 인정 여부를 심의하기 위하여 공단 소속 기관에 업무상질병판정위원회(이하 "판정위원회"라 한다)를 둔다(제38조 제1항).

4. 산업재해보상보험재심사위원회

재심사 청구를 심리·재결하기 위하여 고용노동부에 산업재해보상보험재심사위원회(이하 "재심사위원회"라 한다)를 둔다(제107조 제1항).

제 2 절   보험가입자

[124] Ⅰ. 의 의

이 법은 정부(근로복지공단)를 보험자로 하고 사업주를 보험가입자로 하는 제도를 채용하고 있으며, 피보험자의 개념을 별도로 규정하지 않고 있다. 수급자 즉, 피재자를 피보험자로 하지 않는 것은 본래 사용자가 부담해야 하는 재해보상의 책임을 보험급여로써 이행한다고 하는 일종의 책임보험적 성격에서 비롯되는 것이다. 사업주는 보험가입자로서 보험료를 부담하며, 그 보험료로 산업재해를 당한 피재자 등에게 소정의 보험급여를 지급하게 된다. 따라서 산업재해보상보험의 적용은 사업을 단위로 하여 행하여진다.

〈그림 2-4-1〉　　산업재해보상보험제도의 운영 시스템

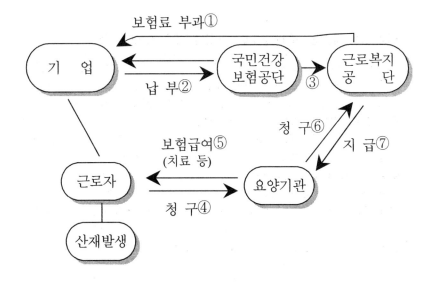

[125] Ⅱ. 적용사업

1. 당연 적용사업

이 법은 원칙적으로 모든 사업 또는 사업장에 대하여 적용된다(제6조 본문). 다만, 위험률·규모 및 장소 등을 고려하여 대통령령으로 정하는 사업에 대하여는 이 법을 적용하지 아니한다(제6조 단서).

2. 임의 적용사업

근로기준법의 적용을 받는 사업으로서 그 사업의 위험률·규모 및 사업장소 등을 참작하여 대통령령에 의하여 이 법의 적용이 배제되는 사업의 사업주는 근로복지공단 승인을 얻어 보험에 가입할 수 있다(징수법 제5조 제4항).

<판례 27> 대법원 2011.2.24. 선고 2010두23705 판결

[1] 국내에서 행하여지는 사업의 사업주와 산업재해보상보험관계가 성립한 근로자가 국외에 파견되어 근무하게 되었으나 단순히 근로 장소가 국외에 있는 것일 뿐 실질적으로는 국내 사업에 소속하여 사용자의 지휘에 따라 근무하는 경우, 산업재해보상보험법의 적용대상이 된다.
[2] 국내 회사에 채용되어 국내 현장에서 토목과장으로 근무하다가 필리핀에서 댐과 용수로 및 부대시설을 시공하는 공사현장을 총괄 관리하던 갑이 '뇌출혈 진단'을 받고 근로복지공단에 요양신청을 하였으나, 갑이 근무한 해외 건설공사현장은 산업재해보상보험법상 해외파견자에 대한 적용 특례 규정에 해당하지 않는다는 이유로 불승인처분을 받은 사안에서, 갑이 위 공사현장에서 한 근무는 근로 장소가 국외에 있는 것에 불과하고 실질적으로는 국내 사업에 소속하여 사용자의 지휘에 따라 근무하는 경우로 보아야 하므로, 갑에게 산업재해보상보험법이 적용된다.

[126] Ⅲ. 보험관계의 성립과 소멸

이 법에 따른 보험 관계의 성립과 소멸에 대하여는 보험료징수법으로 정하는 바에 따른다(제7조).

1. 보험관계의 성립

사업주가 산재보험의 당연가입자가 되는 사업의 경우에는 그 사업이 시작된 날(제6조 단서에 따른 사업이 제5조 제3항에 따라 사업주가 산재보험의 당연가입자가 되는 사업에 해당하게 된 경우에는 그 해당하게 된 날)에 **보험관계**가 **성립한다**(징수법 제7조).

공단이 그 사업의 사업주로부터 보험가입승인신청서를 접수한 날의 다음 날, ③ 일괄적용을 받는 사업의 경우에는 처음 하는 사업이 시작된 날, ④ 보험에 가입한 하수급인의 경우에는 그 하도급공사의 착공일에 보험관계가 성립한다(징수법 제7조).

사업주가 그 사업을 운영하다가 근로자를 고용하지 아니하게 되었을 때에는 그 날부터 1년의 범위에서 근로자를 사용하지 아니한 기간에도 보험에 가입한 것으로 본다(징수법 제6조 제3항).

2. 보험관계의 소멸

가. 사업의 폐지

사업이 폐업되거나 끝난 날의 다음 날에 보험관계는 소멸한다(징수법 제10조).

나. 보험계약의 임의해지

임의 적용사업에 대하여 보험관계가 성립하여 있는 경우에는 보험계약의 해지에 관하여 근로복지공단의 승인을 받은 날의 다음날 보험관계는 소멸한다(징수법 제10조, 제5조 제5항). 이 경우 보험계약의 해지는 그 보험계약이 성립한 보험연도가 끝난 후에 하여야 한다.250)

다. 보험계약의 강제해지

공단은 사업 실체가 없는 등의 사유로 계속하여 보험관계를 유지할 수 없다고 인정하는 경우에는 그 보험관계를 소멸시킬

---

250) 구법에서는 "보험계약의 해약은 '보험관계가 성립한 날로부터 1년이 경과한 후"라야 가능했지만, 2009년 12월 30일 현행과 같이 개정하였다.

수 있는데(징수법 제5조 제7항), 이 경우에는 공단이 보험관계를 소멸시키는 경우에는 그 소멸을 결정·통지한 날의 다음 날에 보험관계는 소멸한다(징수법 제10조).

라. 근로자를 사용하지 아니하는 경우

의제적용 사업주의 경우에는 근로자를 사용하지 아니한 첫날부터 1년이 되는 날의 다음 날에 보험관계는 소멸한다(징수법 제10조).

제 3 절   재해보상의 대상

[127] Ⅰ. 업무상의 재해의 개념

산재보험급여의 대상이 되는 보험사고는 근로자의 업무상의 재해이다. 「업무상의 재해」라 함은 '업무상'의 사유에 의한 근로자의 부상·질병·신체장해 또는 사망(이하 '상병 등'이라 한다)을 총칭하는 개념이다. 이 법에 있어서 근로자의 상병 등이 보험급여의 대상으로 되기 위하여는 그것이 '업무상'의 것임을 불가결의 요건으로 하고 있다.

재해가 '업무상'의 것인가 아닌가 하는 판정은 노사쌍방에 있어서 보상책임의 유무와 급여내용을 결정짓는 중요한 문제이다. 재해가 '업무상'의 것이면 ① 다른 사회보험법에 비하여 상대적으로 높은 수준의 급여가 이 법에 의하여 행하여지고, ② 급여에 필요한 비용은 원칙적으로 사업주가 전액을 부담하며, ③ 요양기간중에는 해고제한이 행하여진다. 반면에 재해가 '업무

외'의 것이면 사용자는 보상책임이 없다.

그러나 근로기준법상의 재해보상제도에서 이 법상의 보험급
여제도로 전환된 이후에는 엄격하게 책임의 유무보다는 사회보
장적 측면에서 판단하여야 할 것이다.

〈표 2-4-1〉　　　산재법상 업무상 재해에 관한 입법 연혁

구 분	시행일	산재법 내용
1963. 11.15. 제정법	1964.1.1	제3조(용어의 정의) ① 이 법에서 "업무상의 재해"라 함은 업무수행중 그 업무에 기인하여 발생한 재해를 말한다.
1981· 12·17 개정법	1982.1.1	제3조(용어의 정의) ① 이 법에서 "업무상의 재해"라 함은 업무상의 사유에 의한 근로자의 부상, 질병, 신체장해 또는 사망을 말한다. 이 경우 업무상의 재해의 인정기준에 관하여는 노동부령으로 정한다(후문, 1999.21.31 개정시 신설, 시행; 2000.7.1).
2007. 12.14 개정법	2008.7.1	제5조(정의) 1. "업무상의 재해"란 업무상의 사유에 따른 근로자의 부상·질병·장해 또는 사망을 말한다. 제37조(업무상의 재해의 인정 기준) ① 근로자가 다음 각 호의 어느 하나에 해당하는 사유로 부상·질병 또는 장해가 발생하거나 사망하면 업무상의 재해로 본다. 다만, 업무와 재해 사이에 상당인과관계(相當因果關係)가 없는 경우에는 그러하지 아니하다. 1. 업무상 사고 가. 근로자가 근로계약에 따른 업무나 그에 따르는 행위를 하던 중 발생한 사고 나. 사업주가 제공한 시설물 등을 이용하던 중 그 시설물 등의 결함이나 관리소홀로 발생한 사고 다. 사업주가 제공한 교통수단이나 그에 준하는 교통수단을 이용하는 등 사업주의 지배관리하에서 출퇴근 중 발생한 사고 라. 사업주가 주관하거나 사업주의 지시에 따라 참여한 행사나 행사준비 중에 발생한 사고 마. 휴게시간 중 사업주의 지배관리하에 있다고 볼 수 있는 행위로 발생한 사고 바. 그 밖에 업무와 관련하여 발생한 사고 2. 업무상 질병 가. 업무수행 과정에서 유해·위험 요인을 취급하거나 그에 노출되어 발생한 질병 나. 업무상 부상이 원인이 되어 발생한 질병 다. 그 밖에 업무와 관련하여 발생한 질병 ② 근로자의 고의·자해행위나 범죄행위 또는 그것이 원인이 되어

| | | 발생한 부상·질병·장해 또는 사망은 업무상의 재해로 보지 아니한다. 다만, 그 부상·질병·장해 또는 사망이 정상적인 인식능력 등이 뚜렷하게 저하된 상태에서 한 행위로 발생한 경우로서 대통령령으로 정하는 사유가 있으면 업무상의 재해로 본다.
③ 업무상의 재해의 구체적인 인정 기준은 대통령령으로 정한다. |

[128] Ⅱ. 업무상의 재해의 인정기준

1. '업무상'의 인정기준

가. 의 의

'업무상'의 개념은 해석에 의하여 판단할 수밖에 없다. 왜냐하면 근로기준법은 '업무상' 또는 질병이라고 규정하고, 산재법은 "업무상의 사유에 따른 근로자의 부상·질병·장해 또는 사망"이라고만 규정하고 있다(제5조 제1호).

그리고 근로기준법시행령 제54조의 「업무상 질병의 범위」에서도 업무상의 부상에 기인하는 질병 등을 열거하고 그 밖의 업무로 기인한 것이 명확한 질병이라고 하고 있을 뿐이고, 근로기준법시행규칙상 별표에서 규정하고 있는 「업무상 질병 또는 업무상 질병으로 인한 사망에 대한 업무상재해인정기준」에서도 업무상 재해로 인정될 수 있는 사항을 열거하고 있으나, 이것은 하나의 예시적 규정에 불과하므로 '업무상'의 충분한 해석기준이 되지 못하고 있기 때문이다.

산재법은 1982년 개정시, 종래에 명시했던 '업무수행성과 업무기인성'을 삭제하고 대신에 '업무상의 사유'로 개정을 하였다. 이는 '업무상'의 인정기준을 설정함에 있어서 「절대적 2요건주의」(업무수행성과 업무기인성)을 버리고 융통성있는 해석의 여지를 마련하기 위한 취지라고 볼 수 있다.

나. 학 설

학설은 업무상 재해의 인정기준으로 '업무기인성'과 '업무수행성'을 요구하고 있다.

① 절대적 2요건주의

이 설은 업무상 재해가 성립하기 위하여는 업무기인성과 업무수행성을 엄격히 구비하여야 한다. '업무기인성'이라 함은 업무고 재해간에 인과관계가 있느냐의 여부에 따라 '업무상 재해'를 인정하여야 한다는 것이고, '업무수행성'은 '업무기인성'의 제1차적 판단기준에 해당하는 것으로 근로자가 근로계약에 의하여 사업주의 지배·관리하에 있는 상태를 의미한다. 즉, 업무수행서은 업무기인성의 조건이 되고 있다고 설명할 수 있다. 따라서 업무수행성이 없으면 업무기인성은 성립할 수 없고, 또 업무수행성이 있다고 해서 당연히 업무기인성이 인정되는 것은 아니다.

② 상대적 2요건주의

이 설은 기존의 학설과 같이 업무상 재해의 인정요건으로 '업무기인성'과 '업무수행성'을 필요로 하고 있지만, 이에 대한 해석을 조금 완화하고 있을 뿐이다. 즉, "종래 행정해석에서는 '업무수행성'을 '업무기인성'의 제1차적 기준으로 보아 '업무수행성'이 없으면 '업무기인성'이 없다는 2요건주의를 택하여 왔다. 그러나 오늘날 업무수행성이 없는 직업병 등의 등장으로 반드시 기계적으로 업무수행성을 요구할 수 없게 되었다."라고 한다.

라. 필자의 견해

① 기존 학설에 대한 비판
(가) 전통적 2요건주의
업무상 재해에 대한 전통적인 학설은 '업무기인성'과 '업무수행성'의 2가지 요건을 갖추어야 한다는 2요건주의의 견해이다.

이에는 과거 2가지 요건을 엄격히 갖추어야 한다는 '절대적 2요건주의'에서 사회보장적 견지에서 완화하여 해석하고자 하는 일본과 우리나라의 학설과 판례, 그리고 행적해석은 이러한 전통적인 2요건주의를 벗어나지 못하고 있다.

이 견해는 처음 1947년 영국의 노동자보상법에서 업무상 재해에 대한 정의 규정 즉, "arising out of and in the course of the employment"에서 유래한 것으로 사회보험법인 산재보험제도가 도입되기 이전에 사용자에 대한 책임추궁의 차원에서 도입된 개념이며, 현대사회국가 원리하에서 인간다운 생활권이 헌법에 규정되고 이를 실현하기 위하여 각종 사회보장법이 제정된 오늘날에 있어서는 현대사회법의 이념이나 사회현실의 차원에서 볼 때 고전적인 이론으로 설득력을 가질 수 없다고 본다.

(나) 사용자의 지배·관리 상태론

출·퇴근시의 재해가 업무상 재해로 인정받기 위하여는 '사업주가 제공한 교통수단을 이용중 그 이용에 기인하여 발생한 재해'이어야 하며, 이러한 요건을 갖추지 못한 경우에는 사용자의 지배·관리의 범위를 벗어난 것으로 업무상 재해로 인정되지 않는다고 하는 것이 우리나라 대법원의 입장이다.

그러나 이 이론도 앞의 전통적 2요건주의와 마찬가지로 업무상 재해에 대한 해석을 과거 원시적 고용형태를 전제로 한 나머지 현대산업사회에서 업무의 수행이 각종 정보 교류의 필요성이 대두되고, 업무상 재해에 대한 보상생산적인 업무수행과 노동자의 인간다운 생활권과 이를 실현하기 위한 국가의 사회보장 의무와 국민의 근로의 권리를 보장하기 위하여 도입된 제도라는 것을 생각할 때 원시적인 이론이라고 평가하지 않을 수 없다.

② 업무상 재해의 인정기준

과연 무엇을 기준으로 '업무상 재해'를 해석할 것이냐 하는 것이 문제된다. 필자는 이에 대하여 헌법에서 보장하고 있는 인간다운 생활권을 기준으로 하여야 한다고 생각한다.

근로기준법뿐만 아니라 특히 이 법의 도입배경은 근대시민법원리의 모순점을 극복하고 인간다운 생활권의 이념을 실현하기 위한 현대사회법원리에 있다. 따라서 근로기준법이나 이 법에서 보호하고 있는 '업무상 재해'에 대한 해석은 현대사회법원리의 이념인 인간다운 생활권을 기준하여야 할 것이다. 구체적으로는 업무수행중에 발생한 재해는 업무기인성이 부인되는 특별한 경우를 제외하고는 원칙적으로 업무상 재해에 해당한다고 보아야 할 것이다.

그리고 업무수행의 의미도 사용자의 지휘·명령을 받는 본래의 직무수행으로만 좁게 국한할 것은 아니고, 그 직무에 부수해서 기대되는 행위 또는 사고로 인하고 생긴 재해까지 포함해야 할 것이며, 또 다는 노동자와의 사이에서 우발적으로 발생한 현상을 당연히 제외해서는 안될 것이다.

'업무'라고 하는 것은 근로계약에 따른 본래의 담당업무 즉, 직무·작업행위 뿐만 아니라 근로계약없이 구두로 업무를 지시하는 경우와 생리적 필요행위(작업중의 용변, 음수 등), 그리고 업무의 부수행위(작업의 준비행위와 사후 정리행위)까지 포함한다. 또한 긴급행위로서 업무담당자로서 통상적으로 행하는 것이 예정되어 있다든지 또는 예상될 수 있는 합리적인 행위도 이에 포함된다.

재해가 취업시간중에 사업장외에서 발생한 경우에도 출장중, 외근, 운송업무 등 업무와 관련하여 재해가 발생한 경우에는 업무수행성을 인정하여야 한다. 또한 작업대기중의 사고, 사업장급식에 의한 식중독, 시설의 흠으로 인한 휴게시간중의 사고 등 사업장의 물적 시설 또는 사용자의 노무관리방법에서 비롯되는 재해는 업무상의 것으로 인정하여야 한다. 제3자의 행위에 의하여 발생한 재해라도 당해 업무와 관련하여 발생할 수 있는 것이면 '업무상'재해로 인정하여야 한다.

재해가 노동자의 기초질병이나 기존질병으로 인하여 발생한 경우에도 그 기초질병이나 기존질병이 평소 정상적인 근무가 가능할 정도의 것이었고 그 질병이 업무와 직접 관련이 없었더라고 업무상 과로로 인하여 급속히 악화되거나 새로운 질병이 유발된 경우 또는 이로 인하여 사망한 경우 등에는 업무와 재해발생 사이의 인과관계를 인정하여 '업무상'의 것으로 보아야 할 것이다.

2. 업무상의 질병

업무상의 질병은 업무가 질병간에 돌발적인 재해가 개재하는 사고성 질병과 돌발적인 매개로 하지 않는 직업성 질병(이른바 직업병)으로 크게 나눌 수 있다.

업무상 질병의 인정은 이 법이 사회보장법의 핵심적인 영역을 차지하고 있으며, 사회보장법의 이념이 노령, 퇴직 등 사회적 재해를 국가의 책임하에 극복하여 모든 국민에게 인간다운 생활을 보장하고자 하는데 있기 때문에 노동자가 근무중에 발병한 질병은 특별히 고의나 과실로 발생한 질병으로 인정되지 않는 한 업무상 질병으로 인정하여야 할 것이다.

<판례 28> 대법원 2011.7.28. 선고 2008다12408 판결

구 산업재해보상보험법(2003.12.31. 법률 제7049호로 개정되기 전의 것)에 규정된 '업무상 재해'란 업무상 사유에 의한 근로자의 부상·질병·신체장해 또는 사망을 말하는데, 근로자가 직장 안에서 타인의 폭력에 의하여 재해를 입은 경우, 그것이 가해자와 피해자 사이의 사적인 관계에 기인한 때 또는 피해자가 직무의 한도를 넘어 상대방을 자극하거나 도발한 때에는 업무상 사유에 의한 것이라고 할 수 없어 업무상 재해로 볼 수 없으나, 직장 안의 인간관계 또는 직무에 내재하거나 통상 수반하는 위험의 현실화로서 업무와 상당인과관계가 있으면 업무상 재해로 인정하여야 한다.

3. 출퇴근시의 재해

가. 학 설

우리나라의 학설은 2007년법 시행 이전에는 ① 생존권의 보장, ② 광의의 업무성, ③ 업무와의 밀접불가분성, ④ 형평의 원칙, ⑤ 인간다운 생활권의 보장 등의 이유로, 일반적인 출퇴근 재해가 업무상 재해에 인정된다는 견해가 많았다.

그러나 2007년법 시행 이후에는, ① 출퇴근 재해를 제한적으로 규정한 2007년법의 영향, ② 절대적 2요건주의나 지배관리상태론에서 벗어나지 못하는 자세, ③ 사회적 기본권의 특성상 입법재량권이 허용된다는 인식, ④ 업무상 재해를 업무에 한정하여 생각하는 경향 등으로 모두 부정설을 취하고 있다. 그러나 입법론으로는, 지배·관리상태에 있는 출퇴근시 재해만 업무상 재해로 인정하는 산재법의 문제점을 지적하고 일반적인 출퇴근을 업무상 재해로 인정하는 방향으로 개정되어야 한다는 견해가 다수이다.251)

나. 판 례

판례는 기본 원칙으로 지배·관리 상태론을 취하고 있으며, 예외적으로 사회통념상 아주 긴밀한 정도로 업무와 밀접·불가분의 관계에 있다고 판단되는 경우에는, 제한적으로 출·퇴근 중에 발생한 재해와 업무 사이에는 직접적이고도 밀접한 내적 관련성이 존재하는 것으로 인정하여, 사업주의 지배·관리하에 있는 것으로 인정하여 통근재해를 인정한다(제한적 밀접불가분성론).

나아가 원칙적으로 출·퇴근 행위 자체를 업무와 밀접불가분의 관계에 있는 것으로 전제하고, 합리적인 방법과 경로에 의힌 통근행위는 사업주의 지배·관리하에 있는 것으로 인정하여 통근

---

251) 박승두, "출퇴근 재해의 인정기준", (2015), 90면.

재해를 인정하여야 한다는 견해가 있지만, 이는 아직 대법원에서 인정받지 못하고 있다.

<표 2-4-2>   출퇴근 재해에 관한 판례 분석

기본원칙: 지배·관리 상태론	제한적 밀접불가분성론	원칙적 밀접불가 분성론	통상적 경로 및 방법론
사업주가 제공한 교통수단을 근로자가 이용하거나 또는 사업주가 이에 준하는 교통수단을 이용하도록 하는 경우 → 사업주의 지배·관리하에 있는 것으로 인정	예외적으로 외형상으로는 출·퇴근의 방법과 그 경로의 선택이 근로자에게 맡겨진 것으로 보이나 → ①출·퇴근 도중에 업무를 행하였다거나 ② 통상적인 출·퇴근 시간 이전 혹은 이후에 업무와 관련한 긴급한 사무처리나 그 밖에 업무의 특성이나 근무지의 특수성 등으로 출·퇴근의 방법 등에 선택의 여지가 없어 → 실제로는 그것이 근로자에게 유보된 것이라고 볼 수 없고 사회통념상 아주 긴밀한 정도로 업무와 밀접·불가분의 관계에 있다고 판단되는 경우에는 → 제한적으로 출·퇴근 중에 발생한 재해와 업무 사이에는 직접적이고도 밀접한 내적 관련성이 존재하는 것으로 인정 → 사업주의 지배·관리하에 있는 것으로 인정	원칙적으로 출·퇴근 행위 자체를 업무와 밀접불가분의 관계에 있는 것으로 전제로 합리적인 방법과에 의한 출·퇴근 행위 → 사업주의 지배·관리하에 있는 것으로 인정	산업재해보상보험제도는 무과실책임의 특수한 손해배상제도라는 성격 외에 근로자의 생존권을 보장하기 위한 사회보장적 성격도 갖고 있으므로 사회보장적 관점에서 볼 때에도 일정한 범위의 통근재해를 산업재해의 하나로 보호할 필요가 있고, 입법에 의하지 않더라도 통근행위의 업무 관련성, 법의 통일적 해석, 법적 형평성 등을 고려할 때 통근재해가 업무상 재해에 해당한다는 해석이 가능하며, 공무원연금법 시행규칙 제14조와의 법체계, 공무원과 일반 근로자의 형평 등을 고려한다면 적어도 근로자가 통상적인 경로와 방법에 의하여 통근 중 발생한 사고로 인하여 부상 또는 사망한 경우를 업무상 재해로 보아야 한다.
대법원 1993.1.19. 선고 92누13073 판결	대법원 2008.4.24 선고 2007두9327판결; 대법원 2009.5.28. 선고 2007두2784판결; 대법원 2010.4.29. 선고 2010두184 판결	대법원 2007.9.28. 선고 2005두12572 전원합의체판결의 소수의견	서울행정법원 2006.6.14. 선고 2006구합7966 판결

자료 : 박승두, "출퇴근 재해에 관한 판례 분석", (2014), 56~79면.

다. 필자의 견해

노동자가 출퇴근 중의 사고로 재해를 당한 경우, 산재법상 업무상 재해로 보상받을 수 있느냐 하는 것은 매우 중요한 문제

이다. 그럼에도 불구하고, 우리나라에서는 산재법상 업무상 재해, 특히 출퇴근 재해에 관한 입법은 파행을 겪어 오고 있으며, 아직도 제대로 정립되지 못하고 있다. 먼저 입법 현황을 보면, 1963년 제정된 산재법에서 이를 제대로 규정하지 못하여 처음 노동부예규에 규정하였다가 이를 시행규칙에 편입시켰고, 지금은 시행령에 규정하고 있다.

이에 관하여 필자는 산재법에서 규정한 출퇴근 재해 자체만 보면 아주 엄격하게 규정하였지만, 업무상 재해는 상당히 확대 규정하였기 때문에, 출퇴근 재해 또한 업무상 재해의 한 유형이므로 확대된 업무상 재해의 해석을 통하여 출퇴근 재해로 인정받을 수도 있다고 생각한다. 구체적으로는, 현행 산재법상 출퇴근 재해는 최협의의 출퇴근 재해, 협의의 출퇴근 재해, 광의의 출퇴근 재해의 3단계로 해석하여야 한다. 최협의는 산재법 제37조 제1호 다목과 시행령 제29조에서 규정한 "사업주의 지배관리 상태하의 출퇴근 중 사고"로 인한 재해, 협의는 산재법 제37조 제1호 가, 나, 라, 마목과 시행령 제27조 및 제28조에서 규정한 "업무 및 업무필요부수행위 중 사고"로 인한 재해, 광의는 산재법 제37조 제1호 바목에서 규정한 "업무관련사고"로 인한 재해이다.

따라서 출퇴근 중에 사고가 발생하여 재해가 발생하였으면, 최협의의 출퇴근재해에 해당하는지 여부를 검토하고, 여기에 해당되지 아니하는 경우에는 협의의 출퇴근재해 개념에 해당하는지 여부를 검토하여야 한다. 여기도 해당하지 아니하는 경우에는, 마지막으로 광의의 출퇴근재해 개념에 해당하는 지 여부를 검토하여야 한다.252)

---

252) 박승두, "출퇴근 재해의 인정기준", (2015), 104~105면.

278 제2편 사회적 재해 보장청구권

제 4 절   보험급여

[129] Ⅰ. 의 의

보험급여는 ① 요양급여, ② 휴업급여, ③ 장해급여, ④ 간
병급여,253) ⑤ 유족급여, ⑥ 상병보상연금, ⑦ 장의비, ⑧ 직업재
활급여 등 8종류가 있다(제36조 제1항).

[130] Ⅱ. 보험급여의 종류

1. 요양급여

가. 의 의

요양급여는 근로자가 업무상의 사유로 부상을 당하거나 질
병에 걸린 경우에 그 근로자에게 지급한다(제40조 제1항). 이는 원
칙적으로는 현물급여이므로, 산재보험 의료기관에서 요양을 하
게하고, 부득이한 경우에 예외적으로 요양을 갈음하여 요양비를
지급한다(제40조 제2항).

나. 급여기간

3일 이내의 요양으로 치유될 수 있는 상병인 경우에는 요양

---

253) 이는 1999년 개정시 추가되었다.

급여는 지급되지 아니한다(제40조 제3항).

다. 급여의 범위

요양급여의 범위는 ① 진찰 및 검사, ② 약제 또는 진료재료와 의지 그 밖의 보조기의 지급, ③ 처치·수술, 그 밖의 치료, ④ 재활치료, ⑤ 입원, ⑥ 간호 및 간병,254) ⑦ 이송, ⑧ 그 밖에 고용노동부령이 정하는 사항 등이다(제40조 제4항).

라. 산재보험 의료기관의 지정

업무상의 재해를 입은 근로자의 요양을 담당할 의료기관(이하 "산재보험 의료기관"이라 한다)은 다음과 같다(제43조 제1항). ① 제11조 제2항에 따라 공단에 두는 의료기관, ② 의료법 제3조의4에 따른 상급종합병원, ③ 의료법 제3조에 따른 의료기관과 지역보건법 제10조에 따른 보건소(지역보건법 제12조에 따른 보건의료원을 포함한다. 이하 같다)로서 고용노동부령으로 정하는 인력·시설 등의 기준에 해당하는 의료기관 또는 보건소 중 공단이 지정한 의료기관 또는 보건소.

2. 휴업급여

가. 의 의

휴업급여는 업무상 사유로 부상을 당하거나 질병에 걸린 근로자에게 요양으로 취업하지 못한 기간에 대하여 지급하는 것으로, 단기적 노동불능에 대한 소득보장급여로서의 성격을 가진다.

나. 급여의 범위 및 기간

휴업급여는 요양으로 인하여 취업하지 못한 기간중 1일에

---

254) 구법에서는 "개호"로 규정하였으나, 2010년 6월 4일 현행과 같이 "간호 및 간병"으로 개정하였다.

대하여 평균임금의 100분의 70에 상당하는 금액을 지급한다(제52조 본문). 그러나 취업하지 못한 기간이 3일 이내인 때에는 휴업급여는 지급하지 않는다(제52조 단서). 이는 앞에서 설명한 요양급여에 있어서와 마찬가지로 휴업급여의 내용을 크게 약화시키는 결과를 초래하므로 폐지되어야 할 사항이다. 이 급여는 원칙적으로 상병이 치유될 때까지 계속된다.

다. 상병보상연금과의 관계

요양기간중에 피재자가 상병보상연금을 받게 되면 그 때부터의 휴업급여는 지급하지 아니한다.

3. 장해급여

장해급여는 근로자가 업무상의 사유로 부상을 당하거나 질병에 걸려 치유된 후 신체 등에 장해가 있는 경우에 그 근로자에게 지급하며(제57조 제1항), 업무상 재해에서 비롯된 소득능력의 감소 혹은 상실에 대한 소득보방급여로서의 성격을 갖는다.

이는 장해등급에 따라 장해보상연금 또는 장해보상일시금으로 하되, 그 장해등급의 기준은 대통령령으로 정한다(제57조 제2항).

4. 간병급여

간병급여는 요양급여를 받은 자 중 치유 후 의학적으로 상시 또는 수시로 간병이 필요하여 실제로 간병을 받은 자에게 지급하는 급여이다(제61조 제1항).

5. 유족급여

유족급여는 근로자가 업무상의 사유로 사망한 경우에 유족

에게 지급한다(제62조 제1항). 이는 유족보상연금이나 유족보상일시
금으로 하되, 유족보상일시금은 근로자가 사망할 당시 제63조
제1항에 따른 유족보상연금을 받을 수 있는 자격이 있는 자가
없는 경우에 지급한다(제62조 제2항).

　　유족보상연금을 받을 수 있는 자격이 있는 자가 원하면 유족
보상일시금의 100분의 50에 상당하는 금액을 일시금으로 지급하
고 유족보상연금은 100분의 50을 감액하여 지급한다(제62조 제3항).

　　유족보상연금을 받던 자가 그 수급자격을 잃은 경우 다른
수급자격자가 없고 이미 지급한 연금액을 지급 당시의 각각의
평균임금으로 나누어 산정한 일수의 합계가 1,300일에 못 미치
면 그 못 미치는 일수에 수급자격 상실 당시의 평균임금을 곱하
여 산정한 금액을 수급자격 상실 당시의 유족에게 일시금으로
지급한다(제62조 제4항).

　　유족보상연금을 받을 수 있는 자격이 있는 자(이하 "유족보상
연금 수급자격자"라 한다)는 근로자가 사망할 당시 그 근로자와 생계
를 같이 하고 있던 유족(그 근로자가 사망할 당시 대한민국 국민이 아닌 자로서 외
국에서 거주하고 있던 유족은 제외한다) 중 배우자와 다음의 어느 하나에 해
당하는 자로 한다(제63조 제1항). ① 부모 또는 조부모로서 각각 60
세 이상인 자, ② 자녀 또는 손자녀로서 각각 19세 미만인 자,
③ 형제자매로서 19세 미만이거나 60세 이상인 자, ④ ①에서
③에 어느 하나에 해당하지 아니하는 자녀·부모·손자녀·조부모
또는 형제자매로서 장애인복지법 제2조에 따른 장애인 중 고용
노동부령으로 정한 장애등급 이상에 해당하는 자.

　　유족보상연금 수급자격자 중 유족보상연금을 받을 권리의
순위는 배우자·자녀·부모·손자녀·조부모 및 형제자매의 순서도
한다(제63조 제3항).

6. 상병보상연금

상병보상연금은 업무상 재해로 인한 장기적 근로불능에 대한 소득보장급여이다. 이는 요양급여를 받는 근로자가 요양을 시작한 지 2년이 지난 날 이후에 다음의 요건 모두에 해당하는 상태가 계속되면 휴업급여 대신 상병보상연금을 그 근로자에게 지급한다(제66조 제1항). ① 그 부상이나 질병이 치유되지 아니한 상태일 것, ② 그 부상이나 질병에 따른 폐질(廢疾)의 정도가 대통령령으로 정하는 폐질등급 기준에 해당할 것, ③ 요양으로 인하여 취업하지 못하였을 것.

7. 장의비

장의비는 근로자가 업무상의 사유로 사망한 경우에 지급하되, 평균임금의 120일분에 상당하는 금액을 그 장제(葬祭)를 지낸 유족에게 지급한다(제71조 제1항 본문). 다만, 장제를 지낼 유족이 없거나 그 밖에 부득이한 사유로 유족이 아닌 자가 장제를 지낸 경우에는 평균임금의 120일분에 상당하는 금액의 범위에서 실제 드는 비용을 그 장제를 지낸 자에게 지급한다(제71조 제1항 단서).

8. 직업재활급여

직업재활급여의 종류는 다음과 같다(제72조 제1항). ① 장해급여 또는 진폐보상연금을 받은 자나 장해급여를 받을 것이 명백한 자로서 대통령령으로 정하는 자(이하 "장해급여자"라 한다) 중 취업을 위하여 직업훈련이 필요한 자(이하 "훈련대상자"라 한다)에 대하여 실시하는 직업훈련에 드는 비용 및 직업훈련수당, ② 업무상의 재해가 발생할 당시의 사업에 복귀한 장해급여자에 대하여 사업주가 고용을 유지하거나 직장적응훈련 또는 재활운동을 실시하는 경우에 각각 지급하는 직장복귀지원금, 직장적응훈련비 및 재활운동비.

[131] Ⅲ. 보험급여의 제한

1. 보험급여 지급의 제한

공단은 근로자가 다음 어느 하나에 해당되면 보험급여의 전부 또는 일부를 지급하지 아니할 수 있다(제83조 제1항).

① 요양 중인 근로자가 정당한 사유 없이 요양에 관한 지시를 위반하여 부상·질병 또는 장해 상태를 악화시키거나 치유를 방해한 경우

② 장해보상연금 또는 진폐보상연금 수급권자가 장해등급 또는 진폐장해등급 재판정 전에 자해(自害) 등 고의로 장해 상태를 악화시킨 경우.

공단은 보험급여를 지급하지 아니하기로 결정하면 지체 없이 이를 관계 보험가입자와 근로자에게 알려야 한다(제83조 제2항).

2. 부당이득의 징수

공단은 보험급여를 받은 자가 다음의 어느 하나에 해당하면 그 급여액에 해당하는 금액(①의 경우에는 그 급여액의 2배에 해당하는 금액)을 징수하여야 한다(제84조 제1항). 이 경우 공단이 국민건강보험공단등에 청구하여 받은 금액은 징수한 금액에서 제외한다.

① 거짓이나 그 밖의 부정한 방법으로 보험급여를 받은 경우

② 수급권자 또는 수급권이 있었던 자가 신고의무를 이행하지

아니하여 부당하게 보험급여를 지급받은 경우

③ 그 밖에 잘못 지급된 보험급여가 있는 경우.

보험급여의 지급이 보험가입자·산재보험 의료기관 또는 직업훈련기관의 거짓된 신고, 진단 또는 증명으로 인한 것이면 그 보험가입자·산재보험 의료기관 또는 직업훈련기관도 연대하여 책임을 진다(제84조 제2항).

공단은 산재보험 의료기관이나 약국이 다음 어느 하나에 해당하면 그 진료비나 약제비에 해당하는 금액을 징수하여야 한다(제84조 제3항 본문). 다만, ①의 경우에는 그 진료비나 약제비의 2배에 해당하는 금액(과징금을 부과하는 경우에는 그 진료비에 해당하는 금액)을 징수한다(제84조 제3항 단서).

① 거짓이나 그 밖의 부정한 방법으로 진료비나 약제비를 지급받은 경우

② 요양급여의 산정 기준을 위반하여 부당하게 진료비나 약제비를 지급받은 경우

③ 그 밖에 진료비나 약제비를 잘못 지급받은 경우.

3. 제3자에 대한 구상권

공단은 제3자의 행위에 따른 재해로 보험급여를 지급한 경우에는 그 급여액의 한도 안에서 급여를 받은 자의 제3자에 대한 손해배상청구권을 대위한다(제87조 제1항 본문). 다만, 보험가입자인 2 이상의 사업주가 같은 장소에서 하나의 사업을 분할하여 각각 행하다가 그 중 사업주를 달리하는 근로자의 행위로 재해가 발생하면 그러하지 아니하다(제87조 제1항 단서).

수급권자가 제3자로부터 동일한 사유로 이 법의 보험급여에 상당하는 손해배상을 받으면 공단은 그 배상액을 대통령령으로

정하는 방법에 따라 환산한 금액의 한도 안에서 이 법에 따른 보험급여를 지급하지 아니한다(제87조 제2항). 수급권자 및 보험가입자는 제3자의 행위로 재해가 발생하면 지체 없이 공단에 신고하여야 한다(제87조 제3항).

<판례 29> 대법원 2011.7.28. 선고 2008다12408 판결

동료 근로자에 의한 가해행위로 인하여 다른 근로자가 재해를 입어 그 재해가 업무상 재해로 인정되는 경우에 그러한 가해행위는 마치 사업장 내 기계기구 등의 위험과 같이 사업장이 갖는 하나의 위험이라고 볼 수 있으므로, 위험이 현실화하여 발생한 업무상 재해에 대하여는 근로복지공단이 궁극적인 보상책임을 져야 한다고 보는 것이 산업재해보상보험의 사회보험적 내지 책임보험적 성격에 부합한다. 이에 더하여 사업주를 달리하는 경우에도 하나의 사업장에서 어떤 사업주의 근로자가 다른 사업주의 근로자에게 재해를 가하여 근로복지공단이 재해 근로자에게 보험급여를 한 경우, 근로복지공단은 구 산업재해보상보험법(2003.12.31. 법률 제7049호로 개정되기 전의 것, 이하 '구 산재법'이라 한다) 제54조 제1항 단서에 의하여 가해 근로자 또는 사용자인 사업주에게 구상할 수 없다는 것까지 고려하면, 근로자가 동일한 사업주에 의하여 고용된 동료 근로자의 행위로 인하여 업무상 재해를 입은 경우에 동료 근로자는 보험가입자인 사업주와 함께 직·간접적으로 재해 근로자와 산업재해보상보험관계를 가지는 사람으로서 구 산재법 제54조 제1항에 규정된 '제3자'에서 제외된다.

구 산업재해보상보험법(2003.12.31. 법률 제7049호로 개정되기 전의 것, 이하 '구 산재법' 이라 한다)에 의한 보험가입자인 갑 주식회사가 자신이 시공하는 건물신축공사 중 전기공사 부분을 을에게 도급을 주었는데 작업진행과정 중 갑 회사 소속 근로자 병, 정과 을의 피용자 무가 다투게 되었고 결국 정이 무를 폭행하여 상해를 입게 한 사안에서, 건물신축 공사현장에서 작업진행방식 등에 관한 근로자들 상호간의 의사소통 부족으로 인하여 야기된 다툼으로서 직장 안의 인간관계 또는 직무에 내재하거나 통상 수반하는 위험이 현실화된 것이므로 업무와 위 재해 사이에는 상당인과관계가 인정되고, 다만 갑 회사가 구 산재법 제9조 제1항에 의해 무에 대해서도 보험가입자의 지위에 있는 사업주인 이상, 가해 근로자인 병, 정과 피해 근로자인 무는 보험가입자인 갑 회사와 함께 직·간접적으로 산업재해보상보험관계를 가지는 사람으로서 구 산재법 제54조 제1항에 규정된 '제3자'에서 제외된다.

4. 수급권의 대위

보험가입자(보험료징수법 제2조 제5호에 따른 하수급인을 포함한다. 이하 마찬가지이다.)가 소속 근로자의 업무상의 재해에 관하여 이 법에 따른 보험급여의 지급 사유와 동일한 사유로 민법이나 그 밖의 법령에 따라 보험급여에 상당하는 금품을 수급권자에게 미리 지급한 경우로서, 그 금품이 보험급여에 대체하여 지급한 것으로 인정되는 경우에 보험가입자는 대통령령으로 정하는 바에 따라 그 수급권자의 보험급여를 받을 권리를 대위한다(제89조).

제 5 절   산재보험의 재정

[132] Ⅰ. 보험료의 납부의무자

산재보험사업에 소요되는 비용은 원칙적으로 전액 사업자(보험가입자)의 부담이며, 여기서 약간의 국고부담이 행하여진다. 다른 사회보험제도와는 달리 비용을 전액 보험가입자인 사용자 부담으로 하게 하는 것은 업무상 재해를 근로관계를 전제로 하여 발생하는 위험으로 보기 때문에 기업운영의 주체인 사업주에게 비용부담 책임을 부과하려는 것이다. 그러나 사회보장에 대한 국가책임의 견지에서 일부 국고에서 지원하고 있다.

[133] Ⅱ. 보험료의 결정방법

산재보험료에 관하여는 종전에 산재법에서 규정하고 있었으나, 2003년 제정된 보험료징수법에서 규정하고 있다. 보험사업에 드는 비용에 충당하기 위하여 보험가입자로부터 산재보험료를 징수하며(징수법 제13조 제1항), 사업주가 부담하여야 하는 산재보험료는 그 사업주가 경영하는 사업에 종사하는 근로자의 개인별 보수총액에 같은 종류의 사업에 적용되는 산재보험료율을 곱한 금액으로 한다(징수법 제13조 제5항).

산재보험료율은 매년 6월 30일 현재 과거 3년 동안의 보수총액에 대한 산재보험급여총액의 비율을 기초로 하여, 산업재해보상보험법에 따른 연금 등 산재보험급여에 드는 금액, 재해예방 및 재해근로자의 복지증진에 드는 비용 등을 고려하여 사업255)의 종류별로 구분하여 고용노동부령으로 정한다(징수법 제14조 제3항).256)

산재보험의 보험관계가 성립한 후 3년이 지나지 아니한 사업에 대한 산재보험료율은 고용노동부령으로 정하는 바에 따라 산업재해보상보험법 제8조에 따른 "산업재해보상보험 및 예방심의위원회"의 심의를 거쳐 고용노동부장관이 사업의 종류별로 따로 정한다(징수법 제14조 제4항). 사업주에게 부과하는 보험료(이하 "월별보험료"라 한다)는 근로자 개인별 월평균보수에 산재보험료율을 각각 곱한 금액을 합산하여 산정한다(징수법 제16조의3 제1항).

[134] Ⅲ. 보험료의 징수방법

보험료는 근로복지공단이 매월 부과하고, 건강보험공단이

---

255) 고용노동부장관은 특정 사업 종류의 산재보험료율이 인상되거나 인하되는 경우에는 직전 보험연도 산재보험료율의 100분의 30의 범위에서 조정하여야 한다(징수법 제14조 제6항).

256) 이 경우 고용노동부장관은 특정 사업 종류의 산재보험료율이 전체 사업의 평균 산재보험료율의 20배를 초과하지 아니하도록 하여야 한다(징수법 제14조 제5항).

이를 징수한다(징수법 제16조의2 제1항).

건강보험공단은 사업주에게 다음의 사항을 적은 문서로써 납부기한 10일 전까지 월별보험료의 납입을 고지하여야 한다(징수법 제16조의8 제1항). ① 징수하고자 하는 보험료 등의 종류, ② 납부하여야 할 보험료 등의 금액, ③ 납부기한 및 장소, 사업주는 그 달의 월별보험료를 다음 달 10일까지 납부하여야 한다(징수법 제16조의7 제1항).

[135] Ⅳ. 보험료의 징수

1. 보험료 납부의 특색

보험료 납부의 특색은 보험연도의 초에 '개산보험료'를 납부하고, 추후 '확정보험료'에 의하여 이것을 수정·정산하는 방법을 취하고 있다.

2. 개산보험료의 납부

사업주는 보험연도마다 그 1년 동안257)에 사용할 근로자에게 지급할 임금총액의 추정액(대통령령이 정하는 경우에는 전년도에 사용한 근로자에게 지급한 임금총액)에 산재보험료율을 곱하여 산정한 금액(개산보험료)을 대통령령으로 정하는 바에 따라 그 보험연도의 3월 31일258)까지 공단에 신고·납부하여야 한다(징수법 제17조 제1항).

---

257) 보험연도중에 보험관계가 성립한 경우에는 그 성립일부터 그 보험연도 말일까지의 기간.

258) 보험연도 중에 보험관계가 성립한 경우에는 그 보험관계의 성립일부터 70일, 건설공사 등 기간이 정하여져 있는 사업으로서 70일 이내에 끝나는 사업의 경우에는 그 사업이 끝나는 날의 전날.

다만, 그 보험연도의 개산보험료 신고·납부 기한이 확정보험료 신고·납부 기한보다 늦은 경우에는 그 보험연도의 확정보험료 신고·납부 기한을 그 보험연도의 개산보험료 신고·납부 기한으로 한다. 공단은 사업주가 이를 신고를 하지 아니하거나, 그 신고가 사실과 다른 경우에는 그 사실을 조사하여 개산보험료를 산정하여 징수하되, 이미 납부된 금액이 있을 때에는 그 부족액을 징수하야 한다(징수법 제17조 제2항).

사업주는 개산보험료를 대통령령이 정하는 바에 따라 분할납부 할 수 있다(징수법 제17조 제3항). 사업주가 분할납부할 수 있는 개산보험료를 납부기한 이내에 전액 납부하는 경우에는 그 개산보험료의 금액에서 100분의 5범위에서 고용노동부령으로 정하는 금액을을 경감한다(징수법 제17조 제4항). 기한 이내에 개산보험료를 신고한 사업주는 이미 신고한 개산보험료가 이 법에 따라 신고하여야 할 개산보험료를 초과하는 때에는 기한이 지난 후 1년 이내에 최초에 신고한 개산보험료의 경정을 공단에 청구할 수 있다(징수법 제17조 제5항).

3. 확정보험료의 납부

사업주는 매 보험연도의 말일259)까지 사용한 근로자에게 지급한 임금총액(지급하기로 결정된 금액을 포함한다)에 산재보험료율을 곱하여 산정한 금액(이하 "확정보험료"라 한다)을 대통령령이 정하는 바에 따라 다음 보험연도의 3월 31일260)까지 공단에 신고하여야 한다(징수법 제19조 제1항 본문).261)

---

259) 보험연도 중에 보험관계가 소멸한 경우에는 그 소멸한 날의 전날.

260) 보험연도 중에 보험관계가 소멸한 사업에 있어서는 그 소멸한 날부터 30일.

261) 다만, 사업주가 국가 또는 지방자치단체인 경우에는 그 보험연도의 말일까지 신고할 수 있다(징수법 제19조 제1항 단서).

이미 납부하거나 추가징수한 개산보험료의 금액이 확정보험료의 금액을 초과하는 경우에 공단은 그 초과액을 사업주에게 반환하여야 하며, 부족한 경우에 사업주는 그 부족액을 다음 보험연도의 3월 31일262)까지 납부하여야 한다(징수법 제19조 제2항 본문). 다만, 사업주가 국가 또는 지방자치단체인 경우에는 그 보험연도의 말일263)까지 납부할 수 있다(징수법 제19조 제2항 단서).

그 보험연도의 확정보험료 신고·납부 기한이 다음 보험연도의 확정보험료 신고·납부 기한보다 늦은 경우에는 다음 보험연도의 확정보험료 신고·납부 기한을 그 보험연도의 확정보험료 신고·납부 기한으로 한다(징수법 제19조 제3항).

공단은 사업주가 신고를 하지 아니하거나 그 신고가 사실과 다른 경우에는 사실을 조사하여 확정보험료의 금액을 산정한 후 개산보험료를 내지 아니한 사업주에게는 그 확정보험료 전액을 징수하고, 개산보험료를 낸 사업주에 대하여는 이미 낸 개산보험료와 확정보험료의 차액이 있을 때 그 초과액을 반환하거나 부족액을 징수하여야 한다(징수법 제19조 제4항).264)

기한까지 확정보험료를 신고한 사업주는 이미 신고한 확정보험료가 이 법에 따라 신고하여야 할 확정보험료보다 적은 경우에는 제4항 후단에 따른 조사계획의 통지 전까지 확정보험료 수정신고서를 제출할 수 있다(징수법 제19조 제5항).

4. 보험료 징수의 우선순위

보험료와 이 법에 따른 그 밖의 징수금은 국세 및 지방세를

---

262) 보험연도 중에 보험관계가 소멸한 사업의 경우에는 그 소멸한 날부터 30일.
263) 보험연도 중에 보험관계가 소멸한 사업의 경우에는 그 소멸한 날부터 30일.
264) 이 경우 사실조사를 할 때에는 미리 조사계획을 사업주에게 알려야 한다.

제외한 다른 채권보다 우선하여 징수한다(징수법 제30조 본문).

다만, 보험료 등의 납부기한 전에 전세권·질권·저당권 또는 "동산·채권 등의 담보에 관한 법률"에 따른 담보권의 설정을 등기하거나 등록한 사실이 증명되는 재산을 매각하여 그 매각대금 중에서 보험료 등을 징수하는 경우에 그 전세권·질권·저당권 또는 "동산·채권 등의 담보에 관한 법률"에 따른 담보권에 의하여 담보된 채권에 대하여는 그러하지 아니하다(징수법 제30조).

제 6 절 권리보호 및 구제절차

[136] Ⅰ. 수급권의 보호

근로자의 보험급여를 받을 권리는 퇴직하여도 소멸되지 아니한다(제88조 제1항). 보험급여를 받을 권리는 양도 또는 압류하거나 담보로 제공할 수 없다(제88조 제2항).

[137] Ⅱ. 심사청구

다음 어느 하나에 해당하는 공단의 결정 등(이하 "보험급여 결정등"이라 한다)에 불복하는 자는 그 보험급여 결정등을 한 공단의 소속 기관을 거쳐 공단에 심사청구를 할 수 있다(제103조 제1항).

① 보험급여에 관한 결정, ② 진료비에 관한 결정, ③ 약제비에 관한 결정, ④ 진료계획 변경 조치등, ⑤ 보험급여의 일시지급에 관한 결정, ⑥ 부당이득의 징수에 관한 결정, ⑦ 수급권

의 대위에 관한 결정.

이는 보험급여 결정등이 있음을 안 날부터 90일 이내에 하여야 한다(제103조 제3항). 심사청구서를 받은 공단의 소속 기관은 5일 이내에 의견서를 첨부하여 공단에 보내야 한다(제103조 제4항). 보험급여 결정등에 대하여는 행정심판법에 따른 행정심판을 제기할 수 없다(제103조 제5항).

심사청구를 심의하기 위하여 공단에 관계 전문가 등으로 구성되는 산업재해보상보험심사위원회(이하 "심사위원회"라 한다)를 둔다(제104조 제1항). 공단은 심사청구서를 받은 날부터 60일 이내에 심사위원회의 심의를 거쳐 심사청구에 대한 결정을 하여야 한다(제104조 제1항). 다만, 부득이한 사유로 그 기간 이내에 결정을 할 수 없으면 1차에 한하여 20일을 넘지 아니하는 범위에서 그 기간을 연장할 수 있다.

[138] Ⅲ. 재심사청구

심사청구에 대한 결정에 불복하는 자는 산업재해보상보험재심사위원회에 재심사청구를 할 수 있다(제106조 제1항 본문). 다만, 판정위원회의 심의를 거친 보험급여에 관한 결정에 불복하는 자는 심사청구를 하지 아니하고 재심사청구를 할 수 있다(제106조 제1항 단서).

재심사청구는 그 보험급여 결정등을 한 공단의 소속 기관을 거쳐 산업재해보상보험재심사위원회에 제기하여야 한다(제106조 제2항). 재심사청구는 심사청구에 대한 결정이 있음을 안 날부터 90일 이내에 제기하여야 한다(제106조 제3항 본문). 다만, 심사청구를 거치지 아니하고 재심사청구를 하는 경우에는 보험급여에 관한 결정이 있음을 안 날부터 90일 이내에 제기하여야 한다(제106조 제3항 단서).

[139] Ⅳ. 행정소송

재심사청구에 대한 재결은 행정소송법을 적용할 때 행정심판
에 대한 재결로 본다(제111조 제2항).

제 7 절 소멸시효 및 벌칙

[140] Ⅰ. 소멸시효

다음의 권리는 3년간 행사하지 아니하면 시효로 말미암아
소멸한다(제112조 제1항). ① 보험급여를 받을 권리, ② 산재보험
의료기관의 권리, ③ 약국의 권리, ④ 보험가입자의 권리, ⑤ 국
민건강보험공단등의 권리. 그 이외의 소멸시효에 관하여는 민법
에 따른다(제112조 제2항).

[141] Ⅱ. 벌 칙

산재보험 의료기관이나 따른 약국의 종사자로서 거짓이나
그 밖의 부정한 방법으로 진료비나 약제비를 지급받은 자는 3년
이하의 징역 또는 3천만원 이하의 벌금에 처한다(제127조 제1항).

그리고 거짓이나 그 밖의 부정한 방법으로 보험급여를 받은
자는 2년 이하의 징역 또는 2천만원 이하의 벌금에 저한다(제127
조 제2항).

제21조 제3항을 위반하여 비밀을 누설한 자는 2년 이하의

징역 또는 1천만원 이하의 벌금에 처한다(제127조 제3항).

법인의 대표자나 법인 또는 개인의 대리인, 사용인, 그 밖의 종업원이 그 법인 또는 개인의 업무에 관하여 제127조 제1항의 위반행위를 하면 그 행위자를 벌하는 외에 그 법인 또는 개인에게도 해당 조문의 벌금형을 과(科)한다(제128조 본문). 다만, 법인 또는 개인이 그 위반행위를 방지하기 위하여 해당 업무에 관하여 상당한 주의와 감독을 게을리하지 아니한 경우에는 그러하지 아니하다(제128조 단서).

다음의 어느 하나에 해당하는 자에게는 200만원 이하의 과태료를 부과한다(제129조 제1항).

① 근로복지공단 또는 이와 비슷한 명칭을 사용한 자

② 공단이 아닌 자에게 진료비를 청구한 자.

다음의 어느 하나에 해당하는 자에게는 100만원 이하의 과태료를 부과한다.

① 진료계획을 정당한 사유 없이 제출하지 아니하는 자

② 제105조 제4항(제109조 제1항에서 준용하는 경우를 포함한다)에 따른 질문에 답변하지 아니하거나 거짓된 답변을 하거나 검사를 거부·방해 또는 기피한 자

③ 보고를 하지 아니하거나 거짓된 보고를 한 자 또는 서류나 물건의 제출 명령에 따르지 아니한 자

④ 공단의 소속 직원의 질문에 답변을 거부하거나 조사를 거부·방해 또는 기피한 자

⑤ 신고를 하지 아니한 자.

제 5 장

고용보험법

우리나라는 중소기업의 경우 구인난을 겪고 있고, 대학 졸업자는 취업난을 겪고 있다. 매년 외국인 근로자는 늘어나고 있으며, 2014년 5월 기준 85만 2천명으로 확인되었다. 이들에게 지급하는 임금을 2016년 최저임금(1시간당 6,030원, 월환산액 1,260,270원)으로 추산하면, 연 12조 8,850억원이다.

또 2015년도에 일자리를 잃은 자에게 구직급여로 지출된 돈이 4조 3,835억원이다. 이런 구조적인 문제를 해결할 수 있는 방법은 없는가?

제 1 절   보험자

[142] Ⅰ. 의 의

고용보험 사업을 담당하는 정부 부처는 ① 실업문제와 관련된 것으로 보아 노동관련부서 소관으로 하는 경우(미국·일본독일 등)와 ② 사회보장정책의 문제로 보아 사회보장 관련부서에서 담당하는 경우(영국)가 있다.

전자가 노동시장정책의 일관성을 중시하는 입장이라면, 후자는 사회보장정책, 즉 다른 사회보험제도와의 연계성·일관성을 유지할 수 있는 장점이 있다. 우리나라는 전자의 입장을 취한다.

[143] Ⅱ. 고용노동부장관

우리나라에서는 고용보험의 보험자, 즉 고용보험사업의 경영주체는 고용노동부장관이다(제3조). 고용노동부장관은 필요하다고 인정하면 제19조 및 제27조부터 제31조까지의 규정에 따른 업무의 일부를 대통령령으로 정하는 다음의 자에게 대행하게 할 수 있다(제36조, 영 제57조 제1항). ① 한국산업인력공단법에 따른 한국산업인력공단, ② 근로자직업능력 개발법에 따른 기능대학, ③ 근로자직업능력 개발법 제23조에 따른 직업능력개발단체.

　　고용노동부장관은 업무를 대행하게 하는 경우에는 업무 수행에 드는 경비를 기금에서 지원한다(영 제57조 제1항).

〈그림 2-5-1〉　　　　　고용보험제도의 운영 시스템

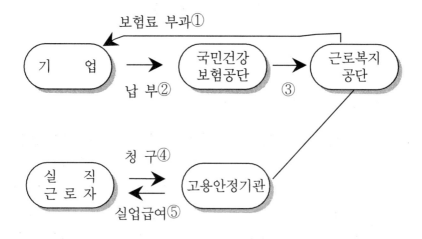

제 2 절 피보험자

[144] I. 의 의

고용보험의 적용범위, 즉 근로자 일반에 대하여 보편적으로 적용할 것인가 아니면 직종, 사업장의 규모 등에 따라 특정범위에 한정하여 적용할 것인가 하는 문제는, 근로자의 인간다운 생활권 보장을 위하여 고용보험법상의 여러 가지 급여를 필요로 하는 계층에 대한 보호를 우선적으로 고려하여야 한다.

[145] Ⅱ. 적용 대상자

1. 적용대상 사업장

고용보험법은 원칙적으로 근로자를 고용하는 모든 사업에 적용된다. 다만 산업별 특성 및 사업의 규모등 을 고려하여 대통령령으로 정하는 사업에는 적용되지 않는다(제7조).

고용보험법의 적용이 제외되는 사업은 ① 농업·임업·어업·및 수렵업 중 상시 4인 이하의 근로자를 고용하는 사업과 ② 일정한 요건에 해당하는 건설공사, ③ 가구 내 고용활동 및 달리 분류되지 아니한 자가소비 생산활동 등이다(영 제2조 제1항).

2. 적용제외 근로자

다음의 어느 하나에 해당하는 자에게는 이 법을 적용하지 아니한다(제10조). 다만, ①의 근로자 또는 자영업자에 대한 고용안정·직업능력개발 사업에 관하여는 그러하지 아니하다.

① 65세 이후에 고용되거나 자영업을 개시한 자

② 소정(所定)근로시간이 대통령령으로 정하는 시간 미만인 자

③ 국가공무원법과 지방공무원법에 따른 공무원. 다만, 대통령령으로 정하는 바에 따라 별정직공무원, 국가공무원법 제26조의5 및 지방공무원법 제25조의5에 따른 임기제공무원의 경우는 본인의 의사에 따라 고용보험(제4장에 한한다)에 가입할 수 있다.

④ 사립학교교직원 연금법의 적용을 받는 자

⑤ 그 밖에 대통령령으로 정하는 자.

3. 보험가입자와 피보험자

가. 근거 법률

고용보험관계의 성립, 소멸, 보험료의 납부, 징수 등에 관하여는 보험료징수법에서 규정하고 있다.

나. 가입자

보험가입자가 되는 자는 당해 사업의 사업주와 근로자이다(징수법 제5조 제1항). 위에서 살펴본 바와 같은 법의 적용대상이 되는 사업(이하 '당연가입 사업'이라 한다)의 사업주와 근로자는 당사자의 의사와는 무관하게 당연히 보험가입자가 된다(징수법 제5항 1항).

당연가입 사업에 속하지 아니하는 사업에 있어서 사업주는 근로자 과반수의 동의 및 공단265)의 승인을 얻어 근로자와 함께 보험에 가입할 수 있다(징수법 제5조 제2항). 이를 임의가입이라 한다.

---

265) 2003년 징수법이 제정되면서 '노동부장관'에서 '공단'으로 변경되었다.

다. 피보험자

피보험자는 ① 보험료징수법 제5조 제1항·제2항, 제6조 제1항, 제8조 제1항·제2항에 따라 보험에 가입되거나 가입된 것으로 보는 근로자와 ② 보험료징수법 제49조의2 제1항·제2항에 따라 고용보험에 가입하거나 가입된 것으로 보는 자영업자(이하 "자영업자인 피보험자"라 한다)이다(제2조 제1호).

4. 보험관계의 성립일과 소멸일

가. 성립일

보험관계는 다음의 어느 하나에 해당하는 날에 성립한다(징수법 제7조).

① 제5조 제1항에 따라 사업주 및 근로자가 고용보험의 당연가입자가 되는 사업의 경우에는 그 사업이 시작된 날(고용보험법 제8조 단서에 따른 사업이 제5조 제1항에 따라 사업주 및 근로자가 고용보험의 당연가입자가 되는 사업에 해당하게 된 경우에는 그 해당하게 된 날)

② 제5조 제3항에 따라 사업주가 산재보험의 당연가입자가 되는 사업의 경우에는 그 사업이 시작된 날(산업재해보상보험법 제6조 단서에 따른 사업이 제5조 제3항에 따라 사업주가 산재보험의 당연가입자가 되는 사업에 해당하게 된 경우에는 그 해당하게 된 날)

③ 제5조 제2항 또는 제4항에 따라 보험에 가입한 사업의 경우에는 공단이 그 사업의 사업주로부터 보험가입승인신청서를 접수한 날의 다음 날

④ 제8조 제1항에 따라 일괄적용을 받는 사업의 경우에는 처음 하는 사업이 시작된 날

⑤ 제9조 제1항 단서 및 제2항에 따라 보험에 가입한 하수급인의 경우에는 그 하도급공사의 착공일.

<판례 30> 서울행법 2000. 7. 14. 선고 99구27275 판결

[1]고용보험법은 고용보험의 시행을 통하여 실업을 예방하고 고용의 촉진 및 근로자의 직업능력의 개발·향상을 도모하며, 근로자가 실업한 경우에 생활에 필요한 급여를 실시함으로써, 근로자의 생활의 안정과 구직활동을 촉진하는 것을 목적으로(제1조 참조), 근로자의 직업능력개발, 실업예방 및 고용기회의 확대 등을 도모하여 1차적으로는 취업중인 근로자의 고용안정을 촉진하고, 부득이 실업이 되더라도 2차적으로 실업급여를 지급하고 재취업을 촉진함으로써 근로자의 실업으로 인한 사회·경제적인 어려움을 해소하는 것을 주된 내용으로 하고 있는 점, 이에 따라 근로관계에 있는 근로자 및 그 사업주를 고용보험의 적용대상으로 하여 원칙적으로 같은 법 소정의 적용제외 사업과 근로자 이외의 근로자를 고용하는 모든 사업의 사업주와 근로자를 보험가입자로 하고, 당해 근로자를 피보험자로 규정하고 있는 점 및 실업급여산정의 기준을 근로기준법에 의한 임금으로 규정하고 있는 점(고용보험법 제2조 제4호) 등을 종합하여 보면, 고용보험법에서 말하는 근로자란 사용자와 사이에 사용종속관계하에서 임금을 목적으로 노무를 제공하는 근로계약관계를 맺고 있는 자를 의미한다고 봄이 상당하고, 같은 법에서 아무런 정의규정을 두지 않고 있다고 하여 달리 볼 것은 아니다.

[2]합명회사인 감정평가법인의 무한책임사원이 그 신분 및 근무형태상의 여러 특수성 등에 비추어 감정평가법인에 대하여 사용종속관계하에서 임금을 목적으로 근로를 제공하는 근로자로 볼 수 없다는 이유로 고용보험의 적용대상에 해당하지 아니한다.

나. 소멸일

보험관계는 다음의 어느 하나에 해당하는 날에 소멸한다(징수법 제10조).

① 사업이 폐업되거나 끝난 날의 다음 날(징수법 제10조 제1호)

② 임의가입·의제가입 사업의 사업주는 근로자의 3분의 2 이상의 동의 및 공단의 승인을 얻어 보험계약을 해지할 수 있는데(징수법 제5조 제5항, 6항), 이 경우 보험관계의 소멸시기는 고용노동부장관의 승인을 얻는 날의 다음날(징수법 제10조 제2호)

③ 공단은 사업의 실체가 없는 등의 사유로 보험관계를 계속 유지할 수 없다고 인정하는 경우에 직권으로 당해 보험관계

를 소멸시킬 수 있는데(징수법 제5조 제7항), 이 경우 보험관계의 소멸시기는 고용노동부장관이 그 소멸을 결정·통지한 날의 다음 날(징수법 제10조 제3호)

④ 제6조 제3항에 따른 사업주의 경우에는 근로자(고용보험의 경우에는 고용보험법 제10조에 따른 적용 제외 근로자는 제외한다)를 사용하지 아니한 첫날부터 1년이 되는 날의 다음 날(징수법 제10조 제4호).

제 3 절   보험급여

[146] Ⅰ. 의 의

고용보험사업(이하 "보험사업"이라 한다)으로 ① 고용안정·직업능력개발 사업, ② 실업급여, ③ 육아휴직 급여 및 ④ 출산전후휴가 급여 등을 실시한다(제4조).

[147] Ⅱ. 보험급여의 종류

1. 고용안정·직업능력개발사업 관련 급여

고용노동부장관은 피보험자 및 피보험자였던 자, 그 밖에 취업할 의사를 가진 자(이하 "피보험자등"이라 한다)에 대한 실업의 예방, 취업의 촉진, 고용기회의 확대, 직업능력개발·향상의 기회 제공 및 지원, 그 밖에 고용안정과 사업주에 대한 인력 확보를 지원하기 위하여 고용안정·직업능력개발 사업을 실시한다(제19조 제1항).

<판례 31> 서울중앙지법 2004. 9. 16. 선고 2004나4743 판결

[1] 고용보험법 제18조에 의한 고령자고용촉진장려금은 고령자를 사용하여 사업을 행하는 주체에게 귀속되어야 할 것인데, 사업주에 해당되는지는 관리업무를 사업내용으로 등록 등의 요건을 갖춘 자 또는 입주자자치관리기구로서 당해 고령자를 근로자로 고용하여 임면하고 징계하는 등의 인사권을 가지며, 지휘·감독하고 임금지급 책임을 지는 지위에 있으면서 대외적으로는 사용자로서의 책임을 부담하며, 그 관리업무를 경영하는 지위에 있는지의 여부에 따라 판단된다.

[2] 고령자고용촉진장려금이 아파트 관리회사에게 귀속되기는 하였으나, 관리회사와 아파트입주자대표회의는 위 장려금의 대외적 수급권자가 누구인지를 불문하고 내부적으로는 위 장려금을 아파트의 관리비용에 충당하기로 명시적 내지 묵시적 합의를 하였으므로 관리회사로서는 이러한 합의에 반하여 위 장려금의 반환을 구할 수 없다.

[3] 아파트 관리회사가 관리소장을 통하여 고령자고용촉진장려금을 아파트 관리비 계좌에 입금시켜 이를 관리비용의 일부에 충당·사용하도록 하였음에도, 아파트관리위·수탁계약 종료 후 3년이 지난 시점에 이르러 위 장려금의 귀속 주체가 자신이라고 주장하면서 아파트입주자대표회의를 상대로 그 이익의 반환을 구하는 것은 자신의 선행행위와 모순되어 상대방의 신뢰를 해하는 권리행사이므로 신의칙상 허용될 수 없다.

<판례 32> 대법원 2009.6.11. 선고 2009두4272 판결

[1] 고용보험에 필요한 재원은 보험료 외에 고용보험법에 따른 징수금·적립금·기금운용 수익금과 그 밖의 수입으로 조성되고(고용보험법 제78조 제2항), 이와 같이 국고 등으로 마련된 고용보험기금에 의해 고용안정·직업능력개발 사업의 지원이 이루어지므로 부정행위에 따라 지원을 받은 금액의 반환 및 추가징수는 조세징수, 후불적 임금 성격의 퇴직연금 반환 등과는 그 성격을 달리하는 점, 고용보험법의 관계 규정상 신규고용촉진 장려금을 신청할 때 관할 행정청에 명의상 사업주가 실제 사업주와 일치하는지 여부에 관한 실질적 심사권이 있다고 보기 어렵고, 또 명의상 사업주라도 그것이 자의에 의한 명의대여라면 당해 부정행위에 대한 직접 원인행위자는 아니라고 하더라도 명의대여자로서 책임을 부담하는 것이 상당한 점, 만약 이와 같이 보지 않을 경우 사업주는 자신이 명목상 사업주에 불과하다고 주장하여 책임회피의 수단으로 악용할 가능성이 있고, 또 사업주 명의대여가 조장되어 행정법관계를 불명확하게 함으로써 법적 안정성을 저해하는 요소로 작용할 수 있는 점 등을 종합적으로 고려하여 보면, 당해 부정행위를 한 업체에 대해 사업주

명의를 가지는 자는 그 명의가 도용되었다는 등의 특별한 사정이 있지 않은 한 고용보험법 제35조의 '지원을 받은 자'에 해당한다고 보아야 한다.

[2] 음악 공연 등을 목적으로 설립된 사업자가 부정한 방법으로 신규고용촉진 장려금을 수령한 사안에서, 그 사업주 명의를 대여한 명목상 사업주가 고용보험법 제35조의 '지원을 받은 자'에 해당한다는 이유로 그에게 장려금반환명령 및 추가징수처분을 한 것이 적법하다.

2. 실업급여

가. 실업급여의 의의와 종류

실업급여는 고용보험의 피보험자가 비자발적인 실업을 당한 경우에 일정기간 소정의 현금급여를 지급함으로써 실업기간중 근로자의 생활안정을 도모함과 도시에 실직근로자가 경제적·시간적 여유를 갖고 본인에게 적합한 직장에 취업할 수 있도록 도와주고 직업안정기관의 도움을 받아 효율적인 구직활동을 하여 조기에 재취업할 수 있도록 유도하기 위하여 지급되는 것이다.

이러한 실업급여에는 실업상태에 대응하여 일률적으로 지급되는 구직급여와 실업자의 조기재취업을 촉진하기 위하여 일정한 요건하에 추가적으로 지급되는 취업촉진수당이 있다(제37조 제1항). 후자에는 ① 조기(早期)재취업 수당, ② 직업능력개발 수당, ③ 광역 구직활동비, ④ 이주비 등이 있다(제37조 제2항).

나. 구직급여

(1) 수급요건

구직급여는 피보험자가 이직한 경우로서, ① 이직일 이전 18개월간(이하 '기준기간'이라 한다)에 피보험자단위기간이 통산하여 180일 이상일 것, ② 근로의 의사와 능력이 있음에도 불구하고 취업(영리를 목적으로 사업을
영위하는 경우를 포함)하지 못한 상태에 있을 것, ③ 이직사유가 제45조의 규정에 의한 수급자격의 제한사유 즉 피보험자가 자기의 중대한 귀책사유로 해고되거나 정당한 사유없는 자기 사정으로 이직한 경우에 해당하지 아니할 것, ④ 재취업을 위한 노력을 적극적으로 할 것, ⑤ 수급자격인정신청일 이전 1개월간의 근로일수가 10일 미만일 것, ⑥ 최종 이직일 이전 기준기간 내의 피보험 단위기간 180일 중 다른 사업에서 수급자격제한 사유로 이직한 사실이 있는 경우에는 당해 보험 단위기간 중 90일 이상을 일용근로자로 근로하였을 것이라는 요건을 갖춘 경우에 지급된다(제40조 제1항).266)

한편 구직급여를 받고자 하는 자는 이직 후 지체없이 직업안정기관에 출석하여 실업을 신고하여야 한다(제42조 제1항). 그리고 이 신고에는 구직신청과 위에서 말한 구직급여의 수급자격 인정신청이 포함되어야 한다(제42조 제2항).

구직급여를 지급받고자 하는 자는 직업안정기관의 장으로부터 구직급여의 수급요건인 수급자격을 갖추었다는 인정을 받아야 한다(제44조 제1항). 직업안정기관의 장은 수급자격의 인정신청을 받은 경우에는 그 신청인에 대한 수급자격의 인정여부를 경정하고 신청인에게 그 결과를 통지하여야 한다(제44조 제2항). 구직급여는 수급자격자가 실업한 상태에 있는 날 중에서 직업안정기관의 장으로부터 실업의 인정을 받은 날에 대하여 지급한다(제44조 제1항).

(3) 피보험단위기간의 산정

피보험 단위기간은 피보험기간 중 보수 지급의 기초가 된 날을 합하여 계산한다. 다만, 자영업자인 피보험자의 피보험 단위기간은 제50조 제3항 단서 및 제4항에 따른 피보험기간으로

---

266) 이 중 ⑤와 ⑥의 요건은 2002년 개정시 추가된 것이다.

한다(제41조 제1항). 피보험 단위기간을 계산할 때에는 최후로 피보험자격을 취득한 날 이전에 구직급여를 받은 사실이 있는 경우에는 그 구직급여와 관련된 피보험자격 상실일 이전의 피보험단위기간은 넣지 아니한다(제41조 제2항).

(3) 기초일액

구직급여의 산정기초가 되는 임금일액(이하 '기초일액'이라 한다)은 구직급여 수급자격과 관련된 최종 이직일을 기준으로 근로기준법 제19조 제1항의 규정에 의하여 산정된 평균임금으로 한다(제45조 제1항 본문). 다만 당해 평균임금의 산정기간이 2월 미만인 경우에는 대통령령이 정하는 바에 따라 당해 사업에 고용되기 직전의 다른 적용사업에서의 고용기간의 일부를 포함하여 산정한다(제45조 제1항 단서). 이렇게 산정된 금액이 근로기준법에 의한 당해 근로자의 통상임금보다 저액일 경우에는 그 통상임금액을 기초일액으로 한다(제45조 제2항).

<판례 33> 대법원 2009.1.30. 선고 2006두2121 판결

[1] 구 고용보험법(2002.12.30. 법률 제6850호로 개정되기 전의 것) 제35조, 구 근로기준법(2003.9.15. 법률 제6974호로 개정되기 전의 것) 제19조 등 기초일액 및 평균임금 관련 조항의 문언과 취지 등을 고려할 때, 구 고용보험법 제35조 제3항의 '제1항 및 제2항의 규정에 의하여 기초일액을 산정하는 것이 곤란한 경우'란 구 근로기준법 제19조 제1항, 구 근로기준법 시행령(2003.12.11. 대통령령 제18158호로 개정되기 전의 것) 제2조, 제3조 및 구 고용보험법 제35조 제2항을 적용해 보아도 기초일액을 산정하는 것이 곤란한 경우를 뜻하는 것으로 해석하여야 하고, 나아가 구 근로기준법 시행령 제4조까지 적용해 보아도 기초일액을 산정하는 것이 곤란한 경우를 의미하는 것으로는 볼 수 없다.
[2] 구 고용보험법(2002.12.30. 법률 제6850호로 개정되기 전의 것) 제35조에 따라 구직급여의 산출기초가 되는 기초일액을 산정하고자 할 때에는, 같은 조 제1항, 제2항에서 정한 바에 따라 구 근로기준법(2003.9.15. 법률 제6974호로 개정되기 전의 것) 제19조 제1항, 구 근로기준법 시행령

(2003.12.11. 대통령령 제18158호로 개정되기 전의 것) 제2조, 제3조 및 구
고용보험법 제35조 제2항에 따라 기초일액을 산정하는 것이 원칙이고, 이에
따라 기초일액을 산정하는 것이 곤란한 경우에 한하여 예외적으로 같은 조
제3항을 적용하여 기준임금을 기초일액으로 삼아야 한다.

(4) 구직급여일액

구직급여일액은 기초일액에 100분의 50을 곱한 금액으로 한
다(제46조 제1항). 그러나 기초일액이 최저기초일액으로 계산된 경
우에는 당해 수급권자의 기초일액이 100분의 90을 곱한 금액을
최저구직급여일액으로 한다. 최저구직급여일액보다 구직급여일
액이 낮은 경우에는 최저구직급여일액을 당해 수급자격자의 구
직급여일액으로 한다(제46조 제2항).

(5) 수급기간 및 소정급여일수

구직급여는 이 법에 따로 규정이 있는 경우를 제외하고는 당
해 구직급여의 수급자격과 관련된 이직일의 다음날부터 기산하여
12월내에 피보험기간 및 연령에 따라 90일에서 240일까지 법정된
소정급여일수(제50조 제1항)를 한도로 하여 지급한다(제48조 제1항).

다만 12월의 기간 중 임신·출산·육아 및 부상·질병(영 제
50조) 으로 인하여 계속하여 30일 이상 취업할 수 없는 자가 그
사실을 직업안정기간에 신고한 경우에는 12월의 기간에 그 취업
할 수 없는 자가 그 사실을 직업안정기관에 신고할 경우에는 12
월의 기간에 그 취업할 수 없는 기간을 가산한 기간(4년을 넘을 때
에는 4년) 내에 법이 정하는 소정급여일수를 한도로 하여 구직급
여를 지급한다(제48조 제2항).

(6) 지급되지 아니한 구직급여

수급자격자가 사망한 경우 그 수급자격자에게 지급되어야
할 구직급여로서 아직 지급되니 아니한 것이 있는 경우에는 당

해 수급자격자의 배우자(사실상의 혼인관계에 있는 자를 포함한다)·자녀·부모·손자녀·조부모 또는 형제자매로서 수급자격자와 생계를 같이하고 있던 자의 청구에 의하여 그 미지급분을 지급한다(제57조 제1항).

위의 규정에 의한 미지급된 구직급여를 지급받을 수 있는 자의 순위는 거기에 열거된 순서로 한다. 이 경우 동순위자가 2인이상 있는 경우에는 그 중 1인이 한 청구를 전원을 위하여 한 것으로 보며, 그 1인에 대하여 한 지급은 전원에 대한 지급으로 본다(제57조 제3항).

(7) 급여의 제한

급여의 지급이 제한되는 사유로는 훈련거부·직업지도거부·부정행위 등이 있다. 우선 수급자격자가 직업안정기관의 장이 소개하는 직업에 취업하는 것을 거부하거나 직업안정기관의 장이 지시한 직업훈련 등을 거부하는 경우에는 대통령령으로 정하는 바에 따라267) 구직급여의 지급을 정지한다(제60조 제1항 본문).

다만 ① 소개된 직업 또는 직업능력개발 훈련 등을 받도록 지시된 직종이 수급자격자의 능력에 맞지 아니하는 경우, ② 취직하거나 직업능력개발 훈련 등을 받기 위하여 주거의 이전이 필요하나 그 이전이 곤란한 경우, ③ 소개된 직업의 임금 수준이 같은 지역의 같은 종류의 업무 또는 같은 정도의 기능에 대한 통상의 임금 수준에 비하여 100분의 20 이상 낮은 경우 등 고용노동부장관이 정하는 기준에 해당하는 경우, ④ 그 밖에 정당한 사유가 있는 경우에는 그러하지 아니하다(제60조 제1항 단서).

(8) 질병 등의 특례

수급자격자가 제42조에 따라 실업의 신고를 한 이후에 질병·

---

267) 구법에서는 "거부한 날부터의" 구직급여의 지급을 정지하였다.

부상 또는 출산으로 취업이 불가능하여 실업의 인정을 받지 못한 날에 대하여는 제44조 제1항에도 불구하고 그 수급자격자의 청구에 의하여 제46조의 구직급여일액에 해당하는 금액(이하 "상병급여"라 한다)을 구직급여에 갈음하여 지급할 수 있다(제63조 제1항 본문).

다만, 제60조 제1항 및 제2항에 따라 구직급여의 지급이 정지된 기간에 대하여는 상병급여(傷病給與)를 지급하지 아니한다(제63조 제1항 단서).

상병급여를 지급할 수 있는 일수는 그 수급자격자에 대한 구직급여 소정급여일수에서 그 수급자격에 의하여 구직급여가 지급된 일수를 뺀 일수를 한도로 한다(제63조 제2항 전문). 이 경우 상병급여를 지급받은 자에 대하여 이 법의 규정(제61조 및 제62조는 제외한다)을 적용할 때에는 상병급여의 지급 일수에 상당하는 일수분의 구직급여가 지급된 것으로 본다(제63조 제2항 후문).

상병급여는 그 취업할 수 없는 사유가 없어진 이후에 최초로 구직급여를 지급하는 날(구직급여를 지급하는 날이 없는 경우에는 직업안정기관의 장이 정하는 날)에 지급한다(제63조 제3항 본문). 다만, 필요하다고 인정하면 고용노동부장관이 따로 정하는 바에 따라 지급할 수 있다(제63조 제3항 단서).

그러나 수급자격자가 근로기준법 제79조에 따른 휴업보상, 산업재해보상보험법 제39조에 따른 휴업급여, 그 밖에 이에 해당하는 급여 또는 보상으로서 대통령령으로 정하는 보상 또는 급여를 지급받을 수 있는 경우에는 상병급여를 지급하지 아니한다(제63조 제4항).

다. 취업촉진 수당

(1) 조기재취업수당

조기재취업 수당은 수급자격자(「외국인근로자의 고용 등에 관한 법률」 제2조에 따른 외국인 근로자는 제외한다)가 안정된 직업에 재취직하거나 스스로 영리를 목적으로 하는 사업을 영위하는 경우로서 대통령령으로 정하는 기준에 해당하면 지급한다(제64조 제1항).

그러나 수급자격자가 안정된 직업에 재취업한 날 또는 스스로 영리를 목적으로 하는 사업을 시작한 날 이전의 대통령령으로 정하는 기간에 조기재취업 수당을 지급받은 사실이 있는 경우에는 조기재취업 수당을 지급하지 아니한다(제64조 제2항).

조기재취업 수당의 금액은 구직급여의 소정급여일수 중 미지급일수의 비율에 따라 대통령령으로 정하는 기준에 따라 산정한 금액으로 한다(제64조 제3항). 조기재취업 수당을 지급받은 자에 대하여 이 법의 규정(제61조 및 제62조는 제외한다)을 적용할 때에는 그 조기재취업 수당의 금액을 제46조에 따른 구직급여일액으로 나눈 일수분에 해당하는 구직급여를 지급한 것으로 본다(제64조 제4항).

(2) 직업능력개발수당

직업능력개발 수당은 수급자격자가 직업안정기관의 장이 지시한 직업능력개발 훈련 등을 받는 경우에 그 직업능력개발 훈련 등을 받는 기간에 대하여 지급한다(제65조 제1항).

그러나 제60조 제1항 및 제2항에 따라 구직급여의 지급이 정지된 기간에 대하여는 직업능력개발 수당을 지급하지 아니한다(제65조 제2항).

직업능력개발 수당의 지급 요건 및 금액에 필요한 사항은 대통령령으로 정한다(제65조 제3항 전문). 이 경우 인력의 수급 상황을 고려하여 고용노동부장관이 특히 필요하다고 인정하여 고시하는 직종에 관한 직업능력개발 훈련 등에 대하여는 직업능력개발 수당의 금액을 다르게 정할 수 있다(제65조 제3항 후문).

마. 광역구직활동비

광역 구직활동비는 수급자격자가 직업안정기관의 소개에 따라 광범위한 지역에 걸쳐 구직 활동을 하는 경우로서 대통령령으로 정하는 기준에 따라 직업안정기관의 장이 필요하다고 인정하면 지급할 수 있다(제66조 제1항).

바. 이주비

이주비는 수급자격자가 취업하거나 직업안정기관의 장이 지시한 직업능력개발 훈련 등을 받기 위하여 그 주거를 이전하는 경우로서 대통령령으로 정하는 기준에 따라 직업안정기관의 장이 필요하다고 인정하면 지급할 수 있다(제67조 제1항).

사. 취업촉진 수당의 지급제한

거짓이나 그 밖의 부정한 방법으로 실업급여를 받았거나 받으려 한 자에게는 그 급여를 받은 날 또는 받으려 한 날부터의 취업촉진 수당을 지급하지 아니한다(제68조 제1항 본문). 다만, 그 급여와 관련된 이직 이후에 새로 수급자격을 취득하면 그 새로운 수급자격에 따른 취업촉진 수당은 그러하지 아니하다(제68조 제1항 단서).

그러나 거짓이나 그 밖의 부정한 방법이 제47조 제1항에 따른 신고의무의 불이행 또는 거짓의 신고 등 대통령령으로 정하는 사유에 해당하면 취업촉진 수당의 지급을 제한하지 아니한다(제68조 제2항 본문). 다만, 2회 이상의 위반행위를 한 경우에는 제1항 본문에 따른다(제68조 제2항 단서).

거짓이나 그 밖의 부정한 방법으로 실업급여를 지급받았거나 받으려 한 자가 제1항 또는 제2항에 따라 취업촉진 수당을 지급받을 수 없게 되어 조기재취업 수당을 지급받지 못하게 된 경우에도 제64조 제4항을 적용할 때는 그 지급받을 수 없게 된 조기재취업 수당을 지급받은 것으로 본다(제68조 제3항).

<판례 34> 대법원 2009.6.11. 선고 2009두4272 판결

[1] 고용보험에 필요한 재원은 보험료 외에 고용보험법에 따른 징수금·석립금·기금운용 수익금과 그 밖의 수입으로 조성되고(고용보험법 제78조 제2항), 이와 같이 국고 등으로 마련된 고용보험기금에 의해 고용안정·직업능력개발 사업의 지원이 이루어지므로 부정행위에 따라 지원을 받은 금액의 반환 및 추가징수는 조세징수, 후불적 임금 성격의 퇴직연금 반환 등 과는 그 성격을 달리하는 점, 고용보험법의 관계 규정상 신규고용촉진 장려금을 신청할 때 관할 행정청에 명의상 사업주가 실제 사업주와 일치하는지여부에 관한 실질적 심사권이 있다고 보기 어렵고, 또 명목상 사업주라도 그것이 자의에 의한 명의대여라면 당해 부정행위에 대한 직접 원인행위자는 아니라고 하더라도 명의대여자로서 책임을 부담하는 것이 상당한 점, 만약 이와 같이 보지 않을 경우 사업주는 자신이 명목상 사업주에 불과하다고 주장하여 책임회피의 수단으로 악용할 가능성이 있고, 또 사업주 명의대여가 조장되어 행정법 관계를 불명확하게 함으로써 법적 안정성을 저해하는 요소로 작용할 수 있는 점 등을 종합적으로 고려하여 보면, 당해 부정행위를 한 업체에 대해 사업주 명의를 가지는 자는 그 명의가 도용되었다는 등의 특별한 사정이 있지 않은 한 고용보험법 제35조의 '지원을 받은 자'에 해당한다고 보아야 한다.

[2] 음악 공연 등을 목적으로 설립된 사업자가 부정한 방법으로 신규고용촉진 장려금을 수령한 사안에서, 그 사업주 명의를 대여한 명목상 사업주가 고용보험법 제35조의 '지원을 받은 자'에 해당한다는 이유로 그에게 장려금 반환명령 및 추가징수처분을 한 것이 적법하다.

<판례 35> 대법원 2011.8.18. 선고 2010두28373 판결

[1] 신규고용촉진 장려금 제도의 입법 취지, 알선의 의미, 취업 취약계층에 속하는 사람들의 노동시장 경쟁력 및 신규고용촉진 장려금이 이들의 고용 시 참작되는 비중 등을 고려해 보면, 사업주가 직업안정기관 등 알선에 앞서 구직자를 미리 면접하는 절차를 거쳤다 하더라도 이들을 현 상태에서는 그대로 고용할 수 없고, 신규고용촉진 장려금을 지급받을 수 있는 경우에 한하여 고용할 수 있다고 판단하여 이들로 하여금 직업안정기관 등의 알선 등 구 고용보험법 시행령(2010.2.8. 대통령령 제22026호로 개정되기 전의 것) 제26조 제1항이 규정하는 절차를 거치도록 함으로써 위 법령에서 정한 취업 취약계층에 속하는 사람에 해당하는지 등을 확인한 이후에 비로소 고용하여 신규고용촉진 장려금을 지급받는 것도 허용된다.

[2] 취업 취약계층에 속하는 사람들이 사업주가 요구하는 자격과 능력을 갖추고 있어서 사업주가 신규고용촉진 장려금 지급 여부와 무관하게 이들을

즉시 고용할 의사를 확정적으로 가진 경우도 있을 수 있는데, 그럼에도 사업자가 이러한 사실을 숨긴 채 형식적으로 직업안정기관 등의 알선 등을 거쳐 신규고용촉진 장려금을 지급받는 것은 구 고용보험법(2010.6.4. 법률 제10339호로 개정되기 전의 것) 제35조에서 정한 '거짓이나 그 밖의 부정한 방법'으로 신규고용촉진 장려금을 지원받은 경우에 해당한다. 만일 행정청이 이러한 사유를 들어 사업주를 상대로 환수처분 등 불이익한 행정처분을 하고 이에 대하여 사업주가 처분 취소를 구하는 항고소송을 제기한 경우, 사업주가 직업안정기관 등의 알선에 앞서 취업 취약계층에 속하는 사람들을 즉시 고용할 의사를 가지고 있었음에도 이를 숨기고 형식적으로 알선 절차를 거쳐 신규고용촉진 장려금을 지급받은 것이라는 점에 관한 증명책임은 행정처분이 적법하다는 것을 주장하는 행정청에 있다.

[3] 갑 주식회사가 고용지원센터 알선 전에 을, 병을 면접한 후 이들로 하여금 고용지원센터의 알선 등 신규고용촉진 장려금을 지급받을 수 있는 절차와 요건을 갖추도록 한 다음 고용하였으나 관할 노동청장에게는 실제 채용과정을 밝히지 않고 신규고용촉진 장려금을 지급받은 사안에서, 갑 회사가 을, 병을 면접한 후 즉시 고용할 의사는 없고 고용지원센터의 알선을 거쳐 신규고용촉진 장려금을 받을 수 있는 경우에 한하여 고용할 의사를 가졌을 수도 있으므로, 면접절차를 거쳤다고 하여 곧바로 갑 회사가 을, 병을 고용할 의사를 확정적으로 가졌다고 단정할 수 없고, 갑 회사가 고용지원센터 알선 등 구 고용보험법 시행령(2010.2.8. 대통령령 제22026호로 개정되기 전의 것) 제26조 제1항에서 정한 절차와 요건을 갖추도록 한 후 고용하여 신규고용촉진 장려금을 지급받는 것도 적법하며, 갑 회사가 신규고용촉진 장려금을 신청하면서 관할 노동청장에게 고용안정센터 알선 전에 면접을 거친 사실을 밝히지 아니하였다고 하여 구 고용보험법(2010.6.4. 법률 제10339호로 개정되기 전의 것) 제35조에서 정한 '거짓이나 그 밖의 부정한 방법'으로 신규고용촉진 장려금을 지원받은 경우에 해당한다고 할 수 없다는 이유로, 이와 달리 본 원심판결에 법리오해의 위법이 있다.

<판례 36> 대법원 2003. 9. 23. 선고 2002두7494 판결

구 고용보험법(1999.12.31. 법률 제6099호로 개정되기 전의 것) 제48조 제1항 소정의 '허위 기타 부정한 방법'이라고 함은 일반적으로 수급자격 없는 사람이 수급자격을 가장하거나 취업사실 또는 소득의 발생사실 등을 감추는 일체의 부정행위를 말하는 것으로서 근로소득이 있는 자가 그 신고의무를 불이행한 경우에도 이에 해당한다고 볼 것이나, 구직급여를 수급받은 자가 형식상 자신의 명의로 된 사업자등록이 있었다고 하더라도 사실상 폐업상태

에 있어서 실질적으로 사업을 영위하지 않아 전혀 소득이 없었던 경우에는
사업자등록사실을 신고하지 않았다고 하더라도 이를 '허위 기타 부정한 방
법'으로 실업급여를 받은 경우에 해당한다고 볼 수 없다.

3. 육아관련 급여

가. 육아관련 급여의 의의 및 종류

오늘날 인적 자원의 활용에 있어서 여성의 취업이 중요한
과제의 하나이다. 그러나 우리나라는 사회적인 제반 여건 등에
비추어 여성의 취업활동에 많은 제약이 있을 뿐만 아니라 임
신·출산·육아에 이르는 과정은 여성의 취업을 사실상 불가능
하게 하는 가장 큰 요인이 되고 있다.

이에 따라 지난 2001년 근로기준법, 남녀고용평등법, 고용보
험법의 개정을 통해서 산전후휴가를 90일로 확대하며, 확대된
30일분의 휴가급여와 육아휴직급여가 부분적이기는 하지만 고용
보험법상의 급여의 하나로 신설하였다. 육아관련 급여에는 ①
육아휴직 급여와 ② 육아기 근로시간 단축 급여가 있다.

나. 육아휴직 급여

고용노동부장관은 「남녀고용평등과 일·가정 양립 지원에 관
한 법률」 제19조에 따른 육아휴직을 30일(근로기준법 제74조에 따른 출산
전후휴가기간과 중복되는 기간은 제외한다) 이상 부여받은 피보험자 중 다음
의 요건을 모두 갖춘 피보험자에게 육아휴직 급여를 지급한다(제
70조 제1항).

① 육아휴직을 시작한 날 이전에 제41조에 따른 피보험 단
위기간이 통산하여 180일 이상일 것

② 같은 자녀에 대하여 피보험자인 배우자가 30일 이상의
육아휴직을 부여받지 아니하거나 「남녀고용평등과 일·가정 양립

지원에 관한 법률」 제19조의2에 따른 육아기 근로시간 단축(이하 "육아기 근로시간 단축"이라 한다)을 30일 이상 실시하지 아니하고 있을 것.

육아휴직 급여를 지급받으려는 사람은 육아휴직을 시작한 날 이후 1개월부터 육아휴직이 끝난 날 이후 12개월 이내에 신청하여야 한다(제70조 제2항 본문). 다만, 해당 기간에 대통령령으로 정하는 사유로 육아휴직 급여를 신청할 수 없었던 사람은 그 사유가 끝난 후 30일 이내에 신청하여야 한다(제70조 제2항 단서).

사업주는 피보험자가 제70조에 따른 육아휴직 급여를 받으려는 경우 고용노동부령으로 정하는 바에 따라 사실의 확인 등 모든 절차에 적극 협력하여야 한다(제71조).

피보험자가 육아휴직 급여 기간 중에 이직 또는 새로 취업(취직한 경우 1주간의 소정근로시간이 15시간 미만인 경우는 제외한다. 이하 이 장에서 같다)하거나 사업주로부터 금품을 지급받은 경우에는 그 사실을 직업안정기관의 장에게 신고하여야 한다(제72조 제1항). 직업안정기관의 장은 필요하다고 인정하면 육아휴직 급여 기간 중의 이직, 취업 여부 등에 대하여 조사할 수 있다(제72조 제2항).

피보험자가 육아휴직 급여 기간 중에 그 사업에서 이직하거나 새로 취업한 경우에는 그 이직 또는 취업하였을 때부터 육아휴직 급여를 지급하지 아니한다(제73조 제1항). 피보험자가 사업주로부터 육아휴직을 이유로 금품을 지급받은 경우 대통령령으로 정하는 바에 따라 급여를 감액하여 지급할 수 있다(제73조 제2항).

거짓이나 그 밖의 부정한 방법으로 육아휴직 급여를 받았거나 받으려 한 자에게는 그 급여를 받은 날 또는 받으려 한 날부터의 육아휴직 급여를 지급하지 아니한다(제73조 제3항 본문). 다만, 그 급여와 관련된 육아휴직 이후에 새로 육아휴직 급여 요건을 갖춘 경우 그 새로운 요건에 따른 육아휴직 급여는 그러하지 아니하다(제73조 제3항 단서).

다. 육아기 근로시간 단축 급여

고용노동부장관은 육아기 근로시간 단축을 30일(근로기준법 제74 조에 따른 출산전후휴가기간과 중복되는 기간은 제외한다) 이상 실시한 피보험자 중 다음의 요건을 모두 갖춘 피보험자에게 육아기 근로시간 단축 급여를 지급한다(제73조2 제1항).

① 육아기 근로시간 단축을 시작한 날 이전에 제41조에 따른 피보험 단위기간이 통산하여 180일 이상일 것

② 같은 자녀에 대하여 피보험자인 배우자가 30일 이상의 육아휴직을 부여받지 아니하거나 육아기 근로시간 단축을 30일 이상 실시하지 아니하고 있을 것.

육아기 근로시간 단축 급여를 지급받으려는 사람은 육아기 근로시간 단축을 시작한 날 이후 1개월부터 끝난 날 이후 12개월 이내에 신청하여야 한다(제73조2 제2항 본문). 다만, 해당 기간에 대통령령으로 정하는 사유로 육아기 근로시간 단축 급여를 신청할 수 없었던 사람은 그 사유가 끝난 후 30일 이내에 신청하여야 한다(제73조2 제2항 단서).

4. 출산전후휴가 급여 등

가. 출산전후휴가 급여 등

고용노동부장관은 「남녀고용평등과 일·가정 양립 지원에 관한 법률」 제18조에 따라 피보험자가 근로기준법 제74조에 따른 출산전후휴가 또는 유산·사산휴가를 받은 경우로서 다음의 요건을 모두 갖춘 경우에 출산전후휴가 급여 등(이하 "출산전후휴가 급여 등"이라 한다)을 지급한다(제75조 제1항). ① 휴가가 끝난 날 이전에 제41조에 따른 피보험 단위기간이 통산하여 180일 이상일 것, ② 휴가를 시작한 날[제19조 제2항에 따라 근로자의 수 등이 대통령령으로 정하는 기준에 해당하는 기업이 아닌 경우는 휴가 시작 후 60일(한 번에 둘 이상의 자녀를 임신한 경우에는 75일)이 지난 날로 본다] 이후 1개월부터 휴가가 끝난 날 이후 12

개월 이내에 신청할 것. 다만, 그 기간에 대통령령으로 정하는 사유로 출산전후휴가 급여등을 신청할 수 없었던 자는 그 사유가 끝난 후 30일 이내에 신청하여야 한다.

나. 출산전후휴가 급여등의 수급권 대위

사업주가 출산전후휴가 급여등의 지급사유와 같은 사유로 그에 상당하는 금품을 근로자에게 미리 지급한 경우로서 그 금품이 출산전후휴가 급여등을 대체하여 지급한 것으로 인정되면 그 사업주는 지급한 금액(제76조 제2항에 따른 상한액을 초과할 수 없다)에 대하여 그 근로자의 출산전후휴가 급여등을 받을 권리를 대위한다(제75조의2).

다. 지급 기간 등

출산전후휴가 급여등은 근로기준법 제74조에 따른 휴가 기간에 대하여 근로기준법의 통상임금(휴가를 시작한 날을 기준으로 산정한다)에 해당하는 금액을 지급한다(제76조 제1항 본문). 다만, 제19조 제2항에 따라 근로자의 수 등이 대통령령으로 정하는 기준에 해당하는 기업이 아닌 경우에는 휴가 기간 중 60일(한 번에 둘 이상의 자녀를 임신한 경우에는 75일)을 초과한 일수(30일을 한도로 하되, 한 번에 둘 이상의 자녀를 임신한 경우에는 45일을 한도로 한다)로 한정한다(제76조 제1항 단서). 출산전후휴가 급여등의 지급 금액은 대통령령으로 정하는 바에 따라 그 상한액과 하한액을 정할 수 있다(제76조 제2항).

<판례 37> 서울행법 2008.4.29. 선고 2007구합48155 판결

근로자가 회사로부터 실제로 부여받은 육아휴직기간의 종료일로부터 6개월 내에 육아휴직급여 지급 신청을 하였어도, 그 신청이 구 남녀고용평등법 (2005.12.20. 법률 제7823호로 개정되기 전의 것) 제19조에 따라 가능한 육아휴직기간의 종료일인 '당해 영아가 생후 1년이 되는 날'로부터 6개월이 지난 후에 한 것이라면, 이는 구 고용보험법(2005.12.7. 법률 제7705호로 개정되기 전의 것) 제55조의2 제1항 제3호에 따른 신청기간을 도과한 후에 신청한 것이므로, 그에 대한 부지급결정처분이 적법하다.

제 4 절 고용보험의 재정

[148] Ⅰ. 보험료의 징수

1. 보험료 납부의 특색

고용보험사업에 드는 비용에 충당하기 위하여 보험가입자로부터 ① 고용안정·직업능력개발사업 및 ② 실업급여의 보험료를 징수한다(징수법 제13조 제1항).

보험료 납부의 특색은 보험연도의 초에 '개산보험료'를 납부하고, 추후 '확정보험료'에 의하여 이것을 수정·정산하는 방법을 취하고 있다. 고용보험료에 관하여는 앞에서 설명한 산재보험료와 마찬가지로 2003년 제정된 보험료징수법에서 규정하고 있다.

2. 보험료 징수권자

보험료는 근로복지공단이 매월 부과하고, 건강보험공단이 이를 징수한다(징수법 제16조의2 제1항).

건강보험공단은 사업주에게 다음의 사항을 적은 문서로써 납부기한 10일 전까지 월별보험료의 납입을 고지하여야 한다(징수법 제16조의8 제1항). ① 징수하고자 하는 보험료 등의 송류, ② 납부하여야 할 보험료 등의 금액, ③ 납부기한 및 장소.

3. 보험료의 납부의무자

고용보험 재정의 주된 원천은 보험료이며, 납부의무자는 사업주와 근로자이다(징수법 제13조 제1항). 그러나 보험료를 실제 납부하는 자는 뒤에서 보는 바와 같이 사업주이다.

고용보험 가입자인 근로자가 부담하여야 하는 고용보험료는 자기의 보수총액에 제14조 제1항에 따른 실업급여의 보험료율의 2분의 1을 곱한 금액으로 한다(징수법 제13조 제2항 본문).

다만, 사업주로부터 제2조 제3호 본문에 따른 보수를 지급받지 아니하는 근로자는 제2조 제3호 단서에 따라 보수로 보는 금품의 총액에 제14조 제1항에 따른 실업급여의 보험료율을 곱한 금액을 부담하여야 하고, 제2조 제3호 단서에 따른 휴직이나 그 밖에 이와 비슷한 상태에 있는 기간 중에 사업주로부터 제2조 제3호 본문에 따른 보수를 지급받는 근로자로서 고용노동부장관이 정하여 고시하는 사유에 해당하는 근로자는 그 기간에 지급받는 보수의 총액에 제14조 제1항에 따른 실업급여의 보험료율을 곱한 금액을 부담하여야 한다(징수법 제13조 제2항 단서).

그러나 고용보험법 제10조 제1호에 따라 65세 이후에 고용되거나 자영업을 개시한 자에 대하여는 고용보험료 중 실업급여의 보험료를 징수하지 아니한다(징수법 제13조 제3항).

사업주가 부담하여야 하는 고용보험료는 그 사업에 종사하는 고용보험 가입자인 근로자의 개인별 보수총액(제2항 단서에 따른 보수로 보는 금품의 총액과 보수의 총액은 제외한다)에 다음을 각각 곱하여 산출한 각각의 금액을 합한 금액으로 한다(징수법 제13조 제4항).

① 제14조 제1항에 따른 고용안정·직업능력개발사업의 보험료율, ② 실업급여의 보험료율의 2분의 1.

제17조 제1항에 따른 보수총액의 추정액 또는 제19조 제1항에 따른 보수총액을 결정하기 곤란한 경우에는 대통령령으로 정하는 바에 따라 고용노동부장관이 정하여 고시하는 노무비율을

사용하여 보수총액의 추정액 또는 보수총액을 결정할 수 있다(징수법 제13조 제6항).

4. 보험료율의 결정

보험료율은 보험수지의 동향과 경제상황 등을 고려하여 1000분의 30의 범위 내에서 고용안정·직업능력개발사업의 보험료율 및 실업급여의 보험료율로 구분하여 대통령령으로 정하여진다(징수법 제14조 제1항). 이를 결정하거나 변경하려면 고용보험법 제7조에 따른 고용보험위원회의 심의를 거쳐야 한다(징수법 제14조 제2항).

5. 월별보험료의 산정

사업주에게 부과하는 보험료(이하 '월별보험료'라 한다)는 근로자 개인별 월평균보수에 고용보험료율을 곱한 금액으로 한다(징수법 제16조의3 제1항). 여기서 월평균보수는 다음의 방법에 따라 산정한 금액을 말한다(징수법 제16조의3 제2항 본문). 다만, 근로자가 근로를 개시한 날이 속하는 달의 근무일수가 20일 미만인 경우에는 그 달을 제외한다(징수법 제16조의3 제2항 단서). ① 전년도 10월 이전에 근로를 개시한 경우에는 전년도 보수총액을 전년도 근무개월수로 나눈 금액, ② 그 밖의 근로자의 경우에는 근로 개시일부터 1년간(1년 이내의 근로계약기간을 정한 경우에는 그 기간) 지급하기로 정한 보수총액을 해당 근무개월수로 나눈 금액.

6. 납부 절차

사업주는 그 달의 월별보험료를 다음 달 10일까지 납부하여야 한다(징수법 제16조의7 제1항). 사업주는 피보험자인 근로자가 부담하는 보험료에 상당하는 금액을 당해 피보험자인 근로자에게 지급할 임금에서 원천공제 할 수 있다(징수법 제16조 제1항). 이 법 사업주가 되는 원수급인은 자기가 고용하는 피보험자 외의 근로 자를 고용하는 하수급인에게 위임하여 당해 근로자가 부담하는 보험료에 상당하는 금액을 그 임금에서 원천공제할 수 있다(징수법 제16조 제3항).

7. 개산보험료의 납부

사업주는 보험연도마다 그 1년 동안268)에 사용할 근로자에게 지급할 임금총액의 추정액(대통령령이 정하는 경우에는 전년도에 사용한 근로자에게 지급한 임금총액)에 고용보험료율을 곱하여 산정한 금액(개산보험료)을 대통령령으로 정하는 바에 따라 그 보험연도의 3월 31일269)까지 공단에 신고·납부하여야 한다(징수법 제17조 제1항 본문).

다만, 그 보험연도의 개산보험료 신고·납부 기한이 확정보험료 신고·납부 기한보다 늦은 경우에는 그 보험연도의 확정보험료 신고·납부 기한을 그 보험연도의 개산보험료 신고·납부 기한으로 한다(징수법 제17조 제1항 단서).

공단은 사업주가 이를 신고를 하지 아니하거나, 그 신고가 사실과 다른 경우에는 그 사실을 조사하여 개산보험료를 산정하여 징수하되, 이미 납부된 금액이 있을 때에는 그 부족액을 징수하야 한다(징수법 제17조 제2항). 사업주는 개산보험료를 대통령령이 정하는 바에 따라 분할납부 할 수 있다(징수법 제17조 제3항). 사업주가 분할납부할 수 있는 개산보험료를 납부기한 이내에 전액 납부하는 경우에는 그 개산보험료의 금액에서 100분의 5범위에

---

268) 보험연도중에 보험관계가 성립한 경우에는 그 성립일부터 그 보험연도 말일까지의 기간.

269) 보험연도 중에 보험관계가 성립한 경우에는 그 보험관계의 성립일부터 70일, 건설공사 등 기간이 정하여져 있는 사업으로서 70일 이내에 끝나는 사업의 경우에는 그 사업이 끝나는 날의 전날.

서 고용노동부령으로 정하는 금액을을 경감한다(징수법 제17조 제4 항). 기한 이내에 개산보험료를 신고한 사업주는 이미 신고한 개 산보험료가 이 법에 따라 신고하여야 할 개산보험료를 초과하는 때에는 기한이 지난 후 1년 이내에 최초에 신고한 개산보험료의 경정을 공단에 청구할 수 있다(징수법 제17조 제5항).

8. 확정보험료의 납부

사업주는 매 보험연도의 말일270)까지 사용한 근로자에게 지 급한 임금총액(지급하기로 결정된 금액을 포함한다)에 고용보험료율을 곱하여 산정한 금액(확정보험료)을 대통령령이 정하는 바에 따라 다음 보험연도의 3월 31일271)까지 공단에 신고하여야 한다(징수법 제19조 제1항 본문).272)

이미 납부하거나 추가징수한 개산보험료의 금액이 확정보험 료의 금액을 초과하는 경우에 공단은 그 초과액을 사업주에게 반환하여야 하며, 부족한 경우에 사업주는 그 부족액을 다음 보 험연도의 3월 31일273)까지 납부하여야 한다(징수법 제19조 제2항 본 문). 다만, 사업주가 국가 또는 지방자치단체인 경우에는 그 보험 연도의 말일274)까지 납부할 수 있다(징수법 제19조 제2항 단서).

그 보험연도의 확정보험료 신고 · 납부 기한이 다음 보험연 도의 확정보험료 신고 · 납부 기한보다 늦은 경우에는 다음 보험 연도의 확정보험료 신고 · 납부 기한을 그 보험연도의 확정보험 료 신고 · 납부 기한으로 한다(징수법 제19조 제3항).

---

270) 보험연도 중에 보험관계가 소멸한 경우에는 그 소멸한 날의 전날.

271) 보험연도 중에 보험관계가 소멸한 사업에 있어서는 그 소멸한 날부터 30일.

272) 다만, 사업수가 국가 또는 지방자치단체인 경우에는 그 보험연도의 말일까지 신고할 수 있다(징수법 제19조 제1항 단서).

273) 보험연도 중에 보험관계가 소멸한 사업의 경우에는 그 소멸한 날부터 30일.

274) 보험연도 중에 보험관계가 소멸한 사업의 경우에는 그 소멸한 날부터 30일.

공단은 사업주가 신고를 하지 아니하거나 그 신고가 사실과 다른 경우에는 사실을 조사하여 확정보험료의 금액을 산정한 후 개산보험료를 내지 아니한 사업주에게는 그 확정보험료 전액을 징수하고, 개산보험료를 낸 사업주에 대하여는 이미 낸 개산보험료와 확정보험료의 차액이 있을 때 그 초과액을 반환하거나 부족액을 징수하여야 한다(징수법 제19조 제4항).275)

기한까지 확정보험료를 신고한 사업주는 이미 신고한 확정보험료가 이 법에 따라 신고하여야 할 확정보험료보다 적은 경우에는 제4항 후단에 따른 조사계획의 통지 전까지 확정보험료 수정신고서를 제출할 수 있다(징수법 제19조 제5항).

9. 보험료 징수의 우선순위

보험료와 이 법에 따른 그 밖의 징수금은 국세 및 지방세를 제외한 다른 채권보다 우선하여 징수한다(징수법 제30조 본문).

다만, 보험료 등의 납부기한 전에 전세권·질권·저당권 또는 "동산·채권 등의 담보에 관한 법률"에 따른 담보권의 설정을 등기하거나 등록한 사실이 증명되는 재산을 매각하여 그 매각대금 중에서 보험료 등을 징수하는 경우에 그 전세권·질권·저당권 또는 "동산·채권 등의 담보에 관한 법률"에 따른 담보권에 의하여 담보된 채권에 대하여는 그러하지 아니하다(징수법 제30조 단서).

[149] Ⅱ. 고용보험기금

보험사업에 필요한 재원에 충당하기 위하여 고용노동부장관은 고용보험기금(이하 '기금'이라 한다)을 설치하여 관리·운용한다(제78

---

275) 이 경우 사실조사를 할 때에는 미리 조사계획을 사업주에게 알려야 한다.

조 제1항, 제79조 제1항).

이 기금은 ① 보험료와 ② 이 법에 의한 징수금·적립금·기금운용수익금, ③ 그 밖의 수입으로 조성되며(제78조 제2항), 그 용도는 ① 고용안정·직업능력개발사업에 필요한 경비, ② 실업급여의 지급, ③ 육아휴직 급여 및 출산전후휴가 급여등의 지급, ④ 보험료의 반환, ⑤ 일시차입금의 상환금과 이자, ⑥ 이 법과 보험료징수법에 따른 업무를 대행하거나 위탁받은 자에 대한 출연금, ⑦ 그 밖에 이 법의 시행을 위하여 필요한 경비로서 대통령령으로 정하는 경비와 제1호 및 제2호에 따른 사업의 수행에 딸린 경비 등이다(제80조).

<판례 38> 대법원 2011.11.24. 선고 2009두22980 판결

갑 주식회사가 소속 근로자들에게 지급하였던 개인연금보조금 등을 임금총액에서 제외한 채 2003년부터 2005년까지 산업재해보상보험료 및 고용보험료(이하 '산재보험료 등'이라 한다)를 산정하여 신고·납부하였는데, 이후 개인연금보조금 등이 임금에 해당한다는 대법원 판결이 선고되자 근로복지공단이 개인연금보조금 등을 임금총액에 포함시켜 산재보험료 등을 재산정한 다음 그 차액을 갑 회사에 부과한 사안에서, 이는 보험료 신고가 사실과 달라 조사를 통하여 정당한 보험료를 산정하여 부과한 것일 뿐이고 소급입법을 통하여 이미 완성된 과거의 사실관계 또는 법률관계를 규율하는 소급부과에 해당하지 않고, 근로복지공단이 갑 회사에 개인연금보조금 등이 임금총액에서 제외될 것이라는 공적인 견해를 표명하였다고 할 수 없다는 이유로 위 처분이 신뢰보호의 원칙에 위배되지 않는다고 본 원심판단을 정당하다.

<판례 39> 대법원 2011.11.24. 선고 2009두22980 판결

구 고용보험 및 산업재해보상보험의 보험료징수 등에 관한 법률(2006.12.28. 법률 제8117호로 개정되기 전의 것, 이하 '구 보험료징수법'이라 한다) 제14조 제3항, 제15조 제2항, 제19조 제3항, 제4항, 구 고용보험 및 산업재해보상보험의 보험료징수 등에 관한 법률 시행령(2007.3.27. 대통령령 제19973호로 개정되기 전의 것) 제16조, 구 고용보험 및 산업재해보상보험의 보험료징수 등에 관한 법률 시행규칙(2010.12.22. 고용노동부령 제12호로 개정되기 전의 것, 이하 '구 보험료징수법 시행규칙'이라 한다) 제13조 제1항, 제2항을 비롯한 관계법령에 따르면, 사업장 근로자의 임금총액이 변동되는 경우 산업재해 보상보험료액에 대한 산업재해보상보험급여액의 비율(이하 '보험수지율'이라 한다)이 변동되고, 보험수지율이 변동되는 경우 사업장의 구 보험료징수법 제 15조 제2항의 규정에 의한 보험료율(이하 '개별실적료율'이라 한다)이 순차적으로 변동된다. 근로복지공단은 개인연금보조금 등이 평균임금 산정의 기초가 되는 임금에 해당하지 않는다는 전제하에 보험료 산정 등의 업무를 처리해 왔으나, 이와 달리 개인연금보조금 등이 임금에 해당된다는 취지의 대법원 2006.5.26. 선고 2003다54322, 54339 판결 등이 선고되었고, 이러한 사정변경은 구 보험료징수법 시행규칙 제13조 제2항에 규정된 '결정의 착오 등으로 개별실적료율을 조정 또는 변경하여야 할 사유'에 해당한다고 봄이 상당하다. 따라서 근로복지공단은 위와 같은 사유가 발생한 때로부터 5일 이내에 개별 실적료율을 조정 또는 변경해야 할 의무가 있으므로, 근로복지공단이 위 대법 원 판결 선고 이후 개인연금보조금 등을 임금총액에 포함시켜 사업자에 대한 고용보험료 및 산업재해보상보험료를 재산정함에 있어서는 개별실적료율 역시 조정 또는 변경한 다음 그 조정 또는 변경된 개별실적료율과 임금총액을 기준으로 확정보험료의 금액을 산정하여 이미 납부한 개산보험료와의 차액이 있는 때에는 그 초과액을 반환하거나 부족액을 징수하여야 할 것이다.

<판례 40> 대법원 2011.11.24. 선고 2009두22980 판결

갑 주식회사가 소속 근로자들에게 지급하였던 개인연금보조금 등을 임금총액 에서 제외한 채 2003년부터 2005년까지 산업재해보상보험료 및 고용보험료 (이하 '산재보험료 등'이라 한다)를 산정하여 신고·납부하였는데, 이후 개인 연금보조금 등이 임금에 해당한다는 대법원 판결이 선고되자 근로복지공단이 개인연금보조금 등을 임금총액에 포함시켜 산재보험료 등을 재산정한 다음 그 차액을 갑 회사에 부과한 사안에서, 산재보험료 등 부과처분이 적법한지 에 관한 증명책임을 지는 근로복지공단이 개인연금보조금 등을 임금총액에 포함함에 따라 산재보험료액에 대한 산재보험급여액의 비율(이하 '보험수지율'이라 한다)이 변동된다고 하더라도 변동비율이 구 고용보험 및 산업재해 보상보험의 보험료징수 등에 관한 법률 시행령(2007.3.27. 대통령령 제 19973호로 개정되기 전의 것) 제16조에서 정한 '100분의 85를 넘거나 100 분의 75 이하인 경우'에 해당하지 않아 갑 회사의 구 고용보험 및 산업재해 보상보험의 보험료징수 등에 관한 법률(2006.12.28. 법률 제8117호로 개정 되기 전의 것) 제15조 제2항에 의한 보험료율(이하 '개별실적료율'이라 한다) 에는 아무런 변동이 없게 된다거나 또는 보험수지율이 '100분의 85를 넘거나 100분의 75 이하인 경우'에 해당하여 개별실적료율을 조정 또는 변경하는 경 우에는 조정 또는 변경된 개별실적료율에 의하여 정당하게 산재보험료를 산

적하였다는 점 등을 증명하였는지를 살펴보고, 이에 관한 증명이 없으면 증
명책임 부담의 원칙에 따라 위 부과처분의 적법 여부를 판단해야 하는데도,
갑 회사의 개별실적료율을 변경해야 한다고 볼 증거가 없다거나 개별실적료
율이 이미 확정되어 다툴 수 없다는 이유로 위 처분이 적법하다고 본 원심판
결에 증명책임에 관한 법리오해의 위법이 있다.

<판례 41> 대법원 2002. 12. 10. 선고 2002다54615 판결

[1] 신고(보고)납부방식으로 징수되는 산업재해보상보험법상의 산재보험료,
고용보험법상의 고용보험료 및 임금채권보장법상의 부담금은 원칙적으로 납
부의무자의 신고행위에 의하여 납부의무가 구체적으로 확정되고, 그 납부행
위는 신고에 의하여 확정된 구체적 납부채무의 이행으로 이루어지며, 근로
복지공단은 그와 같이 확정된 채권에 따라 납부된 부담금을 보유하는 것이
므로, 납부의무자의 신고행위에 하자가 있어도 그것이 중대하고 명백하여
신고행위가 당연무효로 되지 아니하는 한 납부된 부담금이 바로 부당이득에
해당한다고 할 수 없고, 여기에서 신고행위의 하자가 중대하고 명백하여 당
연무효에 해당하는지 여부에 대하여는 신고행위의 근거가 되는 법령의 규정
및 하자 있는 신고행위에 대한 구제수단과 신고행위에 이르게 된 구체적 사
정 등을 종합하여 합리적으로 판단하여야 한다.
[2] 산재보험료, 고용보험료 및 임금채권보장 부담금을 신고(보고)납부하는
과정에서 위 보험료 등을 산정하는데 기초가 되는 총임금의 범위에 특별격려
금, 특별성과급을 합산하여 산정한 다음 이를 신고(보고)납부한 행위는 그
하자가 중대하기는 하지만 객관적으로 명백하지는 않아 당연 무효가 아니다.

<판례 42> 대법원 2003. 9. 2. 선고 2002다52084 판결

[1] 구 임금채권보장법(1999.12.31. 법률 제6100호로 개정되기 전의 것)상
사업주는 그가 사용하는 근로기준법상의 근로자에 대하여서만 그 부담금을
납부할 의무가 있다.
[2] 신고(보고)납부방식으로 징수되는 산업재해보상보험법상의 산재보험료,
고용보험법상의 고용보험료 및 임금채권보장법상의 부담금은 원칙적으로 납
부의무자의 신고행위에 의하여 납부의무가 구체적으로 확정되고, 그 납부행
위는 신고에 의하여 확정된 구체적 납부채무의 이행으로 이루어지며, 근로
복지공단은 그와 같이 확정된 채권에 따라 납부된 부담금을 보유하는 것이
므로, 납부의무자의 신고행위에 하자가 있어도 그것이 중대하고 명백하여
신고행위가 당연무효로 되지 아니하는 한 납부된 부담금이 바로 부당이득에
해당한다고 할 수 없고, 여기에서 신고행위의 하자가 중대하고 명백하여 당

연무효에 해당하는지 여부에 대하여는 신고행위의 근거가 되는 법령의 규정
및 하자 있는 신고행위에 대한 구제수단과 신고행위에 이르게 된 구체적 사
정 등을 종합하여 합리적으로 판단하여야 한다.
[3] 구 임금채권보장법(1999.12.31. 법률 제6100호로 개정되기 전의 것)상
사업주가 하수급인 소속의 근로자에 대한 부담금을 신고한 행위는 그 하자
가 중대하고 명백하다.

[150] Ⅲ. 국고의 부담

국가는 매년 보험사업에 드는 비용의 일부를 일반회계에서
부담하여야 하고(제5조 제1항), 매년 예산의 범위에서 보험사업의
관리·운영에 드는 비용을 부담할 수 있다(제5조 제2항).

제 5 절   권리보호 및 구제절차

[151] Ⅰ. 수급권의 보호

실업급여를 받을 권리는 양도 또는 압류하거나 담보로 제공
할 수 없다(제38조 제1항). 지정된 실업급여수급계좌의 예금 중 대
통령령으로 정하는 액수 이하의 금액에 관한 채권은 압류할 수
없다(제38조 제2항, 2015년 1월 20일 신설).

[152] Ⅱ. 심사 및 재심사의 청구

피보험자격의 취득·상실에 대한 확인, 실업급여 및 육아휴직
급여와 출산전후휴가 급여등에 관한 처분(이하 "원처분(原處分)등"이라 한

다)에 이의가 있는 자는 원처분등을 한 직업안정기관276)을 거쳐 고용보험심사관(이하 "심사관"이라 한다)에게 심사를 청구할 수 있고, 그 결정에 이의가 있는 자는 고용보험심사위원회(이하 "심사위원회"라 한다)에 재심사를 청구할 수 있다(제87조 제1항, 제90조 제1항).277)

심사의 청구는 확인 또는 처분이 있음을 안 날부터 90일 이내에, 재심사의 청구는 심사청구에 대한 결정이 있음을 안 날부터 90일 이내에 각각 제기하여야 한다(제87조 제2항). 심사 및 재심사의 청구는 시효중단에 관하여 재판상의 청구로 본다(제87조 제3항). 심사관은 제87조 제1항에 따라 심사청구를 받으면 30일 이내에 그 심사청구에 대한 결정을 하여야 한다(제89조 제2항 본문). 다만, 부득이한 사정으로 그 기간에 결정할 수 없을 때에는 1차에 한하여 10일을 넘지 아니하는 범위에서 그 기간을 연장할 수 있다(제89조 제2항 단서). 심사 및 재심사의 청구에 관하여 이 법에서 정하고 있지 아니한 사항은 행정심판법의 규정에 따른다(제104조 제2항).

[153] Ⅲ. 행정소송

재심사의 청구에 대한 재결은 행정소송법을 적용할 경우 행정심판에 대한 재결로 본다(제104조 제1항).

---

276) 직업안정기관은 심사청구서를 받은 날부터 5일 이내에 의견서를 첨부하여 심사청구서를 심사관에게 보내야 한다(제90조 제2항).

277) 재심사의 청구는 원처분등을 행한 직업안정기관의 장을 상대방으로 한다(제100조).

제6절 소멸시효 및 벌칙

[154] Ⅰ. 소멸시효

지원금·실업급여·육아휴직 급여 또는 출산전후휴가 급여등을 지급받거나 그 반환을 받을 권리는 3년간 행사하지 아니하면 시효로 소멸한다(제107조 제1항 본문). 다만, 보험료징수법 제22조의 3에 따라 고용보험료를 면제받는 기간 중에 발생하는 사업주의 제3장에 따른 지원금을 지급받을 권리는 보험에 가입한 날이 속하는 그 보험연도의 직전 보험연도 첫날에 소멸한 것으로 본다(제107조 제1항 단서, 2012년 2월 1일 신설).

그리고 소멸시효의 중단에 관하여는 산업재해보상보험법을 준용한다(제107조 제2항).

[155] Ⅱ. 벌 칙

1. 벌 금

제105조를 위반하여 근로자를 해고하거나 그 밖에 근로자에게 불이익한 처우를 한 사업주는 3년 이하의 징역 또는 3천만원 이하의 벌금278)에 처한다(제116조 제1항).

---

278) 구법에서는 "1천만원 이하의 벌금"이었으나, 2015년 1월 20일 개정시 현행과 같이 상향시켰다.

그리고 거짓이나 그 밖의 부정한 방법으로 실업급여·육아휴직 급여 및 출산전후휴가 급여등을 받은 자는 1년 이하의 징역 또는 1천만원 이하의 벌금279)에 처한다(제116조 제2항).

법인의 대표자나 법인 또는 개인의 대리인, 사용인, 그 밖의 종업원이 그 법인 또는 개인의 업무에 관하여 위 위반행위를 하면 그 행위자를 벌하는 외에 그 법인 또는 개인에게도 해당 조문의 벌금형을 과(科)한다(제117조 본문). 다만, 법인 또는 개인이 그 위반행위를 방지하기 위하여 해당 업무에 관하여 상당한 주의와 감독을 게을리하지 아니한 경우에는 그러하지 아니하다(제117조 단서).

2. 과태료

가. 300만원 이하

다음의 어느 하나에 해당하는 사업주, 보험사무대행기관의 대표자 또는 대리인·사용인, 그 밖의 종업원에게는 300만원 이하의 과태료를 부과한다(제118조 제1항).

① 제15조를 위반하여 신고를 하지 아니하거나 거짓으로 신고한 자

② 제16조 제1항을 위반하여 이직확인서를 제출하지 아니하거나 거짓으로 작성하여 제출한 자

③ 제16조 제2항 후단을 위반하여 이직확인서를 내주지 아니한 자

④ 제108조 제1항에 따른 요구에 불응하여 보고를 하지 아니하거나 거짓으로 보고한 자, 같은 요구에 불응하여 문서를 제

---

279) 구법에서는 "300만원 이하의 벌금"이었으나, 2015년 1월 20일 개정시 현행과 같이 상향시켰다.

출하지 아니하거나 거짓으로 적은 문서를 제출한 자 또는 출석하지 아니한 자

⑤ 제108조 제2항에 따른 요구에 불응하여 증명서를 내주지 아니한 자

⑥ 제109조 제1항에 따른 질문에 답변하지 아니하거나 거짓으로 진술한 자 또는 조사를 거부·방해하거나 기피한 자.

나. 100만원 이하

다음의 어느 하나에 해당하는 피보험자, 수급자격자 또는 지급되지 아니한 실업급여의 지급을 청구하는 자에게는 100만원 이하의 과태료를 부과한다(제118조 제2항).

① 제108조 제3항에 따라 요구된 보고를 하지 아니하거나 거짓으로 보고한 자, 문서를 제출하지 아니하거나 거짓으로 적은 문서를 제출한 자 또는 출석하지 아니한 자

② 제109조 제1항에 따른 질문에 답변하지 아니하거나 거짓으로 진술한 자 또는 검사를 거부·방해하거나 기피한 자.

이 법 제87조에 따른 심사 또는 재심사의 청구를 받아 하는 심사관 및 심사위원회의 질문에 답변하지 아니하거나 거짓으로 진술한 자 또는 검사를 거부·방해하거나 기피한 자에게는 100만원 이하의 과태료를 부과한다(제118조 제3항). 이러한 과태료는 고용노동부장관이 부과·징수한다(제118조 제4항).

제 6 장

노인장기요양보험법

강의주제 :

우리나라에서는 전통적으로 치매 등으로 스스로 생활이 불가능한 자를 돌보는 일은 딸, 며느리 등 가족이 주로 전담하여 왔다. 그러나 이들의 직장이나 가정생활에 많은 문제점이 발생되어, 국가가 책임지는 요양보험제도를 도입하였다. 그럼에도 불구하고 이들을 돌보는 것은 가족이 가장 적절하다. 현재 가족이 이들을 돌보는 경우, 요양보험에서 지원할 수 있는 방법은 무엇이고, 향후 개선하여야 할 점은 무엇인가?

제 1 절 보험자

[156] Ⅰ. 운영주체

노인장기요양보험(이하 "요양보험"이라 한다)은 국가가 사회보장정책의 일환으로 시행하는 국민건강보험, 국민연금 등과 마찬가지로 공적 보험제도이다. 따라서 요양보험사업은 보건복지부장관이 관장한다(제7조 제1항).

국가 및 지방자치단체는 노인이 일상생활을 혼자서 수행할 수 있는 온전한 심신상태를 유지하는데 필요한 사업(이하 "노인성질환예방사업"이라 한다)을 실시하여야 한다(제4조 제1항). 국가는 노인성질환예방사업을 수행하는 지방자치단체 또는 국민건강보험법

에 따른 국민건강보험공단(이하 "공단"이라 한다)에 대하여 이에 소
요되는 비용을 지원할 수 있다(제4조 제2항).

국가 및 지방자치단체는 노인인구 및 지역특성 등을 고려하
여 장기요양급여가 원활하게 제공될 수 있도록 충분한 수의 장
기요양기관을 확충하고 장기요양기관의 설립을 지원하여야 한다
(제4조 제3항). 국가 및 지방자치단체는 장기요양급여가 원활히 제
공될 수 있도록 공단에 필요한 행정적 또는 재정적 지원을 할
수 있다(제4조 제4항). 국가 및 지방자치단체는 장기요양요원의 처
우를 개선하고 복지를 증진하며 지위를 향상시키기 위하여 적극
적으로 노력하여야 한다(제4조 제5항, 2016년 5월 29일 신설).

보건복지부장관은 노인등에 대한 장기요양급여를 원활하게
제공하기 위하여 5년 단위로 장기요양기본계획을 수립·시행하
여야 한다(제6조 제1항). 국가는 장기요양기본계획을 수립·시행함
에 있어서 노인뿐만 아니라 장애인 등 일상생활을 혼자서 수행
하기 어려운 모든 국민이 장기요양급여, 신체활동지원서비스 등
을 제공받을 수 있도록 노력하고 나아가 이들의 생활안정과 자
립을 지원할 수 있는 시책을 강구하여야 한다(제5조). 그리고 지
방자치단체의 장은 장기요양기본계획에 따라 세부시행계획을
수립·시행하여야 한다(제6조 제2항). 보건복지부장관은 장기요양사
업의 실태를 파악하기 위하여 3년마다 다음의 사항에 관한 조사
를 정기적으로 실시하고 그 결과를 공표하여야 한다(제6조의2 제1항,
2016년 5월 29일 신설, 2017년 5월 30일 시행). ① 장기요양인정에 관한 사항,
② 장기요양등급판정위원회(이하 "등급판정위원회"라 한다)의 판정에
따라 장기요양급여를 받을 사람(이하 "수급자"라 한다)의 규모, 그
급여의 수준 및 만족도에 관한 사항, ③ 장기요양기관에 관한
사항, ④ 장기요양요원의 근로조건, 처우 및 규모에 관한 사항,
⑤ 그 밖에 장기요양사업에 관한 사항으로서 보건복지부령으로

정하는 사항. 국가는 매년 예산의 범위 안에서 국고에서 공단에 지원하며(제58조 제1항), 국가와 지방자치단체는 공단이 부담하여야 할 비용과 관리운영비를 부담한다(제58조 제2항).

[157] Ⅱ. 국민건강보험공단

장기요양보험사업은 보건복지부장관이 관장하지만, 보험자는 국민건강보험공단(이하 "공단"이라 한다)으로 하였다(제7조 제2항, 제48조 제1항). 그리고 공단은 장기요양보험가입자그 피부양자 및 의료급여수급권자의 자격관리, 장기요양보험료 부과 및 징수, 장기요양인정신청인에 대한 조사, 장기요양등급판정위원회의 운영 및 장기요양등급 판정 등의 업무를 관장한다. 또한 공단의 전산망과 전국조직 등 기존 인프라를 활용하여 관리운영의 효율을 기할 수 있도록 한다.

[158] Ⅲ. 관련기관

1. 장기요양기관

재가급여 중 어느 하나 이상에 해당하는 장기요양급여를 제공하고자 하는 자는 시설 및 인력을 갖추어 재가장기요양기관을 설치하고 특별자치시장·특별자치도지사·시장·군수·구청장에게 이를 신고하여야 한다.280) 신고를 받은 특별자치시장·특별자치도지사·시장·군수·구청장은 신고 명세를 공단에 통보하여야 한다(제32조 제1항, 2013년 8월 13일 개정).

---

280) 설치의 신고를 한 재가장기요양기관은 장기요양기관으로 본다(제32조 제2항). 의료기관이 아닌 자가 설치·운영하는 재가장기요양기관은 방문간호를 제공하는 경우 방문간호의 관리책임자로서 간호사를 둔다(제32조 제3항).

〈그림 2-6-1〉　　　노인장기요양보험제도의 운영 시스템

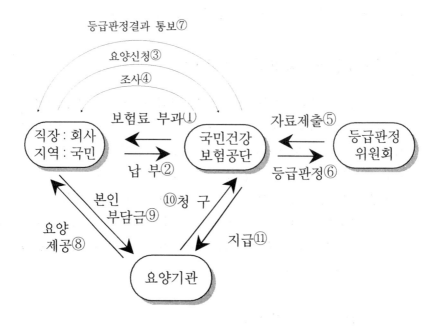

2. 장기요양위원회

보건복지부장관 소속하에 장기요양위원회를 두며, 이 위원회는 ① 장기요양보험료율, ② 가족요양비, 특례요양비 및 요양병원간병비의 지급기준, ③ 재가 및 시설 급여비용, ④ 그 밖에 대통령령으로 정하는 주요 사항을 심의한다(제45조). 이 위원회 회의는 구성원 과반수의 출석으로 개의하고 출석의원 과반수의 찬성으로 의결한다(제47조 제1항).

3. 장기요양등급판정위원회

장기요양인정 및 장기요양등급 판정을 하기 위하여 공단에

장기요양등급판정위원회(이하 '판정위원회'라 한다)를 둔다(제52조 제1
항). 등급판정위원회는 특별자치시·특별자치도·시·군·구 단위로
설치한다(제52조 제2항 본문). 다만, 인구 수 등을 고려하여 하나의
특별자치시·특별자치도·시·군·구에 2 이상의 등급판정위원회를
설치하거나 2 이상의 특별자치시·특별자치도·시·군·구를 통합하
여 하나의 등급판정위원회를 설치할 수 있다(제52조 제2항 단서).

등급판정위원회는 위원장 1인을 포함하여 15인의 위원으로
구성하며(제52조 제3항), 공단 이사장이 위촉한다. 이 경우 특별자
치시장·특별자치도지사·시장·군수·구청장이 추천한 위원은 7인,
의사 또는 한의사가 1인 이상 각각 포함되어야 한다(제52조 제4항).

등급판정위원회 위원의 임기는 3년으로 하지만, 공무원인
위원의 임기는 재임기간으로 한다(제52조 제5항). 회의는 구성원 과
반수의 출석으로 개의하고 출석위원 과반수의 찬성으로 의결한
다(제53조 제2항).

제 2 절   피보험자

[159] Ⅰ. 국민건강보험의 가입자

요양보험의 가입자는 국민건강보험의 가입자로 하고(제7조 제
3항), 장기요양보험료는 국민건강보험료액에서 경감 또는 면제되
는 비용을 공제한 금액에 장기요양보험료율을 곱하여 산정한 금
액으로 한다(제9조 제1항). 현재 장기요양보험료율은 1만분의 655
이다(영 제4조).

[160] Ⅱ. 보험관계의 성립

장기요양보험은 특별히 가입절차를 거치지 아니하고, 국민건강보험의 가입자를 당연 가입자로 한다(제7조 제3항).

그러나 "외국인근로자의 고용 등에 관한 법률"에 따른 외국인근로자 등 대통령령으로 정하는 외국인이 신청하는 경우 장기요양보험가입자에서 제외할 수 있다(제7조 제4항).

여기에 해당하는 자는 ① "외국인근로자의 고용 등에 관한 법률"에 따른 외국인근로자로서 국민건강보험법 제109조 제2항에 따라 직장가입자가 된 외국인과 ② 출입국관리법 제10조에 따라 산업연수활동을 할 수 있는 체류자격을 가지고 지정된 산업체에서 연수하고 있는 외국인으로서 국민건강보험법 제109조 제2항에 따라 직장가입자가 된 외국인이다(영 제3조의2).

제 3 절   보험급여

[161] Ⅰ. 장기요양의 인정절차

1. 장기요양의 신청

장기요양보험급여를 받고자 하는 자는 공단에 장기요양인정신청서(이하 '신청서'라 한다)를 제출하여 인정을 받아야 한다. 장기요양인정을 신청할 수 있는 자는 ① 장기요양보험가입자 또는 ② 그 피부양자, ③ 의료급여법에 따른 수급권자281)로 한다(제12조 제1항).

장기요양인정을 신청하는 자(이하 "신청인"이라 한다)는 공단에 보건복지부령이 정하는 바에 따라 신청서에 의사 또는 한의사가 발급하는 소견서(이하 "의사소견서"라 한다)를 첨부하여 제출하여야 한다(제13조 제1항 본문). 다만, 의사소견서는 공단이 제15조 제1항에 따라 등급판정위원회에 자료를 제출하기 전까지 이를 제출할 수 있다(제13조 제1항 단서). 그러나 거동이 현저하게 불편하거나 도서·벽지 지역에 거주하여 의료기관을 방문하기 어려운 자 등 대통령령이 정하는 자는 의사소견서를 제출하지 아니할 수 있다(제13조 제2항).

2. 신청에 대한 조사

공단은 신청서를 접수한 때 소속 직원으로 하여금 ① 신청인의 심신상태, ② 신청인에게 필요한 장기요양급여의 종류 및 내용, ③ 그 밖에 장기요양에 관하여 필요한 사항으로서 보건복지부령으로 정하는 사항을 조사하게 하여야 한다(제14조 제1항 본문).

다만, 지리적 사정 등으로 직접 조사하기 어려운 경우 또는 조사에 필요하다고 인정하는 경우 특별자치시·특별자치도시·군·구(자치구를 말한다. 이하 같다)에 대하여 조사를 의뢰하거나 공동으로 조사할 것을 요청할 수 있다(제14조 제1항 단서).

3. 등급판정

공단은 조사가 완료된 때 조사결과서, 신청서, 의사소견서, 그 밖에 심의에 필요한 자료를 장기요양등급판정위원회(이하 "등급

---

281) 당초 법안에는 "의료급여법에 따른 수급권자중 65세 이상의 노인 또는 65세 미만의 자로서 치매·뇌혈관성 질환 등 대통령령이 정하는 노인성 질병을 가진 자"로 한정하여, 장기요양급여를 필요로 하는 노인 및 노인성질병을 가진 국민에게 장기요양급여가 제공되도록 함으로써 노인장기요양제도의 실효성을 확보하고자 하였으나, 법안 심의과정에서 이를 삭제하였다.

판정위원회"라 한다)에 제출하여야 한다(제15조 제1항).

등급판정위원회는 신청인이 신청자격요건을 충족하고 6개월 이상 동안 혼자서 일상생활을 수행하기 어렵다고 인정하는 경우 심신상태 및 장기요양이 필요한 정도 등 대통령령이 정하는 등급판정기준에 따라 수급자로 판정한다(제15조 제2항). 등급판정위원회는 심의·판정을 하는 때 신청인과 그 가족, 의사소견서를 발급한 의사 등 관계인의 의견을 들을 수 있다(제15조 제3항).

등급판정위원회는 신청인이 신청서를 제출한 날부터 30일 이내에 장기요양등급판정을 완료하여야 한다(제16조 제1항 본문). 다만, 신청인에 대한 정밀조사가 필요한 경우 등 기간이내에 등급판정을 완료할 수 없는 부득이한 사유가 있는 경우 본문의 기간의 범위 안에서 이를 연장할 수 있다(제16조 제1항 단서).

4. 등급판정결과의 송부

공단은 등급판정위원회가 장기요양인정 및 등급판정의 심의를 완료한 경우 지체 없이 ① 장기요양등급, ② 장기요양급여의 종류 및 내용, ③ 그 밖에 장기요양급여에 관한 사항으로서 보건복지부령이 정하는 사항이 포함된 장기요양인정서를 작성하여 수급자에게 송부하여야 한다(제17조 제1항).

그리고 공단은 등급판정위원회가 장기요양인정 및 등급판정의 심의를 완료한 경우 수급자로 판정받지 못한 신청인에게 그 내용 및 사유를 통보하여야 한다(제17조 제2항 전문). 이 경우 특별자치시장·특별자치도지사·시장·군수·구청장(자치구의   구청장을 말한다. 이하 같다)은 공단에 대하여 이를 통보하도록 요청할 수 있고, 요청을 받은 공단은 이에 응하여야 한다(제17조 제2항 후문).

[162] Ⅱ. 장기요양급여의 종류

1. 의 의

노인장기요양급여는 크게 ① 재가급여, ② 시설급여, 그리고 ③ 특별현금급여의 세 가지로 구분된다(제23조 제1항).

2. 재가급여

재가급여는 요양급여의 수급자가 가정에 머무르면서 급여를 제공받는 것으로 비용이나 효과면에서 가장 유용한 급여이다. 이에는 ① 방문요양, ② 방문목욕, ③ 방문간호, ④ 주·야간보호, ⑤ 단기보호, ⑥ 그 밖의 재가급여 등이 있다(제23조 제1항).

가. 방문요양
이는 장기요양요원이 수급자의 가정 등을 방문하여 신체활동 및 가사활동 등을 지원하는 장기요양급여이다.

나. 방문목욕
이는 장기요양요원이 목욕설비를 갖춘 장비를 이용하여 수급자의 가정 등을 방문하여 목욕을 제공하는 장기요양급여이다.

다. 방문간호
이는 장기요양요원인 간호사 등이 의사, 한의사 또는 치과의사의 지시서(이하 "방문간호지시서"라 한다)에 따라 수급자의 가정 등을 방문하여 간호, 진료의 보조, 요양에 관한 상담 또는 구강위생 등을 제공하는 장기요양급여이다.

라. 주·야간보호
이는 수급자를 하루 중 일정한 시간 동안 장기요양기관에 보호하여 신체활동 지원 및 심신기능의 유지·향상을 위한 교육·훈련 등을 제공하는 장기요양급여이다.

마. 단기보호

이는 수급자를 보건복지부령이 정하는 범위 안에서 일정기간 동안 장기요양기관에 보호하여 신체활동 지원 및 심신기능의 유지·향상을 위한 교육·훈련 등을 제공하는 장기요양급여이다.

바. 그 밖의 재가급여

이는 수급자의 일상생활·신체활동 지원에 필요한 용구를 제공하거나 가정을 방문하여 재활에 관한 지원 등을 제공하는 장기요양급여이다.

3. 시설급여

이는 장기요양기관이 운영하는 노인복지법 제34조의 규정에 따른 노인의료복지시설 등에 장기간 동안 입소하여 신체활동 지원 및 심신기능의 유지·향상을 위한 교육·훈련 등을 제공하는 장기요양급여이다.

4. 특별현금급여

이에는 ① 가족요양비, ② 특례요양비, ③ 요양병원간병비 등이 있다.

[163] Ⅲ. 장기요양급여의 제공

1. 장기요양급여의 개시

수급자는 원칙적으로 장기요양인정서가 도달한 날부터 장기요양급여를 받을 수 있다(제27조 제1항). 그러나 수급자는 돌볼 가족이 없는 경우 등 대통령령이 정하는 사유가 있는 경우에는 특별히 '신청서를 제출한 날부터 장기요양인정서가 도달되는 날까지의 기간 중에도' 장기요양급여를 받을 수 있다(제27조 제2항).

장기요양급여는 월 한도액 범위 안에서 제공하며, 월 한도액은 장기요양등급 및 장기요양급여의 종류 등을 고려하여 산정한다(제28조 제1항).

2. 장기요양급여의 제한

공단은 장기요양급여를 받고 있거나 받을 수 있는 자가 ① 거짓이나 그 밖의 부정한 방법으로 장기요양인정을 받거나 ② 고의로 사고를 발생하도록 하거나 본인의 위법행위에 기인하여 장기요양인정을 받은 경우에는 장기요양급여를 중단하거나 제공하지 아니하게 하여야 한다(제29조 제1항).

또한 공단은 장기요양급여를 받고 있는 자가 정당한 사유 없이 요구에 응하지 아니하거나 답변을 거절한 경우 장기요양급여의 전부 또는 일부를 제공하지 아니하게 할 수 있다(제29조 제2항). 그리고 국민건강보험법의 규정은 이 법에 따른 보험료 체납자 등에 대한 장기요양급여의 제한 및 장기요양급여의 정지에 관하여 이를 준용한다(제30조).

3. 본인일부 부담제도

수급자는 원칙적으로 ① 재가급여의 경우 당해장기요양급여비용의 100분의 15, ② 시설급여의 경우 장기요양급여비용의 100분의 20을 부담한다(제40조 제1항 본문). 다만, 수급자 중 의료급여법 제3조 제1항 제1호에 따른 수급자는 그러하지 아니하다(제40조 제1항 단서).

다음의 장기요양급여에 대한 비용은 수급자 본인이 전부 부담한다(제40조 제2항). ① 이 법의 규정에 따른 급여의 범위 및 대상에 포함되지 아니하는 장기요양급여, ② 수급자가 제17조 제1항 제2호에 따른 장기요양인정서에 기재된 장기요양급여의 종류 및 내용과 다르게 선택하여 장기요양급여를 받은 경우 그 차액, ③ 제28조에 따른 장기요양급여의 월 한도액을 초과하는 장기요양급여.

다음의 어느 하나에 해당하는 자에 대하여는 본인일부부담금의 100분의 50을 감경한다. ① 의료급여법 제3조 제1항 제2호부터 제9호까지의 규정에 따른 수급권자, ② 소득·재산 등이 보건복지가족부장관이 정하여 고시하는 일정 금액 이하인 자. 다만, 도서·벽지·농어촌 등의 지역에 거주하는 자에 대하여 따로 금액을 정할 수 있다. ③ 천재지변 등 보건복지가족부령으로 정하는 사유로 인하여 생계가 곤란한 자.

이는 수급자가 장기요양급여비용의 일부를 부담하도록 함으로써 장기요양급여 이용의 효율성을 제고함과 동시에, 부담능력에 따라 본인일부부담금을 차등화 함으로써 이들 부양가족의 경제적 부담을 경감할 수 있는 장점이 있다.

4. 장기요양급여의 구상권

공단은 제3자의 행위로 인한 장기요양급여의 제공사유가 발생하여 수급자에게 장기요양급여를 행한 때 그 급여에 소요된 비용의 한도 안에서 그 제3자에 대한 손해배상의 권리를 얻는다(제44조 제1항). 공단은 장기요양급여를 받은 자가 제3자로부터 이미 손해배상을 받은 때 그 손해배상액의 한도 안에서 장기요양급여를 행하지 아니한다(제44조 제2항).

제 4 절 요양보험의 재정

[164] Ⅰ. 보험료

1. 보험료의 징수

공단은 장기요양보험료를 국민건강보험료와 통합하여 징수하지만, 구분하여 고지하여야 한다(제8조 제2항), 장기요양보험료와 국민건강보험료를 각각의 독립회계로 관리하도록 한다(제8조 제3항).

2. 보험료의 산정

장기요양보험료는 국민건강보험법의 규정에 따라 산정한 보험료액에서 경감 또는 면제되는 비용을 공제한 금액에 장기요양보험료율을 곱하여 산정한 금액으로 하며(제9조 제1항), 장기요양보험료율은 장기요양위원회의 심의를 거쳐 대통령령으로 정한다(제9조 제2항).

[165] Ⅱ. 국고지원

1. 국가의 지원

국가는 매년 예산의 범위 안에서 당해 연도 장기요양보험료 예상수입액의 100분의 20에 상당하는 금액을 공단에 지원하여야 하며(제58조 제1항), 노인성질환예방사업을 수행하는 지방자치단체 또는 국민건강보험공단에 대하여 이에 소요되는 비용을 지원할 수 있다(제4조 제2항).

2. 국가와 지방자치단체의 지원

국가와 지방자치단체는 의료급여수급권자의 장기요양급여비용, 의사소견서 발급비용, 방문간호지시서 발급비용 중 공단이 부담하여야 할 비용(제40조 제1항 단서 및 제3항 제1호에 따라 면제 및 감경됨으로 인하여 공단이 부담하게 되는 비용을 포함한다) 및 관리운영비의 전액을 부담한다(제58조 제2항).

그리고 국가 및 지방자치단체는 노인인구 및 지역특성 등을 고려하여 장기요양급여가 원활하게 제공될 수 있도록 충분한 수의 장기요양기관을 확충하고 장기요양기관의 설립을 지원하여야 하고(제4조 제3항), 장기요양급여가 원활히 제공될 수 있도록 공단에 필요한 행정적 또는 재정적 지원을 할 수 있다(제4조 제4항).

제 5 절 권리의 보호 및 구제절차

[166] Ⅰ. 수급권의 보호

장기요양급여를 받을 권리는 양도 또는 압류하거나 담보로 제공할 수 없다(제66조).

[167] Ⅱ. 이의신청

장기요양인정·장기요양등급·장기요양급여·부당이득·장기요양급여비용 또는 장기요양보험료 등에 관한 공단의 처분에 이의가 있는 자는 공단에 이의신청을 할 수 있다(제55조 제1항).

이의신청은 처분이 있은 날부터 90일 이내에 문서로 하여야 한다(제55조 제2항 본문). 다만, 정당한 사유로 이 기간 이내에 이의신청을 할 수 없었음을 소명한 때는 그러하지 아니하다(제55조 제2항 단서).

공단은 장기요양심사위원회(이하 '심사위원회'라 한다)를 구성하여 제1항의 규정에 따른 이의신청사건을 심의하게 하여야 한다(제55조 제3항). 심사위원회의 구성·운영 및 위원의 임기 그 밖에 필요한 사항은 대통령령으로 정한다(제55조 제4항).

[168] Ⅲ. 심사청구

이의신청에 대한 결정에 불복이 있는 자는 결정처분을 받은 날부터 90일 이내에 장기요양심판위원회(이하 "심판위원회"라 한다)에 심사청구를 할 수 있다(제56조 제1항). 심판위원회는 보건복지부장관 소속하에 두고 위원장 1인을 포함한 20인 이내의 위원으로 구성한다(제56조 제2항).

심판위원회의 위원은 관계 공무원, 법학 그 밖에 장기요양사업 분야의 학식과 경험이 풍부한 자 중에서 보건복지부장관이 임명 또는 위촉한다(제56조 제3항). 심판위원회의 구성·운영 및 위원의 임기 그 밖에 필요한 사항은 대통령령으로 정한다(제56조 제4항).

[169] Ⅳ. 행정소송

공단의 처분에 이의가 있는 자와 이의신청 또는 심사청구에 대한 결정에 불복이 있는 자는 행정소송법이 정하는 바에 따라 행정소송을 제기할 수 있다(제57조).

제 6 절   소멸시효 및 벌칙

[170] Ⅰ. 소멸시효

시효에 관하여는 국민건강보험법을 준용한다(제64조).

[171] Ⅱ. 벌 칙

1. 징역 또는 벌금

다음의 어느 하나에 해당하는 자는 2년 이하의 징역 또는 2천만원 이하의 벌금에 처한다(제67조 제1항).

① 제31조를 위반하여 지정받지 아니하고 장기요양기관을 설치·운영하거나 거짓이나 그 밖의 부정한 방법으로 지정받은 자

② 제32조를 위반하여 신고하지 아니하고 재가장기요양기관을 설치·운영하거나 거짓이나 그 밖의 부정한 방법으로 신고한 자

③ 제35조 제5항을 위반하여 본인일부부담금을 면제 또는 감경하는 행위를 한 자

④ 제35조 제6항을 위반하여 수급자를 소개, 알선 또는 유인하는 행위를 하거나 이를 조장한 자

⑤ 제62조를 위반하여 업무수행 중 알게 된 비밀을 누설한 자

다음의 어느 하나에 해당하는 자는 1년 이하의 징역 또는 1천만원 이하의 벌금에 처한다(제67조 제1항, 2015년 12월 29일 개정).

① 제35조 제1항을 위반하여 정당한 사유 없이 장기요양급여의 제공을 거부한 자

② 거짓이나 그 밖의 부정한 방법으로 장기요양급여를 받거나 다른 사람으로 하여금 장기요양급여를 받게 한 자

③ 정당한 사유 없이 제36조 제2항에 따른 권익보호조치를 하지 아니한 사람.

2. 양벌규정

법인의 대표자, 법인이나 개인의 대리인·사용인 및 그 밖의 종사자가 그 법인 또는 개인의 업무에 관하여 제67조에 해당하는 위반행위를 한 때에는 그 행위자를 벌하는 외에 그 법인 또는 개인에 대하여도 해당 조의 벌금형을 과한다(제68조 본문, 2010년 3월 17일 개정).

다만, 법인 또는 개인이 그 위반행위를 방지하기 위하여 해당 업무에 관하여 상당한 주의와 감독을 게을리하지 아니한 경우에는 그러하지 아니하다(제68조 단서, 2010년 3월 17일 개정).

3. 과태료

정당한 사유 없이 다음의 어느 하나에 해당하는 자에게는 500만원 이하의 과태료를 부과한다(제69조 제1항, 2015년 12월 29일 개정).

① 제33조를 위반하여 신고하지 아니하거나 거짓이나 그 밖

의 부정한 방법으로 신고한 자

② 제34조를 위반하여 장기요양기관에 관한 정보를 게시하지 아니하거나 거짓으로 게시한 자

③ 제35조 제3항을 위반하여 수급자에게 장기요양급여비용에 대한 명세서를 교부하지 아니하거나 거짓으로 교부한 자

④ 제35조 제4항을 위반하여 장기요양급여 제공 자료를 기록·관리하지 아니하거나 거짓으로 작성한 사람

⑤ 제36조 제1항 또는 제5항을 위반하여 폐업·휴업 신고 또는 자료이관을 하지 아니하거나 거짓이나 그 밖의 부정한 방법으로 신고한 자

⑥ 제37조의4 제4항을 위반하여 행정제재처분을 받았거나 그 절차가 진행 중인 사실을 양수인등에게 지체 없이 알리지 아니한 자

⑦ 거짓이나 그 밖의 부정한 방법으로 수급자에게 장기요양급여비용을 부담하게 한 자

⑧ 제60조 또는 제61조에 따른 보고 또는 자료제출 요구·명령에 따르지 아니하거나 거짓으로 보고 또는 자료제출을 한 자나 질문 또는 검사를 거부·방해 또는 기피하거나 거짓으로 답변한 자

⑨ 거짓이나 그 밖의 부정한 방법으로 장기요양급여비용 청구에 가담한 사람.

과태료는 대통령령으로 정하는 바에 따라 관할 특별자치시장·특별자치도지사·시장·군수·구청장이 부과·징수한다(제69조 제1항, 2013년 8월 13일 신설).

제 3 편 특별보호 청구권

제 1 장 특별보호의 방법
제 2 장 아동복지법
제 3 장 노인복지법
제 4 장 장애인복지법

제 1 장

특별보호의 방법

강의주제 :

특별보호 대상자, 즉 아동, 한부모가족, 노인, 장애인, 진폐근로자 등에게 매
년 집행되는 예산은 어느 정도이며 이들 1인당 혜택은 어느 정도인가, 그리
고 대상자 상호간에 보호상 불균형은 없는가?

제 1 절 특별보호의 이념

[172] Ⅰ. 인간다운 생활권의 보장

헌법은 모든 국민에게 인간다운 생활을 영위할 수 있도록
국가에 대하여 사회보장을 청구할 권리를 부여하고 국가에 대하
여는 사회보장을 실시할 의무를 부과하고 있다.

그렇다고 하여 모든 사람에 대하여 인간다운 생활을 영위할
능력이 있느냐의 여부를 심사하는 것은 번거로운 일이다. 또 스
스로 인간다운 생활을 영위할 능력이 없는 상태에 이르렀을 때
에만 국가에서 사회보장을 실시하는 것은 국가정책상 너무나 소
극적이라 볼 수 있다.

그러므로 법률은 노령·질병 등 각종 사회적 재해를 예방하
거나 이러한 재해가 발생하였을 때에 대비하여 사회보험을 통한
극복방안을 제도화하고, 그것만으로 인간다운 생활이 보장되지
않는 노인이나 아동·장애인 등을 특별히 보호하도록 하고 있다.

[173] Ⅱ. 특별보호법의 내용

특별보호법은 특별보호대상자에 대하여 특별한 보호를 행하여 이들의 인간다운 생활권을 실현하고자 하는데 목적이 있다. 이를 위한 입법으로는 아동복지법, 노인복지법, 장애인복지법 등이 있다. 따라서 특별보호대상자의 보호청구권은 아동의 보호청구권, 노인의 보호청구권, 장애인의 보호청구권 등으로 구분된다.

제 2 절   특별보호의 수준

[174] Ⅰ. 헌법과의 관계

특별보호대상자의 보호청구권은 이를 규정하고 있는 아동복지법 등 하위법률에 의하여 창설된 것이 아니고, 헌법에서 보장하고 있는 인간다운 생활권을 실현하기 위한 권리로 해석하여야 한다.

[175] Ⅱ. 인간다운 생활권 보장수준

특별보호대상자의 보호청구권은 헌법에서 보장한 인간다운 생활권을 실현할 수 있는 수준에 미달한 경우에는 이의 향상을 요구할 수 있다. 또 이러한 보호청구권만으로 인간다운 생활권의 보장이 불가능할 경우에는 다른 사회보장청구권을 신설할 것을 요구할 수 있다.

제 2 장
아동복지법

강의주제 :

부모가 친권을 이유로 아동을 학대하는 경우, 그 허용되는 한계와 이를 벗어난 경우 해결방법은 무엇인가?

제 1 절   아동복지법의 성격

[176] Ⅰ. 아동의 권리

우리나라의 헌법은 모든 국민은 인간다운 생활을 할 권리가 있다고 천명하고, 국가는 청소년의 복지향상을 위한 정책을 실시할 의무를 진다고 규정하고 있다(제34조 제1항 및 4항). 그리고 아동복지법은 모든 국민은 아동을 보호·양육하고 사회생활에 적응되도록 육성할 책임을 진다고 하고, 국가와 지방단체는 보호자와 더불어 아동을 건전하게 육성할 책임을 진다고 규정하고 있다.

이처럼 아동에 대하여 특별히 보호규정을 두고 있는 것은 아동은 성인에 비하여 여러 가지 면에서 미숙하여 자율적으로 사회생활을 영위하기 곤란할 뿐만 아니라 건전한 아동이 곧 국가의 중요 임무를 담당하게 될 건전한 생활인의 진체가 되기 때문이다. 이 법은 아동이 건전하게 출생하여 행복하고 건강하게 육성되도록 그 복지를 보장하는 것을 목적으로 한다. 즉, 이 법

은 보호아동을 위한 소극적인 대책뿐만 아니라 일반아동의 건전
한 육성을 위한 적극적인 복지대책을 실시하려는 데에 그 실질
적 의의가 있는 것이다.

특히 현대산업사회에 있어서는 가정빈곤, 부모의 무관심, 학
대, 착취, 부모의 이혼, 별거, 성폭행 및 추행 등 아동의 인간다
운 생활권이 침해당할 가능성이 계속 증진되고 있으며, 아동이
성장과정상 당한 피해는 회복불가능의 상태를 이를 수도 있기
때문에 부모뿐만 아니라 국가와 국민 모두에 의한 특별한 보호
가 요청되고 있다. 이러한 관점에서 국제연합의 '아동권리선
언'(1959)도 "아동은 사회보장의 수혜를 받을 권리를 가진다. 아
동은 건강하게 발육하고 성장할 권리를 향유한다."(제4조)라고 선
언함으로써 사회보장에 대한 '아동의 권리'를 확인하고 있다.

[177] Ⅱ. 입법 과정

우리나라에서는 1961년 「아동복리법」을 제정하면서부터 아
동을 법적으로 보호하기 시작하였다.282) 특히 6·25전쟁으로 인
하여 이른 바 '전쟁고아'의 대량발생과 전후의 비참한 생활여건
으로 인하여 아동을 건전하게 육성하는 기반은 갖추어지지 못하
였다. 그리고 국가도 이를 적극 지원하지 못하였는데 1960년대
초에 다른 일련의 사회보장입법과 마찬가지로 충분한 조사와 검
토없이 아동보호에 관한 명문적인 입법을 하였던 것이다.

그 후 고도의 경제성장정책이 가져 온 후유증과 사회구조의
계층화·복잡화가 급속도로 진행됨에 따라 질병·빈곤·약물중
독에 의한 이른바 결손가정이 증대되고, 이혼·별거·미혼모 등
에 의한 가정해체현상이 심화되었다.283) 이러한 현상을 개인 차

---

282) 주정일·이소희, 「아동복지학」, 41~47면.

283) 김유성, 「한국사회보장법론」, 387면.

원의 문제로 방치하지 않고 국가가 요보호아동을 보호하고 유아
보육과 임산부 보호를 행하기 위하여, 1981년 4월 13일 전부개정
(동일자로 시행함)하여 법률의 명칭을 「아동복지법」으로 변경하였다.

제 2 절 아동에 대한 보호의무자

[178] I. 아동복지법의 책임주체

1. 국가와 지방자치단체

국가와 지방자치단체는 아동284)의 안전·건강 및 복지 증진
을 위하여 아동과 그 보호자 및 가정을 지원하기 위한 정책을
수립·시행하여야 한다(제4조 제1항).

국가와 지방자치단체는 보호대상아동 및 지원대상아동의 권
익을 증진하기 위한 정책을 수립·시행하여야 한다(제4조 제2항).

국가와 지방자치단체는 아동이 태어난 가정에서 성장할 수
있도록 지원하고, 아동이 태어난 가정에서 성장할 수 없을 때에는
가정과 유사한 환경에서 성장할 수 있도록 조치하며, 아동을 가정
에서 분리하여 보호할 경우에는 신속히 가정으로 복귀할 수 있도
록 지원하여야 한다(제4조 제3항, 2016년 3월 22일 신설, 2018년 3월 23일 시행).

국가와 지방자치단체는 장애아동의 권익을 보호하기 위하여
필요한 시책을 강구하여야 한다(제4조 제4항, 2016년 3월 22일 개정, 2018

---

284) 아동복지법이 보호대상으로 하는 아동은 18세 미만의 자를 말한다(제3조 제1호).

년 3월 23일 시행).

국가와 지방자치단체는 아동이 자신 또는 부모의 성별, 연령, 종교, 사회적 신분, 재산, 장애유무, 출생지역 또는 인종 등에 따른 어떠한 종류의 차별도 받지 아니하도록 필요한 시책을 강구하여야 한다(제4조 제5항, 2016년 3월 22일 개정, 2018년 3월 23일 시행).

국가와 지방자치단체는 「아동의 권리에 관한 협약」에서 규정한 아동의 권리 및 복지 증진 등을 위하여 필요한 시책을 수립·시행하고, 이에 필요한 교육과 홍보를 하여야 한다(제4조 제6항, 2016년 3월 22일 개정, 2018년 3월 23일 시행).

국가와 지방자치단체는 아동의 보호자가 아동을 행복하고 안전하게 양육하기 위하여 필요한 교육을 지원하여야 한다(제4조 제7항, 2016년 3월 22일 개정, 2018년 3월 23일 시행).

2. 보호자

아동의 보호자는 아동을 가정에서 그의 성장시기에 맞추어 건강하고 안전하게 양육하여야 한다(제5조 제1항). 아동의 보호자는 아동에게 신체적 고통이나 폭언 등의 정신적 고통을 가하여서는 아니 된다(제5조 제2항, 2015년 3월 27일 신설).

3. 모든 국민

모든 국민은 아동의 권익과 안전을 존중하여야 하며, 아동을 건강하게 양육하여야 한다(제5조 제3항, 2015년 3월 27일 개정).

[179] Ⅱ. 아동보호를 위한 절대적 금지행위

누구든지 다음의 어느 하나에 해당하는 행위를 하여서는 아니

된다(제17조, 2014년 1월 28일 개정).

① 아동을 매매하는 행위

② 아동에게 음란한 행위를 시키거나 이를 매개하는 행위 또는 아동에게 성적 수치심을 주는 성희롱 등의 성적 학대행위

③ 아동의 신체에 손상을 주거나 신체의 건강 및 발달을 해치는 신체적 학대행위

④ 아동의 정신건강 및 발달에 해를 끼치는 정서적 학대행위

⑤ 자신의 보호·감독을 받는 아동을 유기하거나 의식주를 포함한 기본적 보호·양육·치료 및 교육을 소홀히 하는 방임행위

⑥ 장애를 가진 아동을 공중에 관람시키는 행위

⑦ 아동에게 구걸을 시키거나 아동을 이용하여 구걸하는 행위

⑧ 공중의 오락 또는 흥행을 목적으로 아동의 건강 또는 안전에 유해한 곡예를 시키는 행위 또는 이를 위하여 아동을 제3자에게 인도하는 행위

⑨ 정당한 권한을 가진 알선기관 외의 자가 아동의 양육을 알선하고 금품을 취득하거나 금품을 요구 또는 약속하는 행위

⑩ 아동을 위하여 증여 또는 급여된 금품을 그 목적 외의 용도로 사용하는 행위.

제 3 절   아동보호조치

[180] I. 일반적 보호조치

시·도지사 또는 시장·군수·구청장은 그 관할 구역에서 보호

대상아동을 발견하거나 보호자의 의뢰를 받은 때에는 아동의 최상
의 이익을 위하여 대통령령으로 정하는 바에 따라 다음에 해당하
는 보호조치를 하여야 한다(제15조 제1항, 2014년 1월 28일 개정).

① 전담공무원 또는 아동위원에게 보호대상아동 또는 그 보
호자에 대한 상담·지도를 수행하게 하는 것

② 보호자 또는 대리양육을 원하는 연고자에 대하여 그 가
정에서 아동을 보호·양육할 수 있도록 필요한 조치를 하는 것

③ 아동의 보호를 희망하는 사람에게 가정위탁하는 것

④ 보호대상아동을 그 보호조치에 적합한 아동복지시설에
입소시키는 것

⑤ 약물 및 알콜 중독, 정서·행동·발달 장애, 성폭력·아동
학대 피해 등으로 특수한 치료나 요양 등의 보호를 필요로 하는
아동을 전문치료기관 또는 요양소에 입원 또는 입소시키는 것

⑥ 입양특례법에 따른 입양과 관련하여 필요한 조치를 하는 것.

시·도지사 또는 시장·군수·구청장은 위 ① 및 ②의 보호
조치가 적합하지 아니한 보호대상아동에 대하여 ③부터 ⑥까지
의 보호조치를 할 수 있으며, 이 경우 ③부터 ⑤까지의 보호조
치를 하기 전에 보호대상아동에 대한 상담, 건강검진, 심리검사
및 가정환경에 대한 조사를 실시하여야 한다(제15조 제2항, 2016년 3월
22일 개정, 2018년 3월 23일 시행).

시·도지사 또는 시장·군수·구청장은 보호조치를 하려는
경우 보호대상아동의 개별 보호·관리 계획을 세워 보호하여야
하며, 그 계획을 수립할 때 해당 보호대상아동의 보호자를 참여
시킬 수 있다(제15조 제3항, 2016년 3월 22일 신설, 2018년 3월 23일 시행).

시·도지사 또는 시장·군수·구청장은 ③부터 ⑥까지의 보
호조치를 함에 있어서 해당 보호대상아동의 의사를 존중하여야
하며, 보호자가 있을 때에는 그 의견을 들어야 하지만, 아동의

보호자가 「아동학대범죄의 처벌 등에 관한 특례법」 제2조제5호의 아동학대행위자인 경우에는 그러하지 아니하다(제15조 제4항, 2016년 3월 22일 개정, 2018년 3월 23일 시행).

시·도지사 또는 시장·군수·구청장은 ③부터 ⑥까지의 보호조치를 할 때까지 필요하면 제52조 제1항 제2호에 따른 아동일시보호시설에 보호대상아동을 입소시켜 보호하거나, 적합한 위탁가정 또는 적당하다고 인정하는 자에게 일시 위탁하여 보호하게 할 수 있다. 이 경우 보호기간 동안 보호대상아동에 대한 상담, 건강검진, 심리검사 및 가정환경에 대한 조사를 실시하고 그 결과를 보호조치 시에 고려하여야 한다(제15조 제5항, 2016년 3월 22일 개정, 2018년 3월 23일 시행).

시·도지사 또는 시장·군수·구청장은 그 관할 구역에서 약물 및 알콜 중독, 정서·행동·발달 장애 등의 문제를 일으킬 가능성이 있는 아동의 가정에 대하여 예방차원의 적절한 조치를 강구하여야 한다(제15조 제6항, 2016년 3월 22일 개정, 2018년 3월 23일 시행).

누구든지 보호조치와 관련하여 그 대상이 되는 아동복지시설의 종사자를 신체적·정신적으로 위협하는 행위를 하여서는 아니 된다(제15조 제7항, 2016년 3월 22일 개정, 2018년 3월 23일 시행).

시·도지사 또는 시장·군수·구청장은 아동의 가정위탁보호를 희망하는 사람에 대하여 범죄경력을 확인하여야 한다. 이 경우 본인의 동의를 받아 관계 기관의 장에게 범죄의 경력 조회를 요청하여야 한다(제15조 제8항, 2016년 3월 22일 개정, 2018년 3월 23일 시행).

가정위탁지원센터의 장은 위탁아동, 가정위탁보호를 희망하는 사람, 위탁아동의 부모 등의 신원확인 등의 조치를 시·도지사 또는 는 시장·군수·구청장에게 협조 요청할 수 있으며, 요청을 받은 시·도지사 또는 시장·군수·구청장은 정당한 사유가 없는 한 이에 응하여야 한다(제15조 제9항, 2016년 3월 22일 개정, 2018년 3월 23일 시행).

[181] Ⅱ. 시설보호조치

1. 의 의

도지사 또는 시장·군수는 그 관할구역안의 요보호아동과 요보호임산부 중에서 위의 일반적 보호조치가 적합하지 아니한 자에 대하여는 대통령령이 정하는 바에 의하여 아동복지시설에 입소시켜 필요한 보호조치를 하여야 한다. 이 경우 그 보호자 또는 배우자가 있는 때에는 그 의견을 들어야 한다(제12조).

2. 보호아동의 퇴소

가. 직권퇴소

아동복지시설에 입소한 아동의 연령이 18세에 달하였거나 보호의 목적을 달성하였다고 인정될 때에는 당해 시설의 장은 입소의 조치를 취한 지방자치단체의 장의 승인을 얻어 그 보호 중인 아동을 퇴소시켜야 한다(제13조 제1항).

나. 신청퇴소

아동복지시설에 입소한 아동의 보호자는 입소조치를 취한 지방자치단체의 장에게 퇴소를 요청할 수 있다(제13조 제2항).

[182] Ⅲ. 아동전용시설의 설치

국가와 지방자치단체는 아동이 항상 이용할 수 있는 어린이 공원, 어린이놀이터, 아동회관, 체육·연극·영화·과학실험전시실 등 아동전용시설을 설치하도록 노력하여야 한다(제10조 제1항).

[183] Ⅳ. 아동건강관리 등

1. 건강관리

아동을 보호 또는 감독할 의무가 있는 자는 아동의 건강유지와 향상을 위하여 최선의 주의와 노력을 하여야 한다(제14조).

2. 친권자 및 후견인

도지사는 아동의 친권자가 그 친권을 남용하거나 현저한 비행 그 밖의 친권을 행사할 수 없는 중대한 사유가 있는 것을 발견한 경우, 아동의 복지를 위하여 필요하다고 인정할 때에는 법원에 그 친권상실의 선고를 청구할 수 있다(제15조). 도지사는 친권자 또는 후견인이 없는 아동을 발견한 경우, 그 복지를 위하여 필요하다고 인정할 때에는 법원에 후견인의 선임을 청구할 수 있으며 필요에 따라 그 해임을 청구할 수 있다(제16조).

제 4 절 아동복지시설

[184] Ⅰ. 시설의 설치의무자

국가와 지방자치단체는 아동의 시설보호조치 및 아동복지사업을 수행하기 위하여 아동복지시설을 설치할 수 있다. 이때

시·군이 아동복지시설을 설치하려고 하면 도지사의 승인을 얻어야 한다(제20조). 이 밖에 사회복지법인과 재단법인은 도지사의 인가를 받아 아동복지시설을 설치할 수 있다. 아동복지시설의 종사자는 일정한 자격을 갖추어야 하고(제22조, 영 제12조) 또한 그 자질향상을 위한 교육과 훈련(제23조 제1항)을 받아야 한다.

[185] Ⅱ. 시설의 종류

아동복지시설의 종류는 다음과 같다(제52조 제1항, 2016년 3월 22일 개정, 2016년 9월 23일 시행).

① 아동양육시설: 보호대상아동을 입소시켜 보호, 양육 및 취업훈련, 자립지원 서비스 등을 제공하는 것을 목적으로 하는 시설이다.

② 아동일시보호시설: 보호대상아동을 일시보호하고 아동에 대한 향후의 양육대책수립 및 보호조치를 행하는 것을 목적으로 하는 시설이다.

③ 아동보호치료시설: 아동에게 보호 및 치료 서비스를 제공하는 다음의 시설이다.

(가) 불량행위를 하거나 불량행위를 할 우려가 있는 아동으로서 보호자가 없거나 친권자나 후견인이 입소를 신청한 아동 또는 가정법원, 지방법원소년부지원에서 보호위탁된 19세 미만인 사람을 입소시켜 치료와 선도를 통하여 건전한 사회인으로 육성하는 것을 목적으로 하는 시설

(나) 정서적·행동적 장애로 인하여 어려움을 겪고 있는 아동 또는 학대로 인하여 부모로부터 일시 격리되어 치료받을 필요가 있는 아동을 보호·치료하는 시설.

④ 공동생활가정: 보호대상아동에게 가정과 같은 주거여건과 보호, 양육, 자립지원 서비스를 제공하는 것을 목적으로 하는 시설이다.

⑤ 자립지원시설: 아동복지시설에서 퇴소한 사람에게 취업 준비기간 또는 취업 후 일정 기간 동안 보호함으로써 자립을 지원하는 것을 목적으로 하는 시설이다.

⑥ 아동상담소: 아동과 그 가족의 문제에 관한 상담, 치료, 예방 및 연구 등을 목적으로 하는 시설이다.

⑦ 아동전용시설: 어린이공원, 어린이놀이터, 아동회관, 체육·연극·영화·과학실험전시 시설, 아동휴게숙박시설, 야영장 등 아동에게 건전한 놀이·오락, 그 밖의 각종 편의를 제공하여 심신의 건강유지와 복지증진에 필요한 서비스를 제공하는 것을 목적으로 하는 시설이다.

⑧ 지역아동센터: 지역사회 아동의 보호·교육, 건전한 놀이와 오락의 제공, 보호자와 지역사회의 연계 등 아동의 건전육성을 위하여 종합적인 아동복지서비스를 제공하는 시설이다.

⑨ 제45조에 따른 아동보호전문기관

⑩ 제48조에 따른 가정위탁지원센터.

[186] Ⅲ. 아동복지시설의 의무와 지원제도

1. 의 무

아동복지시설의 장은 보호아동의 권리를 최대한 보장하여야 하며, 친권자가 있는 경우 보호아동의 가정복귀를 위하여 적절한 상담과 지도를 병행하여야 한다(제57조, 2016년 3월 22일 개정, 2016년 9월 23일 시행).

2. 지원제도

가. 국유재산의 무상대여

국가 또는 지방자치단체는 아동복지시설의 설치·운영을 위하

여 필요하다고 인정하는 경우 국유재산법 및 「공유재산 및 물품
관리법」에도 불구하고 국유·공유 재산을 무상으로 대부하거나
사용·수익하게 할 수 있다(제62조 제1항).

국유·공유 재산의 대부·사용·수익의 내용 및 조건에 관하여는
해당 재산을 사용·수익하고자 하는 자와 해당 재산의 중앙관서의
장 또는 지방자치단체의 장 간의 계약에 의한다(제62조 제2항).

나. 면 세

아동복지시설에서 그 보호아동을 위하여 사용하는 건물 및
토지, 시설설치 및 운영에 소요되는 비용에 대하여는 조세특례
제한법, 그 밖의 관계 법령에서 정하는 바에 따라 조세, 그 밖의
공과금을 면제할 수 있다(제63조).

제 5 절 비용부담 및 벌칙

[187] Ⅰ. 국가 또는 지방자치단체의 보조

국가 또는 지방자치단체는 대통령령으로 정하는 바에 따라
다음의 어느 하나에 해당하는 비용의 전부 또는 일부를 보조할
수 있다(제59조, 2015년 3월 27일 및 2016년 3월 22일 개정, 2016년 9월 23일 시행).

① 아동복지시설의 설치 및 운영과 프로그램의 운용에 필요
한 비용 또는 수탁보호 중인 아동의 양육 및 보호관리에 필요한
비용

② 보호대상아동의 대리양육이나 가정위탁 보호에 따른 비용

③ 아동복지사업의 지도, 감독, 계몽 및 홍보에 필요한 비용

④ 제26조에 따른 신고의무 교육에 소요되는 비용

⑤ 제37조에 따른 취약계층 아동에 대한 통합서비스지원에 필요한 비용

⑥ 제38조에 따른 보호대상아동의 자립지원에 필요한 비용

⑦ 제42조에 따른 자산형성지원사업에 필요한 비용

⑧ 제58조에 따른 아동복지단체의 지도·육성에 필요한 비용.

[188] Ⅱ. 부양의무자의 부담

시·도지사, 시장·군수·구청장 또는 아동복지시설의 장은 제15조 제1항 제3호부터 제5호까지 및 같은 조 제5항 및 제6항에 따른 보호조치에 필요한 비용의 전부 또는 일부를 대통령령으로 정하는 바에 따라 각각 그 아동의 부양의무자로부터 징수할 수 있다(제60조, 2016년 3월 22일 개정, 2018년 3월 23일 시행).

[189] Ⅲ. 벌 칙

1. 절대적 금지행위 위반

제17조를 위반한 자는 다음의 구분에 따라 처벌한다(제71조 제1항).

① 제17조 제1호(「아동·청소년의 성보호에 관한 법률」 제12조에 따른 매매는 제외한다)에 해당하는 행위를 한 자는 10년 이하의 징역에 처한다.

② 제17조 제2호에 해당하는 행위를 한 자는 10년 이하의 징역 또는 5천만원 이하의 벌금에 처한다.

③ 제3호부터 제8호까지의 규정에 해당하는 행위를 한 자는 5년 이하의 징역 또는 3천만원 이하의 벌금에 처한다.

④ 제10호 또는 제11호에 해당하는 행위를 한 자는 3년 이

하의 징역 또는 2천만원 이하의 벌금에 처한다.

⑤ 제9호에 해당하는 행위를 한 자는 1년 이하의 징역 또는 500만원 이하의 벌금에 처한다.

2. 기타 위반

다음의 어느 하나에 해당하는 자는 1년 이하의 징역 또는 500만원 이하의 벌금에 처한다(제71조 제2항, 2016년 3월 22일 개정, 2016년 9월 23일 시행).

① 정당한 사유 없이 제51조 제2항에 따라 다른 아동복지시설로 옮기는 권익보호조치를 하지 아니한 사람

② 제50조 제2항에 따른 신고를 하지 아니하고 아동복지시설을 설치한 자

③ 거짓으로 서류를 작성하여 제54조제1항에 따른 아동복지시설 전문인력의 자격을 인정받은 자

④ 제56조에 따른 사업의 정지, 위탁의 취소 또는 시설의 폐쇄명령을 받고도 그 시설을 운영하거나 사업을 한 자

⑤ 제65조를 위반하여 비밀을 누설한 자

⑥ 제66조 제1항에 따른 조사를 거부·방해 또는 기피하거나 질문에 대하여 답변을 거부·기피 또는 거짓 답변을 하거나, 아동에게 답변을 거부·기피 또는 거짓 답변을 하게 하거나 그 답변을 방해한 자

3. 상습범과 미수범

상습적으로 제71조 제1항 각 호의 죄를 범한 자는 그 죄에 정한 형의 2분의 1까지 가중한다(제72조). 그리고 제71조 제1항 제1호의 미수범은 처벌한다(제73조).

4. 양벌규정

법인의 대표자나 법인 또는 개인의 대리인, 사용인, 그 밖의 종업원이 그 법인 또는 개인의 업무에 관하여 제71조의 위반행위를 하면 그 행위자를 벌하는 외에 그 법인 또는 개인에게도 해당 조문의 벌금형을 과(科)한다(제74조 본문). 다만, 법인 또는 개인이 그 위반행위를 방지하기 위하여 해당 업무에 관하여 상당한 주의와 감독을 게을리하지 아니한 경우에는 그러하지 아니하다(제74조 단서).

5. 과태료

다음의 어느 하나에 해당하는 자에게는 1천만원 이하의 과태료를 부과한다(제75조 제1항).

① 제27조의3을 위반하여 피해아동의 인수를 거부한 아동학대 관련 보호시설의 장

② 제29조의5 제1항에 따른 해임요구를 정당한 사유 없이 거부하거나 1개월 이내에 이행하지 아니한 아동관련기관의 장.

아동관련기관의 장이 제29조의3 제3항을 위반하여 아동학대 관련범죄 전력을 확인하지 아니하는 경우에는 500만원 이하의 과태료를 부과한다(제75조 제2항).

다음의 어느 하나에 해당하는 자에게는 300만원 이하의 과태료를 부과한다(제75조 제3항).

① 제26조 제3항을 위반하여 신고의무 교육을 실시하지 아니한 자

② 제31조를 위반하여 교육을 실시하지 아니한 자

③ 제51조를 위반하여 아동복지시설의 휴업·폐업 또는 운영 재개 신고를 하지 아니한 자

④ 제69조를 위반하여 아동복지전담기관 또는 아동복지시설 이라는 명칭을 사용한 자.

위 과태료는 대통령령으로 정하는 바에 따라 교육부장관, 문화체육관광부장관, 보건복지부장관, 여성가족부장관, 국토교통 부장관, 시·도지사, 특별시·광역시·특별자치도 및 도의 교육감 또는 시장·군수·구청장이 부과·징수한다(제75조 제4항).

제 6 절   장애아동복지지원법

[190]   I. 장애아동의 보호 필요성

성인인 장애인과 달리 아동이면서 장애를 가진 자는 더욱 보호의 필요가 있지만, 그동안 이에 관한 특별한 법률이 존재하지 않았는데 '장애아동복지지원법'이 2011년 8월 4일 제정(법률 제11009호)되어 2012년 9월 1일부터 시행되었다.

이 법은 국가와 지방자치단체가 장애아동285)의 특별한 복지적 욕구에 적합한 지원을 통합적으로 제공함으로써, 장애아동이 안정된 가정생활 속에서 건강하게 성장하고 사회에 활발하게 참여할 수 있도록 하며, 장애아동 가족의 부담을 줄이는데 이바지

---

285) 장애아동이란 18세 미만의 사람 중 장애인복지법 제32조에 따라 등록한 장애인을 말한다. 다만, 6세 미만의 아동으로서 장애가 있다고 보건복지부장관이 별도로 인정하는 사람을 포함한다.

힘을 목적으로 한다(제1조),

따라서 이 법의 기본이념은 장애아동을 위한 모든 활동에 있어서 장애아동의 이익을 최우선적으로 고려하여야 하고(제3조 제1항), 장애아동은 자신에게 영향을 미치는 모든 활동에 대하여 자신의 견해를 자유로이 표현할 권리를 최대한 보장받아야 한다(제3조 제2항)는 것이다. 그리고 장애아동의 복지지원에 관하여는 다른 법률에 우선하여 이 법을 적용한다(제5조).

[191] Ⅱ. 장애아동의 권리

장애아동은 모든 형태의 학대 및 유기·착취·감금·폭력 등으로부터 보호받아야 하고(제4조 제1항), 부모에 의하여 양육되고, 안정된 가정환경에서 자라나야 한다(제4조 제2항).

장애아동은 인성 및 정신적·신체적 능력을 최대한 계발하기 위하여 적절한 교육을 제공받아야 하고(제4조 제3항), 가능한 최상의 건강상태를 유지하고 행복한 일상생활을 영위하기 위한 의료적·복지적 지원을 받아야 한다(제4조 제4항).

장애아동은 휴식과 여가를 즐기고, 놀이와 문화예술활동에 참여할 수 있는 기회를 제공받아야 하고(제4조 제5항), 의사소통 능력, 자기결정 능력 및 자기권리 옹호 능력을 향상시키기 위한 교육 및 훈련 기회를 제공받아야 한다(제4조 제6항).

[192] Ⅲ. 국가와 지방자치단체의 임무

국가와 지방자치단체는 장애아동에게 적절한 복지지원을 제공하기 위하여 다음의 업무를 수행하여야 한다(제6조).
① 장애아동과 그 가족을 위한 복지지원대책의 강구
② 장애아동을 위한 복지지원 사업의 연구·개발

③ 장애의 조기발견을 위한 홍보

④ 복지지원 전달체계의 구축

⑤ 복지지원 이용권의 수급 및 이용에 대한 관리·감독

⑥ 그 밖에 장애아동과 그 가족의 복지지원을 위하여 필요하다고 인정하는 사항.

[193] Ⅳ. 복지지원 대상자 선정

시장·군수·구청장은 복지지원의 신청을 받은 경우 관련 법령에서 정하는 바에 따라 소득·재산, 장애정도, 가구특성 등을 고려하여 복지지원 대상자 여부를 심사하여야 한다(제14조 제1항).

시장·군수·구청장은 30일 이내에 복지지원 대상자로의 선정 여부, 복지지원의 내용 및 복지지원 이용권의 금액 등을 결정하여 복지지원 신청자에게 즉시 알려주어야 한다(제14조 제1항).

보건복지부장관은 신청자를 복지지원 대상자로 선정하고자 하는 경우「금융실명거래 및 비밀보장에 관한 법률」제4조와 「신용정보의 이용 및 보호에 관한 법률」제32조에도 불구하고 제13조 제2항에 따라 장애아동과 그 가구원이 제출한 동의 서면을 전자적 형태로 바꾼 문서로「금융실명거래 및 비밀보장에 관한 법률」제2조 제1호에 따른 금융회사등이나 「신용정보의 이용 및 보호에 관한 법률」제2조 제6호에 따른 신용정보집중기관(이하 "금융기관등"이라 한다)의 장에게 장애아동과 그 가구원의 금융정보·신용정보 또는 보험정보(이하 "금융정보등"이라 한다)의 제공을 요청할 수 있다(제15조 제1항).

보건복지부장관은 복지지원 대상자의 자격을 확인하기 위하여 필요하다고 인정하는 경우「금융실명거래 및 비밀보장에 관한 법률」제4조와「신용정보의 이용 및 보호에 관한 법률」제32조에도 불구하고 대통령령으로 정하는 기준에 따라 인적 사항을 기재힌 문서(전자문서를 포함한다)로 금융기관등의 장에게 장애아동과 그 가구원의 금융정보등의 제공을 요청할 수 있다(제15조 제2항).

금융정보등의 제공을 요청받은 금융기관등의 장은「금융실명거래 및 비밀보장에 관한 법률」제4조와「신용정보의 이용 및 보호에 관한 법률」제32조에도 불구하고 명의인의 금융정보등을 제공하여야 한다(제15조 제3항). 금융정보등을 제공한 금융기관등의 장은 금융정보등의 제공 사실을 명의인에게 통보하여야 한다(제15조 제4항 본문). 다만, 명의인이 동의하는 경우에는「금융실명거래 및 비밀보장에 관한 법률」제4조의2 제1항과「신용정보의 이용 및 보호에 관한 법률」제35조에도 불구하고 통보하지 아니할 수 있다(제15조 제4항 단서).

금융정보등의 제공 요청 및 제공은「정보통신망 이용촉진 및 정보보호 등에 관한 법률」제2조 제1항 제1호에 따른 정보통신망을 이용하여야 한다(제15조 제5항 본문). 다만, 정보통신망이 손상되는 등 불가피한 경우에는 그러하지 아니하다(제15조 제5항 단서).

이상의 업무에 종사하거나 종사하였던 자는 업무를 수행하면서 취득한 금융정보등을 이 법에서 정한 목적 외의 다른 용도로 사용하거나 다른 사람 또는 기관에 제공하거나 누설하여서는 아니 된다(제15조 제6항).

[194] V. 복지지원의 내용

1. 의료비지원

국가와 지방자치단체는 장애아동의 의료적 욕구에 따라 적절한 의료비지원을 할 수 있으며(제19조 제1항), 이는 국민건강보험법과 의료급여법에 따라 제공되는 의료에 드는 비용 중 장애아동의 부담을 지원하는 것으로 한다(제19조 제2항).

2. 보조기구지원

국가와 지방자치단체는 장애아동의 학습과 일상생활 활동에 필요한 보조기구를 교부·대여 또는 수리하거나 구입 또는 수리에 필요한 비용을 지급할 수 있으며(제20조 제1항), 이는 지원의 품목, 대상, 기준 및 방법 등에 관한 구체적인 사항은 장애인복지법 제66조에 따른다(제20조 제2항).

3. 발달재활서비스지원

국가와 지방자치단체는 장애아동의 인지, 의사소통, 적응행동, 감각·운동 등의 기능향상과 행동발달을 위하여 적절한 발달재활서비스(이하 "발달재활서비스"라 한다)를 지원할 수 있다(제21조 제1항).

4. 보육지원

국가와 지방자치단체는 영유아보육법 제27조에 따른 어린이집 이용대상이 되는 장애아동(이하 "장애영유아"라 한다)에 대하여 보육료 등을 지원하여야 하며(제22조 제1항), 영유아보육법 제10조에 따른 어린이집 또는 유아교육법 제2조 제2호에 따른 유치원을 이용하지 아니하는 장애영유아에게 영유아보육법 제34조의2에 따라 양육수당을 지급할 수 있다(제22조 제2항).

5. 가족지원

국가와 지방자치단체는 장애아동의 가족이 장애아동에게 적합한 양육방법을 습득하고 가족의 역량을 키울 수 있도록 가족

상담·교육 등의 가족지원을 제공할 수 있으며(제23조 제1항), 지방
자치단체는 가족지원 업무를 비영리법인에 위탁할 수 있으며 필
요한 경우 예산의 범위에서 그 비용을 지원할 수 있다.

6. 돌봄 및 일시적 휴식지원 서비스지원

국가와 지방자치단체는 장애아동 가족의 일상적인 양육부담
을 경감하고 보호자의 정상적인 사회활동을 돕기 위하여 돌봄
및 일시적 휴식지원 서비스를 제공할 수 있다(제24조 제1항).

7. 지역사회 전환 서비스지원

국가와 지방자치단체는 장애아동이 18세가 되거나 초·중등
교육법 제2조의 고등학교와 이에 준하는 각종 학교 또는 장애인
등에 대한 특수교육법 제24조의 전공과를 졸업한 후 주거·직업
체험 등의 지역사회 전환 서비스를 제공하도록 노력하여야 한다
(제25조 제1항).

8. 문화·예술 등 복지지원

국가와 지방자치단체는 이 법에서 정한 복지지원 외에 문
화·예술·스포츠·교육·주거 등의 영역에서 장애아동에게 필요한
서비스가 지원되도록 최대한 노력하여야 한다(제26조).

9. 취약가정 복지지원 우선제공

국가와 지방자치단체는 다음의 어느 하나에 해당하는 장애
아동과 그 가족(이하 "취약가정"이라 한다)에 대하여는 이 법에서 정
하는 복지지원을 우선적으로 제공할 수 있다(제27조). 다만, 제22

조에 따른 보육지원은 영유아보육법 제28조에 따른다.

① 장애아동의 부 또는 모가 장애인복지법 제2조의 장애인인 경우

② 한 가정에 장애아동이 2명 이상인 경우

③ 장애아동이 한부모가족지원법 제4조 제2호의 한부모가족의 자녀인 경우

④ 장애아동이 부모와 떨어져 조부 또는 조모가 세대주이거나 세대원을 사실상 부양하는 경우

⑤ 장애아동이 다문화가족지원법 제2조 제1호의 다문화가족의 자녀인 경우

⑥ 장애아동이 도서·벽지 교육진흥법 제2조의 도서·벽지에 거주하는 경우

⑦ 그 밖에 보건복지부장관이 우선하여 지원할 필요가 있다고 인정하는 경우.

10. 복지지원의 제공

이 법에 따른 복지지원은 개별 복지지원의 목적에 따라 장애아동과 그 가족에게 현금 또는 현물286)로 제공한다(제28조 제1항).

11. 복지지원 비용의 환수

국가나 지방자치단체는 이 법에 따른 복지지원을 제공받은 사람이 다음의 어느 하나에 해당하는 경우에는 그 비용의 전부 또는 일부를 환수할 수 있다(제29조 제1항).287)

① 거짓이나 그 밖의 부정한 방법으로 제공받은 경우

---

286) 이 경우 현물은 복지지원 이용권으로 제공할 수 있다.

287) 비용을 반환하여야 할 사람이 반환하지 아니할 때에는 국세 또는 지방세 체납처분의 예에 따라 징수한다(제29조 제2항).

② 잘못 제공된 경우

③ 이 법에 따른 복지지원을 제공받은 후 복지지원을 받게 된 사유가 소급하여 소멸한 경우.

[195] Ⅵ. 권리구제절차

복지지원 대상자 선정 및 복지지원 내용 결정이나 그 밖에 이 법에 따른 처분에 이의가 있는 사람은 시장·군수·구청장에게 이의신청을 할 수 있다(제38조 제1항).

이의신청은 그 처분이 있음을 안 날부터 90일 이내에 서면으로 할 수 있다(제38조 제2항 본문). 다만, 정당한 사유로 그 기간 내에 이의신청을 할 수 없음을 증명한 경우에는 그 사유가 소멸한 날부터 60일 이내에 이의신청을 할 수 있다(제38조 제2항 단서).

[196] Ⅶ. 벌 칙

1. 징역 또는 벌금

다음의 어느 하나에 해당하는 자는 3년 이하의 징역 또는 1천만원 이하의 벌금에 처한다(제39조 제1항).

① 거짓이나 그 밖의 부정한 방법으로 복지지원 제공기관의 설치·운영에 대한 보조금을 교부받거나 보조금을 유용한 자

② 제18조 제2항을 위반하여 장애아동과 그 가족의 개인정보를 누설하거나 권한 없이 처리하거나 다른 사람이 이용하도록 제공하는 등 부당한 목적으로 사용한 자.

다음의 어느 하나에 해당하는 자는 1년 이하의 징역 또는 500만원 이하의 벌금에 처한다(제39조 제2항).

① 거짓이나 그 밖의 부정한 방법으로 복지지원을 받거나

다른 사람으로 하여금 받게 한 자

② 복지지원 이용권을 부정사용한 자

③ 거짓이나 그 밖의 부정한 방법으로 제32조 제2항에 따른 어린이집의 지정을 받은 자

④ 제33조의 정보를 제공함에 있어 고의로 사실과 다른 정보를 제공한 발달재활서비스 제공기관의 장.

2. 양벌규정

법인의 대표자나 법인 또는 개인의 대리인, 사용인, 그 밖의 종업원이 그 법인 또는 개인의 업무에 관하여 제39조의 위반행위를 하면 그 행위자를 벌하는 외에 그 법인 또는 개인에게도 해당 조문의 벌금형을 과(科)한다(제40조 본문). 다만, 법인 또는 개인이 그 위반행위를 방지하기 위하여 해당 업무에 관하여 상당한 주의와 감독을 게을리하지 아니한 경우에는 그러하지 아니하다(제40조 단서).

3. 과태료

정당한 사유 없이 제35조 제1항에 따른 자료제출·보고를 거부하거나 거짓으로 한 자 또는 조사·검사를 거부·방해하거나 기피한 자에게는 300만원 이하의 과태료를 부과한다(제41조 제1항). 과태료는 보건복지부장관, 시·도지사 또는 시장·군수·구청장이 부과·징수한다(제41조 제2항).

세 3 장

노인복지법

65세 이상자의 지하철 무임승차로 인하여 운영주체는 매년 많은 적자를 보고 있다. 이는 결국 국민 모두가 납부하는 세금으로 보전하여야 한다. 이 제도를 계속 유지하는 것이 바람직한가, 아니면 일정 소득수준 이하자에게 교통권을 제공하는 등 개선하는 것이 타당한가?

제 1 절 노인복지법의 성격

[197] Ⅰ. 노인의 권리

1. 노인의 인간다운 생활권 보장

헌법에 의하여 모든 국민은 인간다운 생활을 할 권리를 가진다(제 34조 제1항). 그리고 국가는 사회보장, 사회복지의 증진에 노력하여야 할 의무를 진다(제34조 제2항). 또한 헌법은 노인의 복지향상을 위한 정책을 실시할 국가의 의무를 규정하고 있다(제34조 제4항). 이러한 헌법의 규범적 요청에 의하여 노인의 건강유지 및 생활안정을 위하여 노인복지법을 제정하였다.

노인은 노령에 따른 신체적·정신적 능력의 감퇴, 사회적 활동력의 저하 등으로 생활적응력이 현저히 저하되므로 국가와 주변의 지원과 보호를 요한다. 이 법은 노인의 심신의 건강유지 및 생활안정을 위하여 필요한 조치를 강구함으로써 노인의 복지증진에 기여함을 그 목적으로 하고 있다. 그리고 이는 복지증진 자체에 목적이 있는 것이 아니고 노인의 인간다운 생활권을 보장하기 위한 것이다. 따라서 노인에 대한 보호와 복지증진은 노인이 인간다운 생활을 영위하기 위한 수준까지 보장되어야 한다.

1982년 빈(Vienna)에서 개최된 '노년에 관한 세계회의'는 60세 이상을 노인으로 봉양하도록 할 것을 권고한 바 있으며, 우리나라의 전통적인 기준도 60세의 환갑이 지난 자를 노인으로 대우하고 있으나, 노인복지법상의 복지수급대상은 65세 이상인 자로 하고 있다(제8조). 공적부조법에 의한 노인의 최대 복지대책은 무의탁노인을 수용보호하는 시설보호와 재가영세노인에 대한 거택보호로 대별되고 또한 이들에 대한 의료보호제도가 있다.

노인복지법은 ① 당시 생활보호법상의 거택보호를 받기가 곤란한 자를 양로시설 혹은 노인요양시설에 입소시키고, ② 공적부조법의 보호를 받지 못하는 65세 미만의 자라도 노쇠현상이 현저하여 특별한 보호를 필요로 하면 위의 시설에 입소시키며, ③ 경로우대제도를 채택하는 등 공적부조법과의 상호 보완을 통하여 더욱 발전된 노인복지대책을 마련하였다. 노인복지법의 제정은 그동안 우리나라의 사회·경제적 여건의 변화로 인하여 커다란 사회문제로 등장한 노인복지문제를 해결하기 위한 조치라고 볼 수 있다. 즉, 전통적인 농경사회에서 급속하게 근대화된 산업사회를 지향하는 과정에서 야기된 갖가지 문제 중의 하나가 바로 노인보호문제인 것이다. 그 원인은 여러 가지 측면이 있겠지만 중요한 것으로는 노령인구의 증가, 핵가족화에 따른 부양의식의 퇴조, 노인의 지위 및 역할의 상실현상 등을 꼽을 수 있을 것이다.288)

---

288) 임종권, "한국노인의 생활실태와 사회보장", 161~182면.

노령인구의 증가는 의약기술의 발달, 보건위생의 개선과 어느 정도의 소득수준의 향상으로 인하여, 인구동태가 과거의 고출산·고사망형에서 저출산·저사망형으로 변한 때문이다. 핵가족화에 따른 부양의식 퇴조현상은 급속한 공업정책으로 인한 농촌인구의 도시집중과 이농현상으로 각 지역의 직장단위로 가족이 분산된 데다가 물질만능의 왜곡된 가치관이 만연됨에 따라 빚어진 것이다.

2. 경로효친사상의 제고

노인은 후손의 양육과 국가 및 사회의 발전에 기여하여 온 자로서 존경받으며 건전하고 안정된 생활을 보장받는다(제2조 제1항)라고 선언함으로써, 우리의 전통적인 경로효친사상의 발현을 그 기조로 삼고 있다.

그리고 1980년 5월 어버이날을 기해 70세 이상의 노인을 대상으로 철도, 목욕 등 8개 업종에 대해 이용요금할인제를 도입하였으며, 1982년부터는 65세 이상의 노인에게까지 확대적용하고 우대업종도 시내버스, 극장 등 5개 업종을 13개 업종에 대하여 경로우대제를 실시하였으며, 목욕업·이발업·시외버스·사찰·극장 등은 무료로 이용할 수 있도록 하였다. 그러나 이러한 민간업자의 저항에 부딪혀 결국 1990년 민영경로우대제는 시내버스를 제외하고 모두 자율실시하게 하여 사실상 폐지되었다. 그리고 65세 이상 노인에 대하여 월 12매의 시내버스승차권을 지급하기로 하였다.[289]

그리고 노인복지에 있어서 가장 중요한 문제는 경로효친사상의 제고이다. 왜냐하면 현대산업사회에 있어서 노인문제는 가성에서의 소외에서 비롯되이 갈수록 물질적인 문제에서 정신적

---

289) 최경석, "노인복지", 203면.

인 문제로 이행되고 있으며, 또한 국가정책에 의한 보호는 제2차적인 조치이며 근본적으로는 가정과 세대에서의 자조노력이 선행되어야 하기 때문이다.

나아가 경로효친사상의 결여는 가정과 세대에서의 문제에 머무르지 않고 국가전체적인 도덕성과 윤리의식에도 많은 영향을 미치기 때문이다. 이와 관련하여 최근 경제적 능력이 있으면서도 부모를 모시지 않는 자녀들을 대신해 노인을 돌보는 개인과 양로원 복지시설 등 사회단체는 자녀에 대해 부양비를 청구할 수 있는 구상권을 인정하는 내용으로 법률을 개정하였다.

노인복지법은 노인에 대한 사회적 관심과 공경의식을 높이기 위하여 매년 10월 2일을 "노인의 날"로, 매년 10월을 "경로의 달"로(제6조 제1항), 부모에 대한 효사상을 앙양하기 위하여 매년 5월 8일을 "어버이날"로 정하였다(제6조 제2항). 나아가 범국민적으로 노인학대에 대한 인식을 높이고 관심을 유도하기 위하여 매년 6월 15일을 "노인학대예방의 날"로 지정하고, 국가와 지방자치단체는 노인학대예방의 날의 취지에 맞는 행사와 홍보의 실시를 노력하도록 하였다(제6조 제4항).290)

3. 노인취업기회의 보장

노인은 그 능력에 따라 적당한 일에 종사하고 사회적 활동에 참여할 기회를 보장받는다고 규정함으로써(제2조 제2항), 취업기회의 보장을 통하여 노인의 사회적 지위 및 역할의 회복과 그 향상을 도모하고자 하는 것이다.

4. 자율복지와 사회봉사

노인은 노령에 따르는 심신의 변화를 자각하여 항상 심신의

---

290) 이 규정은 2015년 12월 29일 개정되어 2016년 12월 30일부터 시행한다.

건강을 사울직으로 유지하는 한편, 그 풍부한 지식과 경험을 활용함으로써 사회발전에 봉사하도록 노력할 것을 당부하고 있다 (제2조 제3항). 국가와 국민은 경로효친의 전통적인 미풍양속을 따라서 이에 조화되는 건전한 가족제도를 유지·발전시켜 나가도록 해야 한다(제3조). 이는 노인복지에 있어서 선(先)가정보호·후(後)사회보장이란 기본방향을 제시한 것이다.

[198] Ⅱ. 입법 과정

우리나라 최초의 노인복지법안은 1970년 제출되어 보건사회위원회를 통과하였으나 1971년 6월 30일 국회가 임기만료로 해산되어 본회의를 통과하지 못하고 무산되었다.

그 후 10년이 지나 1981년 정부안으로 '노인복지법안'이 국회에 제출되었으며 본회의 의결을 거쳐 6월 5일 법률 제3453호로 공포되었다.291) 그 후 1989년과 1993년, 2015년 등 수차 개정되어 현재에 이르고 있다.

제 2 절   보호책임자

[199] Ⅰ. 국가 및 지방자치단체

국가 및 지방자치단체는 노인복지증진의 책임 주체가 된다 (제4조 제1항). 따라서 보건복지부장관, 서울특별시장, 광역시장, 도지사 또는 구청장(서울특별시 및 광역시에 한한다), 시장, 군수(이하 '복

---

291) 박석돈, 「사회복지서비스법」, 305～308면.

382 제3편 특별보호 청구권

지실시기관'이라 한다)가 이를 구체적으로 실시한다. 시·도지사는 노인복지법에 의한 권한의 일부를 구청장 또는 시장·군수에게 위임할 수 있다(제31조).

[200] Ⅱ. 복지실시기관

복지실시기관은 노인의 복지에 관한 시책을 강구함에 있어서 노인복지법상의 기본이념(제2조)이 구현되도록 노력해야 한다(제4조 제2항). 노인의 일상생활과 관련된 사업을 경영하는 자에게도 노인복지의 증진에 노력해야 할 의무를 부과하고 있다(제4조 제3항).

[201] Ⅲ. 관련 기관

1. 노인복지대책위원회

노인복지대책에 관한 국무총리의 자문에 응하기 위하여 국무총리소속하에 노인복지대책위원회를 둔다(제5조 제1항).

가. 기 능
노인복지대책위원회(이하 '위원회'라 한다)는 노인복지정책의 기본방향에 관한 사항, 노인복지증진을 위한 각종 제도의 개선에 관한 사항에 대하여 국무총리의 자문에 응한다(영 제2조).

나. 구 성
위원회는 위원장 1인과 부위원장 2인을 포함한 25인 이내의 위원으로 구성한다. 위원장은 국무총리가 되고, 부위원장은 재정경제원장관과 보건복지부장관이 되며, 위원은 내무부장관·교육부장관·문화체육부장관·농림수산부장관·고용노동부장관·건설교통부장관·정무장관과 노인문제에 관한 학식과 경험이 풍부하 자 중에서 위원장이 위촉하는 자가 된다(영 제3조).

다. 실무위원회 및 간부

위원회의 심의에 앞서 위원회의 심의사항을 검토하고 관계 기관과의 협조사항을 처리하기 위하여 위원회에 노인복지대책실무위원회(이하 '실무위원회'라 한다)를 둔다. 실무위원회의 구성 및 운영에 관하여 필요한 사항은 위원회의 의결을 거쳐 위원장이 정한다(영 제7조).

위원회의 사무를 처리하게 하기 위하여 위원회에 간사 1인을 둔다. 간사는 보건복지부 소속 공무원 중에서 위원장이 임명한다(영 제8조).

2. 노인복지상담원

노인의 복지를 위한 상담 및 지도업무를 담당하게 하기 위하여 구(서울특별시 및 광역시에 한한다)와 시·군에 노인복지상담원을 둔다(제7조 제1항).

가. 임 용

노인복지상담원(이하 '상담원'이라 한다)은 사회복지사업법시행령 제11조의 규정에 의한 사회복지사 3급 이상의 자격증 소지자 중에서 구청장(자치구의 구청장에 한한다. 이하 같다)·시장·군수가 공무원으로 임명한다. 다만, 부득이한 경우에는 공무원 이외의 자로 위촉할 수 있다.

위촉한 상담원의 임기는 3년으로 하되, 연임할 수 있다. 구청장·시장·군수는 필요하다고 인정하는 때에는 아동복지법에 의한 아동복지지도원, 장애인복지법에 의한 장애인복지지도원 또는 사회복지에 관한 업무를 담당하는 공무원으로 하여금 상담원을 겸직하게 할 수 있다(영 제12조).

나. 직 무

상담원은 다음의 직무를 담당한다(영 제13조).

① 노인 및 그 가족 또는 관계인에 대한 상담 및 지도

② 노인복지에 필요한 가정환경 및 생활실태에 관한 조사

③ 노인복지법 제8조의 규정에 의한 복지조치에 필요한 상담 및 지도

④ 노인의 단체활동 및 취업의 상담

⑤ 그 밖의 노인의 복지증진에 관한 사항.

다. 보 수

상담원(공무원인 상담원과 보수없이 봉사할 것을 자원한 상담원을 제외한다)에 대하여는 예산의 범위안에서 지방공무원 중 일반직 8급 공무원에 상당하는 보수(직무수당·기말수당·정근수당 및 그 밖의 수당을 포함한다)를 지급한다(영 제14조).

제 3 절 보호의 내용

[202] Ⅰ. 보건·복지조치의 실시

1. 국가·지방자치단체의 의무

국가 또는 지방자치단체는 노인의 사회참여 확대를 위하여 노인의 지역봉사 활동기회를 넓히고 노인에게 적합한 직종의 개발과 그 보급을 위한 시책을 강구하며 근로능력있는 노인에게

일할 기회를 우선적으로 제공하도록 노력하여야 한다(제23조 제1항). 그리고 국가 또는 지방자치단체는 노인의 지역봉사 활동 및 취업의 활성화를 기하기 위하여 노인지역봉사기관, 노인취업알선기관 등 노인복지관계기관에 대하여 필요한 지원을 할 수 있다(제23조 제2항).

2. 노인일자리전담기관

노인의 능력과 적성에 맞는 일자리지원사업을 전문적·체계적으로 수행하기 위한 전담기관은 다음과 같다(제23조의2 제1항).

① 노인인력개발기관: 노인일자리개발·보급사업, 조사사업, 교육·홍보 및 협력사업, 프로그램인증·평가사업 등을 지원하는 기관

② 노인일자리지원기관: 지역사회 등에서 노인일자리의 개발·지원, 창업·육성 및 노인에 의한 재화의 생산·판매 등을 직접 담당하는 기관

③ 노인취업알선기관: 노인에게 취업 상담 및 정보를 제공하거나 노인일자리를 알선하는 기관.

3. 지역봉사지도원 위촉 및 업무

국가 또는 지방자치단체는 사회적 신망과 경험이 있는 노인으로서 지역봉사를 희망하는 경우에는 이를 지역봉사지도원으로 위촉할 수 있으며(제24조 제1항), 업무는 다음과 같다(제24조 제2항).

① 국가 또는 지방자치단체가 행하는 업무중 민원인에 대한 상담 및 조언

② 도로의 교통정리, 주·정차단속의 보조, 자연보호 및 환경침해 행위단속의 보조와 청소년 선도

③ 충효사상, 전통의례 등 전통문화의 전수교육

④ 문화재의 보호 및 안내

⑤ 노인에 대한 교통안전 및 교통사고예방 교육

⑥ 기타 대통령령이 정하는 업무.

4. 생업지원

국가 또는 지방자치단체 기타 공공단체가 설치·운영하는 공공시설안에 식료품·사무용품·신문 등 일상생활용품의 판매를 위한 매점이나 자동판매기의 설치를 허가 또는 위탁할 때에는 65세 이상의 자의 신청이 있는 경우 이를 우선적으로 반영하여야 한다(제25조).

5. 경로우대

국가 또는 지방자치단체는 65세 이상의 자에 대하여 대통령령이 정하는 바에 의하여 국가 또는 지방자치단체의 수송시설 및 고궁·능원·박물관·공원 등의 공공시설을 무료로 또는 그 이용요금을 할인하여 이용하게 할 수 있다(제26조 제1항).

그리고 국가 또는 지방자치단체는 노인의 일상생활에 관련된 사업을 경영하는 자에게 65세 이상의 자에 대하여 그 이용요금을 할인하여 주도록 권유할 수 있다(제26조 제2항). 또한 국가 또는 지방자치단체는 노인에게 이용요금을 할인하여 주는 자에 대하여 적절한 지원을 할 수 있다(제26조 제3항).

6. 건강진단 등

국가 또는 지방자치단체는 대통령령이 정하는 바에 의하여 65세 이상의 자에 대하여 건강진단과 보건교육을 실시할 수 있다. 이 경우 보건복지부령으로 정하는 바에 따라 성별 다빈도질환 등을 반영하여야 한다(제27조 제1항).

⟨표 3-3-1⟩   경로우대시설의 종류와 할인율

시설의 종류	할인율
1. 철 도	
가. 새마을호, 무궁화호	100분의 30
나. 통근열차	100분의 50
다. 수도권전철	100분의 100
2. 도시철도(도시철도 구간안의 국유전기철도를 포함한다)	100분의 100
3. 고 궁	100분의 100
4. 능 원	100분의 100
5. 국·공립박물관	100분의 100
6. 국·공립공원	100분의 100
7. 국·공립미술관	100분의 100
8. 국·공립국악원	100분의 50 이상
9. 국가·지방자치단체 또는 국가나 지방자치단체가 출연하거나 경비를 지원하는 법인이 설치·운영하거나 그 운영을 위탁한 공연장	100분의 50

비 고 1. 철도 및 도시철도의 경우에는 운임에 한한다.
     2. 공연장의 경우에는 그 공연장의 운영자가 자체기획한 공연의 관람료에 한한다.
     3. 새마을호의 경우 토요일과 공휴일에는 할인율을 적용하지 아니한다.

7. 홀로 사는 노인에 대한 지원

국가 또는 지방자치단체는 홀로 사는 노인에 대하여 방문요양서비스 등의 서비스와 안전확인 등의 보호조치를 취하여야 한다(제27조의2 제1항).

8. 상담·입소 등의 조치

보건복지부장관, 특별시장·광역시장·도지사·특별자치도지사, 시장·군수·구청장은 노인에 대한 복지를 도모하기 위하여 필요하다고 인정한 때에는 다음의 조치를 하여야 한다(제28조 제1항).292)

① 65세 이상의 자 또는 그를 보호하고 있는 자를 관계공무원 또는 노인복지상담원으로 하여금 상담·지도하게 하는 것

② 65세 이상의 자로서 신체적·정신적·경제적 이유 또는 환경상의 이유로 거택에서 보호받기가 곤란한 자를 노인주거복지시설 또는 재가노인복지시설에 입소시키거나 입소를 위탁하는 것

③ 65세 이상의 자로서 신체 또는 정신상의 현저한 결함으로 인하여 항상 보호를 필요로 하고 경제적 이유로 거택에서 보호받기가 곤란한 자를 노인의료복지시설에 입소시키거나 입소를 위탁하는 것.

복지실시기관은 입소조치된 자가 사망한 경우에 그 자에 대한 장례를 행할 자가 없을 때에는 그 장례를 행하거나 당해 시설의 장으로 하여금 그 장례를 행하게 할 수 있다(제28조 제3항).

9. 노인재활요양사업

국가 또는 지방자치단체는 신체적·정신적으로 재활요양을 필요로 하는 노인을 위한 재활요양사업을 실시할 수 있다(제30조 제1항).

[203] Ⅱ. 노인복지시설의 설치·운영

1. 노인복지시설의 종류

노인복지시설의 종류는 다음과 같다(제31조).
① 노인주거복지시설
② 노인의료복지시설
③ 노인여가복지시설

---

292) 65세 미만의 자에 대하여도 그 노쇠현상이 현저하여 특별히 보호할 필요가 있다고 인정할 때에는 제1항 각호의 조치를 할 수 있다(제28조 제2항).

④ 재가노인복지시설

⑤ 노인보호전문기관

⑥ 노인일자리지원기관.

2. 노인주거복지시설

국가 또는 지방자치단체는 노인주거복지시설을 설치할 수 있으며(제33조 제1항), 시설의 내용은 다음과 같다(제32조 제1항).

① 양로시설: 노인을 입소시켜 급식과 그 밖에 일상생활에 필요한 편의를 제공함을 목적으로 하는 시설이다.

② 노인공동생활가정: 노인들에게 가정과 같은 주거여건과 급식, 그 밖에 일상생활에 필요한 편의를 제공함을 목적으로 하는 시설이다.

③ 노인복지주택: 노인에게 주거시설을 임대하여 주거의 편의·생활지도·상담 및 안전관리 등 일상생활에 필요한 편의를 제공함을 목적으로 하는 시설이다.

3. 노인의료복지시설

국가 또는 지방자치단체는 노인의료복지시설을 설치할 수 있으며(제35조 제1항), 시설의 내용은 다음과 같다(제34조 제1항).

① 노인요양시설: 치매·중풍 등 노인성질환 등으로 심신에 상당한 장애가 발생하여 도움을 필요로 하는 노인을 입소시켜 급식·요양과 그 밖에 일상생활에 필요한 편의를 제공함을 목적으로 하는 시설이다.

② 노인요양공동생활가정: 치매·중풍 등 노인성질환 등으로 심신에 상당한 장애가 발생하여 도움을 필요로 하는 노인에게 가정과 같은 주거여건과 급식·요양, 그 밖에 일상생활에 필요한

편의를 제공함을 목적으로 하는 시설이다.

4. 노인여가복지시설

국가 또는 지방자치단체는 노인여가복지시설을 설치할 수 있으며(제37조 제1항), 시설의 내용은 다음과 같다(제36조 제1항).

① 노인복지관: 노인의 교양·취미생활 및 사회참여활동 등에 대한 각종 정보와 서비스를 제공하고, 건강증진 및 질병예방과 소득보장·재가복지, 그 밖에 노인의 복지증진에 필요한 서비스를 제공함을 목적으로 하는 시설이다.

② 경로당: 지역노인들이 자율적으로 친목도모·취미활동·공동작업장 운영 및 각종 정보교환과 기타 여가활동을 할 수 있도록 하는 장소를 제공함을 목적으로 하는 시설이다.

③ 노인교실: 노인들에 대하여 사회활동 참여욕구를 충족시키기 위하여 건전한 취미생활·노인건강유지·소득보장 기타 일상생활과 관련한 학습프로그램을 제공함을 목적으로 하는 시설이다.

5. 재가노인복지시설

국가 또는 지방자치단체는 재가노인복지시설을 설치할 수 있으며(제39조 제1항), 시설의 내용은 다음과 같다(제38조 제1항).

① 방문요양서비스: 가정에서 일상생활을 영위하고 있는 노인(이하 "재가노인"이라 한다)으로서 신체적·정신적 장애로 어려움을 겪고 있는 노인에게 필요한 각종 편의를 제공하여 지역사회안에서 건전하고 안정된 노후를 영위하도록 하는 서비스이다.

② 주·야간보호서비스: 부득이한 사유로 가족의 보호를 받을 수 없는 심신이 허약한 노인과 장애노인을 주간 또는 야간

동안 보호시설에 입소시켜 필요한 각종 편의를 제공하여 이들의 생활안정과 심신기능의 유지·향상을 도모하고, 그 가족의 신체적·정신적 부담을 덜어주기 위한 서비스이다.

③ 단기보호서비스: 부득이한 사유로 가족의 보호를 받을 수 없어 일시적으로 보호가 필요한 심신이 허약한 노인과 장애노인을 보호시설에 단기간 입소시켜 보호함으로써 노인 및 노인가정의 복지증진을 도모하기 위한 서비스이다.

④ 방문 목욕서비스: 목욕장비를 갖추고 재가노인을 방문하여 목욕을 제공하는 서비스이다.

⑤ 그 밖의 서비스: 그 밖에 재가노인에게 제공하는 서비스로서 보건복지부령이 정하는 서비스이다.

6. 노인보호전문기관의 설치 등

국가는 지역 간의 연계체계를 구축하고 노인학대를 예방하기 위하여 다음의 업무를 담당하는 중앙노인보호전문기관을 설치·운영하여야 한다(제39조의5 제1항).

① 노인인권보호 관련 정책제안

② 노인인권보호를 위한 연구 및 프로그램의 개발

③ 노인학대 예방의 홍보, 교육자료의 제작 및 보급

④ 노인보호전문사업 관련 실적 취합, 관리 및 대외자료 제공

⑤ 지역노인보호전문기관의 관리 및 업무지원

⑥ 지역노인보호전문기관 상담원의 심화교육

⑦ 관련 기관 협력체계의 구축 및 교류

⑧ 노인학대 분쟁사례 조정을 위한 중앙노인학대사례판정위원회 운영

⑨ 그 밖에 노인의 보호를 위하여 대통령령으로 정하는 사항.

그리고 학대받는 노인의 발견·보호·치료 등을 신속히 처리하고

노인학대를 예방하기 위하여 다음의 업무를 담당하는 지역노인보호
전문기관을 특별시·광역시·도·특별자치도(이하 "시·도"라 한다)에 둔다(제
39조의5 제2항).

① 노인학대 신고전화의 운영 및 사례접수

② 노인학대 의심사례에 대한 현장조사

③ 피해노인 및 노인학대자에 대한 상담

④ 피해노인가족 관련자와 관련 기관에 대한 상담

⑤ 상담 및 서비스제공에 따른 기록과 보관

⑥ 일반인을 대상으로 한 노인학대 예방교육

⑦ 노인학대행위자를 대상으로 한 재발방지 교육

⑧ 노인학대사례 판정을 위한 지역노인학대사례판정위원회
운영 및 자체사례회의 운영

⑨ 그 밖에 노인의 보호를 위하여 보건복지부령으로 정하는
사항.

누구든지 다음의 행위를 하여서는 아니된다(제39조의9).

① 노인의 신체에 폭행을 가하거나 상해를 입히는 행위

② 노인에게 성적 수치심을 주는 성폭행·성희롱 등의 행위

③ 자신의 보호·감독을 받는 노인을 유기하거나 의식주를
포함한 기본적 보호 및 치료를 소홀히 하는 방임행위

④ 노인에게 구걸을 하게 하거나 노인을 이용하여 구걸하는
행위

⑤ 노인을 위하여 증여 또는 급여된 금품을 그 목적외의 용
도에 사용하는 행위.

7. 시설에 대한 관리 및 감독

가. 시설의 변경·폐지 등

노인주거복지시설을 설치한 자 또는 노인의료복지시설을 설

치한 자가 ㄱ 설치신고사항중 보건복지부령이 정하는 사항을 변경하거나 그 시설을 폐지 또는 휴지하고자 할 때에는 대통령령이 정하는 바에 의하여 시장·군수·구청장에게 미리 신고하여야 한다(제40조 제1항).

그리고 노인여가복지시설을 설치한 자 또는 재가노인복지시설을 설치한 자가 그 설치신고사항중 보건복지부령이 정하는 사항을 변경하거나 그 시설을 폐지 또는 휴지하고자 할 때에는 대통령령이 정하는 바에 의하여 시장·군수·구청장에게 미리 신고하여야 한다(제40조 제3항).

노인주거복지시설의 장, 노인의료복지시설의 장, 노인여가복지시설의 장 또는 재가노인복지시설의 장은 해당 시설을 폐지 또는 휴지하는 경우에는 보건복지부령으로 정하는 바에 따라 해당 시설을 이용하는 사람이 다른 시설을 이용할 수 있도록 조치계획을 수립하고 이행하는 등 시설 이용자의 권익을 보호하기 위한 조치를 취하여야 한다(제40조 제5항).

시장·군수·구청장은 노인복지시설의 폐지 또는 휴지의 신고를 받은 경우 해당 시설의 장이 제5항에 따른 시설 이용자의 권익을 보호하기 위한 조치를 취하였는지 여부를 확인하는 등 보건복지부령으로 정하는 조치를 하여야 한다(제40조 제6항).

나. 수탁의무

양로시설, 노인공동생활가정 및 노인복지주택, 노인요양시설 및 노인요양공동생활가정 또는 재가노인복지시설을 설치·운영하는 자가 복지실시기관으로부터 제28조 제1항 제2호 및 제3호, 동조 제2항 또는 제3항의 규정에 의하여 노인의 입소·장례를 위탁받은 때에는 정당한 이유없이 이를 거부하여서는 아니된다(제41조).

다. 감 독

복지실시기관은 노인복지시설 또는 요양보호사교육기관을

설치·운영하는 자로 하여금 당해 시설 또는 사업에 관하여 필요한 보고를 하게 하거나 관계공무원으로 하여금 당해 시설 또는 사업의 운영상황을 조사하게 하거나 장부 기타 관계서류를 검사하게 할 수 있다(제42조 제1항).293)

노인복지시설을 설치·운영하는 자는 보건복지부령이 정하는 바에 따라 매년도 입소자 또는 이용자 현황 등에 관한 자료를 복지실시기관에 제출하여야 한다(제42조 제2항).

라. 사업의 정지 등

시·도지사 또는 시장·군수·구청장은 노인주거복지시설, 노인의료복지시설 또는 노인일자리지원기관이 다음의 어느 하나에 해당하는 때에는 1개월의 범위에서 사업의 정지 또는 폐지를 명할 수 있다(제43조 제1항).

① 제23조의2 제4항, 제33조 제3항 또는 제35조 제3항에 따른 시설 등에 관한 기준에 미달하게 된 때

② 제41조의 규정에 위반하여 수탁을 거부한 때

③ 정당한 이유없이 제42조의 규정에 의한 보고 또는 자료제출을 하지 아니하거나 허위로 한 때 또는 조사·검사를 거부·방해하거나 기피한 때

④ 제46조 제5항의 규정에 위반한 때.

시장·군수·구청장은 노인여가복지시설 또는 재가노인복지시설이 다음의 어느 하나에 해당하는 때에는 1개월의 범위에서 사업의 정지 또는 폐지를 명할 수 있다(제43조 제2항).

① 제37조 제3항 또는 제39조 제3항의 시설 등에 관한 기준에 미달하게 된 때

② 제41조의 규정에 위반하여 수탁을 거부한 때(재가노인복지

---

293) 조사·검사를 행하는 자는 그 권한을 표시하는 증표를 지니고 이를 관계인에게 내보여야 한다(제42조 제3항).

시설의 경우에 한한다)

③ 정당한 이유없이 제42조의 규정에 의한 보고 또는 자료 제출을 하지 아니하거나 허위로 한 때 또는 조사·검사를 거부·방해하거나 기피한 때

④ 제46조 제7항의 규정에 위반한 때.

시·도지사 또는 시장·군수·구청장은 노인주거복지시설 또는 노인의료복지시설이 제1항에 따라 사업이 정지 또는 폐지되거나 노인여가복지시설 또는 재가노인복지시설이 제2항에 따라 사업이 정지 또는 폐지되는 경우에는 해당 시설의 이용자를 다른 시설로 옮기도록 하는 등 시설 이용자의 권익을 보호하기 위하여 필요한 조치를 하여야 한다(제43조 제3항). 시장·군수·구청장은 제43조의 규정에 의한 사업의 폐지를 명하고자 하는 경우에는 청문을 실시하여야 한다(제44조).

제 4 절   보호비용의 부담

[204] I. 국가 또는 지방자치단체의 부담

다음의 어느 하나에 해당하는 비용은 대통령령이 정하는 바에 따라 국가 또는 지방자치단체가 부담한다(제45조 제2항).

① 노인일자리전담기관의 설치·운영 또는 위탁에 소요되는 비용

② 건강진단 등과 상담·입소 등의 조치에 소요되는 비용

③ 노인복지시설의 설치·운영에 소요되는 비용.

[205] Ⅱ. 노인 또는 부양의무자에 대한 청구

제27조 및 제28조의 규정에 의한 복지조치에 필요한 비용을 부담한 복지실시기관은 당해 노인 또는 그 부양의무자로부터 대통령령이 정하는 바에 의하여 그 부담한 비용의 전부 또는 일부를 수납하거나 청구할 수 있다(제46조 제1항).

부양의무가 없는 자가 제28조의 규정에 의한 복지조치에 준하는 보호를 행하는 경우 즉시 그 사실을 부양의무자 및 복지실시기관에 알려야 하며(제46조 제2항), 부양의무자에게 보호비용의 전부 또는 일부를 청구할 수 있다(제46조 제3항).

[206] Ⅲ. 소요비용의 수납

제32조 제1항에 따른 양로시설, 노인공동생활가정 및 노인복지주택, 제34조 제1항에 따른 노인요양시설 및 노인요양공동생활가정을 설치한 자는 그 시설에 입소하거나 그 시설을 이용하는 국민기초생활 보장법 제7조 제1항 제1호에 따른 생계급여 수급자 또는 같은 항 제3호에 따른 의료급여 수급자외의 자로부터 그에 소요되는 비용을 수납하고자 할 때에는 시장·군수·구청장에게 신고하여야 한다(제46조 제5항).294)

복지실시기관 또는 노인복지시설의 장은 제28조 제3항의 규정에 의한 장례를 행함에 있어서 사망자가 유류한 금전 또는 유가증권을 그 장례에 필요한 비용에 충당할 수 있으며, 부족이 있을 때에는 유류물품을 처분하여 그 대금을 이에 충당할 수 있다(제48조).

---

294) 다만, 보건복지부령이 정한 비용수납 한도액의 범위 안에서 수납할 때에는 그러하지 아니하다.

[207] Ⅳ. 설치·운영비의 보조

국가 또는 지방자치단체는 대통령령이 정하는 바에 의하여 노인복지시설의 설치·운영에 필요한 비용을 보조할 수 있다(제47조).

제 5 절 권리구제 및 벌칙

[208] Ⅰ. 권리구제절차

1. 심사청구

노인 또는 그 부양의무자는 이 법에 의한 복지조치에 대하여 이의가 있을 때에는 당해 복지실시기관에 심사를 청구할 수 있다(제50조 제1항). 복지실시기관은 심사청구를 받은 때에는 30일 이내에 이를 심사·결정하여 청구인에게 통보하여야 한다(제50조 제2항).

2. 조 정

부양의무자가 부담하여야 할 보호비용에 대하여 보호를 행한 자와 부양의무자 사이에 합의가 이루어지지 아니하는 경우로서 시장·군수·구청장은 당사자로부터 조정요청을 받은 경우에는 이를 조정할 수 있다(제50조 제4항).

이 경우 시장·군수·구청장은 조정을 위하여 필요하다고

인정하는 경우 부양의무자에게 소득·재산 등에 관한 자료의 제
출을 요구할 수 있다(제50조 제5항).

3. 행정심판

복지실시기관의 심사·결정에 이의가 있는 자는 그 통보를 받
은 날부터 90일 이내에 행정심판을 제기할 수 있다(제50조 제3항).

4. 행정소송

행정심판의 판정에 대하여도 불복하는 자는 행정소송법에
따라 행정소송을 제기할 수 있다.

[209] Ⅱ. 벌 칙

1. 징역 또는 벌금

이 법 제39조의9 제1호(상해에 한한다)의 행위를 한 자는 7년
이하의 징역 또는 2천만원 이하의 벌금에 처한다(제55조의2).

다음의 어느 하나에 해당하는 자는 5년 이하의 징역 또는 1
천500만원 이하의 벌금에 처한다(제55조의3).

① 제39조의9 제1호(폭행에 한한다)부터 제4호까지에 해당하는
행위를 한 자

② 제39조의10 제1항을 위반하여 정당한 사유 없이 신고하
지 아니 하고 실종노인을 보호한 자.

다음의 어느 하나에 해당하는 자는 3년 이하의 징역 또는 1
천만원 이하의 벌금에 처한다(제55조의4).

① 제39조의9 제5호에 해당하는 행위를 한 자

② 위게 또는 위력을 행사하여 제39조의11 제2항에 따른 관계 공무원의 출입 또는 조사를 거부하거나 방해한 자.

이 법 제33조의2 제2항을 위반하여 입소자격자 아닌 자에게 노인복지주택을 분양 또는 임대한 자는 2년 이하의 징역에 처하거나 위법하게 분양 또는 임대한 세대의 수에 1천만원을 곱한 금액 이하의 벌금에 처한다(제56조 제1항). 이 법 제33조 제2항 및 제35조 제2항에 따른 신고를 하지 아니하고 양로시설, 노인공동생활가정, 노인복지주택, 노인요양시설 또는 노인요양공동생활가정을 설치하거나 운영한 자는 2년 이하의 징역 또는 1천만원 이하의 벌금에 처한다(제56조 제2항).

다음의 어느 하나에 해당하는 자는 1년 이하의 징역 또는 1천만원 이하의 벌금에 처한다(제56조의2).

① 제33조의2 제3항을 위반하여 양도 또는 임대한 자

② 제33조의2 제4항을 위반하여 입소·양도 또는 임대한 상속자.

다음에 해당하는 자는 1년 이하의 징역 또는 300만원 이하의 벌금에 처한다(제57조).

① 이 법 제33조 제2항·제35조 제2항·제37조 제2항 또는 제39조 제2항에 따른 신고를 하지 아니하고 양로시설·노인공동생활가정·노인복지주택·노인요양시설·노인요양공동생활가정·노인여가복지시설 또는 재가노인복지시설을 설치하거나 운영한 자

② 이 법 제39조의3 제1항에 따른 지정을 받지 아니하고 요양보호사교육기관을 설치하거나 운영한 자

③ 이 법 제39조의6 제3항에 따른 신고인의 신분 보호 및 신원 노출 금지 의무를 위반한 자

④ 이 법 제39조의11의 규정을 위반하여 직무상 알게 된 비밀을 누설한 자.

이 법 제41조를 위반하여 수탁을 거부한 자는 50만원 이하의 벌금에 처한다(제59조).

2. 양벌규정

법인의 대표자나 법인 또는 개인의 대리인, 사용인, 그 밖의 종업원이 그 법인 또는 개인의 업무에 관하여 제55조의3·제56조·제57조 또는 제59조의 위반행위를 하면 그 행위자를 벌하는 외에 그 법인 또는 개인에게도 해당 조문의 벌금형을 과한다(제60조 본문). 다만, 법인 또는 개인이 그 위반행위를 방지하기 위하여 해당 업무에 관하여 상당한 주의와 감독을 게을리하지 아니한 경우에는 그러하지 아니하다(제60조 단서).

3. 과태료

이 법 제39조의11 제2항에 따른 명령을 위반하여 보고 또는 자료제출을 하지 아니하거나 거짓으로 보고하거나 거짓 자료를 제출한 자 또는 정당한 사유 없이 관계 공무원의 출입 또는 조사·질문을 거부·기피·방해하거나 거짓의 답변을 한 자에게는 500만원 이하의 과태료를 부과한다(제61조의2 제1항). 이 법 제39조의6 제2항을 위반하여 노인학대를 신고하지 아니한 사람에게는 300만원 이하의 과태료를 부과한다(제61조의2 제2항).

그리고 다음의 어느 하나에 해당하는 자는 200만원 이하의 과태료를 부과한다(제61조의2 제3항).

① 이 법 제39조의7 제3항을 위반하여 현장조사를 거부하거나 업무를 방해한 자

② 이 법 제39조의10 제2항을 위반하여 신상카드를 제출하지 아니한 자

③ 이 법 제40조를 위반하여 신고하지 아니하고 노인복지시설을 폐지 또는 휴지한 자.

4. 이행강제금

시장·군수·구청장은 제33조의3에 따른 명령을 이행하지 아니한 자에 대하여 당해 명령의 이행에 필요한 상당한 이행기한을 정하여 그 기한까지 명령을 이행하지 아니하는 경우 이행강제금을 부과할 수 있다(제62조 제1항). 이 경우 이행강제금의 금액은 지방세법에 따라 해당 노인복지주택에 적용되는 1제곱미터당 시가표준액의 100분의 10에 상당하는 금액에 위반면적(주거의 용도로만 쓰이는 면적을 말한다)을 곱한 금액 또는 "부동산 가격공시 및 감정평가에 관한 법률"에 따라 해당 노인복지주택에 적용되는 주택가격의 공시금액의 100분의 10에 상당하는 금액으로 한다. 시장·군수·구청장은 이행강제금을 부과하기 전에 이행강제금을 부과·징수한다는 뜻을 미리 문서로 계고하여야 하고(제62조 제2항), 이행강제금을 부과하는 경우 이행강제금의 금액, 부과사유, 납부기한 및 수납기관, 이의제기방법 및 이의제기기관 등을 명시한 문서로 행하여야 한다(제62조 제3항).

그리고 시장·군수·구청장은 최초의 명령이 있은 날을 기준으로 하여 1년에 2회 이내의 범위 안에서 당해 명령이 이행될 때까지 반복하여 제1항에 따른 이행강제금을 부과·징수할 수 있다(제62조 제4항). 만약, 명령을 받은 자가 명령을 이행한 경우 시장·군수·구청장은 새로운 이행강제금의 부과를 즉시 중지하고, 이미 부과된 이행강제금은 징수하여야 한다(제62조 제5항). 그러나 이행강제금 부과처분을 받은 자가 이행강제금을 기한 이내에 납부하지 아니하는 때에는 시장·군수·구청장은 지방세 체납처분의 예에 따라 징수한다(제62조 제6항).

제 4 장

장애인복지법

군 복무중에 발생한 장애에 대하여는 신체적 장애는 인정하지만, 정신적 장애
는 인정하지 않고 있다. 이를 합리적으로 인정하여 보호하는 방법은 없는가?

제 1 절 장애인복지법의 성격

[210] Ⅰ. 장애인의 권리

모든 국민은 헌법에 의하여 인간다운 생활권을 가진다. 그
리고 국가는 사회보장, 사회복지의 증진에 노력하여야 할 의무
를 진다. 그리고 국가는 신체장애자를 특별히 보호하여야 할 의
무가 있다. 장애인은 신체나 정신상의 장애로 말미암아 자유로
운 사회생활에 많은 제약을 받고 있으므로 행복추구권이나 인간
다운 생활권이 침해될 가능성이 크다. 따라서 국가나 주변의 특
별한 지원과 보호를 받아야 할 필요가 있기 때문이다.

장애인복지법은 장애인대책에 관한 국가, 지방자치단체 등
의 책무를 명백히 하고 장애발생의 예방과 장애인의 의료·훈
련·보호·교육·고용의 증진·수당의 지급 등 장애인복지대책
의 기본이 되는 사업을 정함으로써 장애인복지대책의 종합적 추
진을 도모하며, 장애인의 자립 및 보호에 관하여 필요한 사항을

정함으로써 장애인의 생활안정에 기여하는 등 장애인의 복지증진에 기여함을 목적으로 하는 법이다. 그러기 위하여 이 법은 사전적으로는 장애의 발생을 예방하는 한편, 사후적으로는 장애인의 재활·자립을 위한 조치를 부여함으로써 장애인이 사회통합의 일원으로서 헌신할 수 있도록 궁극적인 사회재활의 길을 마련하려는 데에 그 중요한 의의가 있다.

[211] Ⅱ. 입법 과정

국제연합은 1981년 "세계 장애인의 해"에 다음 5개 항목을 그 목적으로 내걸었다. 즉, ① 정신적·사회적 장애인의 적응원조, ② 사회활동의 참여를 가능하게 하는 원조, 훈련, 치료, 조언, 지도의 적절한 실시, ③ 물리적인 사회참여의 소외요소를 제거하기 위한 공공건축물, 교통기관의 정비, ④ 장애인의 사회적·경제적·정치적 참여권에 관한 일반사회인의 인식의 보급, ⑤ 장애발생의 방지대책과 재활(rehabilitation)대책의 추진 등이다.

우리나라는 이를 계기로 우리나라 최초의 장애자복지법인 심신장애자복지법이 1981년 제정되었다. 그 후 1988년 "장애인 올림픽"의 서울 개최를 계기로 하여, 장애인에 대한 근본적이고 종합적인 복지정책의 현실적 욕구가 더욱 증대되었다.

이 같은 요구에 부응하기 위하여 종래의 "심신장애자 복지법"이 장애인복지법(1989.12.30)으로 전면개정된 후, 수차 개정되어 왔으며 최근 2015년과 2016년에도 일부 개정되었다.

그리고 "장애인 고용촉진등에 관한 법률"이 제정(1990.1.13.)되었다 (1991년 1월 1일 시행). 그 후 2000년 1월 12일 전부개정시 법률의 명칭이 "장애인고용촉진 및 직업재활법"으로 변경되었다(2000년 7월 1일 시행).295)

---

295) 이 법은 근로능력과 의욕이 있는 모든 장애인에게 일자리를 제공할 수 있도록 하고, 중증장애인을 특별지원하기 위한 제도적 장치를 마련하고, 장애인고용의무제 시행과정에서 나타난 문제점을 개선·보완하였다.

[212] Ⅲ. 기본 원리

1. 기본 이념

가. 인간의 존엄과 가치의 보장

장애인은 개인으로서의 존엄과 가치를 존중받으며 이에 상응하는 처우를 받는다(제3조 제1항)고 규정함으로써, 이 법의 기본방향이 장애인의 기본적 인권의 구체적 실현을 도모하고 있다는 것을 제시하고 있다.

나. 평등과 참여의 보장

누구든지 장애를 이유로 정치적·경제적·사회적·문화적 생활의 모든 영역에 있어 차별을 받지 아니하며, 모든 장애인에게는 국가사회를 구성하는 일원으로서 정치·경제·사회·문화 그 밖의 모든 분야의 활동에 참여할 기회가 보장된다(제3조 제2항·3항). 즉, 장애인의 평등과 참여의 보장이 이 법의 기본이념임을 명시하고 있다. "장애인의 완전한 참여와 평등"은 국제연합이 1981년 "세계 장애인의 해"에 내건 슬로건이다. 여기에서 완전한 참여란 장애로 인한 제한적 사회참여가 아니라, 비록 장애가 있으나 이를 극복하도록 각종 재활서비스를 강화시키고 사회적·물질적 환경을 개선함으로써 장애인들의 사회참여가 보장되도록 한다는 의미이다.

다. 장애인의 자활노력

장애인은 그가 가지고 있는 능력을 최대한 활용하여 사회·경제활동에 참여하도록 노력하는 한편, 이를 위하여 그의 가족도 장애인의 자립촉진을 지원해야 한다는 것을 선언하고 있다(제4조). 이는 결국 장애인 자신의 자주적인 재활의지가 사회참여의 제약요인을 극복하는 기본적인 원동력이 되기 때문이다.

라. 사회연대책임

국가와 지방자치단체는 이 법의 목적을 실현할 구체적 책임을 부담하며 모든 국민은 이에 협력해야 한다(제5조)고 규정함으로써, 장애인의 복지사업을 사회의 연대책임으로 하고 있다.

2. 복지시책의 기본방향

가. 종합시책의 수립

국가 및 지방자치단체는 장애인의 연령 및 장애의 종별과 정도에 따라 장애인복지시설에 수용 또는 통원하게 하여 적절한 보호, 의료, 생활지도와 기능회복훈련을 행함에 필요한 시책을 강구하여야 한다(제9조 제2항).

나. 재활의 체계적 연구

국가 또는 지방자치단체는 장애인재활의 종합적이고 체계적인 조사연구 및 평가를 실시하기 위하여 재활전문연구기관에 장애예방·의료·교육 및 직업재활 등에 관한 연구과제를 선정하여 의뢰할 수 있으며, 이 같은 연구과제를 수행하는데 소요되는 비용을 예산의 범위안에서 보조할 수 있다(제36조).

다. 보호자에 대한 배려

국가 및 지방자치단체는 장애인의 복지에 관한 정책의 결정과 그 실시에 있어서 장애인의 부모 그 밖의 장애인을 보호하는 자가 그 사후에 장애인의 생활에 관하여 근심하는 일이 없도록 특별히 배려하여야 한다(제11조).

라. 법·재정조치의 강구

국가 및 지방자치단체는 이 법의 목적을 달성하기 위하여 필요한 법제상 및 재정상의 조치를 강구하여야 한다(제17조).

제2절 보호 대상자

[213] Ⅰ. 보호청구권자

장애인복지수급권의 권리 주체는 장애인복지법에서 규정하고 있는 장애인이다. 이 법에서 '장애인'이라 함은 지체장애, 시각장애, 청각장애, 언어장애 또는 정신지체 등 정신적 결함(이하 '장애'라 한다)으로 인하여 장기간에 걸쳐 일상생활 또는 사회생활에 상당한 제약을 받는 자로서 대통령령으로 정하는 기준에 해당하는 자를 말한다.

[214] Ⅱ. 장애인의 종류와 기준

장애인의 기준은 아래와 같다(영 제2조 제1항).

〈표 3-4-1〉 　　　　　　　　　　　　장애인의 기준

종 류	인정 기준
(1) 지체장애인	① 한 팔, 한 다리 또는 몸통의 기능에 영속적인 현저한 장애가 있는 자 ② 한손의 무지를 지골간관절 이상 상실한 자 또는 제2지를 포함하여 한손의 두 손가락 이상을 각각 제1지 골간관절 이상 상실한 자 ③ 한 다리를 리스푸랑관절 이상 상실한 자 ④ 두발의 모든 발가락을 상실한 자 ⑤ 한손의 무지의 기능에 영속적인 현저한 장애가 있거나, 제 2지를 포함하여 한손의 세 손가락이상에 영속적인 현저한 기능장애가 있는 자. ⑥ 지체에 위 각목의 1에 해당하는 장애정도 이상의 장애가 있다고 인정되는 자
(2) 시각장애인	① 두 눈의 시력(만국식 시력표에 의하여 측정한 것을 말하며 굴절이상이 있는 자에 대하여는

	교정시력에 대하여 측정한 것을 말한다. 이하 같다)이 각각 0.1 이하인 자 ② 한눈의 시력이 0.02이하, 다른 눈의 시력이 0.6이하인 자 ③ 두 눈의 시야가 각각 10도 이내인 자 ④ 두 눈의 시야의 2분의 1 이상을 상실한 자
(3) 청각장애인	① 두 귀의 청력손실이 각각 60데시벨 이상인 자 ② 한귀의 청력손실이 80데시벨 이상, 다른 귀의 청력손실이 40데시벨 이상인 자 ③ 두 귀에 들리는 보통 말소리의 명료도가 50퍼센트 이하인 자
(4) 언어장애인	① 음성기능 또는 언어기능을 상실한 자 ② 음성기능 또는 언어기능에 영속적인 현저한 장애가 있는 자
(5) 정신지체인	정신발육이 항구적으로 지체되어 지적능력의 발달이 불충분하거나 불완전하고 자신의 일을 처리하는 것과 사회생활에의 적응이 현저히 곤란한 자

제3절 보호 책임자

[215] Ⅰ. 국가와 지방자치단체

국가와 지방자치단체는 장애의 발생을 예방하고, 장애의 조기발견에 대한 국민의 관심을 높이고 자립을 지원하며 필요한 보호를 실시하여 장애인의 복지를 증진할 책임을 진다(제9조 제1항).

[216] Ⅱ. 관련 기관

1. 장애인정책조정위원회

장애인 종합정책을 수립하고 관계 부처 간의 의견을 조정하며 그 정책의 이행을 감독·평가하기 위하여 국무총리 소속하에 장애인정책조정위원회(이하 "위원회"라 한다)를 두며(제11조 제1항), 위원회는 다음의 사항을 심의·조정한다(제11조 제2항).

① 장애인복지정책의 기본방향에 관한 사항
② 장애인복지 향상을 위한 제도개선과 예산지원에 관한 사항
③ 중요한 특수교육정책의 조정에 관한 사항
④ 장애인 고용촉진정책의 중요한 조정에 관한 사항
⑤ 장애인 이동보장 정책조정에 관한 사항
⑥ 장애인정책 추진과 관련한 재원조달에 관한 사항
⑦ 장애인복지에 관한 관련 부처의 협조에 관한 사항
⑧ 그 밖에 장애인복지와 관련하여 대통령령으로 정하는 사항.

2. 장애인정책책임관

중앙행정기관의 장은 해당 기관의 장애인정책을 효율적으로 수립·시행하기 위하여 소속공무원 중에서 장애인정책책임관을 지정할 수 있다(제12조 제1항).

3. 지방장애인복지위원회

장애인복지 관련 사업의 기획·조사·실시 등을 하는 데에 필요한 사항을 심의하기 위하여 지방자치단체에 지방장애인복지위원회를 둔다(제13조 제1항).

4. 장애인복지단체협의회

장애인복지단체의 활동을 지원하고 장애인의 복지를 향상하기 위하여 장애인복지단체협의회(이하 "협의회"라 한다)를 설립할 수 있다(제64조 제1항).

제4절 보호의 내용

[217] Ⅰ. 의 의

장애인복지조치는 ① 장애영유아의 조기발견과 모자보건 및 재활의료의 조치, ② 학령기에 있는 장애아의 교육조치, ③ 장애학교 졸업후의 성인생활이행기의 충실조치, ④ 장애자의 고용 및 취로의 조치, ⑤ 물리적 환경의 개선조치, ⑥ 장애인에 대한 소득보장제도의 내실화조치, ⑦ 장애고령자에 대한 특별배려의 조치 등이다.

[218] Ⅱ. 기본 정책

1. 예 방

국가와 지방자치단체는 장애의 발생 원인과 예방에 관한 조사 연구를 촉진하여야 하며, 모자보건사업의 강화, 장애의 원인이 되는 질병의 조기 발견과 조기 치료, 그 밖에 필요한 정책을 강구하여야 한다(제17조 제1항). 국가와 지방자치단체는 교통사고·산업재해·약물중독 및 환경오염 등에 의한 장애발생을 예방하기 위하여 필요한 조치를 강구하여야 한다(제17조 제2항).

2. 의료와 재활치료

국가와 지방자치단체는 장애인이 생활기능을 익히거나 되찾을 수 있도록 필요한 기능치료와 심리치료 등 재활의료를 제공하고 장애인의 장애를 보완할 수 있는 장애인보조기구296)를 제공하는 등 필요한 정책을 강구하여야 한다(제18조). 국가와 지방자치단체는 장애인의 신청이 있을 때에는 예산의 범위 안에서 장애인보조기구를 교부·대여 또는 수리하거나 장애인보조기구 구입 또는 수리에 필요한 비용을 지급할 수 있다(제66조 제1항).

3. 사회적응 훈련

국가와 지방자치단체는 장애인이 재활치료를 마치고 일상생활이나 사회생활을 원활히 할 수 있도록 사회적응 훈련을 실시하여야 한다(제19조).

4. 교 육

국가와 지방자치단체는 사회통합의 이념에 따라 장애인이 연령·능력·장애의 종류 및 정도에 따라 충분히 교육받을 수 있도록 교육 내용과 방법을 개선하는 등 필요한 정책을 강구하여야 한다(제20조 제1항). 그리고 국가와 지방자치단체는 장애인의 교육에 관한 조사·연구를 촉진하여야 하고(제20조 제2항), 국가와 지방자치단체는 장애인에게 전문 진로교육을 실시하는 제도를 강구하여야 한다(제20조 제3항). 각급 학교의 장은 교육을 필요로 하는

---

296) "장애인보조기구"란 장애인이 장애의 예방·보완과 기능 향상을 위하여 사용하는 의지(義肢)·보조기 및 그 밖에 보건복지부장관이 정하는 보장구와 일상생활의 편의 증진을 위하여 사용하는 생활용품을 말한다(제65조 제1항).

장애인이 그 학교에 입학하려는 경우 장애를 이유로 입학 지원을
거부하거나 입학시험 합격자의 입학을 거부하는 등의 불리한 조
치를 하여서는 아니 된다(제20조 제4항). 모든 교육기관은 교육 대상
인 장애인의 입학과 수학(修學) 등에 편리하도록 장애의 종류와 정
도에 맞추어 시설을 정비하거나 그 밖에 필요한 조치를 강구하여
야 한다(제20조 제5항).

5. 직 업

국가와 지방자치단체는 장애인이 적성과 능력에 맞는 직업
에 종사할 수 있도록 직업 지도, 직업능력 평가, 직업 적응훈련,
직업훈련, 취업 알선, 고용 및 취업 후 지도 등 필요한 정책을
강구하여야 한다(제21조 제1항). 국가와 지방자치단체는 장애인 직
업재활훈련이 원활히 이루어질 수 있도록 장애인에게 적합한 직
종과 재활사업에 관한 조사·연구를 촉진하여야 한다(제21조 제2항).

6. 정보에의 접근

국가와 지방자치단체는 장애인이 정보에 원활하게 접근하고
자신의 의사를 표시할 수 있도록 전기통신·방송시설 등을 개선
하기 위하여 노력하여야 한다(제22조 제1항). 국가와 지방자치단체
는 방송국의 장 등 민간 사업자에게 뉴스와 국가적 주요 사항의
중계 등 대통령령으로 정하는 방송 프로그램에 청각장애인을 위
한 수화 또는 폐쇄자막과 시각장애인을 위한 화면해설 또는 자
막해설 등을 방영하도록 요청하여야 한다(제22조 제2항).

국가와 지방자치단체는 국가적인 행사, 그 밖의 교육·집회 등
대통령령으로 정하는 행사를 개최하는 경우에는 청각장애인을 위
한 수화통역 및 시각장애인을 위한 점자 또는 점자·음성변환용

코드가 삽입된 자료 등을 제공하여야 하며 민간이 주최하는 행사의 경우에는 수화통역과 점자 또는 점자·음성변환용 코드가 삽입된 자료 등을 제공하도록 요청할 수 있다(제22조 제3항). 이상의 요청을 받은 방송국의 장 등 민간 사업자와 민간 행사 주최자는 정당한 사유가 없으면 그 요청에 따라야 한다(제22조 제4항).

국가와 지방자치단체는 시각장애인이 정보에 쉽게 접근할 수 있도록 점자도서와 음성도서 등을 보급하기 위하여 노력하여야 한다(제22조 제5항). 국가와 지방자치단체는 장애인의 특성을 고려하여 정보통신망 및 정보통신기기의 접근·이용에 필요한 지원 및 도구의 개발·보급 등 필요한 시책을 강구하여야 한다(제22조 제6항).

7. 편의시설

국가와 지방자치단체는 장애인이 공공시설과 교통수단 등을 안전하고 편리하게 이용할 수 있도록 편의시설의 설치와 운영에 필요한 정책을 강구하여야 한다(제23조 제1항). 국가와 지방자치단체는 공공시설 등 이용편의를 위하여 수화통역·안내보조 등 인적서비스 제공에 관하여 필요한 시책을 강구하여야 한다(제23조 제2항).

8. 안전대책 강구

국가와 지방자치단체는 추락사고 등 장애로 인하여 일어날 수 있는 안전사고와 비상재해 등에 대비하여 시각·청각 장애인과 이동이 불편한 장애인을 위하여 피난용 통로를 확보하고, 점자·음성·문자 안내판을 설치하며, 긴급 통보체계를 마련하는 등 장애인의 특성을 배려한 안전대책 등 필요한 조치를 강구하여야 한다(제24조).

9. 사회적 인식개선

국가와 지방자치단체는 학생, 공무원, 근로자, 그 밖의 일반국민 등을 대상으로 장애인에 대한 인식개선을 위한 교육 및 공익광고 등 홍보사업을 실시하여야 한다(제25조 제1항). 국가기관 및 지방자치단체의 장, 「영유아보육법」에 따른 어린이집, 「유아교육법」·「초·중등교육법」·「고등교육법」에 따른 각급 학교의 장, 그 밖에 대통령령으로 정하는 교육기관 및 공공단체의 장은 소속 직원·학생을 대상으로 장애인에 대한 인식개선을 위한 교육을 실시하고, 그 결과를 보건복지부장관에게 제출하여야 한다(제25조 제2항).

10. 선거권 행사를 위한 편의 제공

국가와 지방자치단체는 장애인이 선거권을 행사하는 데에 불편함이 없도록 편의시설·설비를 설치하고, 선거권 행사에 관하여 홍보하며, 선거용 보조기구를 개발·보급하는 등 필요한 조치를 강구하여야 한다(제26조).

11. 주택 보급

국가와 지방자치단체는 공공주택등 주택을 건설할 경우에는 장애인에게 장애 정도를 고려하여 우선 분양 또는 임대할 수 있도록 노력하여야 한다(제27조 제1항). 국가와 지방자치단체는 주택의 구입자금·임차자금 또는 개·보수비용의 지원 등 장애인의 일상생활에 적합한 주택의 보급·개선에 필요한 시책을 강구하여야 한다(제27조 제2항).

12. 문화환경 정비 등

국가와 지방자치단체는 장애인의 문화생활과 체육활동을 늘리기 위하여 관련 시설 및 설비, 그 밖의 환경을 정비하고 문화생활과 체육활동 등을 지원하도록 노력하여야 한다(제28조).

13. 복지 연구 등의 진흥

국가와 지방자치단체는 장애인복지의 종합적이고 체계적인 조사·연구·평가 및 장애인 체육활동 등 장애인정책개발 등을 위하여 필요한 정책을 강구하여야 한다(제29조 제1항). 장애인 관련 조사·연구 수행 및 정책개발·복지진흥·재활체육진흥 등을 위하여 재단법인 한국장애인개발원(이하 "개발원"이라 한다)을 설립한다(제29조 제2항). 국가와 지방자치단체는 장애인 재활 및 자립생활에 대하여 종합적이고 체계적으로 조사·연구·평가하기 위하여 전문 연구기관에 장애예방·의료·교육·직업재활 및 자립생활 등에 관한 연구 과제를 선정하여 의뢰할 수 있다(제52조 제1항).

국가와 지방자치단체 그 밖의 공공단체는 의지·보조기 기사, 언어재활사, 수화통역사, 점역(點譯)·교정사 등 장애인복지 전문인력, 그 밖에 장애인복지에 관한 업무에 종사하는 자를 양성·훈련하는 데에 노력해야 한다(제71조 제1항).

14. 경제적 부담의 경감

국가와 지방자치단체,「공공기관의 운영에 관한 법률」제4조에 따른 공공기관,「지방공기업법」에 따른 지방공사 또는 지방공단은 장애인과 장애인을 부양하는 자의 경제적 부담을 줄이고 장애인의 자립을 촉진하기 위하여 세제상의 조치, 공공시설 이용료

감면, 그 밖에 필요한 성책을 강구하여야 한다(제30조 제1항).

국가와 지방자치단체,「공공기관의 운영에 관한 법률」제4조에 따른 공공기관,「지방공기업법」에 따른 지방공사 또는 지방공단이 운영하는 운송사업자는 장애인과 장애인을 부양하는 자의 경제적 부담을 줄이고 장애인의 자립을 돕기 위하여 장애인과 장애인을 보호하기 위하여 동행하는 자의 운임 등을 감면하는 정책을 강구하여야 한다(제30조 제2항).

[219] Ⅲ. 복지 조치

1. 실태조사

보건복지부장관은 장애인 복지정책의 수립에 필요한 기초자료로 활용하기 위하여 3년마다 장애실태조사를 실시하여야 한다(제31조 제1항).

2. 등 록

장애인, 그 법정대리인 또는 대통령령이 정하는 보호자는 장애상태와 그 밖에 보건복지부령이 정하는 사항을 특별자치시장·특별자치도지사·시장·군수 또는 구청장(자치구의 구청장을 말한다. 이하 같다)에게 등록하여야 하며, 특별자치시장·특별자치도지사·시장·군수·구청장은 등록을 신청한 장애인이 제2조에 따른 기준에 맞으면 장애인등록증(이하 "등록증"이라 한다)을 내주어야 한다(제32조 제1항).

재외동포 및 외국인 중 다음의 어느 하나에 해당하는 사람은 제32조에 따라 장애인 등록을 할 수 있다(제32조의2 제1항).

① 「재외동포의 출입국과 법적 지위에 관한 법률」제6조에 따라 국내거소신고를 한 사람

② 주민등록법 제6조에 따라 재외국민으로 주민등록을 한 사람

③ 출입국관리법 제31조에 따라 외국인등록을 한 사람으로서 같은 법 제10조 제1항에 따른 체류자격 중 대한민국에 영주할 수 있는 체류자격을 가진 사람

④ 「재한외국인 처우 기본법」 제2조 제3호에 따른 결혼이민자.

특별자치시장·특별자치도지사·시장·군수·구청장은 제32조에 따른 장애인 등록 과정에서 장애등급이 변동·상실된 장애인과 장애등급을 받지 못한 신청인에게 장애등급의 변동·상실에 따른 지원의 변화에 대한 정보와 재활 및 자립에 필요한 각종 정보를 제공하여야 한다(제32조의4 제1항).

3. 복지서비스에 관한 장애인 지원 사업

국가와 지방자치단체는 제32조 제1항에 따라 등록한 장애인에게 필요한 복지서비스가 적시에 제공될 수 있도록 다음의 장애인 지원 사업을 실시한다(제32조의3 제1항).

① 복지서비스에 관한 상담 및 정보 제공

② 복지서비스 신청의 대행

③ 장애인 개인별로 필요한 욕구의 조사 및 복지서비스 제공 계획의 수립 지원

④ 장애인과 복지서비스 제공 기관·법인·단체·시설과의 연계

⑤ 복지서비스 등 복지자원의 발굴 및 데이터베이스 구축

⑥ 그 밖에 복지서비스의 제공에 필요한 사업.

장애인 복지 향상을 위한 상담 및 지원 업무를 맡기기 위하여 시·군·구(자치구를 말한다. 이하 같다)에 장애인복지상담원을 둔다(제33조 제1항).

4. 재활상담 등의 조치

보건복지부장관, 특별시장·광역시장·특별자치시장·도지사·특별자치도지사 또는 시장·군수·구청장(이하 "장애인복지실시기관"이라 한다)은 장애인에 대한 검진 및 재활상담을 하고, 필요하다고 인정되면 다음의 조치를 하여야 한다(제34조 제1항).

① 국·공립병원, 보건소, 보건지소, 그 밖의 의료기관(이하 "의료기관"이라 한다)에 의뢰하여 의료와 보건지도를 받게 하는 것

② 국가 또는 지방자치단체가 설치한 장애인복지시설에서 주거편의·상담·치료·훈련 등의 필요한 서비스를 받도록 하는 것

③ 장애인복지시설에 위탁하여 그 시설에서 주거편의·상담·치료·훈련 등의 필요한 서비스를 받도록 하는 것

④ 공공직업능력개발훈련시설이나 사업장 내 직업훈련시설에서 하는 직업훈련 또는 취업알선을 필요로 하는 자를 관련 시설이나 직업안정업무기관에 소개하는 것.

국가와 지방자치단체는 장애인의 일상생활을 편리하게 하고 사회활동 참여를 높이기 위하여 장애 유형·장애 정도별로 재활 및 자립지원 서비스를 제공하는 등 필요한 정책을 강구하여야 하며, 예산의 범위 안에서 지원할 수 있다(제35조).

5. 의료비 지급

장애인복지실시기관은 의료비를 부담하기 어렵다고 인정되는 장애인에게 장애 정도와 경제적 능력 등을 고려하여 장애 정도에 따라 의료에 소요되는 비용을 지급할 수 있다(제35조).

6. 산후조리도우미 지원 등

국가 및 지방자치단체는 임산부인 여성장애인과 신생아의 건강관리를 위하여 경제적 부담능력 등을 감안하여 여성장애인의 가정을 방문하여 산전·산후 조리를 돕는 도우미(이하 "산후조리도우미"라 한다)를 지원할 수 있다(제37조 제1항).

7. 자녀교육비 지급

장애인복지실시기관은 경제적 부담능력 등을 고려하여 장애인이 부양하는 자녀 또는 장애인인 자녀의 교육비를 지급할 수 있다(제38조 제1항).

8. 장애인이 사용하는 자동차 등에 대한 지원 등

국가와 지방자치단체, 그 밖의 공공단체는 장애인이 이동수단인 자동차 등을 편리하게 사용할 수 있도록 하고 경제적 부담을 줄여 주기 위하여 조세감면 등 필요한 지원정책을 강구하여야 한다(제39조 제1항).

시장·군수·구청장은 장애인이 이용하는 자동차 등을 지원하는 데에 편리하도록 장애인이 사용하는 자동차 등임을 알아 볼 수 있는 표지(이하 "장애인사용자동차등표지"라 한다)를 발급하여야 한다(제39조 제2항).

9. 장애인 보조견의 훈련·보급 지원 등

국가와 지방자치단체는 장애인의 복지 향상을 위하여 장애인을 보조할 장애인 보조견(補助犬)의 훈련·보급을 지원하는 방안을 강구하여야 한다(제40조 제1항). 보건복지부장관은 장애인 보조견에 대하여 장애인 보조견표지(이하 "보조견표지"라 한다)를 발급할 수 있다(제40조 제2항).

누구든지 보조견표지를 붙인 장애인 보조견을 동반한 장애인이 대중교통수단을 이용하거나 공공장소, 숙박시설 및 식품접객업소 등 여러 사람이 다니거나 모이는 곳에 출입하려는 때에는 정당한 사유 없이 거부하여서는 아니 된다(제40조 제3항 전문). 지정된 전문훈련기관에 종사하는 장애인 보조견 훈련자 또는 장애인 보조견 훈련 관련 자원봉사자가 보조견표지를 붙인 장애인 보조견을 동반한 경우에도 또한 같다(제40조 제3항 후문).

10. 자금 대여 등

국가와 지방자치단체는 장애인이 사업을 시작하거나 필요한 지식과 기능을 익히는 것 등을 지원하기 위하여 대통령령으로 정하는 바에 따라 자금을 대여할 수 있다(제41조).

11. 생업 지원

국가와 지방자치단체, 그 밖의 공공단체는 소관 공공시설 안에 식료품·사무용품·신문 등 일상생활용품을 판매하는 매점이나 자동판매기의 설치를 허가하거나 위탁할 때에는 장애인이 신청하면 우선적으로 반영하도록 노력하여야 한다(제42조 제1항).

시장·군수 또는 구청장은 장애인이 담배사업법에 따라 담배소매인으로 지정받기 위하여 신청하면 그 장애인을 우선적으로 지정하도록 노력하여야 한다(제42조 제2항). 장애인이 우편법령에 따라 국내 우표류 판매업 계약 신청을 하면 우편관서는 그 장애인이 우선적으로 계약할 수 있도록 노력하여야 한다(제42조 제3항).

12. 자립훈련비 지급

장애인복지실시기관은 장애인복지시설에서 주거편의·상담·치료·훈련 등을 받도록 하거나 위탁한 장애인에 대하여 그 시설에서 훈련을 효과적으로 받는 데 필요하다고 인정되면 자립훈련비를 지급할 수 있으며, 특별한 사정이 있으면 훈련비 지급을 대신하여 물건을 지급할 수 있다(제43조 제1항).

13. 생산품 구매

국가, 지방자치단체 및 그 밖의 공공단체는 장애인복지시설과 장애인복지단체에서 생산한 물품의 우선 구매에 필요한 조치를 마련하여야 한다(제44조). 보건복지부장관은 장애인복지시설, 장애인복지단체에서 생산한 물품의 판매촉진·품질향상 및 소비자와 구매자 보호를 위하여 인증제도를 실시할 수 있다(제45조 제1항).

14. 고용 촉진

국가와 지방자치단체는 직접 경영하는 사업에 능력과 적성이 맞는 장애인을 고용하도록 노력하여야 하며, 장애인에게 적합한 사업을 경영하는 자에게 장애인의 능력과 적성에 따라 장애인을 고용하도록 권유할 수 있다(제46조).

국가, 지방자치단체 및 대통령령으로 정하는 기관·단체의 장은 해당 기관·단체가 실시하는 자격시험 및 채용시험 등에 있어서 장애인 응시자가 비장애인 응시자와 동등한 조건에서 시험을 치를 수 있도록 편의를 제공하여야 한다(제46조의2 제1항).

15. 공공시설의 우선 이용

국가와 지방자치단체, 그 밖의 공공단체는 장애인의 자립을 지원하는 데에 필요하다고 인정되면 그 공공시설의 일부를 장애인이 우선 이용하게 할 수 있다(제47조).

16. 국유·공유 재산의 우선매각이나 유상·무상 대여

국가와 지방자치단체는 이 법에 따른 장애인복지시설을 설치하거나 장애인복지단체가 장애인복지사업과 관련한 시설을 설치하는 데에 필요할 경우 국유재산법 또는 「공유재산 및 물품 관리법」에도 불구하고 국유재산 또는 공유재산을 우선 매각할 수 있고 유상 또는 무상으로 대부하거나 사용·수익하게 할 수 있다(제48조 제1항).

국가와 지방자치단체는 국가나 지방자치단체로부터 토지와 시설을 매수·임차하거나 대부받은 자가 그 매수·임차 또는 대부한 날부터 2년 이내에 장애인복지시설을 설치하지 아니하거나 장애인복지단체의 장애인복지사업 관련 시설을 설치하지 아니할 때에는 토지와 시설을 환수하거나 임차계약을 취소할 수 있다(제48조 제2항).

17. 장애수당

국가와 지방자치단체는 장애인의 장애 정도와 경제적 수준을 고려하여 장애로 인한 추가적 비용을 보전(補塡)하게 하기 위하여 장애수당을 지급할 수 있다. 다만, 국민기초생활 보장법 제7조 제1항 제1호에 따른 생계급여 또는 같은 항 제3호에 따른 의료급여를 받는 장애인에게는 장애수당을 반드시 지급하여야 한다(제49조 제1항).

장애로 인하여 생활이 어려운 장애인연금법상 중증장애인에게는 장애수당을 지급하지 아니하며(제49조 제2항), 대신 소득인정액이 대통령령으로 정하는 금액 이하인 사람에게는 장애인연금법에 의하여 장애인연금을 지급한다.297)

18. 장애아동수당과 보호수당

국가와 지방자치단체는 장애아동에게 보호자의 경제적 생활수준 및 장애아동의 장애 정도를 고려하여 장애로 인한 추가적 비용을 보전(補塡)하게 하기 위하여 장애아동수당을 지급할 수 있다(제50조 제1항).

국가와 지방자치단체는 장애인을 보호하는 보호자에게 그의 경제적 수준과 장애인의 장애 정도를 고려하여 장애로 인한 추가적 비용을 보전하게 하기 위하여 보호수당을 지급할 수 있다(제50조 제2항).

[220] Ⅳ. 장애수당 등의 신청 및 관리

1. 자녀교육비 및 장애수당 등의 지급 신청

제38조에 따른 자녀교육비(이하 "자녀교육비"라 한다), 제49조 및 제50조에 따른 장애수당, 장애아동수당 및 보호수당(이하 "장애수당등"이라 한다)을 지급받으려는 사람은 보건복지부령으로 정하는 바에 따라 특별자치시장·특별자치도지사·시장·군수·구청장에게 자녀교육비 및 장애수당등의 지급을 신청할 수 있다(제50조의2 제1항).

---

297) 장애인연금은 지급 대상자의 신청에 따라 이를 지급하는 것을 원칙으로 하여 중증장애인이 이를 신청하지 아니하여 이를 지급받지 못하는 문제가 빈번하게 발생하여, 2016년 2월 3일 장애인연금법을 개정하여 보건복지부장관 또는 지방자치단체의 장이 중증장애인에게 수급자의 범위, 장애인연금의 종류·내용·신청방법 등 장애인연금 관련 정보를 제공하도록 하였다.

신청을 할 때에 신청인과 그 가구원(국민기초생활 보장법 제2조 제7호에 따른 개별가구의 가구원을 말한다. 이하 같다)은 대통령령으로 정하는 바에 따라 다음의 자료 또는 정보의 제공에 동의한다는 서면을 제출하여야 한다(제50조의2 제2항).

① 「금융실명거래 및 비밀보장에 관한 법률」 제2조 제2호 및 제3호에 따른 금융자산 및 금융거래의 내용에 대한 자료 또는 정보 중 예금의 평균잔액과 그 밖에 대통령령으로 정하는 자료 또는 정보(이하 "금융정보"라 한다)

② 「신용정보의 이용 및 보호에 관한 법률」 제2조 제1호에 따른 신용정보 중 채무액과 그 밖에 대통령령으로 정하는 자료 또는 정보(이하 "신용정보"라 한다)

③ 보험업법 제4조 제1항 각 호에 따른 보험에 가입하여 납부한 보험료와 그 밖에 대통령령으로 정하는 자료 또는 정보(이하 "보험정보"라 한다).

2. 금융정보등의 제공

보건복지부장관은 신용정보집중기관(이하 "금융기관등"이라 한다)의 장에게 금융정보·신용정보 또는 보험정보(이하 "금융정보등"이라 한다)(제50조의3 제1항) 및 수급자와 그 가구원의 금융정보등의 제공을 요청할 수 있다(제50조의3 제2항).[298] 금융정보등을 제공한 금융기관등의 장은 금융정보등의 제공 사실을 명의인에게 통보하여야 한다(제50조의3 제4항 본문).[299]

이상의 업무에 종사하거나 종사하였던 사람은 업무를 수행

---

298) 금융정보등의 제공을 요청받은 금융기관등의 장은 「금융실명거래 및 비밀보장에 관한 법률」 제4조와 「신용정보의 이용 및 보호에 관한 법률」 제32조에도 불구하고 명의인의 금융정보등을 제공하여야 한다(제50조의3 제3항).

299) 다만, 명의인이 동의하는 경우에는 「금융실명거래 및 비밀보장에 관한 법률」 제4조의2 제1항과 「신용정보의 이용 및 보호에 관한 법률」 제32조 제7항에도 불구하고 통보하지 아니할 수 있다(제50조의3 제4항 단서).

하면서 취득한 금융정보등을 이 법에서 정한 목적 외의 다른 용도로 사용하거나 다른 사람 또는 기관에 제공하거나 누설하여서는 아니 된다(제50조의3 제6항).

3. 장애인복지급여수급계좌

특별자치시장·특별자치도지사·시장·군수·구청장은 수급자의 신청이 있는 경우에는 자녀교육비 및 장애수당등을 수급자 명의의 지정된 계좌(이하 "장애인복지급여수급계좌"라 한다)로 입금하여야 한다.

다만, 정보통신장애나 그 밖에 대통령령으로 정하는 불가피한 사유로 장애인복지급여수급계좌로 이체할 수 없을 때에는 현금 지급 등 대통령령으로 정하는 바에 따라 자녀교육비 및 장애수당등을 지급할 수 있다(제50조의4 제1항).

장애인복지급여수급계좌가 개설된 금융기관은 이 법에 따른 자녀교육비 및 장애수당등만이 장애인복지급여수급계좌에 입금되도록 관리하여야 한다(제50조의4 제2항).

4. 자녀교육비 및 장애수당등의 환수

특별자치시장·특별자치도지사·시장·군수·구청장은 자녀교육비 및 장애수당등을 받은 사람이 다음의 어느 하나에 해당하면 그가 받은 자녀교육비 및 장애수당등의 전부 또는 일부를 환수하여야 한다(제51조 제1항).

① 거짓이나 그 밖의 부정한 방법으로 자녀교육비 및 장애수당등을 받은 경우

② 자녀교육비 및 장애수당등을 받은 후 그 자녀교육비 및 장애수당등을 받게 된 사유가 소급하여 소멸된 경우

③ 잘못 지급된 경우.

특별자치시장·특별자치도지사·시장·군수·구청장은 자녀교육비 및 장애수당등을 받은 사람이 제51조 제1항 각 호의 사유에 해당하여 일정한 기간을 정하여 반환요청을 하였으나 그 기간 내에 반환하지 아니하면 국세 또는 지방세 체납처분의 예에 따라 징수할 수 있다(제51조 제2항).

특별자치시장·특별자치도지사·시장·군수·구청장은 자녀교육비 및 장애수당등을 징수할 때 반환하여야 할 사람이 행방불명되거나 재산이 없거나 그 밖에 대통령령으로 정하는 사유가 있어 환수가 불가능하다고 인정할 때에는 결손처분할 수 있다(제51조 제3항).

[221] V. 자립생활의 지원

1. 자립생활지원시책의 강구

국가와 지방자치단체는 중증장애인의 자기결정에 의한 자립생활을 위하여 활동보조인의 파견 등 활동보조서비스 또는 장애인보조기구의 제공, 그 밖의 각종 편의 및 정보제공 등 필요한 시책을 강구하여야 한다(제53조).

2. 중증장애인자립생활지원센터

국가와 지방자치단체는 중증장애인의 자립생활을 실현하기 위하여 중증장애인자립생활지원센터를 통하여 필요한 각종 지원서비스를 제공한다(제54조 제1항). 국가와 지방자치단체는 중증장애인자립생활지원센터에 예산의 범위에서 운영비 또는 사업비의 일부를 지원할 수 있다(제54조 제3항).

3. 활동지원급여의 지원

국가와 지방자치단체는 중증장애인이 일상생활 또는 사회생활을 원활히 할 수 있도록 활동지원급여를 지원할 수 있다(제55조 제1항). 국가 및 지방자치단체는 임신 등으로 인하여 이동이 불편한 여성장애인에게 임신 및 출산과 관련한 진료 등을 위하여 경제적 부담능력 등을 감안하여 활동보조인의 파견 등 활동보조서비스를 지원할 수 있다(제55조 제2항).

4. 장애동료간 상담

국가와 지방자치단체는 장애인이 장애를 극복하는 데 도움이 되도록 장애동료 간 상호대화나 상담의 기회를 제공하도록 노력하여야 한다(제56조 제1항).

[222] Ⅵ. 복지시설과 단체

1. 장애인복지시설의 이용 등

국가와 지방자치단체는 장애인이 장애인복지시설의 이용을 통하여 기능회복과 사회적 향상을 도모할 수 있도록 필요한 정책을 강구하여야 한다(제57조 제1항).

2. 장애인복지시설의 종류

장애인복지시설의 종류는 다음과 같다(제58조 제1항).
① 장애인 거주시설: 거주공간을 활용하여 일반가정에서 생활하기 어려운 장애인에게 일정 기간 동안 거주·요양·지원 등의

서비스를 제공하는 동시에 지역사회생활을 지원하는 시설이다.

② 장애인 지역사회재활시설: 장애인을 전문적으로 상담·치료·훈련하거나 장애인의 일상생활, 여가활동 및 사회참여활동 등을 지원하는 시설이다.

③ 장애인 직업재활시설: 일반 작업환경에서는 일하기 어려운 장애인이 특별히 준비된 작업환경에서 직업훈련을 받거나 직업 생활을 할 수 있도록 하는 시설이다.

④ 장애인 의료재활시설: 장애인을 입원 또는 통원하게 하여 상담, 진단·판정, 치료 등 의료재활서비스를 제공하는 시설이다.

⑤ 그 밖에 대통령령으로 정하는 시설이다.

3. 장애인권익옹호기관의 설치 등

국가는 지역 간의 연계체계를 구축하고 장애인학대를 예방하기 위하여 중앙장애인권익옹호기관을 설치·운영하여야 한다(제59조의9 제1항). 학대받은 장애인을 신속히 발견·보호·치료하고 장애인학대를 예방하기 위하여 지역장애인권익옹호기관을 특별시·광역시·특별자치시·도·특별자치도에 둔다(제59조의9 제2항).

4. 장애인복지시설에 대한 감독

장애인복지실시기관은 장애인복지시설을 설치·운영하는 자의 소관업무 및 시설이용자의 인권실태 등을 지도·감독하며, 필요한 경우 그 시설에 관한 보고 또는 관련 서류 제출을 명하거나 소속 공무원에게 그 시설의 운영상황·장부, 그 밖의 서류를 조사·검사하거나 질문하게 할 수 있다(제61조 제1항).

5. 시설의 개선, 사업의 정지, 폐쇄 등

장애인복지실시기관은 장애인복지시설이 소정 사유에 해당하는 때에는 그 시설의 개선, 사업의 정지, 시설의 장의 교체를 명하거나 해당 시설의 폐쇄를 명할 수 있다(제62조 제1항).

6. 금지행위

누구든지 다음의 어느 하나에 해당하는 행위를 하여서는 아니 된다(제59조).

① 장애인에게 성적 수치심을 주는 성희롱·성폭력 등의 행위

② 장애인의 신체에 폭행을 가하거나 상해를 입히는 행위

③ 자신의 보호·감독을 받는 장애인을 유기하거나 의식주를 포함한 기본적 보호 및 치료를 소홀히 하는 방임행위

④ 장애인에게 구걸을 하게 하거나 장애인을 이용하여 구걸하는 행위

⑤ 장애인을 체포 또는 감금하는 행위

⑥ 장애인의 정신건강 및 발달에 해를 끼치는 정서적 학대행위

⑦ 장애인을 위하여 증여 또는 급여된 금품을 그 목적 외의 용도에 사용하는 행위

⑧ 공중의 오락 또는 흥행을 목적으로 장애인의 건강 또는 안전에 유해한 곡예를 시키는 행위.

제5절 비용 부담

[223] Ⅰ. 국가와 지방자치단체

제36조 제1항, 제38조 제1항, 제43조 제1항, 제49조 제1항, 제50조 제1항·제2항, 제55조 제1항, 제66조 제1항 및 제67조 제1항·제2항에 따른 조치와 제59조 제1항에 따른 장애인복지시설의 설치·운영에 드는 비용은 예산의 범위 안에서 대통령령으로 정하는 바에 따라 장애인복지실시기관이 부담하게 할 수 있다(제79조 제1항).

국가와 지방자치단체는 장애인이 제58조의 장애인복지시설을 이용하는 데 드는 비용의 전부 또는 일부를 부담할 수 있으며, 시설 이용자의 자산과 소득을 고려하여 본인부담금을 부과할 수 있다. 이 경우 본인부담금에 관한 사항은 대통령령으로 정한다(제79조 제2항).

[224] Ⅱ. 장애인 또는 부양의무자의 부담

제34조 제1항 제1호에 따른 조치에 필요한 비용을 부담한 장애인복지실시기관은 해당 장애인 또는 그 부양의무자로부터 대통령령으로 정하는 바에 따라 장애인복지실시기관이 부담한 비용의 전부 또는 일부를 받을 수 있다(제80조 제1항).

[225] Ⅲ. 비용의 보조

국가와 지방자치단체는 대통령령으로 정하는 바에 따라 장애인복지시설의 설치·운영에 필요한 비용의 전부 또는 일부를 보조할 수 있다(제81조).

제 6 절 권리구제절차

[226] Ⅰ. 심사청구

장애인, 장애인의 법정대리인 또는 대통령령으로 정하는 보호자는 이 법에 따른 복지조치에 이의가 있으면 해당 장애인복지실시기관에 심사를 청구할 수 있다(제84조 제1항). 장애인복지실시기관은 심사청구를 받은 때에는 1개월 이내에 심사·결정하여 청구인에게 통보하여야 한다(제84조 제2항).

[227] Ⅱ. 행정심판

장애인복지실시기관의 심사·결정에 이의가 있는 자는 행정심판법에 따라 행정심판을 제기할 수 있다(제84조 제3항).

[228] Ⅲ. 행정소송

행정심판의 판정에 대하여도 불복하는 자는 행정소송법에 따라 행정소송을 제기할 수 있다.

제 4 편 기초생활보장 청구권

제 1 장 국민기초생활 보장법
제 2 장 의료급여법
제 3 장 한부모가족지원법

제 1 장
국민기초생활 보장법

> **강의주제 :**
>
> 노부부는 수입과 재산이 없어 스스로 생활을 영위할 수 없게 되었다. 그런데 이들에게는 자녀 등 부양의무자가 있고 이들은 부양할 능력이 충분히 있다. 그럼에도 불구하고 이들은 부양의무를 이행하지 않고 있다.
> 이 경우, 국가는 ① 부양의무자들에게 부양의무의 이행을 강제하여야 하는가? ② 부양의무자들이 스스로 부양의무를 이행하지 않으면 국가가 먼저 노부부에게 기초생활을 지원하고 부양의무자들에게 구상권을 행사하여야 하는가, 아니면 ③ 부양의무자들에게 부양의무를 강제하지도 않고 스스로 기초생활을 지원할 필요도 없는가?

제 1 절 　 국민기초생활 보장법의 성격

[229] Ⅰ. 법의 이념

1. 인간다운 생활권의 보장

헌법 제34조는 "모든 국민은 인간다운 생활을 할 권리를 가진다."(제1항)라고 하고 "신체장애자 및 질병, 노령 그 밖의 사유로 생활능력이 없는 국민은 법률이 정하는 바에 의하여 국가의 보호를 받는다."(제5항)라고 규정하고 있다.

헌법에서 보장하고 있는 인간다운 생활권과 생활보장입법에 의하여, 스스로의 능력으로 인간다운 생활을 영위할 수 없는 모든 국민은 국가에 대하여 기본적인 생활의 보장을 청구할 수 있는 권리를 가진다. 이러한 청구권은 생활보장입법에 의하여 새로이 창설되는 권리가 아니고 헌법에서 보장하고 있는 인간다운 생활권을 실현하기 위한 권리로 해석하여야 한다. 그러나 최저생활을 보호하기 위한 구체적인 급여의 내용·형태 및 수준에 대한 청구권이 헌법으로부터 직접 도출되는 것은 아니고, 극히 비사회적인, 즉 최저생활을 보호하지 못하는 입법상황은 헌법적 비난의 대상이 될 수 있다는 견해300)도 있다.

2. 최후적이고 직접적인 청구권의 보장

국민의 기본적인 생활을 보장하여야 하는 국가의 의무는 현대 사회법원리 하에서 비로소 확립되고 나아가 인간다운생활을 할 권리가 국민의 기본권으로 헌법상 보장되기에 이르렀다. 이는 생활무능력자, 즉 근로능력이 없거나 저소득으로 인하여 생활유지가 어려운 절대빈곤층에게 건강하고 문화적인 최저한의 생활수준의 보장을 국가에 대하여 직접 청구할 수 있는 권리이다.

스스로의 능력으로 인간다운 생활을 영위할 수 없는 자가 국가에 대하여 인간다운 생활의 보장을 요구하는 것은 헌법에서 보장된 권리이다. 따라서 헌법에서 규정하고 있는 인간다운 생활권과 사회보장청구권은 구체적 권리로서의 성격을 가진다고 보아야 한다.

[230] Ⅱ. 기본 원리

1. 국가책임의 원리

생활무능력자에 대하여 국가가 기본적인 생활을 영위할 수

---

300) 전광석, 「한국사회보장법론」, (2010), 514면.

있도록 지원하여 모든 국민에게 최소한의 인간다운 생활을 보장하는 것을 생활보호라고 한다. 과거 이러한 생활보호조치는 빈곤자에 대한 국가의 시혜적인 것에 불과하였으나 현대사회법 원리가 확립되고 난 이후에는 국민에 대한 국가의 의무로 헌법에 규정되고 있으며, 국민은 국가에 대하여 최소한의 인간다운 생활을 위한 지원을 요청 할 수 있는 권리를 갖게 된 것이다.

따라서 생활무능력자에 대하여는 국가가 직접 인간다운 생활을 보장애 주어야 한다. 그러므로 생활보장입법에 있어서는 피보호자에 대하여 갹출이나 자기부담을 부과하지 않고, 보호비용은 국가가 부담함을 원칙으로 한다.

2. 보편성의 원리

사회보장법에 있어서 보편성의 원리는 두가지 의미를 가진다. 하나는 사회보장의 필요성이나 사회적 재해의 개념에 있어서 특정의 장애에 대하여 보장하는 것이 아니고 인간다운 생활을 하는데 문제가 되는 내용은 모두 대상으로 한다는 점이다. 또 하나는 특정의 국민에 대하여 보장하는 것이 아니고 인간다운 생활이 불가능한 모든 국민을 대상으로 한다. 이를 「포괄성의 원리」라고도 한다.

3. 보충성의 원리

생활무능력자의 의미에는 자신의 자산이나 능력뿐만 아니라 부양의무자의 자산이나 능력까지 포함하여 생각하여야 한다. 따라서 생활보장입법의 대상자는 국가에 의한 보호를 받기 전에, 자기가 보유한 자산과 능력을 최대한 활용하여야 하고, 부양의무자가 있을 때에는 먼저 그에 의한 부양을 받도록 하되, 이렇게 하고 나서도 최저 생활을 유지 할 수 없을 때에야 비로소 국가가 최종적 방법으로 보충적인 보장을 행하는 것이다. 이는 생활보장입법의 내재적·본질적 지표인 것이다.301)

민법에 의한 부양의무자의 부양, 그 밖의 법령에 의한 보호는 모두 생활보장입법에 우선하여 행하여진다. 타법에 의한 우선적 보호라 하는 것은 사회보험법, 사회복지법 및 결핵예방법 등에 정하여진 보호를 먼저 받아 생활을 유지하고, 그래도 최저한도의 생활을 유지할 수 없을 때에 비로소 생활보장입법에 의한 보충적 보장을 받는다는 것을 말한다.

그러나 급박한 사유가 있을 때는 이 보충성의 원리는 일시 정지된다. 따라서 생활보장입법은 최저생활의 보장과 개인의 능력으로 부족한 부분에 대한 국가의 보충적 지원이라는 특성을 가진다.

4. 최저생활보장의 원리

생활보장입법에 의하여 보호되는 수준은 기본적인 최저한도의 생활수준이다. 이는 인간으로서 품위를 가질 수 있는 생활의 보장이 되어야 한다. 인간다운 생활을 향유할 수 있는 건강하고 문화적인 최저생활수준을 유지하지 않으면 안된다.

그리고 이는 역으로 생활보장입법이 인간다운 생활을 할 수 있는 기본적 최저생활 수준 이상이 보장되어서는 안 된다는 의미도 포함하고 있다. 왜냐하면 인간다운 생활을 위한 최저선의 보장까지는 현대 사회법원리하에서 모든 국민의 부담을 전제로 국가가 책임을 지지만, 그 이상을 보장하기 위하여 일반 국민에게 조세등 부담을 부과하는 것은 재산권의 침해가 될 수 있기 때문이다.

---

301) 김유성, 「한국사회보장법론」, (2002), 384면.

5. 개별적 보장과 세대별 지원의 원리

생활보장의 정도와 기준은 대상자의 연령, 세대구성, 거주지역 그 밖의 생활여건 등을 고려하여 실제의 필요에 상응하도록 하여야 한다. 이 원칙의 취지는 구체적으로 보호를 실시할 경우에 보호기준을 기계적으로 적용함으로써 야기되는 폐해를 회피하기 위한 것이라고 볼 수 있다.

생활보장의 실시는 세대를 단위로 하여 자산 및 소득을 조사하고 보호대상자를 세대원 중 노동능력자 유무를 기준으로 구분하여 각기 필요한 보장을 행하는 것을 원칙으로 하고 세대단위의 고정적, 형식적 운용을 회피하기 위하여 특히 필요하다고 인정하는 경우에는 예외적으로 개인을 단위로 하여 보호를 실시할 수 있다.302)

6. 무차별, 평등 및 계속적 보장의 원리

생활보장은 대상자의 인종, 신조, 성별, 사회적 신분에 따른 차별이 없어야 하며, 빈곤의 정도에 상응하여 공평하게 행해져야 한다. 그리고 이는 대상의 요건으로 생활무능력자이면 족하고 그 원인에 상관없이 급여를 제공한다.

또한 일시적이고 단편적인 지원이 아니고 생활무능력의 상태가 계속되는 한 지원이 계속되어야 한다. 이는 사회보장의 목적이 인간다운 생활의 보장에 있고 생활보장입법이 스스로 인간다운 생활을 영위할 수 없는 생활무능력자를 대상으로 한다는 점에서 볼 때 명백하다.

---

302) 보호를 할 것인지의 여부는 개별적으로 측정하지만, 그렇다고 해서 개인을 단위로 하여 보호가 실시되는 것은 아니다. 어디까지나 현실의 생활은 세대를 단위로 하여 영위되는 것이기 때문에 보호는 원칙적으로 세대를 단위로 하여 실시된다: 김유성, 「한국사회보장법론」, (2002), 380면.

[231] Ⅲ. 발전 과정

1. 생활보호법의 제정(1961)

가. 제정 의의

최저생활보장의 국가과제는 처음 생활보호법을 통해서 시행되었다. 생활보호법은 1961년 제정된 후 부분적으로 개정되어 왔지만, 기본적인 구조를 그대로 유지하여 왔다.

생활보호법은 1961년 12월 30일 제정(법률 제913호) 되었으나 재정사정이 여의치 못하여 전면적인 실시가 되지 못하고, 그 중 생계보호만이 부분적으로 실시되었다. 그 뒤 1968년 7월 23일 "자활지도에 관한 임시조치법"(법률 제2039호)이 제정되어 근로능력이 있는 영세민에 대한 취로사업을 행하게 되었다. 1979년부터는 생활보호대상자 중학교과정 수업료지원규정(대통령령 제9495호)이 마련됨으로써 생활보호대상자 중 중학생 자녀에게 수업료가 지원되었다.

그리고 1981년부터는 기술이 없어 취업을 못하는 생활보호대상자에게 취업에 필요한 기능을 습득시켜 자활할 수 있도록 지원하는 직업훈련지원사업이 펼쳐졌다. 그 뒤 1982년 12월 31일 사회적 수요에 부응하기 위하여 종래의 단순생계구호법에 지나지 않았던 생활보호법을 전면 개정(법률 제3623호)함으로써 그 성격의 획기적인 전환을 가져왔다. 즉 생활보호대상자에게 단순한 생계구호뿐만 아니라 이들의 자활지원을 적극적으로 행하며, 1982년 12월 31일 취로사업의 근거규정인 "자활지도에 관한 임시조치법"을 폐지하고 이를 교육보호로 바꾸었다.

10년 이상 유지되어 오던 생활보호법은 1997년 8월 22일에 다시 한번 대폭적인 개정(법률 제5360호)을 거쳐 지속되다가, 1999 년 9월 7일 국민기초생활 보장법의 제정으로 폐지되었다. 1961 년 생활보호법의 제정에서부터 현재까지 우리나라 생활보호입법 의 발전과정을 보면 아래 <표 4-1-1>과 같다.

〈표 4-1-1〉   생활보호법의 발전과정

연 도	입 법 내 용
1961년	생활보호법 제정: 부분적 생계보호만 실시
1968년	자활지도에 관한 임시조치법 제정 - 근로능력있는 영세민에게 취로사업
1969년	동법시행령 제정
1979년	생활보호대상자중 중학생 자녀에게 수업료 지원
1981년	취업훈련지원사업
1982년	보호대상자의 범위 확대, 보호의 기본원칙 규정, 자활보호와 교육보호의 추가 등

나. 생활보호법의 한계성

생활보호법은 국민전체에게 최저한도의 인간다운 생활을 보 장하기에는 여러 가지 이유에서 충분하지 못한다는 평가를 받아 왔으며, 이를 구체적으로 보면 다음과 같다.

첫째, 생활보호법은 급여의 수준으로 건강하고 문화적인 최 저생활을 보장한다고 규율하였지만, 이러한 이념은 실제에 있어 서는 생활보호법은 보호대상자를 연령·신체상태 등을 기준으로 하여 선별하였다. 즉, 65세 이상의 노쇠자, 18세 미만의 아동, 임 산부, 폐질 또는 심신장애로 인하여 근로능력이 없는 자 등을 보호의 대상으로 규정하였다. 결국 이러한 조건에 있지 않은 자 는 자기생활능력이 없더라도 이는 개인의 자기책임으로써 국가 에 의한 보호의 필요성, 따라서 보호의 가치가 없는 인적 집단 이라는 판단을 한 것이라고 볼 수 있다.

셋째, 생활보호법은 생활보호대상자를 선정하는 기준을 직접 입법하지도 않았으며, 행정적 기준을 지도하는 지침이 되지도 못했다. 생활보호대상자를 선정함에 있어서 법치행정의 최소한의 요청에도 충실하지 못했다는 것이다.

넷째, 생활보호법은 보호대상자를 생계보호대상자와 자활보호대상자로 구분하고, 전자에 한하여 생계보호급여를 하였다. 후자에게는 근로능력이 있다는 이유로 취업보호의 대상으로 하였다. 따라서 생활보호를 담당하는 기관이 취업보호를 한다 하더라도 실제 취업보호가 성과가 없는 경우 미취업으로 인한 위험을 자활보호대상자 스스로에게 부담시킨 것이다.

다섯째, 부양관계에 대한 규정이 명확하지도 않고, 또 사회보장법의 특수성을 반영하고 있지도 못했다. 실제 생활보호행정에서도 부양의무의 범위를 좁게 해석하고 있었지만 이에 대한 규율이 결여되어 있었다. 부양의무에 관한 규율이 부양의무자의 각종 사회적 수요를 고려하지 못했다. 예컨대 아동, 노인 등을 부양하는 부양의무자는 그렇지 않은 자에 비해서는 부양의무의 범위가 좁을 수밖에 없다. 이러한 요청을 생활보호법은 전혀 반영하고 있지 못했다.

여섯째, 개인으로 하여금 사회에 복귀하여 정상적인 생활을 할 수 있도록 하기 위해서는 급여의 종류로서 현금 및 현물급여 이외에 거동보호 등을 위한 서비스급여가 필수적이다. 생활보호법은 이 점을 전혀 반영하고 있지 못했다. 일곱째, 생계보건을 충족시키지 못하는 경우에도 빈곤상태에 처하게 되는 것을 방지하기 위해서 예방적인 급여의 필요성이 있는데, 이에 대한 정책적 고려가 부족했다.

마지막으로 보호급여의 수준이 지속적으로 매년 상향조정되기는 했지만, 최저생활을 보장하기에는 불충분하였다. 또 주거에 대한 수요를 생활보호법은 전혀 보호하지 못했다.

2. 국민기초생활 보장법의 제정(1999)

가. 제정 의의

1997년 IMF 외환위기 이후 기업의 파산과 실업으로 인한 사회문제가 고조되어 고용보험법을 비롯한 사회안전망을 재정비하였다. 그 중에서도 스스로 인간다운 생활을 할 수 없는 자에 대한 최종적이고 직접적인 지원제도인 생활보호를 확충할 필요가 제기되었다.

이에 1999년 9월 7일 기존 생활보호법의 문제점을 개선하는 국민기초생활 보장법을 제정하여 2000년 10월 1일부터 시행하였다.[303] 이 법은 ① 저소득 국민, 영세 도시빈민, 실업자 등을 지원하여 빈곤문제에 대한 사회안전망의 기초를 튼튼히 하고, ② 빈민 가구별로 자활지원계획을 수립하고, 그에 맞는 자활급여를 실시함으로써 빈곤의 장기화를 방지하도록 하였다.

나. 소득기준의 변경

국민기초생활 보장법은 소득기준과 관련해서 기존의 생활보호법에 비해서 두 가지 변화를 가져왔다.

첫째, 소득기준을 충족시키면 신체 혹은 연령 등의 상황과 관계없이 수급권자가 될 수 있다. 다만 근로능력이 있는 자가 수급권자가 되기 위해서는 직업알선기관이 알선하는 직업에 종사하여야 한다는 조건이 붙어 있다. 근로유인을 유지시키기 위한 조치이다.

---

[303] 소득파악을 위한 기초조사가 필요하고, 또 소득만을 기준으로 했을 때 기존의 생활보호대상자가 이 법의 보장대상에서 제외될 가능성이 있다. 이러한 이유에서 소득 단일 기준에 따라 수급권자를 결정하는 근거 규정(제5조 제1항)은 2003년 1월 1일부터 시행하도록 하였다: 전광석, 「한국사회보장법론」, (2010), 508면.

둘째, 기존에는 소득과 재산기준을 동시에 적용하였다.304) 국민기초생활 보장법 역시 소득과 재산을 함께 고려하는 것은 변함이 없다. 다만 국민기초생활 보장법은 재산을 그 자체로서 기준으로 적용하지 않고, 재산가액을 소득으로 환산하여 통합된 기준을 적용하고 있다.

기존에는 생활보호법상의 급여수급권자가 되기 위해서는 생활보호법 제3조에 열거된 신체 및 연령상의 조건을 충족시켜야 했기 때문에 생활보호법은 최저생계보호를 필요로 하는 자 중 상당 부분을 포괄하지 못했다. 그런데 국민기초생활 보장법을 통하여 이 점은 개선된 셈이다.

국민기초생활 보장법상의 소득기준은 소득인정액이다. 이 소득인정액이 최저생계비 이하이어야 한다. 소득인정액이란 개별가구의 소득평가액과 재산의 소득환산액을 합산한금액을 말한다. 개별가구의 소득평가액은 보장기관이 급여의 결정 및 실시 등에 사용하기 위하여 산출한 금액을 말한다. 이는 실제소득과는 차이가 있다. 소득평가액의 구체적인 산정방식은 보건복지부령에 의해서 결정된다. 이 때 가구특성에 따른 지출용인과 근로를 유인하기 위한 요소 등을 반영하여야 한다. 재산의 소득환산액은 개별가구의 재산가액에 소득환산율을 곱하여 산출된다. 개별가구의 재산범위·재산가액의 산정기준 및 소득환산율 등은 보건복지부령이 정한다.

이러한 소득기준을 충족시키지 못하는 경우에도 생활이 어려운 자로서 일정 기간 보호의 필요가 있다고 인정되는 자는 수급권자가 될 수 있다. 다만 이는 재량규정으로 보건복지부장관이 보호의 여부를 결정하고 이들에게는 법이 정하는 급여의 전부 또는 일부가 지급된다(제5조 제2항).305)

---

304) 이원화된 선정기준은 소득이 낮지만 보유재산이 재산기준을 조금만 초과하여도 수급자로 선정되지 못하는 문제가 있었다. 보건복지부, 「2003 보건복지백서」, (2004), 21면.

〈표 4-1-2〉   국민기초생활 보장법의 발전과정

개정일	시행일	개 정 내 용
2004. 3.5	2004. 3.5	① 최저생계비를 결정함에 있어 수급권자의 가구유형 등 생활실태를 고려하도록 하고, ② 예산이 확정되기 전에 수급자를 결정하도록 하기 위하여 최저생계비 공표시한을 종전 매년 12월 1일에서 9월 1일로 변경하며, ③ 정확한 생활실태가 반영될 수 있도록 최저생계비 계측조사주기를 종전 5년에서 3년으로 단축하였다.
2005. 12.23	2007. 1.1	① 부양의무자의 범위를 1촌의 직계혈족 및 배우자로 축소하여 수급대상을 확대하였고, ② 급여지급의 기본단위인 개별가구의 개념을 명확히 규정하였다. ③ 국내체류 외국인중 한국인과 결혼하여 한국국적의 미성년 자녀를 양육하고 있는 자도 수급자가 되도록 하여 외국인 배우자와 그 자녀의 복지를 증진하였다.
2006. 12.28	2007. 1.1	① 소득 및 부양의무자 기준에 따라 수급권자가 되지 못하지만 실제 생활이 어려운 차상위 계층에 대하여 주거, 교육, 의료, 장제 및 자활급여 등 부분급여를 지급할 수 있도록 하여 사회안전망을 강화하였다. ② 자활사업의 전문성·효율성을 높이기 위하여 중앙자활센터를 설치할 수 있도록 하고, ③ 자활급여 대상자의 특성 및 욕구를 고려하여 다양한 자활지원 프로그램이 운영될 수 있도록 현행제도의 운영상 미비점을 개선·보완하였다.
2007. 10.17	2008. 1.1	① 수급권자와 부양의무자의 재산 및 소득을 정확하고 효율적으로 파악하기 위하여 금융정보 조회의 절차를 간소화하고, ② 재정부담의 불균형을 해소하기 위하여 국가와 광역지방자치단체, 기초지방자치단체의 분담비율을 다르게 할 수 있도록 하였다.
2011. 3.30	2011. 10.1	① 외국인중 한국인과 결혼, 본인 또는 배우자가 임신중이거나 한국국적의 직계존속을 부양하는 경우에도 수급권자가 되도록 하였고, ② 사용자가 책임이 잇는 경우에는 양벌규정을 적용하도록 하였다.
2011. 6.7	2011. 9.8	① 수급자의 가구별 특성을 감안하여 관련기관의 고용지원서비스를 연계할 수 있도록 하였고, ② 수급자의 취업활동으로 인하여 아동·노인에 대한 사회서비스가 필요한 경우 지원할 수 있도록 하였다. ③ 수급자에 대한 재정적 지원이나 교육을 통하여 자활을 촉진할 수 있게 하였다. ④ 수급자에게 지급되는 급여의 계좌를 압류할 수 없도록 하여 수급권 보호의 실효성을 제고하였다.
2012. 2.1	2012. 2.1	① 광역 자활센터의 법적근거 마련하였고, ② 중앙자활센터가 수행하는 사업에 수급자와 차상위자에 대한 취업·창업을 위한 자활촉진 프로그램의 개발 및 지원을 추가하는 등 현행제도의 일부 미비점을 개선·보완하였다.
2014. 12.30	2015. 7.1	① 맞춤형 급여체계 개편을 위하여 최저보장수준과 기준 중위소득을 정의하고, ② 급여의 종류별로 보건복지부장관 또는 소관 중앙행정기관의 장이 급여의 기준을 정하도록 하고, ③ 생계급여, 주거급여, 교육급여, 의료급여 등을 개선하였다.
2016. 2.3	2016. 8.4	① 노인이 정보부족 등을 이유로 부당하게 기초연금 수급 기회를 상실하는 것을 방지하기 위하여 보건복지부장관 또는 지방자치단체의 장이 65세 이상인 사람에게 기초연금의 지급대상, 연금액 및 신청방법 등 관련정보를 제공하도록 하고, ② 기초연금 수급자의 사망신고를 한 경우에는 기초연금 수급권 상실신고를 한 것으로 간주하도록 하였다.

---

305) 이들을 방치하는 경우, 빈민으로 전락할 가능성을 염두에 둔 예방적인 보호조치이다: 전광석, 「한국사회보장법론」, (2010), 520면.

제2절 기초생활급여 및 자활지원

[232] Ⅰ. 기초생활급여의 종류 및 지급방법

1. 기초생활급여의 종류

기초생활급여의 종류는 ① 생계급여, ② 주거급여, ③ 의료급여, ④ 교육급여, ⑤ 해산급여(解産給與), ⑥ 장제급여(葬祭給與), ⑦ 자활급여 등이며(제7조 제1항), 수급자의 필요에 따라 급여의 전부 또는 일부를 실시하는 것으로 한다(제7조 제2항).

그리고 차상위계층에 속하는 사람(이하 "차상위자"라 한다)에 대한 급여는 보장기관이 차상위자의 가구별 생활여건을 고려하여 예산의 범위에서 위 ②에서 ④까지, ⑥ 및 ⑦의 전부 또는 일부를 실시할 수 있다(제7조 제3항).306)

2. 생계급여

가. 생계급여의 수급권자

(1) 의 의

생계급여 수급권자는 부양의무자가 없거나, 부양의무자가

---

306) 그러나 급여의 특례제도를 두어, 제8조, 제11조, 제12조, 제12조의3, 제13조, 제14조 및 제15조에 따른 수급권자에 해당하지 아니하여도 생활이 어려운 사람으로서 일정 기간 동안 이 법에서 정하는 급여의 전부 또는 일부가 필요하다고 보건복지부장관 또는 소관 중앙행정기관의 장이 정하는 사람은 수급권자로 본다(제14조의2).

있어도 부양능력이 없거나 부양을 받을 수 없는 사람으로서 그 소득인정액이 중앙생활보장위원회의 심의·의결을 거쳐 결정하는 금액(이하 "생계급여 선정기준"이라 한다) 이하인 사람으로 한다. 이 경우 생계급여 선정기준은 기준 중위소득의 100분의 30 이상으로 한다(제7조 제2항).

(2) 최저생계비제도의 폐지

2014년 12월 30일 개정이전에는 수급권자가 되기 위한 요건으로 ① 부양 의무자가 없거나, 부양의무자가 있어도 부양능력이 없거나 부양을 받을 수 없어야 하고, ② 소득인정액이 최저생계비[307] 이하인 자로 하였다(구법 제5조 제1항).

(3) 부양의무자의 범위

2004년 및 2005년 개정에서 부양의무자의 범위를 축소하였다.[308] 현행법상 부양의무자는 수급권자를 부양할 책임이 있는 자로서, ① 수급권자의 1촌의 직계혈족 및 ② 그 배우자이다.

국민기초생활 보장법상의 부양의무자의 범위는 민법에 비해서는 좁게 설정되어 있다. 기존의 생활보호법에 따르면 부양의무자가 부양능력이 있는가를 불문하고 현실적으로 부양을 할 수 없는 경우 보충성의 원칙을 엄격히 적용하지 않았다. 즉 부양의무자가 행방불명일 때, 군복부중인 경우, 복역중인 경우, 해외이주를 한 경우, 부양을 기피 혹은 거부하는 경우 등이 여기에 해당하였다. 그러나 그렇더라도 사실상의 부양관계를 생각하면 현

구 분	1인가구	2인가구	3인가구	4인가구	5인가구	6인가구	7인가구
2015년	617,281	1,051,048	1,359,688	1,668,329	1,976,970	2,285,610	2,594,251

307)

* 2015년도는 8인 이상 가구의 최저생계비: 1인 증가시마다 308,641원씩 증가 (8인가구: 2,902,892원)

308) 종전에는 "직계혈족 및 그 배우자, 생계를 같이하는 2촌이내의 혈족"으로 규정하고 있었으나, 2004년 개정시 "1촌의 직계혈족"으로 제한하였고, 2005년 개정시 다시 "생계를 같이 하는 2촌 이내의 혈족"이 삭제되었다.

행법상의 부양의무의 범위는 여전히 넓다고 할 수 있다.

국가가 정서적으로 거리가 있는 자간에 부양의무의 이행을 강제하는 것이 현실적인가에 대해서는 의문이 있기 때문이다. 이 때 비용징수의 가능성을 염려하여 생계급여청구에 있어서 소극적일 수도 있는 수급권자의 심리적인 상황도 고려되어야 한다. 결국 기본적으로는 공공부조법의 특수성을 반영하여 민법에 비해서는 좁게 부양관계가 형성되어야 한다.

(4) 부양의무에 관한 문제점

부양의무에 관하여는 여러 가지 문제점이 지적되고 있다.

첫째, 부양의무자가 부양의무를 이행하여야 한다면 본인의 정상적인 생활이 저해되는 경우에는 국가가 부양의무를 강제할 수는 없다는 점이다. 이로써 수급권자의 문제의 해결을 위해서 부양의무자의 사회적 문제를 야기하는 결과가 될 것이다. 결국 부양의무의 구체적인 것은 부양의무자의각종의 사회적 수요를 고려하여 결정되어야 할 것이다. 예컨대 아동, 노인 등을 부양하는 부양의무자의 경우 그렇치 않은 자에 비해서는 부양의무의 범위가 좁을 수밖에 없다.

이러한 관점에서 보면 부양의무자 본인에게 어느 정도까지 부양의무를 부담시킬 것인가 하는 문제가 검토되어야 한다. 국민기초생활 보장법은 수급권자에게 부양능력이 있는 부양의무자가 있는 경우 부양의무의 범위내에서 부양의무자에게 비용을 징수할 수 있도록 하고 있다(제46조). 이 때 보장기관은 부양의무자 스스로가 보호를 필요로 하는 상황이 발생하지 않도록 배려하여야 한다는 것이다. 이 문제에 대해서 구체적인 입법적 해결방법이 찾아져야 할 것이다.309)

---

309) 독일에서는 현실적인 가족구조의 변화를 반영하여 사회부조법상의 비용징수의무를 갖는 부양의무자의 범위는 민법상의 부양의무자의 범위에 비해 좁게 되어 있다. 사회부조법상 완전비용징수 의무를 갖는 부양의무자는 미성년자녀에 대해서 부

둘째, 부양의 의무를 사회보장법측면에서 국가와 지방자치단체가 책임을 지는 국가의 의무규정을 일탈하여 국가의 의무를 민법상 부양의무자에게 전가하였다는 지적이다.

이것은 현행 부양의무자 범위가 부양의무관계에 있는 가족 간의 부양의무의 민법적 관계를 전혀 생각하지 않고 있다고 볼 수 있는 것이다. 예를 들면 부모가 자녀의 부양의무와 배우자간의 부양의무는 절대적인 부양의무임과 동시에 생활을 유지하기 위한 부양의무[310]이기도 한다.

그러나 성인이 부모에 대한 부양의무는 절대적인 부양의무이기도 하지만, 부양의무자의 생활수준을 파괴하지 않는 범위 내에서 생활필요비만 지급하는 부양의무로서 생활부조적 부양의무에 해당한다. 그리고 가족간에 나타나는 부양의 의무도 서로 간의 상대적인 생활부조적 부양의무에 해당된다. 그동안 부양의무자 범위에 관하여는 비판[311]이 제기되어 왔다.

(5) 부양무능력자

부양의무자가 다음의 어느 하나에 해당하는 경우에는 부양능력이 없는 것으로 본다(제8조의2 제1항).

① 기준 중위소득 수준을 고려하여 대통령령으로 정하는 소득·재산 기준 미만인 경우

② 직계존속 또는 장애인연금법 제2조 제1호의 중증장애인인 직계비속을 자신의 주거에서 부양하는 경우로서 보건복지부장관이 정하여 고시하는 경우

③ 그 밖에 질병, 교육, 가구 특성 등으로 부양능력이 없다

모에게, 그리고 부부 상호간에만 존재할 뿐이다(녹일 사회법선 제12권 제94소 참소): 전광석, 「한국사회보장법론」, (2010), 522면.

310) "피부양자에게 본인과 동일한 생활수준을 유지하여야 하는 부양의무"이다.

311) 조흥식, "국민기초생활보장법의 수급권에 관한 재고찰", (2005), 206면.

고 보건복지부장관이 정하는 경우.

(6) 부양불가능사유

부양의무자가 다음의 어느 하나에 해당하는 경우에는 부양을 받을 수 없는 것으로 본다(제8조의2 제2항).

① 부양의무자가「병역법」에 따라 징집되거나 소집된 경우

② 부양의무자가「해외이주법」제2조의 해외이주자에 해당하는 경우

③ 부양의무자가「형의 집행 및 수용자의 처우에 관한 법률」및「치료감호법」등에 따른 교도소, 구치소, 치료감호시설 등에 수용 중인 경우

④ 부양의무자에 대하여 실종선고 절차가 진행 중인 경우

⑤ 부양의무자가 제32조의 보장시설에서 급여를 받고 있는 경우

⑥ 부양의무자의 가출 또는 행방불명으로 경찰서 등 행정관청에 신고된 후 1개월이 지났거나 가출 또는 행방불명 사실을 특별자치시장·특별자치도지사·시장·군수·구청장(자치구의 구청장을 말한다. 이하 "시장·군수·구청장"이라 한다)이 확인한 경우

⑦ 부양의무자가 부양을 기피하거나 거부하는 경우

⑧ 그 밖에 부양을 받을 수 없는 것으로 보건복지부장관이 정하는 경우.

나. 생계급여의 내용

생계급여는 수급자에게 의복, 음식물 및 연료비와 그 밖에 일상생활에 기본적으로 필요한 금품을 지급하여 그 생계를 유지하게 하는 것으로 한다(제7조 제1항). 생계급여 최저보장수준은 생계급여와 소득인정액을 포함하여 생계급여 선정기준 이상이 되도록 하여야 한다(제7조 제3항). 그러나 보장시설에 위탁하여 생계급여를 실시하는 경우에는 보건복지부장관이 정하는 고시에 따

라 그 선정기준 등을 달리 정할 수 있다(제7조 제4항).

다. 생계급여의 방법

생계급여는 금전을 지급하는 것으로 한다. 다만, 금전으로 지급할 수 없거나 금전으로 지급하는 것이 적당하지 아니하다고 인정하는 경우에는 물품을 지급할 수 있다(제9조 제1항).

수급품은 특별한 사정이 있는 경우에는 그 지급방법을 다르게 정하여 지급할 수 있지만, 원칙적으로 대통령령으로 정하는 바에 따라 매월 정기적으로 지급하여야 한다(제9조 제2항).

수급품은 수급자에게 직접 지급한다(제9조 제3항 본문). 다만, 제10조 제1항 단서에 따라 제32조에 따른 보장시설이나 타인의 가정에 위탁하여 생계급여를 실시하는 경우에는 그 위탁받은 사람에게 이를 지급할 수 있다(제9조 제3항 단서).312)

생계급여는 보건복지부장관이 정하는 바에 따라 수급자의 소득인정액 등을 고려하여 차등지급할 수 있다(제9조 제4항). 보장기관은 대통령령으로 정하는 바에 따라 근로능력이 있는 수급자에게 자활에 필요한 사업에 참가할 것을 조건으로 하여 생계급여를 실시할 수 있다(제9조 제5항).

생계급여는 원칙적으로 수급자의 주거에서 실시하여야 하지만(제10조 제1항 본문), 수급자가 주거가 없거나 주거가 있어도 그곳에서는 급여의 목적을 달성할 수 없는 경우 또는 수급자가 희망하는 경우에는 수급자를 보장시설이나 타인의 가정에 위탁하여 급여를 실시할 수 있다(제10조 제1항 단서).313)'

---

312) 이 경우 보장기관은 보건복지부장관이 정하는 바에 따라 정기적으로 수급자의 수급 여부를 확인하여야 한다.

313) 수급자에 대한 생계급여를 타인의 가정에 위탁하여 실시하는 경우에는 거실의 임차료와 그 밖에 거실의 유지에 필요한 비용은 수급품에 가산하여 지급한다(제10조 제2항).

3. 주거급여

주거급여314)는 수급자에게 주거 안정에 필요한 임차료, 수선유지비, 그 밖의 수급품을 지급하는 형태로 이루어진다(제11조 제1항).

4. 교육급여

가. 교육급여의 수급권자

교육급여 수급권자는 부양의무자가 없거나, 부양의무자가 있어도 부양능력이 없거나 부양을 받을 수 없는 사람으로서 그 소득인정액이 중앙생활보장위원회의 심의·의결을 거쳐 결정하는 금액(이하 "교육급여 선정기준"이라 한다) 이하인 사람으로 하며, 선정기준은 기준 중위소득의 100분의 50 이상으로 한다(제12조 제3항).

교육급여 수급권자를 선정하는 경우에는 위 교육급여와 「초·중등교육법」 제60조의4에 따른 교육비 지원과의 연계·통합을 위하여 소득인정액이 교육급여 선정기준 이하인 사람을 수급권자로 본다(제12조의2).

나. 교육급여의 소관 및 내용

교육급여는 교육부장관의 소관으로 하며(제12조 제2항), 수급자에게 입학금, 수업료, 학용품비 그 밖의 수급품을 지급하는 것으로 하되, 학교의 종류, 범위 등에 관하여 필요한 사항은 대통령령으로 정한다(제12조 제1항).

---

314) 생활보호법에서는 주거급여를 규정하지 아니하였으나, 국민기초생활 보장법은 이를 추가하였다.

나. 교육급여의 방법

교육급여의 신청 및 지급 등에 대하여는 「초·중등교육법」
제60조의4부터 제60조의9까지 및 제62조 제3항에 따른 교육비
지원절차를 준용한다(제12조 제4항).

5. 의료급여

가. 의료급여 수급권자

의료급여 수급권자는 부양의무자가 없거나, 부양의무자가
있어도 부양능력이 없거나 부양을 받을 수 없는 사람으로서 그
소득인정액이 중앙생활보장위원회의 심의·의결을 거쳐 결정하는
금액(이하 "의료급여 선정기준"이라 한다) 이하인 사람으로 하며, 이 경
우 의료급여 선정기준은 기준 중위소득의 100분의 40 이상으로
한다(제12조의3 제2항).

나. 의료급여의 내용

의료급여는 수급자에게 건강한 생활을 유지하는 데 필요한
각종 검사 및 치료 등을 지급하는 것으로 한다(제12조의3 제1항).

다. 의료급여법의 적용

의료급여에 필요한 사항은 따로 법률에서 정하도록 하였는
데(제12조의3 제3항), 의료급여법에서 상세히 규정하고 있다.

6. 해산급여

가. 해산급여의 수급권자

해산급여는 제7조 제1항 제1호부터 제3호까지의 급여 중 하

나 이상의 급여를 받는 수급자에게 다음의 급여를 실시하는 것으로 한다(제13조 제1항).

나. 해산급여의 내용

해산급여는 수급자에게 ① 조산(助産), ② 분만 전과 분만 후에 필요한 조치를 취하는 형태로 이루어진다(제13조 제1항). 해산급여는 보장기관이 지정하는 의료기관에 위탁하여 행할 수 있다(제13조 제2항).

다. 해산급여의 방법

해산급여에 필요한 수급품은 보건복지부령으로 정하는 바에 따라 수급자나 그 세대주 또는 세대주에 준하는 사람에게 직접 지급한다(제13조 제3항 본문).

그러나 해산급여는 보건복지부령으로 정하는 바에 따라 보장기관이 지정하는 의료기관에 위탁하여 실시할 수 있으므로(제13조 제2항), 이 경우에는 수급품을 그 의료기관에 지급할 수 있다(제13조 제3항 단서).

7. 장제급여

가. 장제급여의 수급권자 및 내용

장제급여는 제7조 제1항 제1호부터 제3호까지의 급여 중 하나 이상의 급여를 받는 수급자가 사망한 경우 ① 사체의 검안(檢案), ② 운반, ③ 화장 또는 매장, ④ 그 밖의 장제조치를 행하는 것으로 한다(제14조 제1항).

나. 장제급여의 방법

장제급여는 실제로 장제를 실시하는 사람에게 장제에 필요한 비용을 지원한다(제14조 제2항 본문). 다만, 그 비용을 지급할 수 없거나 비용을 지급하는 것이 적당하지 아니하다고 인정하는 경우에는 물품을 지급할 수 있다(제14조 제2항 단서).

8. 자활급여

가. 자활급여의 내용

자활급여는 수급자의 자활을 돕기 위하여 ① 자활에 필요한 금품의 지급 또는 대여, ② 자활에 필요한 근로능력의 향상 및 기능습득의 지원, ③ 취업알선 등 정보의 제공, ④ 자활을 위한 근로기회의 제공, ⑤ 자활에 필요한 시설 및 장비의 대여, ⑥ 창업교육, 기능훈련 및 기술·경영 지도 등 창업지원, ⑦ 자활에 필요한 자산형성 지원, ⑧ 그 밖의 대통령령으로 정하는 자활을 위한 각종 지원 등이다(제15조 제1항).

나. 자활급여의 지급방법

자활급여는 관련 공공기관·비영리법인·시설과 그 밖에 대통령령으로 정하는 기관에 위탁하여 실시할 수 있으며, 이에 드는 비용은 보장기관이 부담한다(제15조 제2항).

[233] Ⅱ. 자활 지원

1. 중앙자활센터

수급자 및 차상위자의 자활촉진에 필요한 다음의 사업을 수행하기 위하여 중앙자활센터를 둘 수 있다(제15조의2 제1항).
① 자활 지원을 위한 조사·연구·교육 및 홍보 사업
② 자활 지원을 위한 사업의 개발 및 평가
③ 광역자활센터, 지역자활센터 및 자활기업의 기술·경영

지도 및 평가

　④ 자활 관련 기관 간의 협력체계 및 정보네트워크 구축·운영

　⑤ 취업·창업을 위한 자활촉진 프로그램 개발 및 지원

　⑥ 용지원서비스 및 사회복지서비스의 대상자 관리

　⑦ 그 밖에 자활촉진에 필요한 사업으로서 보건복지부장관이 정하는 사업.

　중앙자활센터는 법인으로 하며(제15조의2 제2항), 정부는 중앙자활센터의 설치 및 운영에 필요한 경비의 전부 또는 일부를 보조할 수 있다(제15조의2 제3항).

2. 광역자활센터

　보장기관은 수급자 및 차상위자의 자활촉진에 필요한 다음의 사업을 수행하게 하기 위하여 사회복지법인 등 비영리법인과 단체(이하 "법인등"이라 한다)를 법인등의 신청을 받아 특별시·광역시·특별자치시·도·특별자치도(이하 "시·도"라 한다) 단위의 광역자활센터로 지정할 수 있다(제15조의3 제1항).315)

　① 시·도 단위의 자활기업 창업지원

　② 시·도 단위의 수급자 및 차상위자에 대한 취업·창업 지원 및 알선

　③ 지역자활센터 종사자 및 참여자에 대한 교육훈련 및 지원

　④ 지역특화형 자활프로그램 개발·보급 및 사업개발 지원

　⑤ 지역자활센터 및 자활기업에 대한 기술·경영 지도

　⑥ 그 밖에 자활촉진에 필요한 사업으로서 보건복지부장관이 정하는 사업.

---

315) 이 경우 보장기관은 법인등의 지역사회복지사업 및 자활지원사업의 수행 능력·경험 등을 고려하여야 한다.

보장기관은 광역자활센터의 설치 및 운영에 필요한 경비의 전부 또는 일부를 보조할 수 있으며(제15조의3 제2항), 보장기관은 광역자활센터에 대하여 정기적으로 사업실적 및 운영실태를 평가하고 수급자의 자활촉진을 달성하지 못하는 광역자활센터에 대하여는 그 지정을 취소할 수 있다(제15조의3 제3항).

3. 지역자활센터

보장기관은 수급자 및 차상위자의 자활 촉진에 필요한 다음의 사업을 수행하게 하기 위하여 사회복지법인, 사회적협동조합 등 비영리법인과 단체(이하 "법인등"이라 한다)를 법인등의 신청을 받아 지역자활센터로 지정할 수 있다(제16조 제1항).316)
① 자활의욕 고취를 위한 교육
② 자활을 위한 정보제공, 상담, 직업교육 및 취업알선
③ 생업을 위한 자금융자 알선
④ 자영창업 지원 및 기술·경영 지도
⑤ 자활기업의 설립·운영 지원
⑥ 그 밖에 자활을 위한 각종 사업.
보장기관은 지역자활센터에 대하여 다음의 지원을 할 수 있으며(제16조 제2항), 보장기관은 지역자활센터에 대하여 정기적으로 사업실적 및 운영실태를 평가하고 수급자의 자활촉진을 달성하지 못하는 지역자활센터에 대하여는 그 지정을 취소할 수 있다(제16조 제3항).
① 지역자활센터의 설립·운영 비용 또는사업수행 비용의 전부 또는 일부
② 국유·공유 재산의 무상임대

---

316) 이 경우 보장기관은 법인등의 지역사회복지사업 및 자활지원사업 수행능력·경험 등을 고려하여야 한다.

③ 보장기관이 실시하는 사업의 우선 위탁.

시장·군수·구청장은 자활지원사업의 효율적인 추진을 위하여 제16조에 따른 지역자활센터, 직업안정법 제2조의2 제1호의 직업안정기관, 사회복지사업법 제2조 제4호의 사회복지시설의 장 등과 상시적인 협의체계(이하 "자활기관협의체"라 한다)를 구축하여야 한다(제17조 제1항).

지역자활센터는 수급자 및 차상위자에 대한 효과적인 자활지원과 지역자활센터의 발전을 공동으로 도모하기 위하여 지역자활센터협회를 설립할 수 있다(제16조 제4항).

5. 자활기업

수급자 및 차상위자는 상호 협력하여 자활기업을 설립·운영할 수 있다(제18조 제1항). 자활기업은 조합 또는 「부가가치세법」상의 사업자로 하며(제18조 제2항), 보장기관은 자활기업에게 직접 또는 중앙자활센터, 광역자활센터 및 지역자활센터를 통하여 다음의 지원을 할 수 있다(제18조 제3항).

① 자활을 위한 사업자금 융자

② 국유지·공유지 우선 임대

③ 국가나 지방자치단체가 실시하는 사업의 우선 위탁

④ 국가나 지방자치단체의 조달구매 시 자활기업 생산품의 우선 구매

⑤ 그 밖에 수급자의 자활촉진을 위한 각종 사업.

6. 고용촉진

보장기관은 수급자 및 차상위자의 고용을 촉진하기 위하여 상시근로자의 일정비율 이상을 수급자 및 차상위자로 채용하는

기업에 대하여는 대통령령으로 정하는 바에 따라 제18조 제3항 각 호에 해당하는 지원을 할 수 있다(제18조의2 제1항). 시장·군수·구청장은 수급자 및 차상위자에게 가구별 특성을 감안하여 관련 기관의 고용지원서비스를 연계할 수 있다(제18조의2 제2항).

시장·군수·구청장은 수급자 및 차상위자의 취업활동으로 인하여 지원이 필요하게 된 해당 가구의 아동·노인 등에게 사회복지서비스를 지원할 수 있다(제18조의2 제3항).

7. 자활기금의 적립

보장기관은 이 법에 따른 자활지원사업의 원활한 추진을 위하여 일정한 금액과 연한을 정하여 자활기금을 적립할 수 있다(제18조의3 제1항). 보장기관은 자활지원사업의 효율적 추진을 위하여 필요하다고 인정하는 경우에는 자활기금의 관리·운영을 제15조의2에 따른 중앙자활센터 또는 자활지원사업을 수행하는 비영리법인에 위탁할 수 있다. 이 경우 그에 드는 비용은 보장기관이 부담한다(제18조의3 제2항).

8. 자산형성지원

보장기관은 수급자 및 차상위자가 자활에 필요한 자산을 형성할 수 있도록 재정적인 지원을 할 수 있으며(제18조의4 제1항), 수급자 및 차상위자가 자활에 필요한 자산을 형성하는 데 필요한 교육을 실시할 수 있다(제18조의3 제2항).

9. 자활의 교육 등

보건복지부장관, 특별시장·광역시장·특별자치시장·도지사·특별자치도지사(이하 "시·도지사"라 한다), 시장·군수·구청장은 수급자 및 차상위자의 자활촉진을 위하여 교육을 실시할 수 있으며(제18조의5 제1항), 보건복지부장관은 이 교육을 위하여 교육기관을 설치·운영하거나, 운영의 전부 또는 일부를 법인·단체 등에 위탁할 수 있다(제18조의5 제2항).317)

[234] Ⅲ. 급여의 지급절차

1. 급여의 신청

가. 신청권자

수급권자와 그 친족, 그 밖의 관계인은 관할 시장·군수·구청장에게 수급권자에 대한 급여를 신청할 수 있다(제21조 제1항). 차상위자가 급여를 신청하려는 경우에도 같다.318)

그러나 모든 수급권자가 신청능력이 있는 것은 아니므로 직권에 의해 보호가 이루어 질 수 있다. 즉, 사회복지 전담공무원은 이 법에 따른 급여를 필요로 하는 사람이 누락되지 아니하도록 하기 위하여 관할지역에 거주하는 수급권자에 대한 급여를 직권으로 신청할 수 있다(제21조 제2항).319)

나. 정보제공 동의서의 제출

급여신청을 할 때나 사회복지 전담공무원이 급여신청을 하

---

317) 보건복지부장관은 교육기관의 운영을 위탁받은 법인·단체 등에 대하여 그 운영에 필요한 비용을 지원할 수 있다(제18조의5 제3항).

318) 이 경우 신청방법과 절차 및 조사 등에 관하여는 수급권자에 관한 규정(제21조 제2항부터 제5항까지, 제22조, 제23조 및 제23조의2)을 준용한다.

319) 이 경우 수급권자의 동의를 구하여야 하며 수급권자의 동의는 수급권자의 신청으로 볼 수 있다.

는 것에 수급권자가 동의하였을 때에는 수급권자와 부양의무자
는 다음의 자료 또는 정보의 제공에 대하여 동의한다는 서면을
제출하여야 한다(제21조 제2항).

① "금융실명거래 및 비밀보장에 관한 법률" 제2조 제2호
및 제3호에 따른 금융자산 및 금융거래의 내용에 대한 자료 또
는 정보 중 예금의 평균잔액과 그 밖에 대통령령으로 정하는 자
료 또는 정보(이하 "금융정보"라 한다)

② "신용정보의 이용 및 보호에 관한 법률" 제2조 제1호에
따른 신용정보 중 채무액과 그 밖에 대통령령으로 정하는 자료
또는 정보(이하 "신용정보"라 한다)

③ 보험업법 제4조 제1항 각 호에 따른 보험에 가입하여 낸
보험료와 그 밖에 대통령령으로 정하는 자료 또는 정보(이하 "보
험정보"라 한다).

2. 신청에 의한 조사

시장·군수·구청장은 급여신청이 있는 경우에는 사회복지 전
담공무원으로 하여금 급여의 결정 및 실시 등에 필요한 다음의
사항을 조사하게 하거나 수급권자에게 보장기관이 지정하는 의
료기관에서 검진을 받게 할 수 있다(제22조 제1항). ① 부양의무자
의 유무 및 부양능력 등 부양의무자와 관련된 사항, ② 수급권
자 및 부양의무자의 소득·재산에 관한 사항, ③ 수급권자의 근
로능력, 취업상태, 자활욕구 등 자활지원계획 수립에 필요한 사
항, ④ 그 밖에 수급권자의 건강상태, 가구 특성 등 생활실태에
관한 사항.

그리고 시장·군수·구청장은 수급권자 또는 그 부양의무자의
소득, 재산 및 건강상태 등을 확인하기 위하여 필요한 자료를
확보하기 곤란한 경우 보건복지부령으로 정하는 바에 따라 수급

권자 또는 부양의무자에게 필요한 자료의 제출을 요구할 수 있다(제22조 제2항).

3. 확인조사

시장·군수·구청장은 수급자 및 수급자에 대한 급여의 적정성을 확인하기 위하여 매년 연간조사계획을 수립하고 관할구역의 수급자를 대상으로 제22조 제1항 각 호의 사항을 매년 1회 이상 정기적으로 조사하여야 하며, 특히 필요하다고 인정하는 경우에는 보장기관이 지정하는 의료기관에서 검진을 받게 할 수 있다(제22조 제1항).320)

4. 금융정보등의 제공

보건복지부장관은「금융실명거래 및 비밀보장에 관한 법률」제4조 제1항과「신용정보의 이용 및 보호에 관한 법률」제32조 제1항에도 불구하고 수급권자와 그 부양의무자가 제21조 제3항에 따라 제출한 동의 서면을 전자적 형태로 바꾼 문서에 의하여 금융기관등(「금융실명거래 및 비밀보장에 관한 법률」제2조 제1호에 따른 금융회사등,「신용정보의 이용 및 보호에 관한 법률」제25조에 따른 신용정보집중기관을 말한다. 이하 같다)의 장에게 금융정보·신용정보 또는 보험정보(이하 "금융정보등"이라 한다)의 제공을 요청할 수 있다(제23조 제1항).

보건복지부장관은 제23조에 따른 확인조사를 위하여 필요하다고 인정하는 경우「금융실명거래 및 비밀보장에 관한 법률」제4조 제1항과「신용정보의 이용 및 보호에 관한 법률」제32조 제1항에도 불구하고 대통령령으로 정하는 기준에 따라 인적사항을 적

---

320) 다만, 보건복지부장관이 정하는 사항은 분기마다 조사하여야 한다.

은 문서 또는 정보통신망으로 금융기관등의 장에게 수급자와 부양
의무자의 금융정보등을 제공하도록 요청할 수 있다(제23조 제2항).

이상의 금융정보등의 제공을 요청받은 금융기관등의 장은
「금융실명거래 및 비밀보장에 관한 법률」 제4조와 「신용정보의
이용 및 보호에 관한 법률」 제32조에도 불구하고 명의인의 금융
정보등을 제공하여야 한다(제23조 제3항). 그리고 금융정보등을 제
공한 금융기관등의 장은 금융정보등의 제공 사실을 명의인에게
통보하여야 한다(제23조 제4항).321)

이상의 업무에 종사하고 있거나 종사하였던 사람은 업무를
수행하면서 취득한 금융정보등을 이 법에서 정한 목적 외의 다
른 용도로 사용하거나 다른 사람 또는 기관에 제공하거나 누설
하여서는 아니 된다(제23조 제6항).

5. 차상위계층에 대한 조사

시장·군수·구청장은 급여의 종류별 수급자 선정기준의 변경
등에 의하여 수급권자의 범위가 변동함에 따라 다음 연도에 이
법에 따른 급여가 필요할 것으로 예측되는 수급권자의 규모를
조사하기 위하여 보건복지부령으로 정하는 바에 따라 차상위계
층에 대하여 조사할 수 있다(제24조 제1항).

6. 급여의 결정 등

시장·군수·구청장은 제22조에 따라 조사를 하였을 때에는
지체 없이 급여 실시 여부와 급여의 내용을 결정하여야 한다(제

---

321) 다만, 명의인이 동의한 경우에는 「금융실명거래 및 비밀보장에 관한 법률」 제4
조의2 제1항과 「신용정보의 이용 및 보호에 관한 법률」 제35조에도 불구하고 통보하
지 아니할 수 있다.

26조 제1항). 제24조에 따라 차상위계층을 조사한 시장·군수·구청장은 제27조 제1항 단서에 규정된 급여개시일이 속하는 달에 급여 실시 여부와 급여 내용을 결정하여야 한다(제26조 제2항).

시장·군수·구청장은 급여 실시 여부와 급여 내용을 결정하였을 때에는 그 결정의 요지, 급여의 종류·방법 및 급여의 개시 시기 등을 서면으로 수급권자 또는 신청인에게 급여의 신청일부터 30일 이내에 통지하여야 한다(제26조 제3항, 제4항 본문). 다만, 다음의 어느 하나에 해당하는 경우에는 신청일부터 60일 이내에 통지할 수 있다. 이 경우 통지서에 그 사유를 구체적으로 밝혀야 한다(제26조 제4항 단서).

① 부양의무자의 소득·재산 등의 조사에 시일이 걸리는 특별한 사유가 있는 경우

② 수급권자 또는 부양의무자가 제22조 제1항·제2항 및 관계 법률에 따른 조사나 자료제출 요구를 거부·방해 또는 기피하는 경우.

7. 급여의 실시 등

급여 실시 및 급여 내용이 결정된 수급자에 대한 급여는 제21조에 따른 급여의 신청일부터 시작한다(제27조 제1항 본문). 다만, 제6조에 따라 보건복지부장관 또는 소관중앙행정기관의 장이 매년 결정·공표하는 급여의 종류별 수급자 선정기준의 변경으로 인하여 매년 1월에 새로 수급자로 결정되는 사람에 대한 급여는 해당 연도의 1월 1일을 그 급여개시일로 한다(제27조 제1항 단서).

시장·군수·구청장은 급여 실시 여부의 결정을 하기 전이라도 수급권자에게 급여를 실시하여야 할 긴급한 필요가 있다고 인정할 때에는 급여의 일부를 실시할 수 있다(제27조 제2항).

8. 급여의 지급방법 등

보장기관이 급여를 금전으로 지급할 때에는 수급자의 신청에 따라 수급자 명의의 지정된 계좌(이하 "급여수급계좌"라 한다)로 입금하여야 한다(제27조의2 제1항 본문). 다만, 정보통신장애나 그 밖에 대통령령으로 정하는 불가피한 사유로 급여수급계좌로 이체할 수 없을 때에는 대통령령으로 정하는 바에 따라 급여를 지급할 수 있다(제27조의2 제1항 단서). 급여수급계좌의 해당 금융기관은 이 법에 따른 급여만이 급여수급계좌에 입금되도록 관리하여야 한다(제27조의2 제2항).

9. 가구별 자활지원계획의 수립

시장·군수·구청장은 수급자의 자활을 체계적으로 지원하기 위하여 보건복지부장관이 정하는 바에 따라 제22조, 제23조, 제23조의2 및 제24조에 따른 조사 결과를 고려하여 수급자 가구별로 자활지원계획을 수립하고 그에 따라 이 법에 따른 급여를 실시하여야 한다(제28조 제1항).

10. 급여의 변경

보장기관은 수급자의 소득·재산·근로능력 등이 변동된 경우에는 직권으로 또는 수급자나 그 친족, 그 밖의 관계인의 신청에 의하여 그에 대한 급여의 종류·방법 등을 변경할 수 있다(제29조 제1항). 급여의 변경은 서면으로 그 이유를 구체적으로 밝혀 수급자에게 통지하여야 한다(제29조 제2항).

11. 급여의 중지 등

보장기관은 수급자가 다음의 어느 하나에 해당하는 경우에는 급여의 전부 또는 일부를 중지하여야 한다(제30조 제1항). ① 수급자에 대한 급여의 전부 또는 일부가 필요 없게 된 경우, ② 수급자가 급여의 전부 또는 일부를 거부한 경우.

근로능력이 있는 수급자가 제9조 제5항의 조건을 이행하지 아니하는 경우 조건을 이행할 때까지 제7조 제2항에도 불구하고 근로능력이 있는 수급자 본인의 생계급여의 전부 또는 일부를 지급하지 아니할 수 있다(제30조 제2항).

이에 관하여 개인에게 최저한의 생활을 보장하는 급여를 협조의무가 이행되지 않았다는 이유로 급여의 일부 또는 전부를 정지하는 것은 문제가 있다는 지적이 있다.322)

12. 청 문

보장기관은 지역자활센터의 지정을 취소하려는 경우와 급여의 결정을 취소하려는 경우에는 청문을 하여야 한다(제31조).

13. 반환명령

보장기관은 급여의 변경 또는 급여의 정지·중지에 따라 수급자에게 이미 지급한 수급품 중 과잉지급분이 발생한 경우에는 즉시 수급자에 대하여 그 전부 또는 일부의 반환을 명하여야 한

---

322) 행위자에 대한 위와 같은 법적 비난이 그러한 비난의 여지 없는 가족구성원에 대해서 미치는 효과를 고려하여 신중히 적용되어야 한다. 생존권을 박탈하는 내용의 제재가 인간의 존엄을 보호하고 있는 헌법질서와 조화될 수는 없기 때문이다: 전광석, 「한국사회보장법론」, (2010), 536면.

다(제47조 제1항 본문). 다만, 이미 이를 소비하였거나 그 밖에 수급자에게 부득이한 사유가 있을 때에는 그 반환을 면제할 수 있다(제47조 제1항 단서). 그리고 시장·군수·구청장이 긴급급여를 실시하였으나 조사 결과에 따라 급여를 실시하지 아니하기로 결정한 경우에도 급여비용의 반환을 명할 수 있다(제47조 제2항).

[235] Ⅳ. 수급자의 권리와 의무

1. 수급자의 권리

수급자에 대한 급여는 정당한 사유 없이 수급자에게 불리하게 변경할 수 없다(제34조). 수급자에게 지급된 수급품과 이를 받을 권리는 압류할 수 없으며(제35조 제1항), 지정된 급여수급계좌의 예금에 관한 채권은 압류할 수 없다(제35조 제2항).

2. 수급자의 의무

수급자는 급여를 받을 권리를 타인에게 양도할 수 없다(제36조). 수급자는 거주지역, 세대의 구성 또는 임대차 계약내용이 변동되거나 제22조 제1항 각 호의 사항이 현저하게 변동되었을 때에는 지체 없이 관할 보장기관에 신고하여야 한다(제37조).

[236] Ⅴ. 권리구제절차

1. 시·도지사에 대한 이의신청

수급자나 급여 또는 급여 변경을 신청한 사람은 시장·군수·구청장(교육급여인 경우에는 시·도교육감을 말한다)의 처분에 대하여 이의가 있는 경우에는 그 결정의 통지를 받은 날부터 60일 이내에 해당 보장기관을 거쳐 시·도지사(특별자치시장·특별자치도지사 및 시·도교육감의 처분에 이의가 있는 경우에는 해당 특별자치시장·특별자치도지사 및 시·도교육감을 말한다)에게 서면 또는 구두로 이의를 신청할 수 있다(제38조 제1항).323)

이의신청을 받은 시장·군수·구청장은 10일 이내에 의견서와 관계 서류를 첨부하여 시·도지사에게 보내야 한다(제38조 제2항).

2. 시·도지사의 처분 등

시·도지사가 시장·군수·구청장으로부터 이의신청서를 받았을 때(특별자치시장·특별자치도지사 및 시·도교육감의 경우에는 직접 이의신청을 받았을 때를 말한다)에는 30일 이내에 필요한 심사를 하고 이의신청을 각하 또는 기각하거나 해당 처분을 변경 또는 취소하거나 그 밖에 필요한 급여를 명하여야 한다(제39조 제1항).

시·도지사는 위의 처분 등을 하였을 때에는 지체 없이 신청인과 해당 시장·군수·구청장에게 각각 서면으로 통지하여야 한다(제39조 제2항).

3. 보건복지부장관에 대한 이의신청

시·도지사의 처분 등에 대하여 이의가 있는 사람은 그 처분 등의 통지를 받은 날부터 60일 이내에 시·도지사를 거쳐 보건복지부장관(제7조 제1항 제2호 또는 제4호의 주거급여 또는 교육급여인 경우에는 소관 중앙행정기관의 장을 말하며, 보건복지부장관에게 한 이의신청은 소관 중앙행정기관의 장에게 한 것으로 본다)에게 서면 또는 구두로 이의를 신청할 수 있다(제40조 제1항).324)

---

323) 이 경우 구두로 이의신청을 접수한 보장기관의 공무원은 이의신청서를 작성할 수 있도록 협조하여야 한다.
324) 이 경우 구두로 이의신청을 접수한 보장기관의 공무원은 이의신청서를 작성할

시·도지사는 이의신청을 받으면 10일 이내에 의견서와 관계 서류를 첨부하여 보건복지부장관 또는 소관 중앙행정기관의 장(제 7조 제1항 제2호 또는 제4호의 주거급여 또는 교육급여인 경우에 한정한다)에게 보내야 한다(제40조 제2항).

4. 이의신청의 결정 및 통지

보건복지부장관 또는 소관 중앙행정기관의 장은 이의신청서를 받았을 때에는 30일 이내에 필요한 심사를 하고 이의신청을 각하 또는 기각하거나 해당 처분의 변경 또는 취소의 결정을 하여야 한다(제41조 제1항).

보건복지부장관 또는 소관 중앙행정기관의 장은 위의 결정을 하였을 때에는 지체 없이 시·도지사 및 신청인에게 각각 서면으로 결정 내용을 통지하여야 한다(제41조 제2항).325)

[237] Ⅵ. 재 정

1. 국가의 의무

생활무능력자는 국가에 대하여 인간다운 생활의 보장을 청구할 수 있고, 국가는 반대로 스스로의 힘으로 인간다운 생활을 영위할 수 없는 자에 대하여 이것이 가능하도록 지원 즉 생활보장급여를 지급할 의무를 진다.

수 있도록 협조하여야 한다.

325) 이 경우 소관 중앙행정기관의 장이 결정 내용을 통지하는 때에는 그 사실을 보건복지부장관에게 알려야 한다.

2. 국가 및 지방자치단체의 분담

보장비용326)의 부담은 다음의 구분에 따른다(제43조 제1항).

① 국가 또는 시·도가 직접 수행하는 보장업무에 드는 비용은 국가 또는 당해 시·도가 부담한다.

② 제19조 제2항에 따른 급여의 실시 비용은 국가 또는 해당 시·도가 부담한다.

③ 시·군·구가 수행하는 보장업무에 드는 비용 중 제42조 제1호 및 제2호의 비용은 해당 시·군·구가 부담한다.

④ 시·군·구가 수행하는 보장업무에 드는 비용 중 제42조 제3호 및 제4호의 비용(이하 이 호에서 "시·군·구 보장비용"이라 한다)은 시·군·구의 재정여건, 사회보장비 지출 등을 고려하여 국가, 시·도 및 시·군·구가 다음과 같이 차등하여 분담한다.

(가) 국가는 시·군·구 보장비용의 총액 중 100분의 40 이상 100분의 90 이하를 부담한다.

(나) 시·도는 시·군·구 보장비용의 총액에서 위 (가)의 국가 부담분을 뺀 금액 중 100분의 30 이상 100분의 70 이하를 부담하고, 시·군·구는 시·군·구 보장비용의 총액 중에서 국가와 시·도가 부담하는 금액을 뺀 금액을 부담한다. 다만, 특별자치시·특별자치도는 시·군·구 보장비용의 총액 중에서 국가가 부담하는 금액을 뺀 금액을 부담한다.

---

326) 제42조(보장비용) 이 법에서 "보장비용"이란 다음 각 호의 비용을 말한다. 1. 이 법에 따른 보장업무에 드는 인건비와 사무비 2. 제20조에 따른 생활보장위원회의 운영에 드는 비용 3. 제8조, 제11조, 제12조, 제12조의3, 제13조, 제14조, 제15조, 제15조의2, 제15조의3 및 제16조부터 제18조까지의 규정에 따른 급여 실시 비용 4. 그 밖에 이 법에 따른 보장업무에 드는 비용.

3. 정산방법

국가는 매년 이 법에 따른 보장비용 중 국가부담 예정 합계액을 각각 보조금으로 지급하고, 그 과부족(過不足) 금액은 정산하여 추가로 지급하거나 반납하게 한다(제43조 제2항).

시·도는 매년 시·군·구에 대하여 제2항에 따른 국가의 보조금에, 제1항 제4호에 따른 시·도의 부담예정액을 합하여 보조금으로 지급하고 그 과부족 금액은 정산하여 추가로 지급하거나 반납하게 한다(제43조 제3항). 보조금의 산출 및 정산 방법 등에 관하여 필요한 사항은 대통령령으로 정한다(제43조 제4항).

지방자치단체의 조례에 따라 이 법에 따른 급여 범위 및 수준을 초과하여 급여를 실시하는 경우 그 초과 보장비용은 해당 지방자치단체가 부담한다(제43조 제5항).

4. 교육급여 보장비용 부담의 특례

위 규정에 불구하고 제12조 및 제12조의2에 따라 시·도교육감이 수행하는 보장업무에 드는 비용은 다음에 따라 차등하여 분담한다(제43조의2 제1항).

① 소득인정액이 기준 중위소득의 100분의 40 이상인 수급자에 대한 입학금 및 수업료의 지원은 「초·중등교육법」제60조의4에 따른다.

② 소득인정액이 기준 중위소득의 100분의 40 이상인 수급자에 대한 학용품비와 그 밖의 수급품은 국가, 시·도, 시·군·구가 부담하며, 구체적인 부담비율에 관한 사항은 제43조 제1항 제4호 각 목에 따른다.

③ 소득인정액이 기준 중위소득의 100분의 40 미만인 수급

자에 대한 보장비용은 국가, 시·도, 시·군·구가 제43조 제1항 제
4호 각 목에 따라 부담하되, 제12조의2에 따라 추가적으로 적용
되는 기준에 따른 수급자에 대한 입학금 및 수업료의 지원은
초·중등교육법 제60조의4에 따른다.

5. 유류금품의 처분

장제급여를 실시하는 경우에 사망자에게 부양의무자가 없을
때에는 시장·군수·구청장은 사망자가 유류(遺留)한 금전 또는 유
가증권으로 그 비용에 충당하고, 그 부족액은 유류물품의 매각
대금으로 충당할 수 있다(제45조).

6. 비용의 징수

수급자에게 부양능력을 가진 부양의무자가 있음이 확인된
경우에는 보장비용을 지급한 보장기관은 생활보장위원회의 심
의·의결을 거쳐 그 비용의 전부 또는 일부를 그 부양의무자로부
터 부양의무의 범위에서 징수할 수 있다(제46조 제1항).

속임수나 그 밖의 부정한 방법으로 급여를 받거나 타인으로
하여금 급여를 받게 한 경우에는 보장비용을 지급한 보장기관은
그 비용의 전부 또는 일부를 그 급여를 받은 사람 또는 급여를 받
게 한 자(이하 "부정수급자"라 한다)로부터 징수할 수 있다(제46조 제2항).

위의 징수할 금액은 각각 부양의무자 또는 부정수급자에게
통지하여 징수하고, 부양의무자 또는 부정수급자가 이에 응하지
아니하는 경우 국세 또는 지방세 체납처분의 예에 따라 징수한
다(제46조 제3항).

[238] VII. 벌 칙

제23조의2 제6항을 위반하여 금융정보를 사용·제공 또는 누설한 자는 5년 이하의 징역 또는 3천만원 이하의 벌금에 처한다(제48조 제1항).

다음의 어느 하나에 해당하는 자는 3년 이하의 징역 또는 2천만원 이하의 벌금에 처한다(제48조 제2항).

① 제22조 제6항(제23조 제2항에서 준용하는 경우를 포함하고, 제23조의2 제6항을 위반한 경우는 제외한다)을 위반하여 정보 또는 자료를 사용하거나 제공한 자

② 제23조의2 제6항을 위반하여 신용정보 또는 보험정보를 사용·제공 또는 누설한 자.

속임수나 그 밖의 부정한 방법으로 급여를 받거나 타인으로 하여금 급여를 받게 한 자는 1년 이하의 징역, 1천만원 이하의 벌금, 구류 또는 과료에 처한다(제49조). 그리고 제33조 제1항 또는 제5항을 위반하여 수급자의 급여 위탁을 정당한 사유 없이 거부한 자나 종교상의 행위를 강제한 자는 300만원 이하의 벌금, 구류 또는 과료에 처한다(제50조).

법인의 대표자나 법인 또는 개인의 대리인, 사용인, 그 밖의 종업원이 그 법인 또는 개인의 업무에 관하여 제48조 또는 제49조의 위반행위를 하면 그 행위자를 벌하는 외에 그 법인 또는 개인에게도 각 해당 조문의 벌금 또는 과료의 형을 과(科)한다(제51조 본문). 다만, 법인 또는 개인이 그 위반행위를 방지하기 위하여 해당 업무에 관하여 상당한 주의와 감독을 게을리하지 아니한 경우에는 그러하지 아니하다(제51조 단서).

제 2 장
의료급여법

강의주제 :

현행 의료공급체계는 일반 국민에 대한 건강보험제도와 의료보호대상자에 대한 의료급여제도로 이원화되어 있다.
이를 현행과 같이 이원화할 경우 장단점과 건강보험제도에 통합할 경우의 장단점을 비교하라.

제 1 절   의료급여의 필요성

[239] I . 의료급여의 성격

의료보호는 생활보호와 마찬가지로 스스로의 힘으로 개인의 의료문제를 해결하지 못하는 자에게 국가가 무료로 의료서비스를 제공하는 것이다. 헌법 제34조는 "모든 국민은 인간다운 생활을 할 권리를 가진다."(제1항)라고 하고 "신체장애자 및 질병·노령 그 밖의 사유로 생활능력이 없는 국민은 법률이 정하는 바에 의하여 국가의 보호를 받는다."(제5항)라고 규정하여 스스로의 힘에 의하여 생활을 유지할 수 없는 자의 인간다운 생활을 보장하여야 할 국가의 의무를 규정하고 있다.

의료보호는 광의의 생활보호라 할 수 있으므로 국민기초생

활보장법에서 함께 규성할 수도 있으나, 별도로 의료급여법에서
규정하고 있다. 이 법에 의한 의료보호와 국민건강보험법에 의한
의료서비스는 의료서비스의 제공이라는 점에는 동일하지만, 전자는
국민에 대한 기초생활보장의 원리에 의하여 그 비용을 원칙적으로
국가가 전적으로 부담하는데 비하여, 후자는 사회보험의 방식에 의
하여 본인이 그 비용의 일부 또는 전부를 부담하는 점에서 서로
다르다.

[240] Ⅱ. 입법 과정

1. 생활보호법

처음 의료보호는 1961년 12월 31일 제정된 생활보호법327)
제5조의 의료보호에 관한 규정에 근거하여, 생활보호대상자에게
의료보호를 실시하였는데 국·공립 의료기관에서 무료진료서비스
를 제공하였다.

2. 의료보호법

1977년 12월 31일 의료보호법의 제정으로 이 법에 의하여
생활보호대상자에 대한 의료보호가 행하여지기 시작하였다.

1991년 의료보호대상자의 확대와 전국민 의료보험체계의 확
립에 따른 의료보장 여건의 변화에 부응하는 한편 의료보호 내
용의 충실화를 도모하려는 취지에서 전면개정되었고, 1993년,
1994년, 그리고 1999년 개정되었다.

---

327) 이 법시행령은 1969년에 제정·공포되었다.

3. 의료급여법

2001년 5월 24일 개정된 법은 ① 법률의 명칭을 의료급여법으로 변경하고, ② 중앙의료급여심의위원회의 설치하고, ③ 의료급여 수급기간을 폐지하여 연중 상시적으로 의료급여를 받을 수 있도록 하였고, 2001년 10월 1일부터 시행되었다. 이후 의료급여법의 개정 내용을 정리하면, 아래 <표 4-2-1>과 같다.

〈표 4-2-1〉　　　　　　　의료급여법의 발전과정

개정일	시행일	입 법 내 용
2002.12. 5	2002.12. 5	시장·군수·구청장이 의약품대금을 직접지급하도록 한 규정을 삭제하였다.
2003. 5.15	2003. 5.15	중요무형문화제 명예보유자에 대하여도 의료급여수급권을 인정하였다.
2004. 3. 5	2005. 1. 1	국내에 입양된 18세 미만의 아동에 대하여도 의료급여 수급권을 인정하였다.
2005.12.23	2006. 3.24	급여비용 청구자료의 보존기간을 신설하였는데, ① 의료급여기관은 5년간 ② 약국 등의 경우에는 3년간 보존하도록 하였고, ③ 이를 위반하는 경우 100만원 이하의 과태료에 처하도록 하였다.
2006.10. 4	2006.10. 4	출입국관리법상 난민으로 인정된 자로서 국민기초생활보장법상 수급권자에 해당하는 자에 대하여도 의료급여수급권을 인정하였다.
2006.12.28	2007. 3.29	의료급여 수급자의 권익향상과 부당한 치료비 징수를 방지하였다.
2011. 3.30	2011. 7. 1	① 의료급여를 과다하게 또는 과소하게 이용하는 사람에 대하여 합리적 의료이용을 유도하여 수급자의 건강관리능력 향상과 의료급여 재정절감을 꾀하고, ② 사례관리사업을 체계적·효율적으로 수행하는데 필요한 제반 행정사항에 대한 법적 근거를 마련하였다.
2013. 6.12	2013. 6.12	① 의료급여 수급권자의 인정절차를 마련하고, ② 이른바 사무장병원 등에 대한 부당이득을 징수할 수 있는 근거를 마련하고, ③ 업무정지처분을 받은 의료기관의 효과를 승계하도록 하고, ④ 이의신청제도를 개선하였다.

2014. 1.28	2014. 7.29	이의신청에 대한 급여비용심사기관의 결정에 불복이 있을 경우, 건강보험분쟁조정위원회에 심판을 청구하도록 하였다.
2015.12.29	2016. 6.30	의료법 및 약사법을 위반한 의료급여기관에 대하여는 급여비용의 지급을 보류할 수 있도록 하였다.
2016. 2. 3	2016. 8. 4	과징금 부과처분을 이행하지 아니하는 경우, 업무정지 처분을 할 수 있도록 하였다.

제 2 절 의료급여의 수급권

[241] I. 수급권자

1. 의료급여 수급권자

의료급여 수급권자는 다음과 같다(제3조 제1항).

① 국민기초생활 보장법에 의한 수급자

② 재해구호법에 의한 이재민으로서 보건복지부장관이 의료급여가 필요하다고 인정한 사람

③ "의사상자 등 예우 및 지원에 관한 법률"에 따라 의료급여를 받는 사람

④ 입양특례법에 따라 국내에 입양된 18세 미만의 아동328)

⑤ "독립유공자예우에 관한 법률", "국가유공자 등 예우 및

---

328) 이는 보호를 필요로 하는 아동에 대한 의료비 부담을 완화하여 국내 입양을 촉진하기 위하여 국내에 입양된 18세 미만의 아동에 대하여 의료급여를 실시할 수 있도록 한 것이다. 2004년 개정시 신설되어 2005년 1월 1일부터 시행되었다.

지원에 관한 법률" 및 "보훈보상대상자 지원에 관한 법률"의 적용을 받고 있는 사람과 그 가족으로서 국가보훈처장이 의료급여가 필요하다고 추천한 사람 중에서 보건복지부장관이 의료급여가 필요하다고 인정한 사람

⑥ 문화재보호법에 의하여 지정된 중요무형문화재의 보유자(명예보유자를 포함한다)와 그 가족으로서 문화재청장이 의료급여가 필요하다고 추천한 사람 중에서 보건복지부장관이 의료급여가 필요하다고 인정한 사람

⑦ "북한이탈주민의 보호 및 정착지원에 관한 법률"의 적용을 받고 있는 사람과 그 가족으로서 보건복지부장관이 의료급여가 필요하다고 인정한 사람

⑧ "5·18민주화운동 관련자 보상 등에 관한 법률" 제8조의 규정에 의하여 보상금등을 받은 사람과 그 가족으로서 보건복지부장관이 의료급여가 필요하다고 인정한 사람

⑨ "노숙인 등의 복지 및 자립지원에 관한 법률"에 따른 노숙인 등으로서 보건복지부장관이 의료급여가 필요하다고 인정한 사람

⑩ 난민법에 따른 난민인정자로서 국민기초생활 보장법 제12조의3 제2항에 따른 의료급여 수급권자의 범위에 해당하는 사람(제3조의2)

⑪ 그 밖에 생활유지의 능력이 없거나 생활이 어려운 사람으로서 대통령령으로 정하는 사람.

2. 수급권자의 인정 절차 등

제3조 제1항 제2호부터 제10호까지의 수급권자가 되려는 사람은 보건복지부령으로 정하는 바에 따라 특별자치시장·특별자

치도지사·시장(특별자치도의 행정시장은 세외된다)·군수·구청장(구청장은 자
치구의 구청장을 말하며, 이하 "시장·군수·구청장"이라 한다)에게 수급권자 인정
신청을 하여야 한다(제3조의3 제1항).

　　시장·군수·구청장은 신청인을 수급권자로 인정하는 것이 타
당한지를 확인하기 위하여 필요한 경우 그 신청인에게 국민기초
생활 보장법 제21조 제3항 각 호에 따른 자료 또는 정보의 제공
에 동의한다는 서면을 제출하게 할 수 있다(제3조의3 제2항).

　　국가보훈처장과 문화재청장은 대통령령으로 정하는 바에 따
라 제3조 제1항 제5호 및 제6호의 수급권자로 인정할 필요가 있
는 사람을 추천하여 그 결과를 수급권자의 주소지를 관할하는
시장·군수·구청장에게 알려야 한다(제3조의3 제4항).329) 시장·군수·
구청장은 인정 신청을 한 사람(제3조 제1항 제3호 및 제4호에 해당하는 사람
은 제외한다) 중에서 제3조 제2항에 따른 수급권자의 인정 기준에
따라 수급권자를 정하여야 한다(제3조의3 제5항).

3. 적용 배제

　　수급권자가 다른 법령에 따라 의료급여를 받고 있는 경우에
는 이 법에 따른 의료급여를 하지 아니한다(제4조).

4. 의료급여증의 발급

　　시장·군수·구청장은 수급권자에게 의료급여증을 발급하여
야 한다(제8조 제1항 본문). 다만, 부득이한 사유가 있는 경우에는
의료급여증에 갈음하여 의료급여증명서를 발급하거나 보건복지
부령으로 정하는 바에 따라 의료급여증을 발급하지 아니할 수

---

329) 이 경우 제3조 제1항 제5호 및 제6호의 수급권자가 되려는 사람이 제1항에 따
른 수급권자 인정 신청을 한 것으로 본다.

있다(제8조 제1항 단서).

수급권자가 의료급여를 받을 때에는 의료급여증 또는 의료급여증명서를 의료급여기관(이하 "의료급여기관"이라 한다)에 제출하여야 한다(제8조 제2항).[330] 그러나 주민등록증, 운전면허증, 여권, 그밖에 본인 여부를 확인할 수 있는 보건복지부령으로 정하는 신분증명서(이하 "신분증명서"라 한다)로 의료급여기관이 그 자격을 확인할 수 있으면 의료급여증 또는 의료급여증명서를 제출하지 아니할 수 있다(제8조 제3항).

5. 수급권의 보호

의료급여를 받을 권리는 양도 또는 압류할 수 없다(제18조).

[242] Ⅱ. 의료급여의 종류와 내용

1. 의료급여 보장기관

의료급여에 관한 업무는 수급권자의 거주지를 관할하는 특별시장·광역시장·도지사와 시장·군수·구청장이 한다(제5조 제1항). 그러나 주거가 일정하지 아니한 수급권자에 대한 의료급여 업무는 그가 실제 거주하는 지역을 관할하는 시장·군수·구청장이 행한다(제5조 제2항). 그리고 특별시장·광역시장·도지사 및 시장·군수·구청장은 수급권자의 건강 유지 및 증진을 위하여 필요한 사업을 실시하여야 한다(제5조 제3항).

---

330) 다만, 천재지변이나 그 밖의 부득이한 사유가 있으면 그러하지 아니하다.

2. 의료급여기관

의료급여는 다음의 의료급여기관에서 실시한다. 이 경우 보건복지부장관은 공익상 또는 국가시책상 의료급여기관으로 적합하지 아니하다고 인정할 때에는 대통령령으로 정하는 바에 따라 의료급여기관에서 제외할 수 있다(제9조 제1항).

① 의료법에 따라 개설된 의료기관

② 지역보건법에 따라 설치된 보건소·보건의료원 및 보건지소

③ "농어촌 등 보건의료를 위한 특별조치법"에 따라 설치된 보건진료소

④ 약사법에 따라 개설등록된 약국 및 한국희귀의약품센터.

의료급여기관은 다음과 같이 구분하되, 의료급여기관별 진료범위는 보건복지부령으로 정한다(제9조 제2항).

① 제1차 의료급여기관

  (가) 의료법 제33조 제3항에 따라 개설신고를 한 의료기관

  (나) 제1항 제2호부터 제4호까지의 규정에 따른 의료급여기관

② 제2차 의료급여기관: 의료법 제33조 제4항 전단에 따라 개설허가를 받은 의료기관

③ 제3차 의료급여기관: 제2차 의료급여기관 중에서 보건복지부장관이 지정하는 의료기관.

이상의 의료급여기관은 정당한 이유 없이 이 법에 따른 의료급여를 거부하지 못한다(제9조 제3항).

3. 급여의 내용

수급권자의 질병·부상·출산 등에 대한 의료급여의 내용은

① 진찰·검사, ② 약제(藥劑)·치료재료의 지급, ③ 처치·수술과 그 밖의 치료, ④ 예방·재활, ⑤ 입원, ⑥ 간호, ⑦ 이송, ⑧ 그 밖의 의료목적의 달성을 위한 조치 등이다(제7조 제1항).

의료급여의 방법·절차·범위·상한 등 의료급여의 기준에 관하여는 보건복지부령으로 정하고, 의료수가기준과 그 계산방법 등에 관하여는 보건복지부장관이 정한다(제7조 제2항). 이 경우 보건복지부장관은 의료급여의 기준을 정함에 있어 업무 또는 일상생활에 지장이 없는 질환 등 보건복지부령이 정하는 사항은 의료급여의 대상에서 제외할 수 있다(제7조 제3항).

4. 급여의 기간

의료급여법은 구의료보호법상의 기간제한의 근거규정(구의료보호법 제9조)을 삭제하여 수급권자는 상시적으로 의료급여를 받을 수 있도록 하였다. 그런데 의료급여의 과다한 수진을 제한할 필요가 있다는 점이 지적되어 의료급여법시행규칙은 의료급여일수의 상한을 규정하였다(규 제8조의3 제1항 본문). 즉, 수급권자가 의료급여기금의 부담으로 의료급여를 받을 수 있는 일수(이하 "상한일수"라 한다)는 다음에 정하는 바에 따른다. 다만, 인체면역결핍증바이러스 질환자에 대하여는 상한일수를 제한하지 아니한다(규 제8조의3 제1항 단서).

① 보건복지부장관이 정하여 고시하는 희귀난치성질환: 각 질환별로 연간 365일(윤년의 경우 366일로 한다. 이하 같다)

② 정신 및 행동장애(간질을 포함한다) 등 보건복지부장관이 정하여 고시하는 질환: 각 질환별로 연간 365일

③ 그 외의 질환: 모든 질환의 의료급여 일수를 합하여 연간 365일.

이상의 제한에 불구하고 수급권자가 장기간 입원 또는 복합적인 투약 등으로 불가피하게 의료급여를 받아야 할 사유가 발생한 경우에는 보건복지부장관이 정하는 기준에 따라 시장·군수·구청장의 승인을 얻어 상한일수를 초과하여 의료급여를 받을 수 있지만(규 제8조의3 제2항), 이 경우 시장·군수·구청장은 시·군·구 의료급여심의위원회의 심의를 거쳐야 한다.

그리고 시장·군수·구청장은 상한일수를 초과하여 의료급여를 받으려는 자 중 중복투약으로 인하여 건강상 위해가 발생할 우려가 있는 자로서 보건복지부장관이 정하여 고시하는 기준에 해당하는 자에 대하여는 의료급여를 받을 수 있는 의료급여기관의 선택 범위를 차기연도 말까지 제한하는 것을 조건으로 승인할 수 있다(규 제8조의3 제2항).

[243] Ⅲ. 의료급여의 제한·중지

1. 의료급여의 제한

시장·군수·구청장은 수급권자가 다음 각 경우에 해당하는 경우에는 이 법에 의한 의료급여를 행하지 아니한다(제15조 제1항 본문). 다만, 보건복지부장관이 의료보호의 필요가 있다고 인정하는 경우에는 그러하지 아니한다(제15조 제1항 단서).

① 수급권자가 자신의 고의 또는 중대한 과실로 인한 범죄행위에 그 원인이 있거나 고의로 사고를 일으켜 의료급여가 필요하게 된 경우

② 수급권자가 정당한 이유없이 이 법의 규정이나 의료급여기관의 지시에 따르지 아니한 경우.331)

---

331) 구법에서는 이 외에도 "제3자의 고의·과실행위에 의하여 의료급여가 필요하게

이상의 사유에 해당하는 경우, 의료급여기관은 대통령령으로 정하는 바에 따라 수급권자의 거주지를 관할하는 시장·군수·구청장에게 알려야 한다(제15조 제2항).

2. 의료급여의 변경

시장·군수·구청장은 수급권자의 소득, 재산상황, 근로능력 등이 변동되었을 때에는 직권으로 또는 수급권자나 그 친족, 그 밖의 관계인의 신청을 받아 의료급여의 내용 등을 변경할 수 있다(제16조 제1항). 시장·군수·구청장은 의료급여의 내용 등을 변경하였을 때에는 서면으로 그 이유를 밝혀 수급권자에게 알려야 한다(제16조 제2항).

3. 의료급여의 중지

시장·군수·구청장은 ① 수급권자에 대한 의료급여가 필요 없게 된 경우와 ② 수급권자가 의료급여를 거부한 경우에는 의료급여를 중지하여야 한다(제17조 제1항).[332]

시장·군수·구청장은 수급권자가 의료급여를 거부한 경우에는 수급권자가 속한 가구원 전부에 대하여 의료급여를 중지하여야 하며, 의료급여가 중지된 가구에 대하여는 그 해에 다시 의료급여를 하지 아니한다(제17조 제2항). 그리고 의료급여를 중지하였을 때에는 서면으로 그 이유를 밝혀 수급권자에게 알려야 한다(제17조 제3항).

된 경우"가 있었으나, 2006년 12월 28일 개정시 삭제되었다.

332) 구법에서는 재량으로 중지할 수 있었으나, 의무적으로 중지하도록 개정하였다.

제 3 절   급여비용의 부담

[244] Ⅰ. 의료급여기금의 부담

급여비용은 대통령령이 정하는 바에 따라 그 전부 또는 일부를 의료급여기금에서 부담한다(제10조).

[245] Ⅱ. 본인 부담

의료급여기금에서 일부를 부담하는 경우 그 나머지의 비용은 본인이 부담한다(제10조). 이 경우 그 나머지 급여비용(보건복지부 장관이 정한 금액으로 한정한다)은 수급권자 또는 그 부양의무자의 신청을 받아 의료급여기금에서 대지급(代支給)할 수 있다(제20조).

[246] Ⅲ. 구상권

시장·군수·구청장은 제3자의 행위로 인하여 수급권자에게 의료급여를 한 때에는 그 급여비용의 범위안에서 제3자에 대한 손해배상청구권의 권리를 얻는다(제19조 제1항).

이 경우 의료급여를 받은 자가 제3자로부터 이미 손해배상을 받은 때에는 시장·군수·구청장은 그 배상액의 한도안에서 의료급여를 하지 아니한다(제19조 제2항).

제 4 절 권리구제 및 벌칙

[247] Ⅰ. 권리구제절차

1. 이의신청

수급권자의 자격, 의료급여 및 급여비용에 대한 시장·군수·구청장의 처분에 이의가 있는 자는 시장·군수·구청장에게 이의신청을 할 수 있다(제30조 제1항). 그리고 급여비용의 심사·조정에 관한 급여비용심사기관의 처분에 이의가 있는 의료급여기관은 급여비용심사기관에 이의신청을 할 수 있다(제30조 제2항).

이상의 이의신청은 처분이 있음을 안 날부터 90일 이내에 문서(전자문서를 포함한다)로 하여야 하며, 처분이 있은 날부터 180일이 지나면 제기하지 못한다(제30조 제3항 본문). 다만, 정당한 사유에 따라 그 기간에 이의신청을 할 수 없었음을 소명한 경우에는 그러하지 아니하다(제30조 제3항 단서).

그러나 의료급여기관이 급여비용심사기관의 확인에 대하여 이의신청을 하려면 통보받은 날부터 30일 이내에 하여야 한다(제30조 제4항).

2. 심판청구

급여비용심사기관의 이의신청에 대한 결정에 불복이 있는

자는 건강보험분쟁조정위원회에 심판청구를 할 수 있다(제30조2 제1항).333) 이 경우 심판청구의 제기기간 및 제기방법에 관하여는 위의 이의신청에 관한 규정(제30조 제3항)을 준용한다.

심판청구를 하려는 자는 대통령령으로 정하는 심판청구서를 처분을 행한 급여비용심사기관에 제출하거나 건강보험분쟁조정 위원회에 제출하여야 한다(제30조2 제2항).

3. 소멸시효

의료급여비용 및 대불금에 관한 채권 즉 ① 의료급여를 받을 권리, ② 급여비용을 받을 권리, ③ 대지급금을 상환받을 권리 등은 3년간의 단기소멸시효에 해당한다(제31조 제1항).

그러나 ① 급여비용의 청구, ② 대지급금에 대한 납입의 고지 및 독촉은 시효의 진행을 중단시킨다(제31조 제2항). 이 법에 정한 사항 외에는 소멸시효 및 시효중단에 관하여 민법의 규정에 의한다(제31조 제3항).

[248] Ⅱ. 벌 칙334)

1. 징역 또는 벌금

금융정보를 사용·제공 또는 누설한 사람은 5년 이하의 징역 또는 3천만원 이하의 벌금에 처한다(제35조 제1항).

대행청구단체의 종사자로서 거짓이나 그 밖의 부정한 방법으로 급여비용을 청구한 자는 3년 이하의 징역 또는 3천만원 이

---

333) 심판청구에 관한 내용은 2014년 1월 28일 개정시 추가되었다.
334) 2013년 6월 12일 개정시 벌칙이 대폭 강화되었다.

하의 벌금에 처한다(제35조 제2항).

다음의 어느 하나에 해당하는 사람은 3년 이하의 징역 또는 2천만원 이하의 벌금에 처한다(제35조 제3항).

① 국민기초생활 보장법 제22조 제6항(같은 법 제23조 제2항에서 준용하는 경우를 포함한다)을 위반하여 정보 또는 자료를 사용하거나 제공한 사람

② 국민기초생활 보장법 제23조의2 제6항을 위반하여 신용정보 또는 보험정보를 사용·제공 또는 누설한 사람.

다음의 사유에 해당하는 자는 1년 이하의 징역 또는 1천만원 이하의 벌금에 처한다(제35조 제4항).

① 정당한 이유 없이 이 법에 따른 의료급여를 거부한 자

② 대행청구단체가 아닌 자로 하여금 급여비용의 심사청구를 대행하게 한 자

③ 속임수 그 밖의 부정한 방법으로 의료급여를 받은 자 또는 제3자로 하여금 의료급여를 받게 한 자

④ 업무정지기간 중에 의료급여를 한 의료급여기관의 개설자.

그리고 정당한 이유 없이 제32조 제2항에 따른 보고 또는 서류제출을 하지 아니하거나 거짓으로 보고하거나 거짓 자료를 제출하거나 검사를 거부·방해 또는 기피한 사람은 1천만원 이하의 벌금에 처한다(제35조 제5항).

2. 양벌 규정

법인의 대표자 또는 법인이나 개인의 대리인, 사용인, 그 밖의 종업원이 그 법인 또는 개인의 업무에 관하여 제35조의 위반행위를 하면 그 행위자를 벌하는 외에 그 법인 또는 개인에게도 해당 조문의 벌금형을 과(科)한다(제36조 본문). 다만, 법인 또는 개

인이 그 위반행위를 방지하기 위하여 해당 업무에 관하여 상당한 주의와 감독을 게을리하지 아니한 경우에는 그러하지 아니하다(제36조 단서).335)

3. 과태료

행정처분을 받은 사실 또는 행정처분 절차가 진행 중인 사실을 양수인 또는 합병 후 존속하는 법인이나 합병으로 설립된 법인에 알리지 아니한 자에게는 500만원 이하의 과태료를 부과한다(제37조 제1항).

다음의 어느 하나에 해당하는 자에게는 100만원 이하의 과태료를 부과한다(제37조 제2항).

① 서류보존의무를 위반한 자

② 정당한 사유 없이 서류제출을 하지 아니하거나 거짓 서류를 제출하거나 질문에 대하여 진술을 거부하거나 거짓으로 진술하거나 검사 등 조사를 거부·방해·기피한 자.

과태료는 대통령령이 정하는 바에 따라 보건복지부장관이 부과·징수한다(제37조 제3항).

---

335) 2013년 6월 12일 개정이 단서규정이 추가되었다.

제 3 장
한부모가족지원법

한부모 가정에서 자라고 있는 아동과 부모없이 자라고 있는 아동, 그리고 부모가 모두 생존해 있으나 자녀를 양육할 능력이 없는 가정의 아동에 대한 보호가 서로 어떻게 다른 가?

제 1 절 한부모가족지원법의 성격

[249] Ⅰ. 한부모가족의 권리

한부모 가족은 가정에서 생활의 중심역할을 하는 아버지 또는 어머니가 없는 경우에 자녀의 올바른 성장을 지원하기 위하여 특별히 국가에서 보호하는 것을 말한다.

한부모가족지원법은 모든 국민은 헌법에 의하여 인간다운 생활을 할 권리를 가지므로, 한부모 가족의 경우에도 건강하고 문화적인 생활을 영위할 수 있도록 함으로써 한부모가족의 생활 안정과 복지 증진에 이바지함을 목적으로 한다(제1조).

[250] Ⅱ. 입법 과정

처음에는 일반적으로 가계생계비의 주수입원인 부가 없는 모자로 구성된 세대를 지원하기 위하여 1989년 「모자복지법」을 제정하였다. 그러나 산업화 이후 여성의 사회진출이 확대되고 가정에서 생활의 중심역할을 하는 어머니가 없는 부자가정을 보호할 필요성이 증대되었다. 따라서 2003년 개정시 법률의 명칭을 「모·부자복지법」으로, 2007년 10월 17일 개정시 「한부모가족지원법」으로 변경하였다.

제 2 절   보호대상자

[251] Ⅰ. 원칙적 보호대상자

이 법의 보호대상자는 한부모 가정의 구성원 즉, 세대주(세대주가 아니더라도 세대원을 사실상 부양하는 자를 포함)인 모 또는 부와 그에 의하여 양육되는 아동이다.

1. 모 또는 부

아동인 자녀를 양육하는 자로 다음 어느 하나에 해당하는 자로서 여성가족부령으로 정하는 자로 한다(제5조 제1항). ① 배우자와 사별 또는 이혼하거나 배우자로부터 유기된 자, ② 정신이나 신체의 장애로 장기간 노동능력을 상실한 배우자를 가진 자, ③ 교정시설·치료감호시설에 입소한 배우자 또는 병역복무 중인 배우자를 가진 사람, ④ 미혼자(사실혼 관계에 있는 자는 제외한다), ⑤ 위에 준하는 자로서 여성가족부령으로 정하는 자.

2. 청소년 한부모

24세 이하의 모 또는 부를 말한다.

3. 한부모가족

모자가족 또는 부자가족을 말한다.

4. 모자가족

모가 세대주(세대주가 아니더라도 세대원을 사실상 부양하는 자를 포함한다)인 가족을 말한다.

5. 부자가족

부가 세대주(세대주가 아니더라도 세대원을 사실상 부양하는 자를 포함한다)인 가족을 말한다.

6. 아 동

18세 미만(취학 중인 경우에는 22세 미만을 말한다)의 자를 말한다. 아동의 연령을 초과하는 자녀가 있는 한부모가족의 경우 그 자녀를 제외한 나머지 가족구성원을 보호대상자로 한다.

[252] Ⅱ. 보호대상자 특례

1. 미혼모

출산 후 해당 아동을 양육하지 아니하는 미혼모는 미혼모자가족복지시설을 이용할 때에는 이 법에 따른 보호대상자가 된다.

2. 조부 또는 조모

아래 어느 하나에 해당하는 아동과 그 아동을 양육하는 자로서 여성가족부령으로 정하는 자는 보호대상자가 된다.

① 부모가 사망하거나 생사가 분명하지 아니한 아동

② 부모가 정신 또는 신체의 장애·질병으로 장기간 노동능력을 상실한 아동

③ 부모의 장기복역 등으로 부양을 받을 수 없는 아동

④ 부모가 이혼하거나 유기하여 부양을 받을 수 없는 아동

⑤ 이에 준하는 자로서 여성가족부령으로 정하는 아동.

3. 외국인

국내에 체류하고 있는 외국인 중 대한민국 국민과 혼인하여 대한민국 국적의 아동을 양육하고 있는 사람으로서 대통령령으로 정하는 사람이 보호대상자 요건에 해당하면 이 법에 따른 보호대상자가 된다.

제 3 절 보호의 내용

[253] Ⅰ. 복지급여의 실시

국가나 지방자치단체는 복지급여의 신청이 있으면 다음의 복

지급여를 실시하여야 한다(제12조 제1항 본문). ① 생계비, ② 아동교육
지원비, ③ 아동양육비, ④ 그 밖에 대통령령으로 정하는 비용. 다
만, 이 법에 따른 보호대상자가 국민기초생활 보장법 등 다른 법령
에 따라 보호를 받고 있는 경우에는 그 범위에서 이 법에 따른 급
여를 하지 아니한다(제12조 제1항 단서). 아동양육비를 지급할 때에 미
혼모나 미혼부가 5세 이하의 아동을 양육하거나 청소년 한부모가
아동을 양육하면 예산의 범위에서 추가적인 복지 급여를 실시하여
야 한다(제12조 제2항). 이 경우 모 또는 부의 직계존속이 5세 이하의
아동을 양육하는 경우에도 마찬가지이다.

국가나 지방자치단체는 이 법에 따른 보호대상자의 신청이 있
는 경우에는 예산의 범위에서 직업훈련비와 훈련기간 중 생계비를
추가적으로 지급할 수 있다(제12조 제3항). 복지 급여의 기준 및 절차,
그 밖에 필요한 사항은 여성가족부령으로 정한다(제12조 제4항).

[254] Ⅱ. 복지시설의 제공

1. 모자가족 복지시설

모자가족에게 다음의 어느 하나 이상의 편의를 제공하는 시
설이다. ① 기본생활지원: 생계가 어려운 모자가족에게 일정 기
간 동안 주거와 생계를 지원, ② 공동생활지원: 독립적인 생활이
어려운 모자가족에게 일정 기간 동안 공동생활을 통하여 자립을
준비할 수 있도록 주거 등을 지원, ③ 자립생활지원: 자립욕구가
강한 모자가족에게 일정 기간 동안 주거를 지원.

2. 부자가족 복지시설

부자가족에게 다음의 어느 하나 이상의 편의를 제공하는 시

설이다. ① 기본생활지원: 생계가 어려운 부자가족에게 일정 기간 동안 주거와 생계를 지원, ② 공동생활지원: 독립적인 생활이 어려운 부자가족에게 일정 기간 동안 공동생활을 통하여 자립을 준비할 수 있도록 주거 등을 지원, ③ 자립생활지원: 자립욕구가 강한 부자가족에게 일정 기간 동안 주거를 지원.

3. 미혼모자가족 복지시설

미혼모자가족과 출산 미혼모 등에게 다음 각 목의 어느 하나 이상의 편의를 제공하는 시설이다. ① 기본생활지원: 미혼 여성의 임신·출산 시 안전 분만 및 심신의 건강 회복과 출산 후의 아동의 양육 지원을 위하여 일정 기간 동안 주거와 생계를 지원, ② 공동생활지원: 출산 후 해당 아동을 양육하지 아니하는 미혼모 또는 미혼모와 그 출산 아동으로 구성된 미혼모자가족에게 일정 기간 동안 공동생활을 통하여 자립을 준비할 수 있도록 주거 등을 지원.

4. 일시지원 복지시설

배우자(사실혼 관계에 있는 사람을 포함한다)가 있으나 배우자의 물리적·정신적 학대로 아동의 건전한 양육이나 모의 건강에 지장을 초래할 우려가 있을 경우 일시적 또는 일정 기간 동안 모와 아동 또는 모에게 주거와 생계를 지원하는 시설이다.

5. 한부모가족 복지상담소

한부모가족에 대한 위기·자립 상담 또는 문제해결 지원 등을 목적으로 하는 시설이다.

제 4 절 권리의 보호

[255] Ⅰ. 권리의 보호

이 법에 따라 지급된 복지급여와 이를 받을 권리는 다른 사람에게 양도하거나 담보로 제공할 수 없으며, 다른 사람은 이를 압류할 수 없다(제27조).

[256] Ⅱ. 심사청구

보호대상자 또는 그 친족이나 그 밖의 이해관계인은 이 법에 따른 복지 급여 등에 대하여 이의가 있으면, 그 결정을 통지받은 날부터 90일 이내에 서면으로 해당 복지실시기관에 심사를 청구할 수 있다(제28조 제1항). 복지실시기관은 심사청구를 받으면 30일 이내에 이를 심사·결정하여 청구인에게 통보하여야 한다(제28조 제2항).

제 5 절 부정수급 반환 및 벌칙

[257] Ⅰ. 부정수급 반환

거짓이나 그 밖의 부정한 방법으로 복지 급여를 받거나 타인으로 하여금 복지 급여를 받게 한 경우 복지 급여를 지급한 보호기관은 그 비용의 전부 또는 일부를 그 복지 급여를 받은 자 또는 복지 급여를 받게 한 자(이하 "부정수급자"라 한다)로부터 징수할 수 있다(제25조의2 제1항).

징수할 금액은 부정수급자에게 통지하여 징수하고, 부정수급자가 이에 응하지 아니하는 경우 국세 또는 지방세 체납처분의 예에 따라 징수한다(제25조의2 제2항).

국가나 지방자치단체는 한부모가족 복지시설의 장이나 한부모가족 복지단체의 장이 다음의 어느 하나에 해당하면 이미 내준 보조금의 전부 또는 일부의 반환을 명할 수 있다(제26조 제1항).

① 보조금의 교부 조건을 위반한 경우

② 거짓이나 그 밖의 부정한 방법으로 보조금을 받은 경우

③ 한부모가족 복지시설을 경영하면서 개인의 영리를 도모하는 행위를 한 경우

④ 이 법 또는 이 법에 따른 명령을 위반한 경우.

보호기관은 복지 급여의 변경 또는 복지 급여의 정지·중지에 따라 보호대상자에게 이미 지급한 복지 급여 중 과잉지급분이 발생한 경우에는 즉시 보호대상자에 대하여 그 전부 또는 일부의 반환을 명하여야 한다(제26조 제2항 본문). 다만, 이를 소비하였거나 그 밖에 보호대상자에게 부득이한 사유가 있는 경우에는 그 반환을 면제할 수 있다(제26조 제2항 단서).

[258] Ⅱ. 벌 칙

제12조의3 제6항을 위반하여 금융정보등을 사용 또는 누설한 사람은 5년 이하의 징역 또는 3천만원 이하의 벌금에 처한다(제29조 제1항). 제12조의2 제4항을 위반하여 자료 등을 사용 또는 누설한 사람은 3년 이하의 징역 또는 2천만원 이하의 벌금에 처

한다(제29조 제2항).

　그리고 다음 어느 하나에 해당하는 자는 1년 이하의 징역 또는 300만원 이하의 벌금에 처한다(제29조 제3항).

　① 제20조 제3항에 따른 신고를 하지 아니하고 한부모가족 복지시설을 설치한 자

　② 제24조에 따라 시설의 폐쇄, 사업의 정지 또는 폐지의 명령을 받고 사업을 계속한 자.

　또한 거짓이나 그 밖의 부정한 방법으로 복지 급여를 받거나 타인으로 하여금 복지 급여를 받게 한 자는 1년 이하의 징역, 500만원 이하의 벌금, 구류 또는 과료에 처한다(제29조 제4항).

　법인의 대표자나 법인 또는 개인의 대리인, 사용인, 그 밖의 종업원이 그 법인 또는 개인의 업무에 관하여 제29조의 위반행위를 하면 그 행위자를 벌하는 외에 그 법인 또는 개인에게도 해당 조문의 벌금 또는 과료의 형을 과한다(제30조 본문). 다만, 법인 또는 개인이 그 위반행위를 방지하기 위하여 해당 업무에 관하여 상당한 주의와 감독을 게을리하지 아니한 경우에는 그러하지 아니하다(제30조 단서).

　다음의 어느 하나에 해당하는 자에게는 300만원 이하의 과태료를 부과할 수 있다(제30조의2 제1항).336)

　① 제22조를 위반하여 정당한 사유 없이 수탁을 거부한 자

　② 정당한 이유 없이 제23조 제1항에 따른 보고를 하지 아니하거나 거짓으로 한 자 또는 조사·검사를 거부하거나 기피한 자.

---

336) 과태료는 여성가족부장관이 부과·징수한다(제30조의2 제2항).

▣ 찾아보기 ▣

[ㄱ]

가족급여제도 ·········· 110
가족부양수준원칙 ·········· 47
가족수당 ·········· 110
가족수당법 ·········· 105, 111
간병급여 ·········· 278, 280
강제보험 ·········· 131
강제적용사업 ·········· 264, 265
개별적 보장과 세대별 지원의 원리 ···· 437
개산보험료 ·········· 288~290, 317~322
건강검진 ·········· 155, 169, 187, 358, 359
건강보험급여 ·········· 66, 155~168
건강보험심사평가원 ·········· 171
건강진단 ·········· 386, 395
건강하고 문화적인 최저한도의 생활 ·········· 29, 30
결핵예방법 ·········· 436
경로당 ·········· 390
경제적 기능 ·········· 66
고용보장조치 ·········· 432, 433
고용보험 ··· 17, 115, 132~143, 187, 298~324
고용보험기금 ·········· 115, 187, 302~322
고용보험법 ···· 76, 116, 117, 133~140, 187, 295~325, 441
고용보험법의 연혁 ·········· 140
고용보험심사관 ·········· 327
고용보험위원회 ·········· 319
고용보험제도 ·········· 139, 140, 296
고용안정사업 ·········· 139
고용정책기본법 ·········· 114
고전적 해석체계 ·········· 17
공공부조 ·········· 48
공공부조법 ·········· 446
공무원 및 사립학교 교직원 의료보험법 ·········· 102
공무원연금법 ···· 133, 135, 200, 201, 217, 251~260, 276
공법상 손해배상청구권 ·········· 44
공법상 손해배상청구소송 ······ 44, 89
공적부조 ·········· 10~21, 36~40, 68, 99, 102, 112
공적부조법 ·········· 17, 33, 59, 100, 378
공포와 결핍으로부터의 해방 ······ 123
광역 구직활동비 ·········· 303, 309
교육급여 ·········· 443~451, 466

교육보호 ·········· 438, 439
교회법 ·········· 94
구빈법 ·········· 94, 99, 106
구상권 ·········· 53, 166, 177, 380, 483
구직급여 ·········· 116, 303~312
구직급여일액 ·········· 306, 308
구체적 권리설 ·········· 26~32
구휼정책 ·········· 97, 117
국가배상법 ·········· 44, 89, 90
국가의 의무규범성 ·········· 25
국가책임의 원리 ·········· 434
국가총동원법 ·········· 101, 114
국고부담 ·········· 286
국민건강보험공단 ·········· 142~154, 168~176, 190, 197, 283, 293, 332~344
국민건강보험법 ······ 17, 62, 77, 101~117, 134~194, 331~346, 371, 473
국민건강서비스법 ·········· 105
국민기초생활 보장법 ·········· 472~492
국민보험(업무재해)법 ·········· 105
국민복지연금법 ·········· 102, 135
국민연금공단 ·········· 196, 202, 241
국민연금 가입자 ·········· 202, 222, 256
국민연금기금 ······ 187,~198, 222, 238~244
국민연금기금운용위원회 ·········· 244
국민연금법 ······ 17, 62~77, 99, 114, 116, 133~143, 187~233
국민의료보험법 ·········· 134
국유재산의 무상대여 ·········· 363
국제노동기구(ILO) ·········· 7, 120, 128
국제통화기금(IMF) ·········· 114
군국주의 ·········· 101
군인연금법 ·········· 133, 135, 200~217, 253~260
권고(recommendations) ······ 7, 83, 120~128
권리구제절차 ······ 187, 375, 397, 430, 465, 484
권리론적 해석체계 ·········· 22~34
규범적 기능 ·········· 70
근대 시민법원리 ···· 3, 4, 55, 70, 273
근대 시민법원리의 수정 ·········· 55
근로기준법 ··· 62, 97, 137, 138, 168, 238, 266~273, 300~325
근로기준법상의 재해보상 ·········· 137, 138, 269

근로복지공단 ········ 87, 116, 168, 191, 263~294, 317~325
급여균일원칙 ···························· 47
급여비례원칙 ···························· 47
급여수준의 적절성 원칙 ············· 47
급여액 ················· 47, 196, 283, 284
급여의 내용 ············· 434, 461, 479
급여의 수준 ···················· 332, 439
급여의 제한 ······························ 307
급여의 종류 ········ 20, 207, 440, 443, 461~ 463
급여중심 해석체계 ················· 18, 19
기본연금액 ························ 213~231
기여금 ············· 91, 206~211, 238~248
기준기간 ························· 303, 304
기준소득월액 ······· 206~214, 236~245
기초노령연금법 ················ 117, 258
기초생활 보장 ························· 473
기초생활 보장청구권 ············· 35, 39
기초연금법 ····························· 258
기초연금제도 ························· 258
기초일액 ························· 305, 306
기초질병 ························· 273, 274
긴급은행구제법 ······················· 112
【 ㄴ 】
나치즘 ························· 109, 123
남북전쟁 ························· 100, 112
남해왕 ································· 96
노년에 관한 세계회의 ··············· 378
노동당 ························· 103, 104
노동자재해보상법 ···················· 101
노동자재해보상보험법 ··············· 113
노동조합회의(TUC) ···················· 104
노령연금 ············· 117, 201~235, 256
노사정위원회 ···················· 114, 115
노인교실 ································· 390
노인공동생활가정 ··············· 389~399
노인보호전문기관 ··············· 389~392
노인복지대책위원회 ··················· 382
노인복지법 ····· 62, 76, 113, 114, 258, 340, 352, 377~384
노인복지상담원 ················ 393, 387
노인복지시설 ···················· 388~401
노인복지주택 ···················· 389~401
노인복지증진 ···················· 381, 382
노인요양공동생활가정 ········· 389~399
노인요양시설 ···················· 378~399
노인일자리지원기관 ·········· 385~ 394

노인장기요양보험법 ··················· 113, 117, 141, 331
노인주거복지시설 ··············· 388~395
노인여가복지시설 ··············· 388~399
노인의료복지시설 ········ 340, 388~395
노인취업기회의 보장 ················· 380
노인학대 ················· 380, 391, 392
뇌출혈 ································· 266
뉴딜정책 ··············· 11, 112, 115
【 ㄷ 】
다문화가족지원법 ······················ 374
단기보호서비스 ························· 391
대불금 ································· 485
대상의 보편성 원칙 ··················· 47
대서양헌장 ················· 7, 121, 123
독 일 ··················· 42, 56, 91~113, 123, 138, 295, 446, 447
독일연방공화국 ························· 107
독일연방공화국기본법 ················· 107
【 ㄹ 】
라로크 보고서 ········ 11, 46, 110, 111
라이히(Reich)보험법 ··················· 100
로마조약 ································· 120
루즈벨트 ··················· 101, 112, 123
【 ㅁ 】
마르뗑 나도(Martin Nadaud) ······· 110
만주사변 ································· 101
모자부조법 ····························· 101
무효등확인심판 ····················· 79~83
미 국 ········ 7~15, 46, 71, 94~100, 112~123, 141, 295
민 법 ····· 16, 44, 56, 90, 92, 137, 145, 168, 171, 191, 211~235, 286, 293, 436~447, 485
민법상 과실책임 ························ 137
민법상 손해배상청구권 ················· 44
민주주의 ································· 65
밀접불가분성론 ···················· 275, 276
【 ㅂ 】
바이마르공화국 ··················· 5, 107
반환일시금 ····················· 202~235
방문요양서비스 ················· 387, 390
배상심의회 ······························ 90
베르사이유 평화조약 ················· 120
별정우체국법 ··········· 133, 200, 201, 217, 256, 260
병원보험 ································· 112
보건소 ············· 158, 194, 279, 417
보 수 ··· 106, 146, 151, 174~180, 198,

252, 304, 318, 384
보수당 …………………………… 104
보장구 …………………………… 410
보충성의 원리 …………… 435, 436
보험계약의 해약 ………………… 267
보험관계의 성립 ………… 266, 336
보험관계의 소멸 ………………… 267
보험급여 ……… 37, 38, 87, 134~194,
207, 264~301, 336
보험료 ………… 38~45, 66, 68, 99~196,
238, 257~302, 317~323, 343, 459
보험료율 …… 68, 105, 174, 175, 318~324
보험료율의 결정 ………………… 319
보험료의 산정 ………… 177, 178, 343
보험자 …………………… 113, 142~195,
263, 264, 295, 331, 333
복지국가 ……………… 5, 8, 9, 94
복지리바이어던(Welfare Leviathan) … 72
복지수급권(welfare right) …… 71, 403
복지실시기관 …………… 381~398, 494
본인부담금 …………… 145, 171, 429
부과방식 …………………… 106, 237
부담금 ……… 206, 234~248, 325, 326
부당이득 …………… 166~168, 283. 291,
325, 345, 474
부당이득의 징수 …… 166, 167, 283, 291
부양가족연금액 ………………… 213~231
부자유 ……………………… 4, 70
부작위 ……………… 27, 42, 75~86
분권적·참여적 복지전달체계 ……… 72
불복신청 ……………………… 71~86
불평등 ……………… 4, 70, 98
비버리지(Beveridge) 보고서 … 7, 11,
45, 104~121
비스마르크(Bismarck) ………… 99~109
비용부담 … 6, 47, 51, 121, 286, 364
비용부담의 공평성 원칙 …………… 47
빈(Vienna) …………………… 378
[ ]
사고성 질병 …………………… 274
사립학교교원연금법 …………… 76, 252
사망일시금 ………… 209, 235~237
사민당(사회민주당, SPD) …… 105~109
사법적 구제 ………… 42, 75, 78, 86
사업의 폐지 ………………… 267, 395
사업장 가입자 …… 200~211, 234~248
사용자의 지배·관리상태론 ……… 272
사회국가 ……………………… 5, 8, 9

사회법 ………………… 17, 27, 56~59
사회법전 ………………… 108, 447
사회보상법 …………………… 17
사회보장 급여의 수준 …………… 49
사회보장기본법 ………… 6, 102, 114
사회보장법 …… 7~128, 163, 272, 274, 435, 440
사회보장법의 개념 ……………… 6, 9
사회보장법의 이념 ……………… 132
사회보장법의 체계 ……………… 18
사회보장수급권 ………… 49~53, 239
사회보장에 관한 권고 …… 113, 114, 127
사회보장에 관한 법률 ………… 101, 102
사회보장의 개념 ……………… 6, 9
사회보장의 기능 ………………… 63
사회보장의 기본원칙 ………… 45, 124
사회보장의 일반화 법 ………… 111
사회보장을 받을 권리 ……… 4, 32~55,
124, 136, 137
사회보장을 청구할 권리 …………… 21,
32, 33, 351
사회보장입법청구권 ……………… 43
사회보장쟁송권 …………………… 42
사회보장정책 ……… 9~14, 51, 67, 71,
99, 102, 119, 124, 295, 331
사회보장조직에 관한 법령 ……… 111
사회보장청구권 ……… 4~89, 131, 164,
352, 434
사회보장청구권의 실현을
위한 권리 …………………… 42
사회보장청구권의 행사 …………… 60
사회보장 최저기준에 관한 조약
(사회보장최저기준조약) ……… 122
사회보장행정법 …………………… 20
사회보장행정참여권 ……………… 43
사회보장헌장 …………………… 124
사회보장협정 …………………… 122
사회보험 ………… 126,~141, 176, 178,
285, 351, 473
사회보험법 …………… 17~33, 58, 59,
99~111, 268, 473
사회보험의 종류 ………………… 132
사회보호 ………………………… 100
사회복귀 ………………………… 19
사회복지(Social Welfare) … 17, 22·58,
377, 383
사회복지법 ………… 17, 23, 33, 59, 436
사회복지법인 ………… 362, 454, 455
사회복지사 …………………… 383

사회복지사업법 ················· 113, 456
사회복지서비스 ····· 10, 112, 454, 457
사회부조 ················· 95, 100, 123
사회사업 ······························· 10
사회서비스법 ·············· 17, 105, 106
사회수당 ·························· 10, 17
사회재활 ····························· 403
사회적 기능 ·························· 69
사회적 기본권 ············ 4~28, 56~59,
239 275
사회적 위험 ···················· 7, 48, 66
사회적 재해 ················· 6~41, 64~70,
118~139, 274, 351, 435
사회정책 ············· 9, 58, 59, 99, 111
사회주택 ····························· 107
사회행정법 ···························· 20
산업안전보건법 ················· 62, 114
산업재해 ········ 19, 125~138, 265, 409
산업재해보상보험심사위원회 ······ 292
산업재해보상보험재심사위원회 ······· 264
292
산업재해보상제도 ······················ 137
산업혁명 ······················· 95~104
산재보험 ········· 60, 102, 115, 132~136,
266, 267, 286, 287, 299
산재보험의료기관 ····· 278, 279, 284, 293
삼국시대 ····················· 94~97, 117
상당인과관계 ············· 269, 274, 285
상대적 2요건주의 ···················· 271
상병급여 ··················· 127, 308
상병보상연금 ············· 278, 280, 282
상병수당 ····························· 162
상실시기 ····························· 151
상위규범성 ···························· 24
상이연금 ················· 90, 201, 260
생계급여 ············· 201, 202, 396, 421,
443~449, 464
생계보호 ······················ 438, 439
생존권 ···················· 18~28, 60, 95,
275, 276, 464
생활무능력자 ················· 23, 35, 39,
434~437, 467
생활보호 ············· 81, 435~441, 472
생활보호법 ········· 378, 438~450, 473
생활불능 ······················· 40, 124
생활위험 ····························· 20
세계공적부조총회 ······················ 100
세계노동조합회의 ···················· 124
세계인권선언 ························· 124
세계평화 ····························· 118
세계화 ······························· 14
소 득 ··················· 7~34, 66~69, 99,
105~110, 132, 135, 151, 175~181
202~259, 312, 313, 342, 370, 398,
429~463
소득재분배적 기능 ······················ 66
소멸시효 ········· 185~191, 227~257,
293, 328, 346, 485
소원 ······························· 76
소정급여일수 ··········· 306, 308, 309
손해배상청구권 ············· 44, 284, 483
수급권의 보호 ···· 187, 245, 261, 291,
326, 344, 478
수탁의무 ····························· 393
스웨덴 ······················· 15, 94~106
시각장애인 ······················ 421, 441
시민법 ······················· 3, 16, 56
시민법원리 ······················· 3, 55~70
신체장해자복지법 ······················ 113
실업급여 ········· 115, 126, 139, 140,
296~330
실업보험 ··········· 17, 60, 68, 97~112,
127, 139
실업보험법 ················· 17, 98, 113
실업보험제도 ························· 140
실정법적 해석체계 ····· 17~20, 33, 74
실질적 사회보장 ······················ 114
심사청구 ······· 76, 77, 245~257, 291, 292,
327, 345, 346, 397, 430, 486, 494
심신장애자복지법 ············· 114, 403
심판청구 ········ 79~84, 188, 189, 484, 485

[ㅇ]

아동건강관리 ························· 361
아동권리선언 ························· 354
아동노동금지법 ························· 99
아동보호법 ···························· 100
아동보호조치 ························· 357
아동복지법 ······· 62, 77, 99, 113, 114,
352~355, 383
아동복지시설 ···················· 358~368
아동복지지도원 ························· 383
아동상담소 ···························· 363
아동위원 ····························· 358
아동일시보호시설 ············· 359, 362
아동전용시설 ···················· 360, 363
양로시설 ························ 378~399

언어장애인 ························· 407
업무기인성 ················· 270~273
업무상 재해 ···· 137, 138, 168, 269~286
업무상 질병 ················· 264~274
업무수행성 ················· 270, 271
엘리자베스구빈법 ················· 94
연계성 ····················· 47, 295
연금가입자 ····················· 256
연금보험료 ················· 196~248
연방학업장려법 ················· 107
영 국 ············· 7, 11, 45, 71, 94~123,
                        138, 272, 295
올림픽 ················· 117, 134, 135
외국인 ················· 119, 149~151, 336
                        415, 443, 491
외국인근로자 ················· 308, 336
요요호아동 ················· 355, 360
요요호임산부 ····················· 360
요양비 ········ 155, 162, 187, 192, 278
요양급여 ····················· 66, 150~188,
                        278~284, 339
요양기관 ················· 145~171, 188, 192
                        265, 334
위헌심판청구 ····················· 43
유럽연합(EU) ················· 121, 122
유럽협의회(CE) ················· 121, 128
유리왕 ····························· 96
유족급여 ················· 126, 127, 278, 280
유족보상연금 ····················· 281
유족연금 ················· 90, 207~237, 260
유족연금일시금 ····················· 260
유족일시금 ····················· 260
유족특별급여 ····················· 137
육아휴직급여 ················· 313, 316
의료급여 ······ 421, 443~451, 472~486
의료급여법 ········· 77, 145, 336~342,
                        371, 451, 472~480
의료급여심의위원회 ········· 474, 481
의료급여의 내용 ········· 451, 479, 482
의료보험 ················· 17, 102, 114~117,
                        134, 156
의료보험법 ············· 11, 102, 114, 134
의료보호 ····· 102, 128, 146, 472~481
의료보호법 ················· 102, 473
의제가입 ····················· 300
이의신청 ········ 76, 85, 188, 261, 262,
                        345, 346, 375, 465~485
이주비 ····················· 303, 310

인과관계 ············· 138, 269~274, 285
일 본 ············· 6~42, 60, 96~114, 141,
                        272, 295
임 금 ············· 98, 115, 116, 125, 196,
                        211, 239~248, 300, 319~324
임의가입 ····················· 112, 298
임의계속가입자 ··· 148, 149, 200~205,
                        239, 241
임의적 행정심판전치주의 ······ 76, 88

【 ㅈ 】
자동정화기능 ····················· 68
자력조사(means test) ····················· 40
자립지원시설 ····················· 363
자 유 ············· 3~9, 55~78, 121, 124,
                        148, 369, 402
자활급여 ····················· 441~453
자활보호대상자 ····················· 440
장애등급 ················· 216~233, 281, 416
장애아동복지지원법 ····················· 368
장애연금 ····················· 207~228
장애인 ····· 34, 39, 178, 332, 351~373,
                        402~430
장애인복지법 ········ 76, 114, 178, 231,
                        281, 352, 368~383, 402~406
장애인복지시설 ············· 405, 417~429
장애인복지조치 ····················· 409
장애인복지지도원 ····················· 383
장의비 ····················· 278, 282
장제급여 ················· 444, 452, 470
장제비 ····················· 162
장해급여 ················· 278, 280, 282
장해등급 ················· 228, 280, 283
장해보상금 ····················· 260
장해연금 ····················· 201, 260
장해특별급여 ····················· 137
재가노인복지시설 ····················· 388~399
재심사청구 ········· 246, 257, 292, 293
재직노령연금 ····················· 214
재 활 ········ 156, 340, 403~417, 480
적립식 ····················· 237
전문성 ················· 47, 169, 443
전통적 해석체계 ····················· 17
절대적 2요건주의 ············· 270,~275
절대적 행정심판전치주의 ········· 76
정치적 기능 ····················· 63
제1차 세계대전 ··· 109, 110, 120, 121
제2차 세계대전 ····················· 16, 71,
                        101~123, 138

제3자의 행위 …… 166, 170, 273~285, 342, 483
조기노령연금 ……………………… 215
조기재취업수당 ………………… 308
조약(treaties) …………… 7, 46, 120~128
주거급여 …………… 443, 444, 450, 466
주택수당 ………………………… 107
주·야간보호서비스 ……………… 390
지방분권주의 …………………… 46
지방자치단체 …………… 47~52, 72~107, 147, 165~186, 251~258, 289, 290, 321~469, 491~495
지역피보험자 …………………… 134
직계비속 ………………… 151, 447
직계존속 ……… 151, 443, 447, 492
직업능력개발사업 ……… 301, 317~323
직업능력개발수당 ……………… 309
직업병 ……… 125, 126, 271, 274
직업안정기관 …………… 303~ 327, 456
직업재활 ……… 127, 405, 414
직장가입자 …………… 144~184, 336
진폐근로자 ……………… 76, 114
질병보험 ……………… 108, 126, 127

[ ]
처 분 …… 75~89, 156~160, 188~198, 244~262, 312~375, 466, 484, 485
처 칠 …………………… 104, 123
청각장애인 ……………… 407, 411
최저생활보장 ……… 46, 436, 438
최저생계비 ……… 442, 443, 445
최저임금 …………… 49, 115, 116, 295
최저임금법 ……………………… 62
최저임금(소득)수준 ……………… 69
추상적 권리설 ……………… 26~32
취로사업 ……………… 438, 439
취업촉진법 ……………………… 108
취업촉진수당 …………………… 303
치안경찰법 ……………………… 114
치안유지법 ……………………… 114

[ ]
퇴직금전환금 …………… 116, 136, 238
퇴직급여 ……………………… 256
퇴직연금 …………… 201, 260, 302
퇴직연금 공제일시금 …………… 260
퇴직연금일시금 ……… 201, 260
특별보호 ………… 36, 351, 352

특별보호대상자 ……………… 23~39, 352
특수직 연금법 ……………………… 251

[ ]
평균소득월액 ……………… 213, 215
평균임금 ……… 280~282, 305, 324
평등 …………………… 404 437
포괄성의 원리 ……………… 46, 435
프랑스 … 5, 11, 46, 95~120, 138, 141
프로그램적 규정설 …………… 28, 32
피보험단위기간 ………………… 304
피부양자 …………… 127, 143~194, 333, 336, 447
피에르 라로크 …………………… 110
필라델피아선언 ……………… 121, 123

[ ]
한부모가족 ……… 351, 374, 488~495
한부모가족지원법 …………… 374, 488
한일합방 ………………………… 97
해고제한 ……………………… 268
해산급여 …………… 444, 451, 452
해외파견자 ……………………… 266
행복추구권 ………… 22~25, 55, 402
행정소송 ………… 42, 44, 75~90, 189, 246, 293, 327, 346, 398, 430
행정소송법 …… 75~90, 189, 246, 293, 327, 346, 398, 430
행정심판 ……… 42, 75~88, 190, 246, 292, 293, 327, 398, 430
행정심판전치주의 ……………… 76, 88
행정적 구제 ……… 42, 75, 86
행정처분 …… 75~89, 160, 161, 189, 193, 312, 487
헌법소원 ……………………… 43, 44
혁신주의 ……………………… 112
현금급여 ……………… 162, 303
현대 사회법원리 ……… 57, 59, 273, 434, 436
현실적인 불평등한 인간 …………… 3
현물급여 ……… 156, 162, 278, 440
현역병 ……… 146, 154, 166
형식적 평등성 …………………… 46
형평성 ……… 47, 117, 276
확정보험료 ……… 288~290, 317~324
효율성 ……… 117, 258, 343, 443
휴업급여 ……… 278~282, 308
흠구규칙 ……………………… 96

<저자 박승두>

·부산대학교 졸(사회복지학과·법학과)
·부산대학교 대학원 졸(법학석사·법학박사)
·한국산업은행 노동조합 위원장 및 법무실 팀장
·日本 中央大學 일본비교법연구소 객원연구원
·한국도산법연구소 소장, 중소기업청 자체평가위원
·(주)이트로닉스(옛 해태전자) 법정관리인
·채권금융기관 조정위원회 위원 ·한국채무자회생법학회 회장
·생산성본부 법정관리인·감사과정 이수자 총동창회(생법회) 회장

·(현) 청주대학교 법학과 교수, 한국채무자회생법학회 고문, 생법회 고문,
    (사)중소기업을 돕는 사람들 이사장, 한국사회법학회 회장,
    충북지방노동위원회 공익심판위원, 사회복지사(1급),
    日本 中央大學 일본비교법연구소 방문연구원

☞ 저 서

·노동법의 재조명 (노동경제신문사, 1994)
·노동법개론 (중앙경제사, 1995)
·노동조합의 정치활동 (중앙경제사, 1996)
·사회보장법 (중앙경제사, 1995, 1996)
·노동법총론 (중앙경제사, 1998)
·회사정리법 (법률SOS, 2000)
·사회보장법총론 (법률SOS, 2001, 2007)
·도산법개정방안 (한국산업은행, 2001)
·도산법총론 (법률SOS, 2002)
·한국도산법의 선진화방안 (법률SOS, 2003, 2007)
·개인채무자회생법해설 (법률SOS, 2004)
·사회보장법강의 (법률SOS, 2005, 2012, 2013)
·통합도산법분석 (법률SOS, 2005, 2006)
·노동법의 역사 (법률SOS, 2007, 2009, 2011, 2014)

☞ 공동 집필

·금융법률사례연구 (한국산업은행, 1992)
·산은노조 20년사 (한국산업은행노동조합, 1995)
·금융법률실무(수신·국제편) (한국산업은행, 1996)
·한국산업은행법해설 (한국산업은행, 1997)
·은행산업의 global standard와 당행의 도입과제 (한국산업은행, 1999)
·기업도산법해설 (한국산업은행, 1999)
·채무자회생및파산에관한법률안에 대한 건의 (전국은행연합회, 2003)
·대학생이 본 노사관계로드맵 (법률SOS, 2006, 2010, 2015)
·잊을 수 없는 9월 14일: (주)인켈 M&A 이야기 (법률SOS, 2007)
·부실중소기업 회생 및 사업정리 지원방안 마련을 위한 연구 (중소기업청, 2008)
·채무자 회생 및 파산에 관한 법률 개정안에 관한 연구 (전국은행연합회, 2009)
·벤처기업 CEO의 연대보증 완화방안에 관한 연구 (중소기업청, 2009)
·기업회생제도의 이해 (중소기업을 돕는 사람들, 2015)

사회보장법 첫강의

초판인쇄　2016년 08월 30일　**초판발행**　2016년 09월 01일

지은이　**박승두**
펴낸이　**이혜숙**　펴낸곳　**신세림출판사**
등록일　1991년 12월 24일 제2-1298호

04559 서울특별시 중구 창경궁로 6, 702호(충무로5가,부성빌딩)
전화　**02-2264-1972**　팩스　02-2264-1973
E-mail : shinselim72@hanmail.net

정가　**18,000원**

ISBN　978-89-5800-176-8, 03330